故宫博物院
The Palace Museum

故宫学刊

Journal of Gugong Studies 2023 Vol.24

二〇二三年 第二十四辑

故宫出版社 The Forbidden City Publishing House

北京故宫文物保护基金会
The Forbidden City Cultural Heritage Conservation Foundation

本书的出版
由北京故宫文物保护基金会公益支持

目录

故宫学刊
第二十四辑

CONTENTS

Journal of Gugong Studies, Vol.24

马衡先生《中国金石学概要》“石刻”日本译注本*

The Japanese Commentary and Translation of “Stone Inscription” Chapter in Ma Heng’s *An Outline of Chinese Epigraphy*

王素

Wang Su

内容提要：

马衡先生是中国近代金石学的开山宗师，其代表作《中国金石学概要》系门生傅振伦先生根据1931年修订本整理而成，而其中的“石刻”部分，有一个日本译注本，根据的是1931年之前的文本，国内从未有人留意或关注。本文经过比较，认为这个日本译注本更加接近原本，也更加可贵！

关键词：

马衡　金石学概要　“石刻”部分　日本译注本

ABSTRACT:

Ma Heng is the great founder of modern Chinese epigraphy. His representative work *An Outline of Chinese Epigraphy (Zhongguo Jinshixue Gaiyao)* was compiled by his protégé Fu Zhenlun based on the 1931 revised version. There is a Japanese commentary and translation version of the “stone inscription” chapter of the book, based on the text before 1931, which has never been noticed domestically. The author conducts a comparative study and argues that the Japanese version is closer to the original and is even more valuable.

KEYWORDS:

Ma Heng, introduction to epigraphy, the chapter of “stone inscription”, the Japanese commentary and translation edition

* 本文为国家社科基金重大项目“新中国出土墓志整理与研究”（批准号：12&ZD137）系列成果之一，得到国家社科基金专项资助，谨此致谢！

马衡先生（1881—1955）既是中国近代金石学的开山宗师，一直深受金石学界景仰，又是故宫博物院的第二任院长，为故宫博物院的草创做出过卓越贡献[1]。按旧历，今年（2020）是先生一百四十周年冥诞。我已于去年组织“故宫博物院藏殷墟甲骨文整理与研究”项目组同人撰写了甲骨、石刻、篆刻等方面八篇论文，以“纪念马衡先生诞辰一百四十周年论文专辑”形式，在《故宫学刊》第21辑刊出，以表达对先生的追思。其中，我的论文名为《马衡先生魏石经研究资料整理综述》，属于先生“石刻”研究的一部分。由此想起，先生《中国金石学概要》（以下简称《概要》）中的“石刻”部分有一个日本译注本，国内从未有人留意或关注，因撰此文，予以介绍与评说。

马衡先生《凡将斋金石丛稿》（以下简称《丛稿》）中收有他在北京大学任教时编写的残缺不全的《概要》讲义，其第四章《历代石刻》最后有先生的高弟傅振伦先生写的“编者按”，全文云：“日本京都大学水野清一曾为此章作注，载日本《东洋史研究》卷三、四。”（以下简称傅本）[2]这是国内唯一提到先生的《历代石刻》有日本注本的文字。但傅先生显然并未亲见其书，应该属于耳食之言。因为不足三十个字，就存在多处不实：①日本不仅是“注”，实际是“译注”；②译注者并非仅水野氏一人，还有小川茂树、塚本善隆、内藤乾吉、日比野丈夫四人（以下统称水野本）；③《东洋史研究》并非仅在卷三、四连载，还在卷五连载；④傅本不知连载时间，故有意忽略，连载实际从1937年10月21日，直到1940年1月30日，长达两年多。还有一点十分重要，就是傅本分四小节，完全无图；水野本同为四小节，有34幅插图。故同是三十二开本，傅本只有37页，水野本多达76页。水野本连载七篇，先简单绍介如下。

（一）水野清一译注：《中国金石学概要 石刻》，马衡著，《东洋史研究》第3卷第1号，1937年10月21日，第42—57页〔图1〕。

第一、刻石与碑之别

第一图　禹窆石——浙江绍兴

第二图　石　鼓——北平国子监

第三图　汉碑二种——螭首与圭首

第二、造像与画像之别

第四图　石阙画像——河南登封开母石阙

第五图　石　像——北魏景明元年

（二）小川茂树译注：《中国金石学概要 石刻 马衡著》，《东洋史研究》第3卷第2号，1937年12月31日，第117—132页〔图2〕。

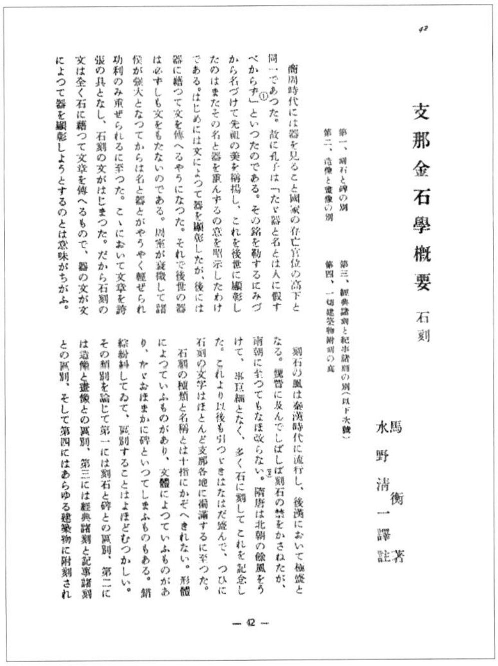
42

支那金石學概要 石刻

馬衡 著
水野清一 譯註

第一、刻石と碑の別　第三、經典諸刻と紀事諸刻の別（以下次號）
第二、造像と畫像の別　第四、一切建築物附刻の真

商周時代には器を見ること國家の存亡官位の高下と同一であつた。故に孔子は「たゞ器と名とは人に假すべからず」①といつたのである。その銘を勒するにみづから名づけて先祖の美を稱揚し、これを後世に顯彰したのはまたその名と器を重んずるの意を明示したわけである。はじめには文によつて器を顯彰したが、後には器に藉つて文を傳へるやうになつた。それで後世の器は必ずしも文をもたないのである。周室が衰微して諸侯が強大となつてからは名と器とがやうやく輕ぜられ功利のみ重ぜられるに至つた。こゝにおいて文章を誇張の具となし、石刻の文がはじまつた。だから石刻の文は全く石に藉つて文章を傳へるもので、器の文が文によつて器を顯彰しようとするのとは意味がちがふ。

刻石の風は秦漢時代に流行し、後漢において極盛となる。魏晉に及んでしばしば刻石の禁をかさねたが、南朝に至つてもなほ改らない。②隋唐は北朝の餘風をうけて、事巨細となく、多く石に刻して これを記念した。これより以後も引つゞきはなはだ盛んで、つひに石刻の文学はほとんど支那各地に徧滿するに至つた。

石刻の種類と名稱とは十指にかぞへきれない。形體によつていふものがあり、文體によつていふものがあり、たゞおほまかに碑といつてしまふものもある。錯綜紛糾してゐて、區別することはよほどむつかしい。その類別を論じて第一には刻石と碑との區別、第二には造像と畫像との區別、第三には經典諸刻と記事諸刻との區別、そして第四にはあらゆる建築物に附刻され

— 42 —

图1

1　郑欣淼：《厥功甚伟 其德永馨——纪念马衡先生逝世五十周年》，原载《故宫博物院院刊》2005年第2期，收入《故宫与故宫学》，紫禁城出版社，2009年，第348－374页；单霁翔：《金石情 故宫梦》，马思猛整理：《马衡日记（1948—1955）·序一》，生活·读书·新知三联书店，2018年，第1－5页。

2　马衡：《凡将斋金石丛稿》，中华书局，1977年，第101页。按：此书系由傅振伦先生整理出版，其中艰辛，另参王素：《马衡先生对早期甲骨学的贡献》，《故宫博物院院刊》2019年第8期，第5页注（5）。

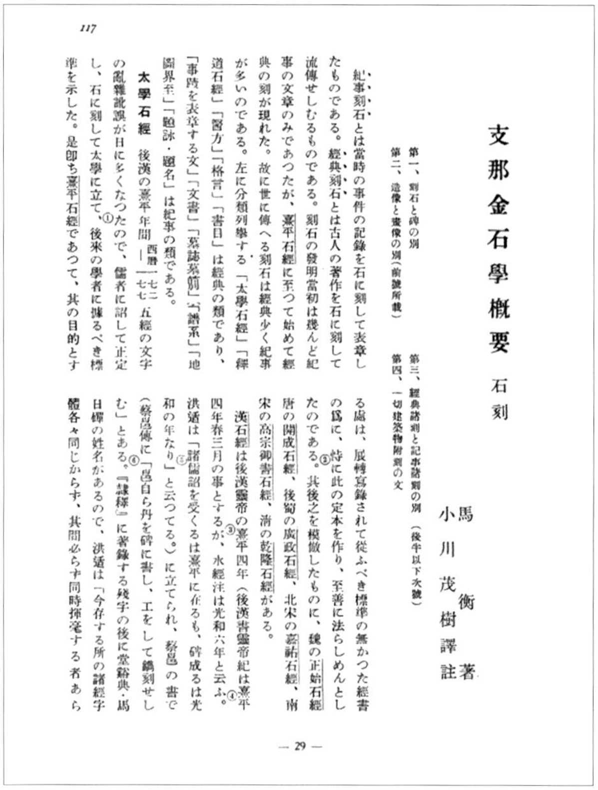
117

支那金石學概要　石刻

馬衡 著
小川茂樹 譯註

第一、刻石と碑の別
第二、造像と畫像の別（前號所載）
第三、經典諸刻と記事諸刻の別（後半以下次號）
第四、一切建築物附刻の文

紀事刻石とは當時の事件の記錄を石に刻して表章したものである。經典刻石とは古人の著作を石に刻して流傳せしむるものである。刻石の發明當初は幾んど紀事の文章のみであつたが、熹平石經に至つて始めて經典の刻が現れた。故に世に傳へる刻石は經典少く紀事が多いのである。左に分類列擧する「太學石經」「釋道石經」「醫方」「格言」「書目」は經典の類であり、「事跡を表章する文」「文書」「墓誌墓莂」「譜系」「地圖界至」「題詠・題名」は紀事の類である。

太學石經　後漢の熹平年間（西暦一七二—一七七）五經の文字の亂雜訛誤が日に多くなつたので、儒者に詔して正定し、石に刻して太學に立て、①後來の學者に據るべき標準を示した。是即ち熹平石經であつて、其の目的とする處は、展轉寫錄されて從ふべき標準の無かつた經書の爲に、特に此の定本を作り、至善に法らしめんとしたのである。②其後之を模倣したものに、魏の正始石經、唐の開成石經、後蜀の廣政石經、北宋の嘉祐石經、南宋の高宗御書石經、清の乾隆石經がある。

漢石經は後漢靈帝の熹平四年（後漢書靈帝紀は熹平四年春三月の事とするが、③水經注は光和六年と云ふ。④洪适は「諸儒詔を受くるは熹平に在るも、碑成るは光和の年なり」⑤と云つてる。）に立てられ、蔡邕の書で（蔡邕傳に「邕自ら丹を碑に書し、工をして鐫刻せしむ」とある。⑥『隷釋』に著錄する殘字の後に堂谿典・馬日磾の姓名があるので、洪适は「今存する所の諸經字體各々同じからず、其間必らず同時揮毫する者あら

— 29 —

图2

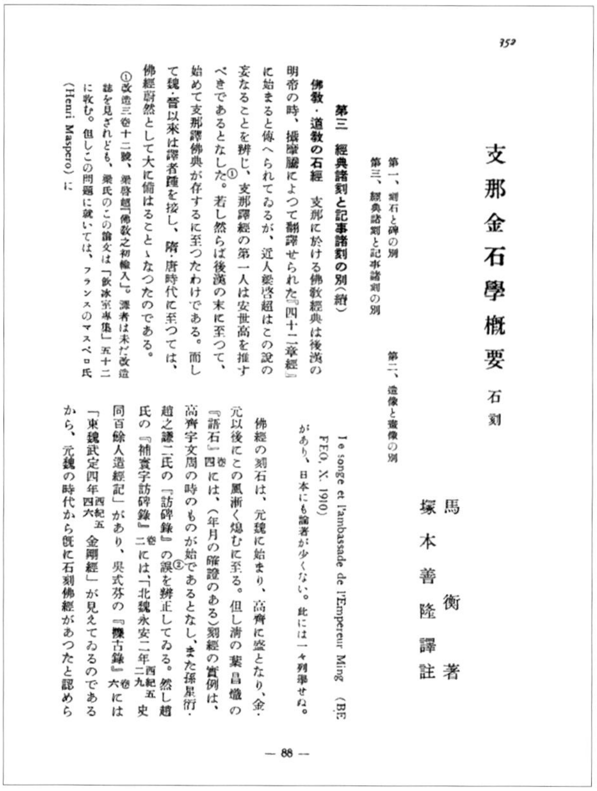
352

支那金石學概要　石刻

馬衡 著
塚本善隆 譯註

第一、刻石と碑の別
第二、造像と畫像の別
第三、經典諸刻と記事諸刻の別

第三　經典諸刻と記事諸刻の別（續）

佛教・道教の石經　支那に於ける佛教經典は後漢の明帝の時、攝摩騰によつて飜譯せられた『四十二章經』に始まると傳へられてゐるが、近人梁啓超はこの說の妄なることを辨じ、①支那譯經の第一人は安世高を推すべきであるとなした。若し然らば後漢の末に至つて、始めて支那譯佛典が存するに至つたわけである。而して魏・晉以來は譯者踵を接し、隋・唐時代に至つては、佛經蔚然として大に備はることゝなつたのである。

①改造三卷十二號、梁啓超「佛教之初輸入」。譯者は未だ改造誌を見ざれども、梁氏のこの論文は『飲冰室專集』五十二に收む。但しこの問題に就いては、フランスのマスペロ氏（Henri Maspero）に Le songe et l'ambassade de l'Empereur Ming (BEFEO, X. 1910) があり、日本にも論著が少くない。此には一々列擧せぬ。

佛經の刻石は、元魏に始まり、高齊に盛となり、金・元以後にこの風漸く熄むに至る。但し淸の葉昌熾の『語石』卷四には、（年月の確證のある）刻經の實例は、高齊宇文周の時のものが始であるとなし、②また孫星衍・趙之謙二氏の『訪碑錄』の誤を辨正してゐる。然し趙氏の『補寰宇訪碑錄』卷二には「北魏永安二年（西紀五二九）史同百餘人造經記」があり、吳式芬の『攈古錄』卷六には「東魏武定四年（西紀五四六）金剛經」が見えてゐるのであるから、元魏の時代から旣に石刻佛經があつたと認めら

— 88 —

图3

第三、经典诸刻与纪事诸刻之别

第六图　汉熹平石经仪礼残石——藤井友邻馆藏石

第七图　魏石经春秋残石（直下式）

第八图　魏石经尚书残石（品字式）——马衡藏石

第九图　唐开成石经周易拓本——西安碑林

第十图　蜀石经周礼残字拓本

（三）塚本善隆译注：《中国金石学概要 石刻》，马衡著，《东洋史研究》第3卷第4号，1938年4月20日，第352—360页〔图3〕。

第三、经典诸刻与纪事诸刻之别（续）

第十一图　河南宝山大住圣窟寺

第十二图　房山雷音洞及其刻经

第十三图　河南郑州开元寺经幢

第十四图　洛阳龙门齐武平六年造像记与药方

第十五图　辽云居寺续秘藏石经塔记

（四）内藤乾吉译注：《中国金石学概要 石刻》，马衡著，《东洋史研究》第3卷第6号，1938年9月28

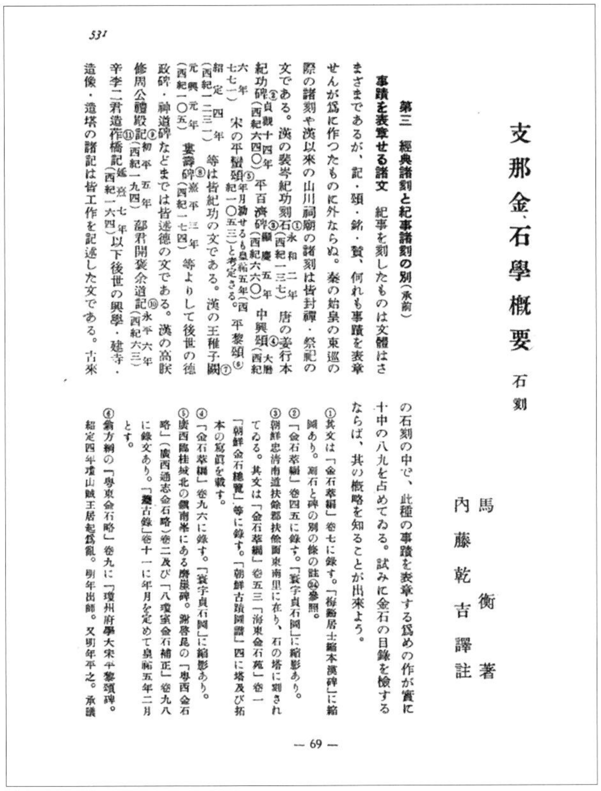

531

支那金石學概要　石刻

馬　衡　著
內藤乾吉　譯註

第三　經典諸刻と紀事諸刻の別（承前）

事蹟を表章せる諸文　紀事を刻したものは文體はさまざまであるが、記・頌・銘・贊、何れも事蹟を表章せんが爲に作つたものに外ならぬ。秦の始皇の東巡の際の諸刻や漢以來の山川祠廟の諸刻は皆封禪・祭祀の文である。漢の裴岑紀功刻石①（永和二年（西紀一三七））唐の姜行本紀功碑②（貞觀十四年（西紀六四〇））平百濟碑③（顯慶五年（西紀六六〇））中興頌④（大曆六年（西紀七七一））宋の平蠻頌⑤（年月泐せるも皇祐五年（西紀一〇五三）と考定さる。）平黎頌⑥（紹定四年（西紀一二三一））等は皆紀功の文である。漢の王稚子闕⑦（元興元年（西紀一〇五））婁壽碑⑧（熹平三年（西紀一七四））等よりして後世の德政碑・神道碑などまでは皆述德の文である。漢の高眹修周公禮殿記⑨（初平五年（西紀一九四））鄐君開褒余道記⑩（永平六年（西紀六三））辛李二君造作橋記⑪（延熹七年（西紀一六四））以下後世の興學・建寺・造像・造塔の諸記は皆工作を記述した文である。古來の石刻の中で、此種の事蹟を表章する爲めの作が實に十中の八九を占めてゐる。試みに金石の目錄を檢するならば、其の概略を知ることが出來よう。

①其文は「金石萃編」卷七に錄す。「梅谿居士縮本漢碑」に縮圖あり。刻石と碑の別の條の註㉞參照。
②「金石萃編」卷四五に錄す。「寰宇貞石圖」に縮影あり。
③朝鮮忠淸南道扶餘郡扶餘面東南里に在り、石の塔に刻されてゐる。其文は「金石萃編」卷五三「海東金石苑」卷一「朝鮮金石總覽」等に錄す。「朝鮮古蹟圖譜」四に塔及び拓本の寫眞を載す。
④「金石萃編」卷九六に錄す。「寰宇貞石圖」に縮影あり。
⑤廣西臨桂城北の龍隱巖にある摩崖碑。謝啓昆の「粵西金石略」（廣西通志金石略）卷二及び「八瓊室金石補正」卷九八に錄文あり。「攈古錄」卷十一に年月を定めて皇祐五年二月とす。
⑥翁方綱の「粵東金石略」卷九に「瓊州府學大宋平黎頌碑。紹定四年瓊山賊王居起爲亂。明年出師。又明年平之。承議

— 69 —

图4

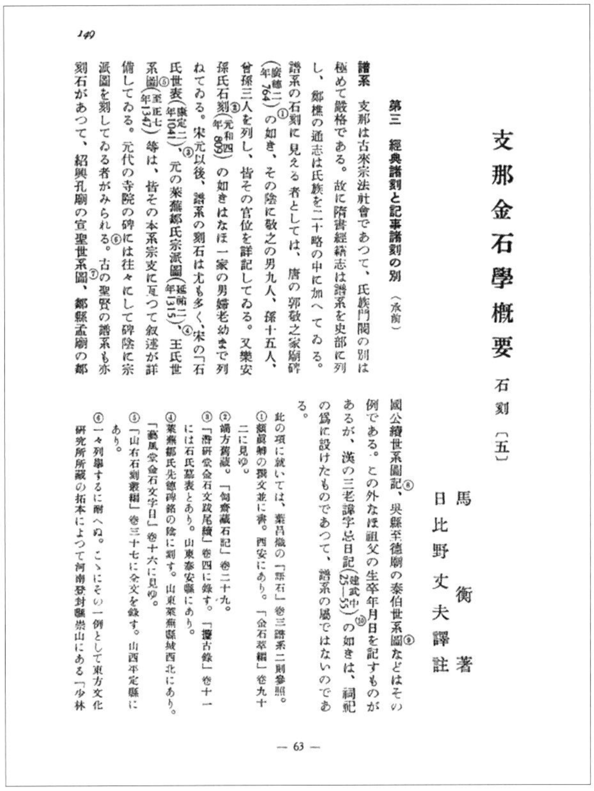

149

支那金石學概要　石刻〔五〕

馬　衡　著
日比野丈夫　譯註

第三　經典諸刻と記事諸刻の別（承前）

譜系　支那は古來宗法社會であつて、氏族門閥の別は極めて嚴格である。故に隋書經籍志は譜系を史部に列し、鄭樵の通志は氏族を二十略の中に加へてゐる。譜系の石刻に見える者としては、唐の郭敬之家廟碑①（廣德二年（764））の如き、その陰に敬之の男九人、孫十五人、曾孫三人を列し、皆その官位を詳記してゐる。又欒安孫氏石刻②（元和四年（809））の如きはなほ一家の男婦老幼まで列ねてゐる。宋元以後、譜系の刻石は尤も多く、宋の「石氏世表」③（康定二年（1041））、元の萊蕪郯氏宗派圖④（延祐二年（1315））、王氏世系圖⑤（至正七年（1347））等は、皆その本系宗支に亙つて敍述が詳備してゐる。元代の寺院の碑には往々にして碑陰に宗派圖を刻してゐる者がみられる。⑥古の聖賢の譜系も亦刻石があつて、紹興孔廟の宣聖世系圖⑦、鄒縣孟廟の鄒國公續世系圖記⑧、吳縣至德廟の泰伯世系圖⑨などはその例である。この外なほ祖父の生卒年月日を記すものがあるが、漢の三老諱字忌日記⑩（建武中（25—55））の如きは、祠祀の爲に設けたものであつて、譜系の屬ではないのである。

此の項に就いては、葉昌熾の「語石」卷三譜系二則參照。
①顏眞卿の撰文並に書。西安にあり。「金石萃編」卷九十二に見ゆ。
②端方舊藏。「匋齋藏石記」卷二十九。
③「潛研堂金石文跋尾續」卷四に錄す。「攈古錄」卷十一には石氏墓表とあり。山東泰安縣にあり。
④萊蕪郯氏先德碑銘の陰に刻す。山東萊蕪縣城西北にあり。
⑤「山右石刻叢編」卷三十七に全文を錄す。山西平定縣にあり。
⑥一々列擧するに耐へぬ。こゝにその一例として東方文化研究所所藏の拓本によつて河南登封縣嵩山にある「少林

— 63 —

图5

日，第531—541页〔图4〕。

第三、经典诸刻与纪事诸刻之别（承前）

第十六图　汉闻熹长韩仁铭

第十七图　武后还少林寺神王敕碑

第十八图　金大定三年荐福禅院牒

第十九图　汉杜陵封冢记

第二十图　汉元和三年史仲葬志——陶斋藏砖

第二十一图　晋张朗碑

第二十二图　北魏张神洛墓券——陶斋藏砖

（五）日比野丈夫译注：《中国金石学概要 石刻（五）》，马衡著，《东洋史研究》第4卷第2号，1938年12月25日，第149—157页〔图5〕。

第三、经典诸刻与纪事诸刻之别（承前）

第二十二图　凤林禅师宗派之图

第二十三图　汉三老讳字忌日记

第二十四图　唐大明兴庆宫图

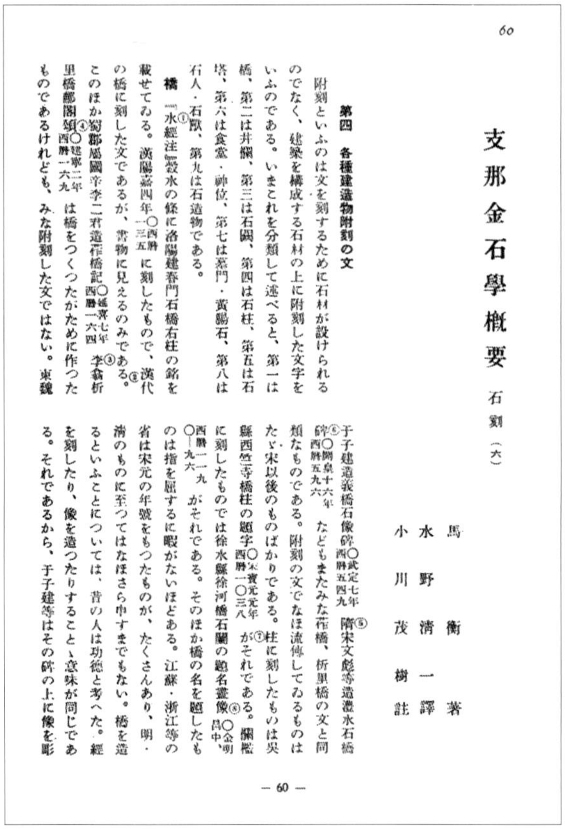

60

支那金石學概要 石刻（六）

馬衡 著
水野清一 譯
小川茂樹 註

第四 各種建造物附刻の文

附刻といふのは文を刻するために石材が設けられるのでなく、建築を構成する石材の上に附刻した文字をいふのである。いまこれを分類して述べると、第一は橋、第二は井欄、第三は石闕、第四は石柱、第五は石塔、第六は食堂・神位、第七は墓門・黄腸石、第八は石人・石獸、第九は石造物である。

橋 「水經注」①穀水の條に洛陽建春門石橋右柱の銘を載せてゐる。漢陽嘉四年（西暦一三五）に刻したもので、漢代の橋に刻した文であるが、書物に見えるのみである。② このほか蜀郡屬國辛李二君造作橋記（延熹七年 西暦一六四）③ 李翕析里橋郙閣頌（建寧二年 西暦一六九）④ は橋をつくつたがために作つたものであるけれども、みな附刻した文ではない。東魏于子建造義橋石像碑（武定七年 西暦五四九）⑤ 隋宋文彪等造灃水石橋碑⑥（開皇十六年 西暦五九六） などもまたみな花橋、析里橋の文と同類なものである。附刻の文でなほ流傳してゐるものはたゞ宋以後のものばかりである。柱に刻したものは吳縣西竺寺橋柱の題字（宋寶元元年 西暦一〇三八）がそれである。⑦ 欄檻に刻したものでは徐水縣徐河橋石闌の題名畫像⑧（金明昌中、西暦一一九〇—一一九六）がそれである。そのほか橋の名を題したものは指を屈するに暇がないほどある。江蘇・浙江等の省は宋元の年號をもつたものが、たくさんあり、明・清のものに至つてはなほさら申すまでもない。橋を造るといふことについては、昔の人は功德と考へた。經を刻したり、像を造つたりすることゝ意味が同じである。それであるから、于子建等はその碑の上に像を彫

— 60 —

图6

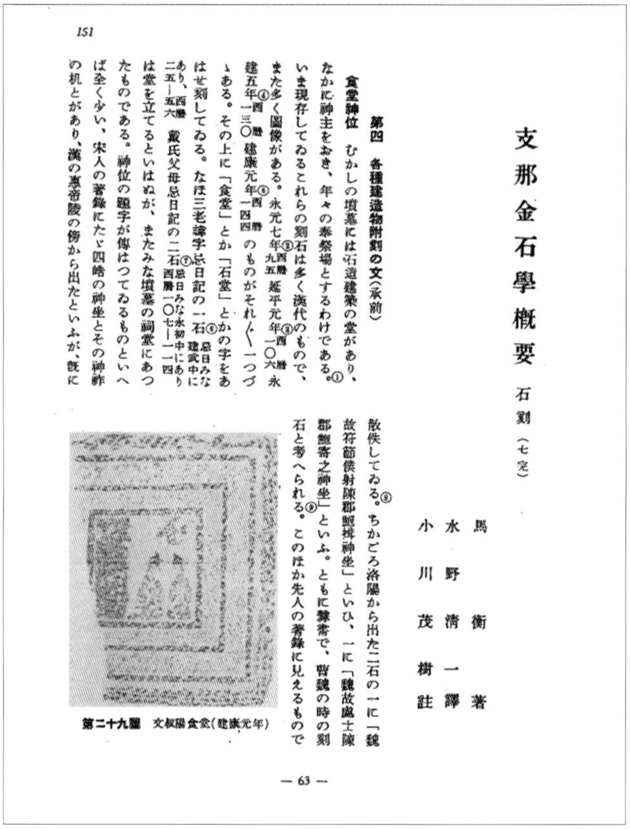

151

支那金石學概要 石刻（七完）

馬衡 著
水野清一 譯
小川茂樹 註

第四 各種建造物附刻の文（承前）

食堂神位 むかしの墳墓には石造建築の堂があり、なかに神主をおき、年々の奉祭場とするわけである。① いま現存してゐるこれらの刻石は多く漢代のもので、また多く圖像がある。永元七年②（西暦九五）延平元年③（西暦一〇六）永建五年④（西暦一三〇）建康元年⑤（西暦一四四）のものがそれ〳〵一つづゝある。その上に「食堂」とか「石堂」とかの字をあはせ刻してゐる。なほ三老諱字忌日記の一石⑥（忌日みな建武中にあり、西暦二五—五六）戴氏父母忌日記の二石⑦（忌日みな永初中にあり 西暦一〇七—一一四）は堂を立てるといはぬが、またみな墳墓の祠堂にあつたものである。神位の題字が傳はつてゐるものといへば全く少い、宋人の著録にたゞ四皓の神坐とその神胙の机とがあり、漢の惠帝陵の傍から出たといふが、既に散佚してゐる。⑧ ちかごろ洛陽から出た二石の一に「魏故符節僕射陳郡鮑捎神坐」といひ、一に「魏故處士陳郡鮑寄之神坐」といふ。⑨ ともに隸書で、曹魏の時の刻石と考へられる。このほか先人の著録に見えるもので

第二十九圖 文叔陽食堂（建康元年）

— 63 —

图7

第二十五图　郑道昭论经书诗

（六）水野清一、小川茂树译注：《中国金石学概要 石刻（六）》，马衡著，《东洋史研究》第5卷第1号，1939年10月30日，第60—66页〔图6〕。

第四、各种建造物附刻之文

第二十六图　少室石阙铭

第二十七图　沈君阙

第二十八图　青州舍利塔铭

（七）水野清一、小川茂树译注：《中国金石学概要 石刻（七完）》，马衡著，《东洋史研究》第5卷第2号，1940年1月30日，第151—158页〔图7〕。

第四、各种建造物附刻之文（承前）

第二十九图　文叔阳食堂（建康元年）

第三十图　李夫人墓门

第三十一图　熹平元年黄肠石

第三十二图　瞿相圃石人

第三十三图　晋石硙铭

这七篇译注，因为连载时间过长，导致体例未能相互照顾。譬如：前四篇未标序号（一）至（四），第五篇序号[五]用方括号，第六、七篇序号（六）（七完）又用圆括号。还有，第四篇"第二十二图"与第五篇"第二十二图"序号重复，导致全本三十四图，统计只有三十三图，少了一图。当然，这些都不是重要问题。值得特别重视的是，水野清一、小川茂树、塚本善隆、内藤乾吉、日比野丈夫五位译注者，当时虽然都还只是四十岁左右的中年学人，但后来都成长为日本京都学派的超重量级人物。这里再将这五位译注者的情况简单绍介如下。

水野清一（1905—1971），日本著名考古学家，云冈石窟、龙门石窟等石窟研究第一人。1928年到北京大学留学。次年，曾与傅振伦先生等，随同马衡先生参加北京西城大木仓胡同西口唐仵君墓发掘。是先生的正宗弟子。

小川茂树（1904—1987），即著名的贝塚茂树（小川为其旧姓）。日本著名东洋史学家、中国史学者，以精通甲骨、金文与先秦史著称，整理的《京都大学人文科学研究所藏甲骨文字》，撰写的《古代殷帝国》，历久弥新。

塚本善隆（1898—1980），日本著名佛教史学家，中国佛教研究第一人，房山石经调查研究的先驱。1928年到辅仁大学留学。归国后，撰写的《日支佛教交涉史研究》，奠定了其在中日佛教史研究领域的崇高地位。

内藤乾吉（1899—1978），日本京都学派创始人内藤湖南（本名虎次郎，号湖南）之长子。日本中国法制史与东洋艺术史研究大家。撰写的《中国法制史考证》，极负盛名。对日藏唐摹本王羲之《丧乱三帖》，尤有研究心得。

日比野丈夫（1904—2007），日本著名东洋史学家、中国史学者，日本中国历史地理研究大家。1939—1941年曾到中国留学，参与居庸关项目合作研究，并对一些中国古代遗址进行实地调查，打下了坚实的中国历史地理基础。

可以看出这个译注班底的分量。因此，所谓水野本，自然不能以一般译注本视之。而群贤能够毕至，恐怕也是马衡先生的学术品质和人格魅力感召所致。

第一篇最后有水野清一写的《补白》（馀白に申す），全文为：

> 这本《中国金石学概要》是马衡先生的讲义稿。大体上北京大学的讲义几乎全是针对初学者的一般概论。不是倡导领先的新学说的地方。每年重复使用相同的讲义，讲义稿已被阳光晒得发红。讲课方想必是感觉非常无聊吧，而像我这样也就只能听懂一半左右中文讲义的学生，也是很紧张地听课了。现在我也能回忆起当时以简练的讲课风格谆谆教诲的马衡先生的风貌。我时常在想，我国正缺乏这样易懂的概论，不如试着翻译出来。这次，小川茂树和塚本善隆说可以接着翻译后续部分，我就抓紧翻译了第一部分。一翻译感觉太简单了不太满足，尝试着加了注解，而那也只是停留在译者的心境更觉得无趣。但是直率地讲，我国的现状不也正是需要这样的东西吗？就说近的，打开平凡社的《东洋历史大辞典》看看，有玦的项目但没有碣，有螭首但不见圭首、龟趺和晕。铜器像觯、斝列举得很细致，却没有

石刻的项目。这绝不是《东洋历史大辞典》一家的责任。这只不过是反映了不恰当地无视金石学的一般状况。马衡先生排除了把金石作为兴趣爱好享受其乐趣，而是努力致力于对其科学性、历史性的研究。以容庚氏为首，很多有作为的金石学者出于这个门派。从罗振玉、王国维到马衡、容庚氏的团队是真正能够称为金石学的正统派吧。虽然他们的写述方法简单，但与陆和九的《中国金石学》相比较，其见解的差异是一目了然的。（昭和十二年十月十日）

这篇《补白》以马衡先生的讲义和讲课风貌为例，指出日本金石学存在的问题和需要改进的地方，看得出来，言辞之间，充满了对马衡先生的崇敬与怀念。值得注意的是写作时间。昭和十二年是1937年，10月10日是辛亥革命纪念日，同时也是故宫博物院的建院日。这一年的7月7日，爆发“卢沟桥事变”（即“七七事变”），日本开始全面侵华，中华民族也开始全面抗战。其时，马衡先生作为故宫博物院院长，正在南京主持故宫南迁文物分南、中、北三路继续西迁。战争将水野清一与马衡先生彻底分隔，难通音问。水野清一在《附言》之末，特别署写作时间为10月10日，我以为是有深刻的寓意和寄托的。我们知道，在日本，无论是京都学派，还是东京学派，凡研究“中国学”者，绝大部分都是“亲华”派。需要指出的是，他们所“亲”之“华”，皆指传统中华。1986年9月至10月，日本史学泰斗池田温先生到国家文物局古文献研究室访学，我负责接待，他对我说过一句很动情的话：“中华传统文化养育了日本两千年，现在应该是日本回报中国的时候了。”日本极为重视文化及其传承，对中华传统文化的爱护难以用文字表达[1]。但对于战争，无论是文人，还是学者，都缺乏阻止的力量。而中日的这种分隔，时间长达三十多年，直到1972年恢复邦交才基本告一段落。因此，这个水野本，不仅马衡先生在世时不可能知道，就是傅振伦先生整理《丛稿》时也难知其详。本文前云“傅先生显然并未亲见其书，应该属于耳食之言”，即是指此而言[2]。

当然，水野本的价值并不止此。首先，其中所附三十四图，自应原出马衡先生讲义，而《丛稿》所收《概要》讲义完全无图，至少不能说是讲义原本。其次，将水野本与傅本比较，可以发现：①水野本较傅本内容详细。一个明显例证就是，傅本只有传统纪年，水野本在传统纪年下皆注有“西历”多少年，譬如傅本在“高丽好大王陵刻石”下括注：“甲寅年，当晋义熙十年。”（《丛稿》第68页）水野本则在“晋义熙十年”下另注“西历四一四”五字（第一篇第46页）。②水野本与傅本文字不同。譬如傅本所称“昆弟六人造冢地记”（《丛稿》第68页），水野本作“昆弟六人造冢记”（第一篇第46页），少一“地”字。又傅本所称“霍扬碑”（《丛稿》第69页），水野本作“霍杨碑”（第一篇第48页），前作“扬”，后作“杨”。③水野本与傅本分段亦异。譬如傅本

1　中日民间交通源远流长。有文字记载的历史至少有两千年。《汉书·地理志》“燕地”条已有“乐浪海中有倭人，分为百余国，以岁时来献见”的记载。《后汉书》始立《倭传》，记其国“奉贡朝贺”，光武帝“赐以印绶”。1784年4月12日，日本福冈出土了一枚“汉委奴国王”金印，现藏福冈市博物馆。围绕这枚金印的性质与真伪，曾在日本国内引发较大争论。但与前揭东汉光武帝“赐以印绶”记载印证，无疑可以作为中日官方交通和日本最早接受中国册封的证据。尤其三国孙吴时期，两国交通频繁，孙吴服饰制作工艺传到日本，日本出现“吴服”店，直到德川幕府时期（1603—1868年），才逐渐改“吴服”店为“和服”店，但至今日本仍有很多“吴服”店保存旧名不改。此外，我在参加整理长沙走马楼三国吴简时，发现其中“嘉禾吏民田家莂”计算田亩均称“町”，而这个“町”字，在中国已经很少使用，但在日本作为城镇街道名称，到处都是，如东京著名的买卖旧书的街道名为“神田町”。我推测日本之有“町”字，就是从孙吴时期传过去的。此外，中国的文物，在日本被定为“国宝”和“重要文化财”者，更是不胜枚举，都得到了极好的保护。

2　1945年战争结束前，水野清一常来中国河南、河北、山西考察石窟，但那时马衡、傅振伦都在四川国统区，三人无缘见面。此后，1957年，水野清一作为日本考古学视察团成员访问北京，并到故宫博物院参观，唐兰、陈万里、罗福颐等负责接待，其时马衡已经去世，傅振伦在中国历史博物馆工作，也都无缘见面。

谈"释道石经"，从"中国之有佛经"到"迄金元以后此风渐息"为一段（《丛稿》第84页），水野本则从该段中间的"佛经の刻石"（即傅本的"其刻石也"）以下另分一段，文字也不尽相同（第三篇第352—353页）。又傅本谈"道经刻石"，仅一段（《丛稿》第85—86页），水野本则将该段所举刻石皆单列，分成二十六段（第三篇第357—358页）。此外，还有很多歧异。譬如傅本谈"画像"，先云："其最先者，当推《麃孝禹刻石》之朱雀画像，粗具规郭，刻工草率，为西汉石画之仅见者。"然后括注："沂水鲍家山摩厓刻凤皇画像，其题字中有元口等字，前人或释元狩，或释元凤，意为西汉刻石，其实元口等字与三月等字不在一处，绝非年号。"（《丛稿》第70页）水野本则将括注文字直接置入正文（第一篇第51页）。这些应该不存在孰正孰误问题，而是本子不同。

傅振伦先生整理的《概要》最后也有"编者按"，中云："此讲义是作者在北京大学史学系讲课时所编，初印于1924年。今据1931年修订本。"[1]而水野清一1928年到北京大学留学，1930年归国，他所得到的讲义，至迟也只能是1930年的本子。可见前揭两个本子的各种差别，确是多因本子不同所导致。但这仅是一个方面。水野本有图、有"西历"，证明原讲义是有图、有"西历"的，傅本无图、无"西历"，作为晚出之本，不进反退，违背常理，应是整理时由于种种原因删除了。就此而言，水野本更加接近原本，也更加可贵！

附记：本文原为2020年11月8日参加本院故宫学研究所举办的"2020年故宫学学术研讨会"论文，此次发表，一仍其旧，以存学术史原貌。

（作者单位：故宫博物院研究室、"古文字与中华文明传承发展工程"协同攻关创新平台）

1 马衡：《凡将斋金石丛稿》，第114页。

解读紫禁城内发现的一方唐代墓志*

Analysis on an Epitaph Dated from the Tang Dynasty Excavated from the Forbidden City

王东

Wang Dong

内容提要：

《唐崔抱一夫人墓志》1995年夏出土于故宫博物院地下文物库房工地。该墓志记载了崔抱一家族主要成员的生平。本文对该墓志进行考释，对墓志涉及职官、祖先认同、葬俗和地理等进行分析，认为崔抱一家族是中唐幽州中上层社会的一个代表，信仰道教。该墓志出土于紫禁城内，是探讨隋临朔宫的位置、构建紫禁城建成之前区域历史的重要史料。

关键词：

崔抱一　博陵崔氏　龟筮　道教　幽州　临朔宫

ABSTRACT:

Epitaph for Cui Baoyi's Wife of Tang Dynasty was excavated from the construction site of the underground storage of the Palace Museum in the summer of 1995. The epitaph documented life stories of key members of the Cui family. Through a study of the content of the epitaph, the article addresses issues such as the official titles, ancestral identity, burial customs and historical sites, arguing that Cui Baoyi's family was a representative of the upper-middle class in Youzhou in mid-Tang period and their religious belief was Daoism. Since the epitaph was discovered in the Forbidden City, it offers important information for locating of the Sui dynasty (581-618) Linshuo Palace and for re-establishing the regional history before the Forbidden City was built.

KEYWORDS:

Cui Baoyi, Cui Family of Boling, divination, Daoism, Youzhou, Linshuo Palace

* 本文得到故宫博物院“英才计划”和北京故宫文物保护基金会学术故宫万科基金会专项经费资助。

《唐崔抱一夫人墓志》（下文简称《墓志》），1995年夏出土于故宫博物院地下文物库房工地唐墓。该墓是一座单室砖墓，由墓室、甬道和墓门构成。弧方形墓室南北长4.32米、东西长4.4米，西南部被毁。甬道长1米、宽1.12米，仅存东壁。墓门位于南侧。骨殖散布于墓室。出土首题为“博陵崔府君夫人墓志铭并序”的墓志一件和题有“崔公墓志”的墓志盖一件。另有菱花纹铜镜、灰陶罐和器盖各一[1]。

图1　《唐崔抱一夫人墓志》拓片
采自《北京市文物研究所藏墓志拓片》第15页

《墓志》长约47厘米，宽约45厘米。铭文行书，共27行，每行字数不等。铭文具有典型的王羲之书法风格。志盖盝顶，46厘米见方，四周阴刻十二生肖俑图案，中间篆书“崔公墓志”。墓志和志盖收藏于北京市文物研究所，故宫博物院藏有拓片（文物编号：新00202013和新00202014），惜未公布。杨旗和蒋爱花曾以北京市文物研究所刊布的拓片〔图1〕为底本[2]，对《墓志》进行了简要介绍，但并未移录全文[3]。本文将《墓志》全文移录如下。

一　《墓志》录文

博陵崔府君夫人墓志铭并序/

广平宋黄裳撰/

有唐大历十一年，太岁曰执徐，王二月戊辰，云麾将军守左金/吾卫大将军试太常卿上柱国崔府君曰抱一，即世于幽州蓟县私弟。/帝加其贤，赠使持节亳州诸军事亳州刺史，享年八十有八。/

夫人南阳太君，孀十四年，龙集鹑尾秋七月丁卯，归全于始。孀之地少，府君殁/年，九岁龟筮未叶，皆因所终之舍而殡焉，顺孝子不忍离之心，燕人以龟筮为知也。/

府君之先，齐丁公之后，尚父垂庆，世有哲人，是以为博陵大家。骃以儒/术闻，琰以金声振，颢以长策定难，瑗以安节自弘。洎灵恩，居冀州，因/为冀州人也。乃祖先父，居休汇贞。/府君风仪厉肃，心志高朗，有孙子之略，兼管氏之筹，承君亲如天，奉/兄长唯敬。故能受国殊宠，存殁不衰。其存也，列九卿于

1　王有泉：《故宫地下文物库房工地唐墓》，中国考古学会《中国考古学年鉴1996》，文物出版社，1998年，第93－94页。

2　北京市文物研究所编：《北京市文物研究所藏墓志拓片》，北京燕山出版社，2003年，第15页。

3　杨旗：《唐代北京地区墓志铭研究》，中央民族大学硕士论文，2013年，第93页；蒋爱花：《身份、记忆、反事实书写》，中国社会科学出版社，2021年，第205页。

太常；其殁也，/赠五侯于殷亳。举是二命，足以壹行其间，官爵是以不书。府君以抱一立/克，以纯一守操，故太君以均一之德而归之于府君。

昌阜崔氏，四子成器。/长子颀，官试恒王友，先太君而丧。次曰庭，左武卫兵曹参军，后太君而逝。/四曰岌，颖王府长史。咸以贞明谅直称焉。其弟三子，通议大夫前行莫州司/法参军摄幽州幽都县丞，良则令望，最厚历职花府，践阶名都，擢/幽州卢龙节度都知兵马使判官，运嘉画以干公，持俭德以守位。而兄弟相/顾，嗟齿发皆变。力赴窀穸之事，用遵祔葬之礼。龟筮亦合，日月有时。以/先茔隔在冀方，不果归祔，遂于幽州蓟县东北五里燕夏乡之原，择/吉地而安厝之，礼从宜也。以贞元十五年岁在己卯三月廿九日癸酉，即/新茔而堋焉。

黄裳忝以直道，应于贤弟三子，敢述至美刊之。买石铭曰：/

尚父司空，位望并尊。垂裕永永，修福元元。

使君太君，/余庆显存。氤氲二气，阜昌一门。

四子成长，德不负位。/芝兰并芳，门族益贵。

天锡纯嘏，道盛福大。归全有终，/眉寿无害。

先人玄堂，阻于冀方。归祔无路，树坟此乡。/

刻石铭墓，令问不亡，地久兮天长。

二 《墓志》所涉人物及职官考索

崔抱一，唐永昌（载初）元年（689）生，大历十一年（776）卒于幽州蓟县私第，享年88岁。崔抱一夫人孀居14年，贞元六年（790）卒。卒后9年内，多次卜筮，均没有合适的葬地，而崔抱一死于非命，夫妇二人权殡于所终之舍。崔抱一夫妇育有四子。长子崔颀，逝世于790年之前。次子崔庭，逝世于790—799年。第四子崔岌。第三子，《墓志》未交代其名，官为“通议大夫前行莫州司法参军摄幽州幽都县丞”，被擢为“幽州卢龙节度都知兵马使判官”后，于贞元十五年（799）在蓟县燕夏乡卜得吉地，将父母合葬。

崔抱一夫妇及其四子，均不见于史籍和其他墓志。《墓志》称崔抱一卒官为“云麾将军守左金吾卫大将军试太常卿上柱国”。依唐制，云麾将军为从三品上武散官[1]，左金吾卫大将军为正三品职事官[2]，散位低于职事，故称“守”[3]。太常卿，掌礼乐、郊庙、社稷之事[4]，位列九卿之首，与六部尚书同级，位居正三品。《墓志》云“试太常卿”。试官在唐代有两种意义，一种是试任其职，即“试者，未为正命”[5]，另一种是试假其衔，

1 《新唐书》卷四六《百官志一》，中华书局点校本，1975年，第1197页。

2 “左金吾卫大将军，掌宫中及京城昼夜巡警之法，以执御非违”，见《唐六典》卷二五《诸卫府》，陈仲夫点校，中华书局点校本，1992年，第638页。

3 《通典》卷一九《历代官制总序》，中华书局点校本，1988年，第471页。又参赵望秦：《略论唐代官制中的“守、行、兼”制度》，《唐史论丛》第八辑，三秦出版社，第59－77页。

4 《唐六典》卷一四《太常寺》，第394页。

5 《通典》卷一九《历代官制总序》，第471页。

仅表示品阶[1]。此处试官的意义属于后者。中唐以后，常以卿监官作试官。藩镇将校，多带金吾卫大将军、试诸卿衔[2]。在幽州地区，散官、试官等虚衔很常见。房山石经题记中，文散官银卿光禄大夫、武散官云麾将军很常见。上柱国为正二品勋官，主要用于奖励军功。有唐一代，存在"泛勋"现象，中唐以后尤甚，渐及普通百姓[3]。实际上，《墓志》所云的崔抱一的职官，仅表示品阶和荣誉，并无任何实际职掌。

崔抱一去世后，唐朝中央赠官"使持节亳州诸军事亳州刺史"。三品是唐朝官员获得赠官资格的界限[4]。赠官的资格是依照卒时职官中品级最高者，但主要考虑的是职事官。换言之，三品以上职事官是赠官的主要对象[5]。崔抱一恰好符合标准。那么，崔抱一具体的职掌是什么呢？《墓志》并没有记述。光绪年间明十三陵大红门附近出土的《唐宋俨墓志》或许能为我们提供一个类比。《唐宋俨墓志》记载宋俨的职官为"云麾将军守左金吾大将军试鸿胪卿上柱国"。除试官外，其余均与崔抱一相同。宋俨卒于建中三年（782），与崔抱一卒年相差不远。所幸墓志记载，宋俨随节度使朱滔讨伐成德李惟岳，平定恒定之乱，后又参与对抗中央军的军事行动。这说明他是幽州节度使府的高级军将[6]。据此推测，崔抱一应该也是幽州节度使府的一名高级军将。不过，宋俨在节度使府的职官，墓志也没有交代，只记载了唐朝中央所封的荣衔。这一现象从侧面反映出这一时期藩镇军将的国家认同。《墓志》另云"故能受国殊宠，存殁不衰。其存也，列九卿于太常；其殁也，赠五侯于殷亳。举是二命，足以一行其间，官爵是以不书"。这进一步佐证了上述观点。

崔抱一夫人，《墓志》未说明其姓氏和家族，很可能并非出自望族。南阳太君，说明她是朝廷命妇。唐代命妇有内外之分，内命妇包括皇帝内官和东宫命妇，外命妇指的是宫外的命妇，主要因夫和因子得封[7]。《新唐书·百官志》载"凡外命妇有六，王、嗣王、郡王之母、妻为妃，文武官一品、国公之母为国夫人，三品以上母、妻为郡夫人，四品母、妻为郡君，五品母、妻为县君，勋官四品有封者母、妻为乡君"[8]。《唐六典》云"其母邑号皆加'太'字。各视其夫及子之品，若两有官爵者，皆从高"[9]。《元和郡县图志》卷二一"邓州"条下有"南阳县"[10]。"南阳太君"应该是"南阳县太君"的简称。

长子崔颀，《墓志》记载简略，仅为"官试恒王友"。"王友"为职官名，掌教导诸王，曹魏始为诸王置友，晋因之。《晋书·职官志》有"王置师、友、文学各一人，景帝讳，故改师为傅。友者，因文王、仲尼四友之名号"的记载[11]。唐代王友，从五品下[12]。唐代文献中有两位恒王。一为睿宗次子李㧑，原名李成义，垂

1 杜文玉：《论唐代员外官与试官》，《陕西师范大学学报》（哲学社会科学版），1993 年第 3 期。

2 张国刚：《唐代官制》，三秦出版社，1987 年，第 170 页。

3 余新忠：《唐代勋官的实际意义》，《铁道师院学报》1992 年第 2 期；马志立：《唐代勋官制度若干问题研究》，武汉大学硕士学位论文，2005 年；金锡佑：《唐代百姓勋官考论》，《东方论坛：青岛大学学报》2004 年第 6 期。

4 吴丽娱：《终极之典：中古丧葬制度研究》，中华书局，2012 年，第 740 页。

5 《终极之典：中古丧葬制度研究》，第 742 页。

6 盛会莲：《唐宋俨墓志考释》，《北方文物》，2020 年第 4 期。

7 关于唐代命妇制度的研究，参见吴桂蓉：《台湾外命妇的身份与爵封》，逢甲大学硕士学位论文，2009 年；李娜颖：《理想与现实之间的唐代命妇——以制度为中心的考察》，北京大学硕士论文，2010 年。

8 《新唐书》卷四六《百官志一》，第 1188 页。

9 《唐六典》卷二《尚书吏部》"司封郎中"条，第 38 — 39 页。

10 《元和郡县图志》，贺次君点校，中华书局，1983 年，第 533 页。

11 《晋书》卷二四《职官志》，中华书局点校本，1974 年，第 743 页。

12 《唐六典》卷二九《诸王府公主邑司》"亲王府"条，第 729 页。

拱三年（687），册封恒王。后改封衡阳郡王、衡阳王、申王，开元十二年（724），病逝，册赠惠庄太子，陪葬桥陵。另一位恒王是玄宗第二十七子李瑱。《旧唐书·李瑱传》载：

> 恒王瑱，玄宗第二十七子也，初名漶。开元二十三年七月，封为恒王。性好道，常服道衣。授右卫大将军，加开府仪同三司。二十四年二月，改名瑱。天宝十五载，从幸巴蜀，不复衣道士衣矣[1]。

李瑱大概去世于代宗朝。《墓志》所说的"恒王"应该是李瑱。西安文理学院收藏的《唐高瑗墓志》记载高瑗的职官为"左金吾卫同正将、宝应功臣、将仕郎、试恒王府友"[2]，可与崔颀的职官类比。

次子崔庭，左武卫兵曹参军，正八品下[3]，"掌五府、外府之武官职员，凡番第上下簿书名数，皆受而过大将军而配焉"[4]。

四子崔岌，颍王府长史。颍王为玄宗十三子李璬。《旧唐书·李璬传》记载：

> 颍王璬，玄宗第十三子也。读书有文词。初名沄。开元十三年，封颍王。十五年，遥领安东都护、平卢军节度大使。二十三年，加开府仪同三司，改名璬。安禄山反，除蜀郡大都督、剑南节度大使，杨国忠为之副。……后令宣慰肃宗于彭原，遂从归京师。建中四年薨。年六十六，辍朝三日[5]。

据《唐六典》卷二九《诸王府公主邑司》，唐代王府置傅一人，从三品，长史一人，从四品上。王傅并不主管实际事务。王府中的一切事务由长史负责[6]。在王府系统中，长史被称为"元僚"或"首僚"[7]。王府长史，负责教导诸王，负规谏之责，通判府务，若王出典外州，还需兼理州务。由于王府长史职责的重要，唐朝多由德崇学优者担任[8]。文献记载的颍王府长史有两位。一为辛替否，任职于开元中[9]；一为甘守默，天宝十载（751）任职[10]。崔岌应任职于甘守默之后。

宋黄裳可能是崔抱一第三子的僚佐，应第三子之邀撰写墓志。因避尊者讳，宋黄裳撰文时没有交代第三子之名。第三子原为"通议大夫前行莫州司法参军摄幽州幽都县丞"。通议大夫为正四品下文散官。凡户满四万户以上为上州。莫州53493户，为上州[11]。司法参军掌律、令、格、式，鞫狱定刑，督捕贼盗，纠逖奸非

1 《旧唐书》卷一〇七《李瑱传》，中华书局点校本，1975年，第3271页。
2 张天社、姜松：《大唐故高府君墓志志文考释》，《文物鉴定与鉴赏》，2019年第12期。
3 《唐六典》卷二四《诸卫》，第620页。
4 《唐六典》卷二四《诸卫》，第618页。
5 《旧唐书》卷一〇七《李璬传》，第3263－3264页。
6 汪家华：《唐代长史述考》，华东师范大学博士论文，2011年，第39页。
7 见苏颋：《授王守廉申王府长史制》（《全唐文》卷二五二）；李德裕：《授狄兼谟兼益王傅郑涑之兼益王府长史制》（《全唐文》卷六九八）。
8 汪家华：《唐代长史述考》，第40－42页。
9 《旧唐书》卷一〇一《辛替否传》载"开元中，累转颍王府长史"（第3161页）。
10 《旧唐书》卷二四《礼仪志》载"（天宝）十载正月，四海并封为王。……（遣）颍王府长史甘守默祭霍山应圣公"（第934页）。
11 《新唐书》卷三九《地理三》，第1021页。

之事[1]。莫州司法参军为从七品下[2]，“阶高而官卑者称‘行’”[3]。唐代县有赤、畿、望、紧、上、中、下七等。幽都县，本隋辽西郡，武德元年（618）为燕州，天宝元年（742）改为归德郡，建中元年（780）为朱滔所灭，因废为县[4]，属望县。唐代除赤县置二县丞外，其余均为一人，通判县事[5]。县的等级和县令、县丞的等级，有唐一代变化很大[6]。幽都县丞大约在从八品。河北三镇的州县官，常常由方镇使府辟署“摄官”充任[7]。

《墓志》撰写时，长子崔颀和次子崔庭均已去世，第三子主持父母的葬事。《墓志》云“而兄弟相顾，嗟齿发皆变。力赴窀穸之事，用遵祔葬之礼”。除了自知将老之外，尚有一个背景，就是第三子被擢为藩镇使府的幕僚，也就是“幽州卢龙节度都知兵马使判官”。《墓志》以“花府”称誉。按，花府即莲花府，南齐王俭地位显赫，喜爱招贤纳士，“时人以入俭府为莲花池”[8]，遂以莲花府作为幕府的美称。卢龙节度本为平卢节度使下的卢龙军，平卢部分辖地失陷后，卢龙军成为卢龙节度，由幽州节度使兼领。王永兴推测，幽州卢龙节度在上仅有节度使一人，节度使下分为二套机构，幽州节度使府在幽州牙城南部，称“南衙”，卢龙节度使府在北部，称“北衙”[9]。冯金忠进一步考证，虽然存在幽州和卢龙两套使府僚佐系统，但界限并不明显，官员“一身两任”的情况较常见[10]。开元时期，节度使府就有都知兵马使，掌兵权。安史之乱后，更加位尊势隆[11]。“至德以后，都知兵马使率为藩镇储帅”[12]。第三子担任幽州卢龙节度都知兵马使判官，“判”为执行之义，“判官”也就是具体的执行官[13]，初为临时设置的官员，无固定职掌范围，中唐以后藩镇判官类型多样，有节度判官、防御判官、团练判官、招讨判官、经略判官、观察判官、监军判官、留守判官、支度判官、营田判官等[14]。都知兵马使判官应是协助都知兵马使处理具体问题的官员。

三　昭穆不定——《墓志》反映的祖先认同

《墓志》追溯崔抱一祖先的段落，可分为两层。

第一层“府君之先，齐丁公之后，尚父垂庆，世有哲人，是以为博陵大家”交代崔氏的起源。尚父指姜太公吕望，齐丁公为吕望嫡长子吕伋。《元和姓纂》“崔氏”条引南朝贾执《姓氏英贤传》，“姜姓。齐太公生丁

1 《唐六典》卷三〇《三府都护州县官吏》，“上州”条，第 749 页。
2 《唐六典》卷三〇《三府都护州县官吏》，“上州”条，第 746 页。
3 《通典》卷一九《历代官制总序》，第 471 页。
4 《新唐书》卷三九《地理三》，第 1019 — 1020 页。
5 《通典》卷三三《职官十五》，“总论县佐”条，第 921 页。
6 翁俊雄：《唐代的州县等级制度》，《北京师范学院学报》（社会科学版），1991 年第 1 期。
7 赖瑞和：《论唐代的州县“摄”官》，《唐史论丛》第九辑，三秦出版社，2007 年，第 72 页。
8 《南史》卷四九《庾杲之传》，中华书局点校本，1975 年，第 1210 页。
9 王永兴：《关于唐代后期藩镇官制新史料考释》，北京大学中国中古史研究中心编：《纪念陈寅恪先生诞辰百年学术论文集》，北京大学出版社，1989 年，第 271 页。
10 冯金忠：《唐代幽州镇组织体制探微》，《中国史研究》2002 年第 2 期。
11 严耕望：《唐代方镇使府僚佐考》，《唐史研究丛稿》，新亚研究所，1969 年，第 211 — 212 页。
12 《资治通鉴》卷二一五《唐纪三十一》，唐玄宗天宝六载十月，“河西、陇右节度使王忠嗣以部将哥舒翰为大斗军副将”条注，中华书局点校本，第 6877 页。
13 赖瑞和：《唐代中层文官》，中华书局，2011 年，第 367 — 376 页。
14 吉东梁：《中晚唐藩镇判官研究》，西北大学硕士论文，2019 年，第 31 — 32 页。

公伋，生叔乙，让国居崔邑，因氏焉"[1]。《新唐书·宰相世系表》谓"崔氏出自姜姓。齐丁公伋嫡子季子让国叔乙，食采于崔，遂为崔氏"[2]。二者存在差异，前者认为叔乙是崔氏之祖，后者则在吕伋和叔乙之间添加了季子，认为季子是崔氏之祖。

结合中古墓志中对崔氏起源的记载，夏炎怀疑《元和姓纂》有脱文[3]。陈鹏对中古崔氏墓志进行整理，总结出"季子说""穆伯说""叔乙说""丁公说"四种，认为"穆伯说"和"季子说"并不冲突。应是丁公之子季子或叔乙居崔，其子穆伯以崔为氏[4]。有的墓志以穆伯为祖，有的以季子或叔乙为祖，有的追溯到丁公、太公，甚至追溯到炎帝、少典[5]。概言之，谱学家和墓志对崔氏起源的记载详略不一，但都以上古经典中的人物为始祖，而且有很多建构和想象的成分，无非是想表达崔氏的贵族身份、连绵不断[6]。通过与姓相联结的祖源记忆，与黄帝或炎帝建立想象中的血缘联系，是整个历史时期普遍的现象[7]，崔氏也不例外。

第二层"骃以儒术闻，琰以金声振，颢以长策定难，瑗以安节自弘"记述了东汉和魏晋南北朝时期崔氏家族的重要人物。

崔骃，字亭伯，东汉儒学家，长岑长，《后汉书》卷五二有传，博陵崔氏支祖。很多博陵崔氏的墓志在追溯祖先时，先说明崔氏的起源，然后提到崔骃，最后交代志主的三代近祖，如《唐崔长先墓志》[8]。唐代诗人在用典时中常以崔骃代指博陵崔氏的某位成员。如博陵崔日知，被张说赞美为"忽枉崔骃什，兼流韦孟词"，被韦嗣立称赞为"亭伯负高名，羽仪称上京"[9]。李白的诗句"故交竟谁在，独有崔亭伯"中也以崔骃代指好友崔成甫[10]。

崔琰，字季珪，东汉末儒学家、官吏，魏国尚书、中尉，《三国志》卷一二有传，清河崔氏支祖。正史和墓志都可证实，如《魏书》卷二四《崔道固传》"崔道固，字季坚，琰八世孙"[11]，《东魏崔令姿墓志》"夫人讳令姿，清河东武城人也。魏中尉琰之后"[12]，《唐崔瑶墓志》"公讳瑶，字淑玉，清河东武城人，魏中尉琰之十一代孙也"[13]。

崔颢，应该是北魏崔浩。崔浩，字伯渊，出身清河崔氏，历道武、明元、太武三帝，辅佐太武帝完成统一北方的大业，官至司徒，《魏书》卷三五有传。唐代清河崔氏在追溯祖先时，常提及崔浩。《墓志》云

1 《元和姓纂》卷三，岑仲勉校记，中华书局，1994年，第331页。
2 《新唐书》卷七二下《宰相世系二下》，第2729页。
3 夏炎：《中古世家大族清河崔氏研究》，天津古籍出版社，2004年，第28页。
4 陈鹏：《中古士族的姓望溯源与同姓联结——以清河崔氏和博陵崔氏为中心》，《人文论丛》2018年第1辑。
5 李嘎：《北魏崔猷墓志及相关问题》，《考古》2007年第1期。
6 范兆飞：《中古太原士族群体研究》，中华书局，2014年，第254－274页；范兆飞：《胙土命氏：汉魏士族形成史论》，《复旦学报》（社会科学版），2016年第3期。
7 王明珂：《论攀附：近代炎黄子孙国族建构的古代基础》，《"中研院"历史语言研究所集刊》第73本3分（2002年9月），第583－618页。
8 周绍良、赵超：《唐代墓志汇编》，上海古籍出版社，1992年，第3页。
9 范之麟：《全唐诗典故辞典》，湖北辞书出版社，2001年，第1576页。
10 郁贤皓：《李白诗中崔侍御考辨》，《文史哲》1979年第1期，后收入氏著《李白丛考》，陕西人民出版社，1982年，第79－96页。
11 《魏书》卷二四《崔道固传》，中华书局点校本，1974年，第628页。
12 赵超：《汉魏南北朝墓志汇编》（修订本），中华书局，2021年，第412页。
13 周绍良、赵超：《唐代墓志汇编续集》，上海古籍出版社，2001年，第621页。

“颢（浩）以长策定难”，与《魏书》本传记载相符[1]。

崔瑗，崔骃子，字子玉，东汉书法家，济北相，《后汉书》卷五二有传。崔瑗所作《座右铭》，用于自我训诫，影响深远。唐代博陵崔氏在追溯祖先时常引用此事，如《崔素臣墓志》“子玉英词，振芳规于座右”[2]。《墓志》云“瑗以安节自弘”说的也是他作《座右铭》自我约束以立德修身的事迹。

《墓志》追溯的汉魏崔氏先贤中，崔骃和崔瑗属博陵崔氏，而崔琰和崔颢（浩）属清河崔氏。学界对于这一问题早有关注。1978年，伊沛霞（Patricia Ebrey）在整理唐五代博陵崔氏的墓志时，发现博陵崔氏在追溯祖先时提到清河崔氏的先祖崔琰、崔林、崔浩的现象，对此做了简单的解释，认为这一现象反映了他们对祖先怀疑或漠然的态度[3]。周一良认为这种数典忘祖的现象，反映了门阀士族在唐代的衰落[4]。陈鹏认为这种“误认祖先”是刻意为之，清河崔氏和博陵崔氏本就同宗，互相攀引对方祖上的先贤，有助于鼓吹阀阅的连续性[5]。陈鹏从功利的角度解释了这一现象的合理性，而周一良站在中古门阀士族演变的宏观立场看待这一问题。实际上，从《墓志》所载“骃以儒术闻，琰以金声振”来看，撰志者把崔骃放在首位。显然并没有忘记崔骃作为博陵崔氏支祖的地位，其他几方提到清河崔氏先祖的博陵崔氏的墓志也可证实这一点，如《唐崔金刚墓志》“汉亭伯之文章，魏季珪之清直”[6]、《唐崔安俨墓志》“亭伯未识，将军有好龙之惭；季珪既知，丞相得史鱼之重”[7]。从整个隋唐五代时期博陵崔氏的墓志来看，在追溯祖先时提到清河崔氏先祖的案例，是屈指可数的。之所以出现这种“昭穆不定”的情况，除攀附同宗的因素外，更重要的是门阀士族衰落带来谱牒之学式微所致。

四 龟筮卜葬——《墓志》反映的唐代葬俗

《墓志》云：“孀之地少，府君殁年，九岁龟筮未叶，皆因所终之舍而殡焉，顺孝子不忍离之心，燕人以龟筮为知也。”这反映了唐代幽州地区为死于非命者龟筮卜葬的习俗。唐代墓志和买地券中经常提到的“龟筮叶从”“龟筮协从”，并非固定套语，而是确有其事[8]。《大唐开元礼》卷一三八《凶礼》中有“卜宅兆”条和“卜葬日”条[9]。《旧唐书·经籍志》中记载有多种版本的《龟经》[10]。英藏敦煌文献S.10639AV可能是一部葬书

1 《魏书》本传记载：“（世祖）又召新降高车渠帅数百人，赐酒食于前。世祖指浩以示之，曰：‘汝曹视此人，尫孅懦弱，手不能弯弓持矛，其胸中所怀，乃逾于甲兵。朕始时虽有征讨之意，而虑不自决，前后克捷，皆此人导吾令至此也。’乃敕诸尚书曰：‘凡军国大事计，卿等所不能自决，皆先咨浩，然后施行。’”《魏书》卷三五《崔浩传》，第819页。

2 《唐代墓志汇编续集》，第444页。

3 〔美〕伊沛霞：《早期中华帝国的贵族家庭：博陵崔氏个案研究》，范兆飞译，上海古籍出版社，2011年，第125－126页。

4 周一良：《〈博陵崔氏个案研究〉评介》，原刊《中国史研究》1982年第1期，后收入氏著《魏晋南北朝史论集》，北京大学出版社，1997年，第525页。

5 陈鹏：《中古士族的姓望溯源与同姓联结——以清河崔氏和博陵崔氏为中心》，第76－77页。

6 周绍良、赵超：《唐代墓志汇编》，第1289页。

7 容轩：《唐崔安俨墓志铭》，《书法》2017年第9期。

8 何月馨列举了唐代墓志中记载的卜葬取吉穴的例子，见《唐代墓田取吉穴葬法的初步研究》，《中原文物》2020年第3期。

9 《大唐开元礼》卷一三八《凶礼》，民族出版社，2000年，第660－662页。

10 《旧唐书》卷四七《经籍下》，第2044页。

的目录，仅存两行“吉凶法第卅一”“论龟甲取吉穴法卅四”[1]。重庆云阳明月坝遗址还出土有唐代卜甲[2]。《通典》卷八五引《大唐元陵仪注》：

> 既定陵地，择地，使就其所卜筮之。……卜师抱龟，筮师开韇出策，兼执之，执韇以击策，进立莅卜者，前东面南上。莅卜者命曰：“维某年月朔日，子哀子嗣皇帝某，谨遣某官某乙，奉为考大行皇帝度兹陵兆，无有后艰？”卜师筮师俱曰：“诺。”遂述命，右旋就席北坐。命龟曰“假尔泰龟有常”，命筮曰“假尔泰筮有常”，遂卜筮，讫，兴，各以龟筮东面占曰从，还本位。赞者进使者之左，东面称礼毕。赞者遂引使者退立东南隅，西面。若不从，又择地卜筮如初仪。[3]

详细记载了唐代帝陵的卜筮过程。虽然普通官员的卜葬过程可能比较简单，但如《墓志》所云，因卜筮未成而权殡于所终之舍达九年之久的情况，是比较少见的。

五 抱朴求真——《墓志》反映的家族道教信仰

《墓志》的一些细节反映出崔抱一家族的道教信仰。

首先，崔抱一之名带有浓厚的道教色彩。抱一，出自《道德经》第十章“载营魄抱一，能无离乎？”和第二十二章“曲则全，枉则直，洼则盈，敝则新，少则得，多则惑。是以圣人抱一，为天下式”[4]。楼宇烈以“抱一”为“抱朴”[5]。关于“抱一”中“一”的理解，有两种。一是将“一”视作天地的根本，与“道”等同。“抱一”即与道合一，守道不离[6]。二是将“一”解释为“身”，“抱一”即“守身”[7]。敦煌道经中也有“抱一”一词[8]。萧登福认为后世的“守一”修持法起源于“抱一”思想[9]。多份敦煌经卷都有“开元六年二月八日，沙州敦煌县神泉观道士马处幽、并侄道士马抱一，奉为七代先亡、所生父母及法界苍生敬写此经供养”的题记，可知“抱一”用于道士之名[10]。综上可知，崔抱一家族与道教有着密不可分的关系。

其次，崔抱一家族成员的交游反映了其道教信仰。“试恒王友”虽只是长子崔颀的虚衔，但他可能与恒王李瑱关系密切，而李瑱好道，常服道衣。撰志者宋黄裳，可能是第三子的僚佐，不见于其他文献，《墓志》言其出自广平宋氏。“黄裳”之名似有道教色彩。《易・坤卦》有“六五，黄裳，元吉”的记载，王弼注曰“黄，

1 中国社科院历史研究所等：《英藏敦煌文献（汉文佛经以外部分）》，第13册，四川人民出版社，1995年，第86页。

2 白彬：《重庆云阳明月坝遗址出土唐代卜甲的初步研究》，《四川大学学报》（哲学社会科学版），1998年第4期。

3 《通典》卷八五，第2309－2310页。

4 （魏）王弼注、楼宇烈校释：《老子道德经注校释》，中华书局，2008年，第22、56页。

5 （魏）王弼注、楼宇烈校释：《老子道德经注校释》，第24页。

6 徐梵澄：《老子臆解》，《徐梵澄文集》（第一卷），上海三联书店、华东师范大学出版社，2006年，第294页。

7 朱谦之：《老子校释》，中华书局，1984年，第39页；高亨：《老子正诂》，《高亨著作集林》（第五卷），清华大学出版社，2004年，第58页。

8 P.3675“抱一以持身，弃荣以道”，S.3319“子可合道，抱一以临，万姓可矣”。详参叶贵良：《敦煌道经词汇研究》，浙江大学博士论文，2004年，第215页。

9 萧登福：《道教“守一”修持法之源起及其演变》，《宗教学研究》2006年第1期。

10 如法藏敦煌文献P.2861、P.2602、P.2371、P.3141。

中之色也；裳，下之饰也”[1]。因黄裳具有柔顺之德、致吉之能，后世道教逐渐形成了崇尚黄色的传统[2]。唐张万福《三洞法服科戒文》对道教法服有详细的记载，“初入道门，平冠黄帔；二者正一，芙蓉玄冠，黄裙绛褐；三者道德，黄褐玄巾；四者洞神，玄冠青褐；五者洞玄，黄褐玄冠，皆以黄裙对之”[3]。虽然不同等级的法服有所差别，但尚黄的传统没有变化。由此观之，宋黄裳家族可能也信仰道教。共同的信仰，是崔颀与李瑱、第三子与宋黄裳交游的基础。

另外，《墓志》中的一些词句也是道教信仰的体现。“夫人南阳太君，孀十四年，龙集鹑尾秋七月丁卯，归全于始”“府君以抱一立克，以纯一守操，故太君以均一之德而归之于府君”，以及铭文中的“天锡纯嘏，道盛福大；归全有终，眉寿无害”“地久兮天长”都与道学和道教密切相关[4]。不归袝旧茔、另立新茔的葬俗，可能也受到了道教的影响，也反映了崔抱一家族对幽州地域的认同和中唐以后幽州割据化程度的加深[5]。

综上观之，无论是姓名，还是与好道之人交游，或《墓志》的一些细节，都可反映出崔抱一家族的道教信仰。南朝道教经典和一些买地券记载道教徒丧葬时不问龟筮，不择时日，不避地下禁忌[6]。隋朝以后，随着堪舆术的流行和被纳入政府丧葬制度，道教徒放弃了此前不问龟筮的葬俗[7]，《墓志》就是一个很好的例证。

六　隋临朔宫新证

《墓志》云“遂于幽州蓟县东北五里燕夏乡之原，择吉地而安厝之”。鲁琪、赵其昌等以出土墓志记载的内容确定了唐幽州城的城垣，东垣在今烂漫胡同偏西，北垣在今头发胡同一线，南垣在今白纸坊东西街一线，西垣在今会成门村稍东[8]。《墓志》出土地——故宫地下文物库房工地，距城东北角恰为五里。

《新唐书·地理志》载“幽州范阳郡……县九，蓟、幽都、广平、潞、武清、永清、安次、良乡、昌平”[9]。其中“蓟县”条记载“望，天宝元年析置广宁县，三载省。有铁。有故隋临朔宫”[10]。蓟县为州治所在，据唐代墓志可知，城内有归仁里、东通圜里、通肆坊、蓟北坊、军都坊、招圣里等，城外有燕夏乡、会川乡、燕台乡、招贤乡、广宁乡、归仁乡、正礼乡等[11]。据墓志出土地，燕夏乡的大致范围可以勾勒出来，西北界

1 《十三经注疏·周易正义》，北京大学出版社，1999 年，第 29 页。
2 李裴：《论张万福的道教服饰美学思想》，《四川大学学报》（哲学社会科学版），2004 年第 3 期。
3 （唐）张万福：《三洞法服科戒文》，《道藏》第 18 册，文物出版社、上海书店、天津古籍出版社，1988 年，第 229 页。
4 李斌城：《道教与中晚唐政治与社会》，黄正建主编：《中晚唐社会与政治》，中国社会科学出版社，2006 年，第 538 页。
5 蒋爱花：《唐代幽州墓志铭中的迁葬现象》，《西北民族论丛》第十五辑，社科文献出版社，2017 年，第 61 页，后收入氏著《身份、记忆、反事实书写》，第 111 页。
6 如陆修静：《陆先生道门科略》（《道藏》第 24 册，第 782 页）和湖南资兴 M413 梁普通元年砖券（湖南省博物馆：《湖南资兴晋南朝墓》，《考古学报》1984 年第 3 期）。
7 白彬：《唐以前道士墓和道教信众研究》，《古代文明》第 7 卷，文物出版社，2008 年，第 278 — 279 页。
8 鲁琪：《唐幽州城考》，北京史研究会编：《北京史论文集》第二辑，北京史研究会，1982 年，第 107 — 123 页。
9 《新唐书》卷三九《地理三》，第 1019 — 1020 页。
10 《新唐书》卷三九《地理三》，第 1019 页。
11 宋大川：《北京考古发现与研究（1949—2009）》，科学出版社，2009 年，第 207 — 209 页。

在今西四羊肉胡同西口，东北界在今东单御河桥，东界在今广渠门内，东南界在今永定门外四路通[1]。崔抱一夫妇合葬墓位于燕夏乡北部。

上引《新唐书・地理志》记载隋临朔宫在蓟县境内。临朔宫是隋炀帝为征辽东命阎毗于大业五年（609）在幽州开始营建的行宫[2]。大业七年（611）之后，隋炀帝曾多次驻跸临朔宫[3]。隋炀帝在此斋戒，为战前祭祀做准备，还为征东将领颁发节度[4]，并召见了西突厥处罗可汗、高昌王麹伯雅和茅山宗道士王远知等[5]。

关于临朔宫的位置，有四种说法，可分为两类，一类在蓟城内，一类在蓟城外。其一，蓟城内的说法，提出者是常征和王春。常征据《旧唐书・罗艺传》中"涿郡人物殷阜，加有伐辽器杖，仓粟盈积，又临朔宫中多珍产，屯兵数万，而诸贼竞来侵掠"的记载[6]，认为临朔宫在城内，并推测临朔宫是在征北府小城的基址上建造的[7]。征北府小城，常征认为是汉末公孙瓒所建，曹魏时为征北将军府所在，西晋末年刘琨曾屯兵此处，位于蓟城东南部，在今牛街清真寺一带的高地上。常征继而认为，唐初的悯忠寺是在隋临朔宫故址上建造的。隋临朔宫的营建时间非常短暂，不可能择地新建，应是在原有的建筑基址上建造。常征的这一判断是正确的，但是否能和征北府小城以及悯忠寺（今法源寺）联系起来，还缺乏直接的证据。王春认为征北府小城在今石景山区，临朔宫是在燕王宫的基址上改扩建而成的，辽南京城又在临朔宫的基址上建造[8]。

其二，临朔宫在蓟城外的说法有两种，一说为蓟城南、桑干水北，一说与金万宁宫、元大内和明清紫禁城重合。于德源认为蓟城南和桑干水北之间风景优美且接近永济渠码头，推测临朔宫位于这一带[9]。郭超从自然地理环境分析，认为临朔宫在今故宫、景山、北海和中海一带[10]。为论证这一观点，郭超找到了诸多证据。如作为离宫，临朔宫应建在山水秀丽的地方。作为征辽大本营，应靠近漕运码头。"临朔"二字暗示宫殿在涿郡东北，便于囤积征辽东所用粮草[11]。但这些更多的是推测，并无直接关联。本文认为，郭超的判断是错误的。首先，临朔宫的营建时间很短，在不到两年的时间不可能建成具有紫禁城规模的宫殿。其次，临朔宫只是一座行宫，规模不可能与紫禁城相比。此外，郭超首创的"以尺度验证年代"的考证方法，在学界鲜有从者。该方法是否科学，还待进一步论证。

本文认为，如常征和王春的分析，临朔宫在蓟城内的说法是合理的，临朔宫不是新建，应是在原有基址上建造的，规模不大。但具体在蓟城内什么位置，目前学界的说法只是推测，都缺乏有说服力的证据。而故宫博物院地下文物库房工地唐墓的存在，证明郭超对临朔宫位置的判断是错误的。

---

1 赵其昌：《京华集》，北京燕山出版社，2014 年，第 44、61 页。

2 《隋书》卷六八《阎毗传》，中华书局点校本，1973 年，第 1595 页。

3 《资治通鉴》卷一八一《隋纪五》"壬午，下诏讨高丽"条载："大业七年（611）夏，四月，庚午，车驾至涿郡之临朔宫，文武从官九品以上，并令给宅安置"。（第 5761 页）

4 《隋书》卷八《炀帝纪》，第 160 页。

5 《隋书》卷六三《樊子盖传》，第 1491 页；《隋书》卷八四《突厥传》，第 1878 页；《新唐书》卷二〇四《王远知传》，第 5804 页。

6 《旧唐书》卷五六《罗艺传》，第 2278 页。

7 常征：《北京史地丛考》，《北京史研究》（一），北京燕山出版社，1986 年。

8 王春：《古蓟：临朔宫的位置新见》，http://www.360doc.com/content/19/0905/21/13005549_859355921.shtml，2021 年 12 月 11 日访问。

9 于德源：《北京历代城坊、宫殿、苑囿》，首都师范大学出版社，1997 年，第 34 页。

10 郭超：《北京中轴线变迁研究》，学苑出版社，2012 年，第 65 页。

11 郭超：《北京中轴线变迁研究》，第 66 — 74 页。

《墓志》所涉人物，大多不见于史籍。然而《墓志》对职官和祖先的记述，为我们认识当时幽州中上层社会的政治和文化心理提供了新材料、新视角。《墓志》在行文中一些不经意的细节，有助于我们探讨崔氏家族的宗教信仰。《墓志》的出土地故宫博物院地下文物库房工地，即“幽州蓟县东北五里燕夏乡之原”，对于否定临朔宫在紫禁城一带的观点、构建紫禁城建成之前的区域历史有重要参考价值。

（作者单位：故宫博物院科研处）

谈《石渠宝笈·续编》中的“宋拓”《锺王楷帖》

On the So-called Song Dynasty Rubbings of the *Manuscript Written by Zhong Yao and Wang Xizhi in Regular Script* in the *Sequel to The Precious Collection of the Stone Moat*

尹一梅

Yin Yimei

内容提要：

《石渠宝笈·初编》中未收录碑帖拓本，为补其不足，《续编》专设“法帖一门”将拓本增入。现故宫博物院还保存有当初书籍中所记载者，特拣一册原名“宋拓”《锺王楷帖》分析考证，考递藏经历、辨拓本年代、探《续编》辑录者专擅，辨别真赝，去伪存真，纠正误识。

关键词：

拼凑伪造　时代误判　明拓与宋拓合装

ABSTRACT:

Rubbings of steles and manuscript had not been included in the Qing imperial catalog *The Precious Collection of the Stone Moat (Shiqu Baoji)* until the publication of its sequel as an independent category. Some of the works included in the sequel are still in the collection of the Palace Museum, one of which is titled the *The Song-Dynasty Rubbings of* the *Manuscript written by Zhong Yao and Wang Xizhi in Regular Script*. The essay is dedicated to the research on its provenance and date, as well as the professional specialties of the compilers. The author also examines evidence and offers methods to determine authenticity and detect forgeries in order to correct existing misunderstandings.

KEYWORDS:

Forgery, false identification of dates, Combined binding of Ming-dynasty rubbings and Song Dynasty rubbings

明代中期以后，大批的内府藏品流落于世，这促使并成就了不少明末清初的收藏大家。由于世道变迁，或是作为权力阶层，或是有钱财资本之人，手里聚集了许多高品质藏品。而后的清统治阶段，特别是乾隆时期，皇家极力从民间搜集这些珍贵藏品，使大量的书画类艺术品集中于宫廷。乾隆帝喜好书画，君臣共同品评赏鉴，作书论画。书画藏品、作品日益增多，也促就了《石渠宝笈》的诞生。

《秘殿珠林》于乾隆八年（1743）十二月开始编纂，乾隆九年（1744）五月成书，专载清内府所藏释道题材的书画和石刻、木刻、织绣等艺术品。当时乾隆帝谕旨“着张照、梁诗正、励宗万、张若霭编集中土琳琅，章嘉胡土克图阅认西天贝叶”[1]，其后的《石渠宝笈》则在《凡例》后部有张照、梁诗正、励宗万、张若霭、庄有恭、裘曰修、陈邦彦、观保、董邦达等臣工之名，人员有了增加和变化。《石渠宝笈》著录内府所藏释道题材之外的历朝书画等，始编于乾隆九年二月，成书于乾隆十年（1745）十月。两书之后又各有《续编》《三编》（以下简称《初编》《续编》《三编》），《续编》由王杰、董诰、彭元瑞、金士松、沈初、玉保、瑚图礼、吴省兰、阮元、那彦成等于乾隆五十六年（1791）正月奉敕编纂，五十八年（1793）长至成书，收录了《初编》未载的历朝书画、法帖、缂丝、石刻图像及臣工新献的作品等。《三编》于嘉庆二十年（1815）二月，由英和、黄钺、姚文田、吴其彦、张鳞、顾皋、朱方增、吴信中、龙汝言、沈维鐈、胡敬等奉敕编纂，嘉庆二十一年（1816）闰六月成书。

碑帖拓本类在《初编》中并未载录，为补不足，从《续编》开始增入拓本，《续编·凡例》清楚地叙述了编辑者的理念与意图。《续编》共载录碑帖拓本五十三条，《三编》则收录四十七条[2]。

《石渠宝笈》著录的碑帖拓本，大致可分为两类，一是清宫收藏的，系当时认定的善本、精品，这些藏品来源有明宫旧朝接收、官员敬献、收购、罚没等；二是清宫镌刻的皇帝御书作品或是敕命御制者。清内府旧藏书画也曾大量流散，原因有皇帝赏赐、外国侵略者掠夺、溥仪携带出宫及太监偷盗等。这些出宫的拓本，1949年以后有再次回到故宫的，成为国家的珍贵藏品，俗称“二进宫”者。本文遴选一种《续编》著录的“宋拓”《锺王楷帖》，是进宫之后再未外出的清宫旧藏。通过其特征剖析根本，并以此本为切入点探讨分析《续编》中著录失误及鉴定错误的原因。

一 “宋拓”《锺王楷帖》

“宋拓”《锺王楷帖》，曾贮藏懋勤殿。拓本锦面，墨色精黑，白纸挖镶剪方裱。墨纸十九开，半开尺寸纵24.4至25.2厘米，横12.6至13.3厘米不等。锦面粘贴纸签，帖内夹黄色签条一张，楷书“宋拓锺王楷帖，一册上等”。首开钤印“乾隆御览之宝”（椭圆印）、“懋勤殿鉴定章”，末开有“乾隆御览之宝”（椭圆印）。内中集七种小楷刻拓，《宣示表》、《戎路表》、《力命表》、《荐季

图1 “宋拓”《锺王楷帖》封面

1 《秘殿珠林石渠宝笈合编·一》，上海书店影印出版，1988年，《秘殿珠林》第1页。

2 另见《三编》中还记录两件拓本，在《授受礼成申示撰进颂册诸臣谕》后记“又墨拓一册”，藏于安佑宫；《元赵孟頫摹定武兰亭》（一卷）“前装墨拓《兰亭序》一卷”，贮养心殿。

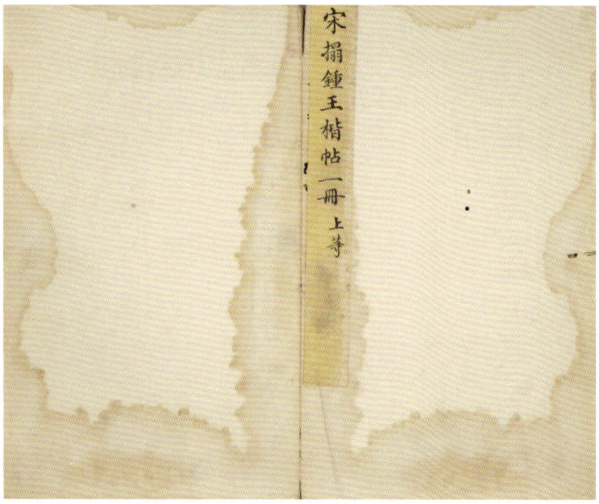

图2　前附页及黄签条

直表》（以下简称“四表”）、《曹娥碑》及二种《黄庭经》[1]。〔图1、图2〕

（一）墨拓部分

《宣示表》，是锺繇著名的小楷法帖。锺繇（151—230）字元常，是汉末至三国曹魏时著名书法家、政治家，魏国重臣。拜御史中丞，封东武亭侯，明帝时封定陵侯，迁太傅，人称锺太傅。太和四年（230）去世，谥号“成”。锺繇擅书，各体兼备，被后世尊为“正书之祖”。他的书法对后世影响深远，与东晋书法家王羲之并称为“锺王”。南朝庾肩吾将锺繇的书法列为“上之上”，唐张怀瓘在《书断》中将其书法列在“神品”内。《宣示表》是锺繇写给魏文帝曹丕的一份奏文，内容是希望曹丕接受孙权归附的请求，语气谨慎谦恭，字体宽博工整，点画遒劲朴茂。此书真迹未存，只刻本传世，多称据王羲之临本摹刻，存十八行，其实皆后人临摹本。宋《淳化阁帖》《大观帖》，明《东书堂集古法帖》等丛帖中有刊刻，归在锺繇名下。除丛帖外，单刻帖较多，传世宋刻有残本及完本，帖石存世者有南宋贾似道摹刻版，现藏首都博物馆。此拓本特点是后部镌刻宋徽宗双龙圆玺及“政和”连珠印，字口肥润，墨色深浓，偶有洇墨、涂墨现象。小楷刻帖，流传版本较多，与《兰亭序》一样难以分辨承继关系。见两种版本，在行字安排上不同，如“也”字，一种置十行末，一种在十一行首，此本为后一种。〔图3〕

《戎路表》又名《贺捷表》，东汉建安二十四年（219）锺繇六十八岁时书。内容为锺繇得知蜀将关羽

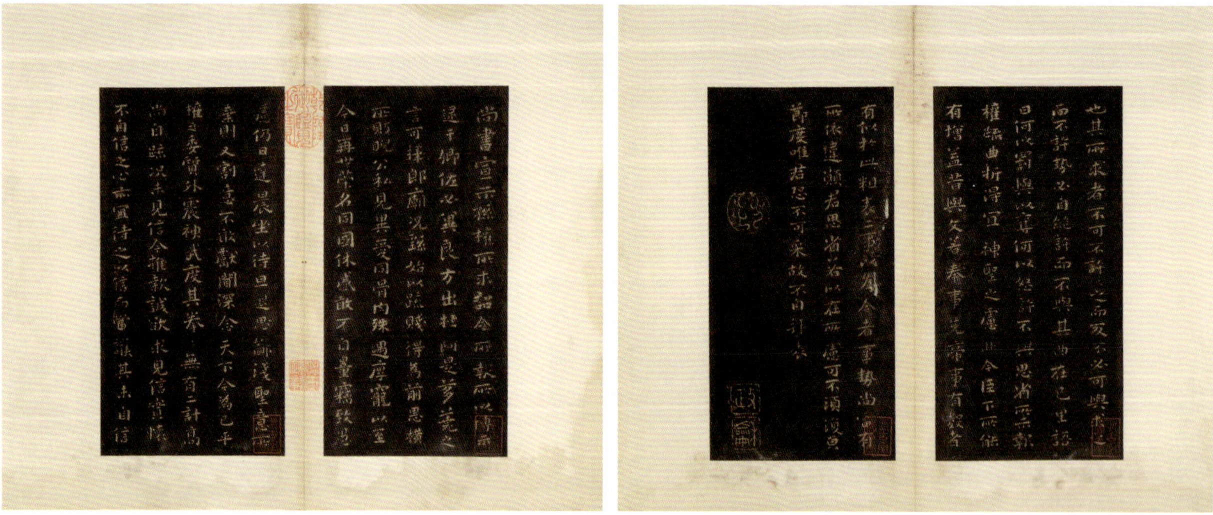

图3　《宣示表》

[1] 《宣示表》《戎路表》《力命表》《荐季直表》，皆传为魏锺繇书。《曹娥碑》《黄庭经》传系王羲之书。

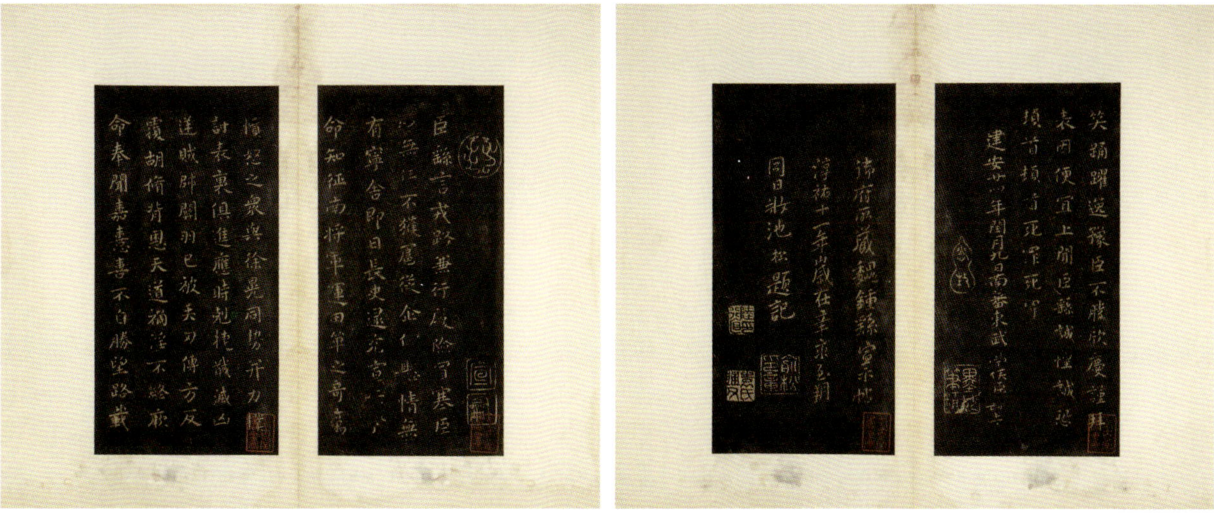

图4 《戎路表》

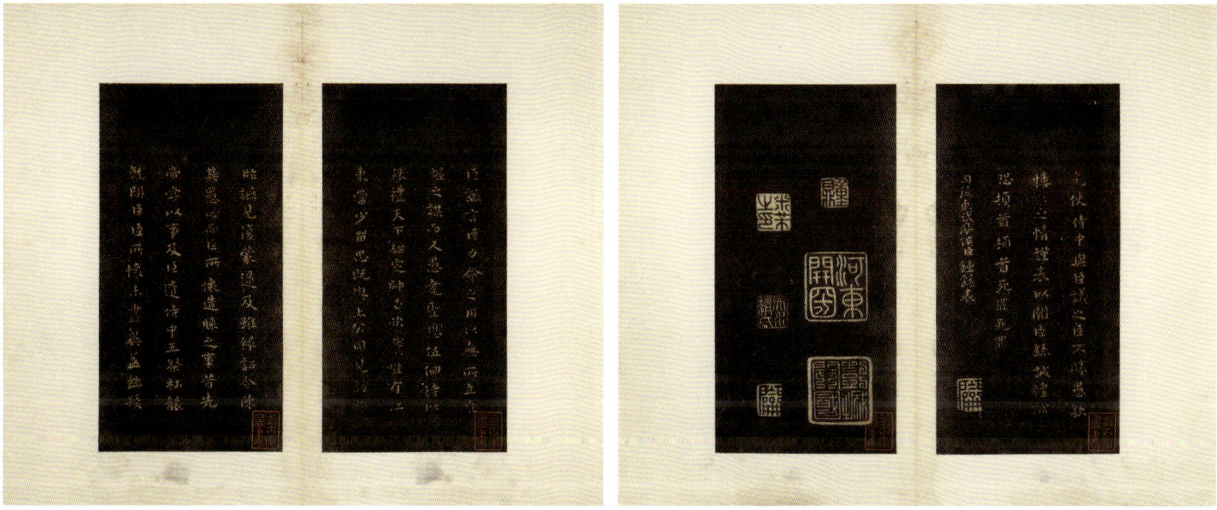

图5 《力命表》

中箭的消息后给曹操写的贺捷奏表，书法楷中略带隶意，显古雅之趣，曾刻入明代《郁冈斋墨妙》《玉烟堂帖》等丛帖。表前部刻宋徽宗双龙玺及“宣和”连珠印，后刻贾似道“悦生”葫芦印及“墨妙笔精”印。下接俞松刻跋三行：“御府所藏魏锺繇《宣示帖》，淳祐十一年（1251）岁在辛亥至朔同日妆池。松题记。”〔图4〕

《力命表》，为锺繇楷书名篇，其文言及自己虽已老迈，但能继续为国效力，是向魏帝倾诉衷肠的表奏。明《泼墨斋帖》《快雪堂帖》等丛帖收刻，在《泼墨斋帖》中归在锺繇名下，《快雪堂帖》归于王羲之临本。此书多为八行版本，是本刻成十二行，共一百四十七字。后部半开墨纸上有“重鼎”“河东开国”“彭城开国”“米芾之印”“天水赵氏”“阛”等刻印。〔图5〕

《荐季直表》，是锺繇向文帝曹丕推荐旧臣季直的奏表。此作写于魏黄初二年（221），锺繇时年七十。季直在建立曹魏政权时有功绩，罢官后生活困难。锺繇表中言其身体尚健，望念旧勋，给予官职，继续效力，使之摆脱困境。是表小楷十九行，据记载宋时刻入《戏鱼堂帖》等，明代的《真赏斋帖》《郁冈

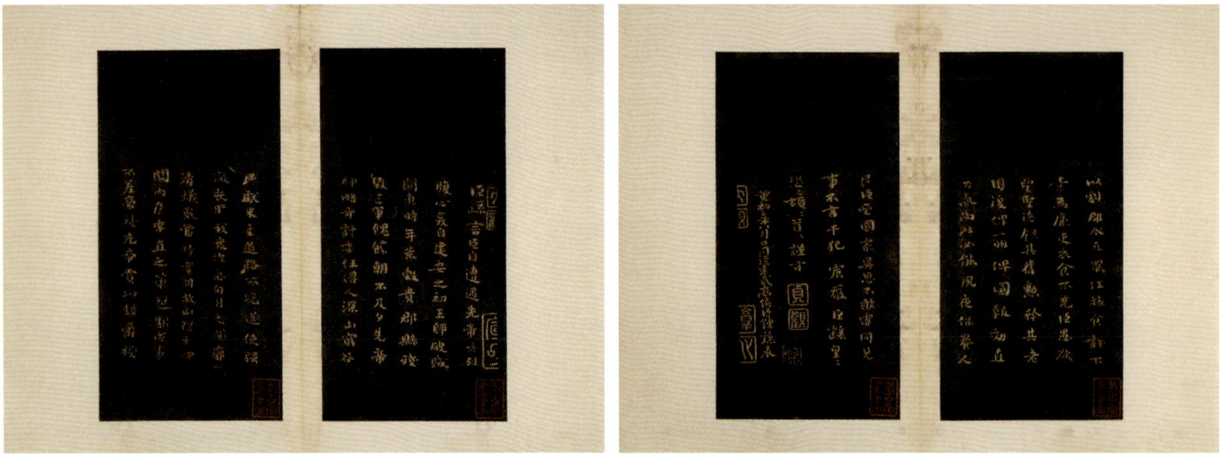

图6 《荐季直表》

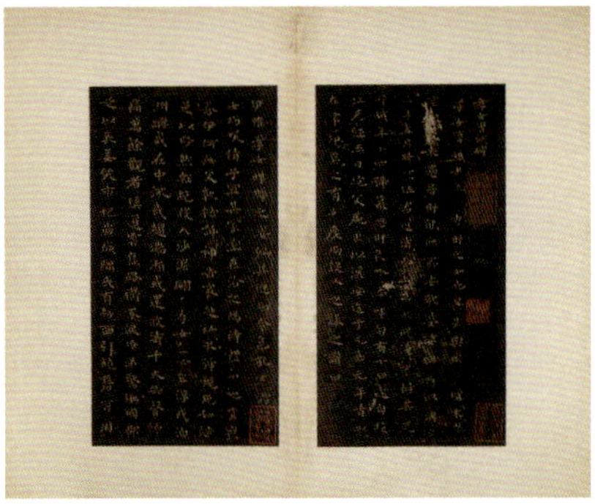

图7-1 《曹娥碑》

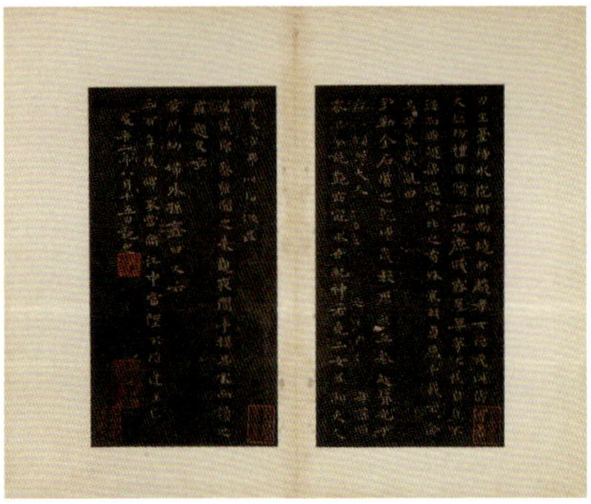

图7-2 《曹娥碑》

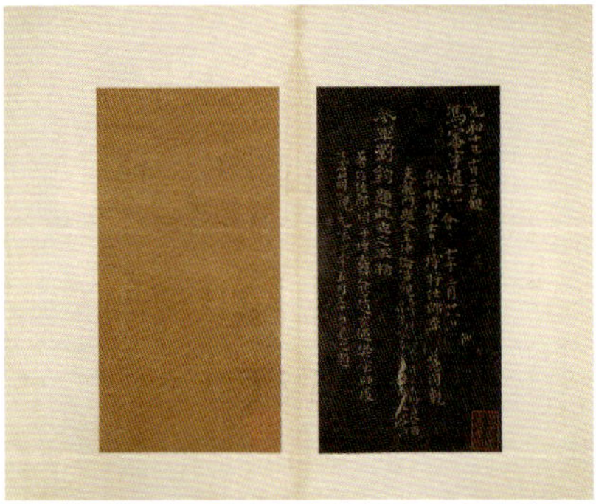

图7-3 《曹娥碑》后刻款

斋墨妙》《玉烟堂帖》等收刻，清代内府著名刻帖《三希堂法帖》镌其于卷首，此外尚有不少单刻帖传世。拓本墨色黝黑，字口清晰。刻印有“大观”（连珠半印）、“宣和”（半印）、“贞观”（连珠印）、“贾似道印”、“淳化”（连珠半印）。〔图6〕以上“四表”鉴藏印除“乾隆御览之宝”“懋勤殿鉴定章”外，只有卞永誉在每页右下角钤盖的“式古堂书画”。

《曹娥碑》，相传王羲之书，为著名晋唐小楷之一。内容是记载曹娥投江寻父的孝行，颂扬她的美德。此小楷宋《宝晋斋帖》、明《停云馆帖》等丛帖收刻，单帖亦多。传世拓本有肥、瘦二本，此拓内有数字缺刻或残刻，如二行缺“虞”“同”等字，末刻“升平二年（358）八月十五日记之”，是肥字本的一种。文后刻观款（按帖上顺序从右向左排列）：“元和十年（815）十月二日观，冯审字退思（下有残‘僧’字）”，“会昌六年（846）三月廿八日翰林学士□琮、将仕郎李□隐同观”，“吏龙门县令王仲伦借观”，“大历二年（767）岁次己未二月辛未朔三日癸酉，百姓唐尚客奉县令韩□处分命题”，“参军刘钧题此世之罕物”，“著作佐郎国子博士韩愈、赵玄遇、樊宗师、处士卢同观，元和四年（809）五月二十日退之题”。其中有年号的观款是大历、元和、会昌，大历（766—779）是唐代宗李豫的年号，元和（806—820）是唐宪宗李纯的年号，会昌（841—846）是唐武宗李炎年号。拓本镌刻精良，鉴藏印除每页有卞永誉“式古堂书画”印外，还有“古杭瑞南高氏藏画记”“大师维垣”印各两方。〔图7-1～图7-3〕

《黄庭经》（第一种），此小楷帖传为王羲之书，六十行，行字二十至二十二不等。《黄庭经》刻本较多，丛帖中明代《东书堂帖》《停云馆帖》《余清斋法帖》《泼墨斋帖》等刻入，单刻帖特点

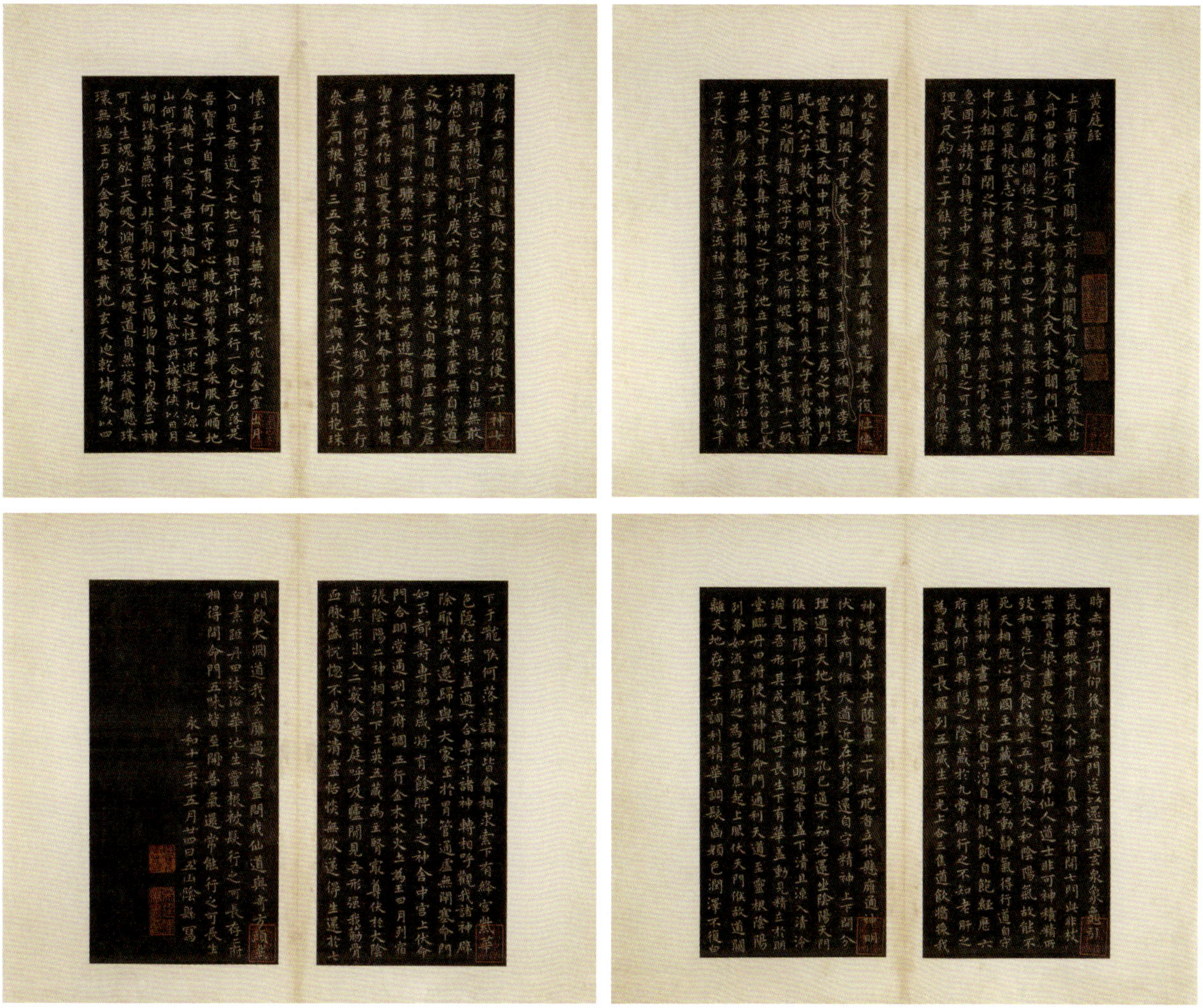

图8 《黄庭经》（第一种）

各具。拓本刻拓精湛，第十行"养"字以下共九字原底本被虫蚀（人称"水痕本"）；十五行"摇俗"未被刻成"淫欲"；第十六行为"修太平"，非"心太平"（因此有"修太平本"之称）；四十五行"渊"字避唐讳缺末笔；五十四行"王英"之"王"字旁边无点笔。鉴藏印除卞永誉外，有"管世昌印"（依据《续编》）、"吴廷伟书画印"、"觉虚斋"及两方模糊辨识不全印[1]。〔图8〕

《黄庭经》（第二种），亦为"水痕本"，但与前一本不同版（"王英"之"王"字旁有点笔）。经首刻印"大观"连珠半印及"淳化"连珠印，后有虞世南刻跋："王内史草隶为古今标帜，乃《禊帖》与《乐毅论》《黄庭经》尤世所珍赏。人获只字若珙璧，况全墨哉。余值弘文，上每诏书《列女传》，顾未得羲之真迹，为楷是陶者无形也。偶阅秘府的《黄庭》此卷，其笔力神妙，具备诸法，殆天授者与，焉能仿佛其万一。银青光禄伯施虞世南敬观"。传世《黄庭经》有虞世南、欧阳询、褚遂良临本称，有谓此为虞世南临本，字体遒劲瘦

1 《石渠宝笈·续编》中释为"□一中氏""汪□□印"。

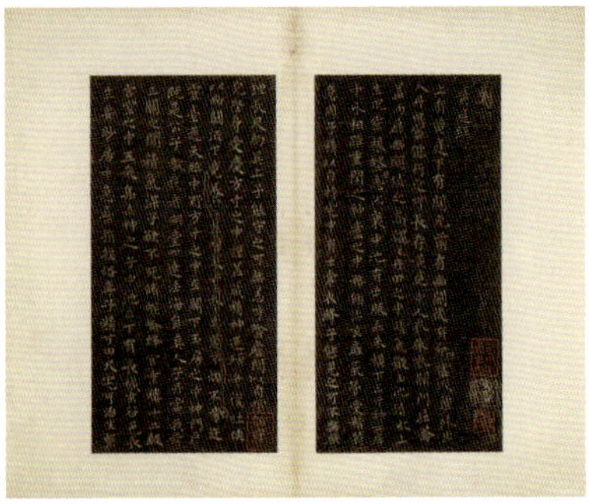

图9-1　《黄庭经》（第二种）

图9-2　《黄庭经》（第二种）

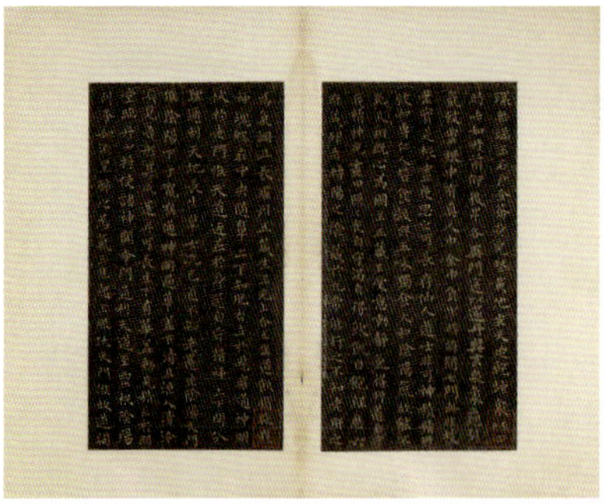

图9-3　《黄庭经》（第二种）

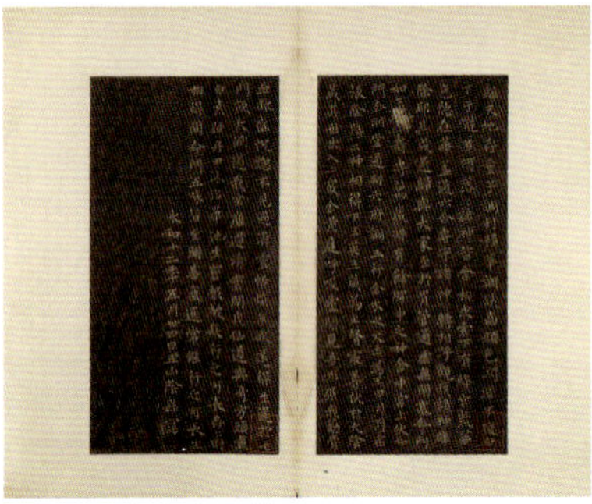

图9-4　《黄庭经》（第二种）

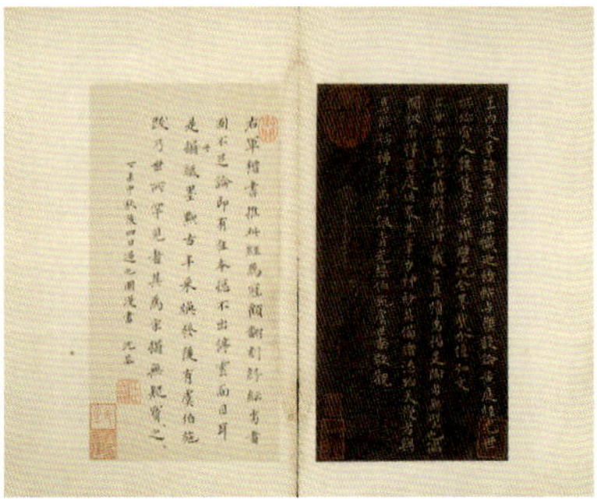

图9-5　虞世南刻跋及沈荃书跋

峻，为宋时单刻帖佳本。是拓鉴藏印：“沈荃私印”“式古堂书画”“令之清玩”“令之仙客”“乾隆御览之宝”。〔图9-1～图9-5〕

此《锺王楷帖》拓本上共有清宫玺印两种，其他鉴藏印记十七种。

（二）题跋部分

拓本有墨笔跋文两段。曹溶一跋在“四表”后：“顺治二年（1645）庙市得此本古迹不可见，见之有典刑之思。锄菜翁。”〔图10〕曹溶（1613—1685），字洁躬，号秋岳、倦圃、锄菜翁等，浙江秀水（今嘉兴）人。崇祯十年（1637）进士，官御史，入清后任顺天学政、户部右侍郎、广东布政使、山西按察副使等。具文名，诗词声誉高。富藏书，精鉴别，尤工尺牍。《广东通志》记其洁己爱民，一介不取，书囊之外，别无长物。著述颇丰，有《续献徵录》《静惕堂诗文》《学海类编》《金石表》等。

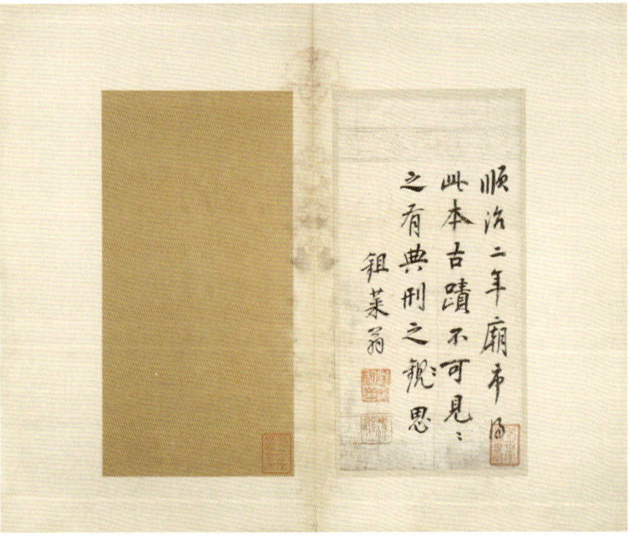

图10　曹溶跋文

沈荃一跋在拓本尾部：“右军楷书，推此经为冠，顾翻刻纷纭。劣者固不足论，即有佳本，揔不出《停云》面目耳。是册纸墨黝古，丰采焕发。后有虞伯施跋，乃世所罕见者。其为宋拓无疑，宝之宝之。丁未中秋后四日，过也园漫书。沈荃。”沈荃（1624—1684），字贞蕤，号绎堂，又号充斋，华亭（今上海松江）人。顺治九年（1652）探花，授编修，康熙年间擢国子监祭酒，詹事府詹事，加礼部侍郎，卒谥文恪。学行淳洁，以书名海内，系康熙年间重要书家，受康熙帝特达之遇，著有《充斋集》。

二 考证鉴定

小楷刻帖，正如张彦生先生所说：“王羲之真迹，难取可信证据，魏锺书更是难考。小楷书但问书体佳否，不能深究真伪。”[1]以下从墨拓和题跋两部分来考证七篇小楷的拓制时间及拓本递藏情况。

（一）墨拓考证

《宣示表》《戎路表》：所见二表往往连刻，《贺捷表》后有俞松刻跋[2]。此册拓本原定为“宋拓”，但俞松是南宋人，刻跋文字的时间在淳祐十一年，已是南宋晚期，刻帖完成必然更晚。特别是其后还有“陆行直印”“袁氏通父”刻印。袁易（1262—1306），字通甫，平江长洲（今江苏苏州）人。文学家、词人。少敏于学，年少英发，不乐仕进，归隐松江之滨。筑堂“静春”，有书万卷，尽自为校定。黄溍《故静春先生袁君墓志铭并序》云：“君丰姿秀朗，每风止雨收，挟小舟，以笔床、茶灶、古玩器自随，逍遥容与，扣舷而歌，望之者识其为世外人。”[3]陆行直（1275—1349年以后），字季道，号壶天，吴江（今江苏吴江）人。善书，工诗词，精绘事，好收藏，有画作《碧梧苍石图》传世。锺繇的《荐季直表》墨迹曾两度为陆行直收藏，后入清宫，也收录于《续编》。在《续编》的“魏锺繇荐季直表真迹”条内，最后有辑录书籍者按语，其中有对观题者的介绍：“是迹至宋而始传，有薛绍彭、米芾、贾似道诸印。至元而大显，有陆行直诸人跋。至明而李应桢极力表彰，华夏以刻入《真赏斋帖》，王世贞加以考证，遂为书家最初烜赫真品矣。卷中刘岑，字季高，吴兴人，宋徽猷阁待制。陈经，字正甫，安福人，庆元中进士。陆行直，字季衡，吴江人，洪武中翰林典籍。……诸跋皆其在元时所作也。……”[4]此按语，对陆行直的介绍有问题。《荐季直表》后有陆氏跋文：“右汉锺繇《荐季直表》真迹，高古纯朴，超妙入神，无晋唐插花美女之态。上有河东薛绍彭印章，真无上太古法书，为天下第一。余于至元甲午（1294），以厚资购得于方外友存此山，后因漂泊散失，经廿六年不知所存。忽于至正九年（1349）六月一日复得之，恍然如隔世事。以得失岁月考之，历五十六载，嗟人生之几何，遇合有如此者。后之子孙，宜保藏之。吴郡陆行直题于壶中，时年七十有五。”[5]此跋有两次得到《荐季直表》的时间，如果跋文书于第二次得到墨迹的至正九年，向前推算，其生于南宋恭宗赵㬎德祐元年（1275），但他的逝年沦失，渺不可考。《续编》按语言陆行直明洪武时历官翰林典籍，可即便是洪武元年（1368）任此官职，距书跋时又过去十九年，已是九十四岁高龄，可能性很小。对于陆行直任翰林典籍之职的时间有不同记载，民国间陈去病《词旨叙》记为元大德中，明弘治《吴江志》等作洪武中，《续

1 张彦生：《善本碑帖录》，中华书局，1984 年，第 199 页。

2 （明）汪砢玉《珊瑚网》“魏太傅锺繇戎路宣示帖真迹”条内，也录有俞松此跋。汪氏言此真迹为项元汴所藏，《宣示帖》有两种，“遂昌郑元佑以‘戎路’作‘戎辂’，世遂名《戎辂帖》耳”。见（清）倪涛撰：《六艺之一录》卷一六四，法帖论述三十四，上海古籍出版社，1990 年。

3 黄溍《故静春先生袁君墓志铭并序》，见（元）袁易撰：《静春堂诗集》前，清乾隆三十七年至道光三年长塘鲍氏刻知不足斋丛书本（录自爱如生中国基本古籍库电子版图书）。

4 《秘殿珠林石渠宝笈合编·六》，《石渠宝笈续编·四》上海书店影印出版，1988 年，第 3148 页。

5 《荐季直表》刻入《真赏斋帖》，此陆行直跋，录自故宫藏《真赏斋帖》。

图11 明拓火前本《真赏斋帖》

编》应是依据《吴江志》等说，但未详思年岁。文献记载纷乱，主要还有陆行直又字季衡，还是季衡为其第九子的问题。错误的著录，使陆行直的任官年代后延进入了明。

由于袁易与陆行直主要生存、活动时间在元代，如拓本上有二人刻印，就肯定不是宋代拓本。虽然这两方刻印与前边的纸张并不连续，系裁割粘贴的，但细观二表和俞松刻跋与陆、袁二印纸张墨色一致，皆为同时所拓。这是装裱时为使拓本紧凑，将两方元人印章移动至此正好成为一页而已。

《力命表》：帖后的刻印与明代《真赏斋帖》基本相同，区别在于印章的位置不同。《真赏斋帖》将这几方印镌在《荐季直表》上，“陆行直印”“袁氏通父”二印，刻在前部。

《荐季直表》：此表与《真赏斋帖》[1]字迹相像，损坏处亦类似。前部“大观”“宣和”及后部“贞观”“大观”“淳化”“贾似道印”等刻印位置相同。区别在于是帖前无标目，没有界框，并缺刻“陆行直印”“袁氏通父”“米芾之印”“彭城开国”“河东开国”“重鼎”“悦生”“天水赵氏”等印。〔图11〕

统观上述“四表”，拓本镌刻尚精，墨色纸张亦为同时，但不是宋拓。首先从内容看，刻印有明显漏洞：①有元人袁易与陆行直的刻印。②多方刻印与《真赏斋帖》类似，却未及《真赏斋帖》精湛，很可能是依其镌刻但改变了印章位置[2]。③《力命表》后的“䦆”字印，是南宋楼钥之印。通常半印的形成，是原有一半钤盖在裱边上（或骑缝章），由于重裱等原因只剩半印。存留下来的半印，钤盖在前部的会存左半，后部的会存右半。刻帖常有移动印章位置的情况，《力命表》后部的两方“䦆”字印，皆缺少右半一小部分，不仅位置不合理，且边缘歪斜，留下了翻刻乱造的痕迹。另外，纸墨亦无宋本气息。此“四表”上的鉴藏印，除卞氏“式古堂书画”及宫廷印玺外，再无其他。综上所述，这是卞永誉同时期得到的一组拓本。基于其与《真赏斋帖》不少刻印相同，而水平悬殊，同时又未见别本与之相像，经与故宫多本明拓小楷帖比对后，断定“四表”镌刻时间晚于《真赏斋帖》。《真赏斋帖》刻于嘉靖元年（1522），已在明代中期，“四表”刻制时间在后，也不是初拓，应该是明代中期以后的拓本。

《曹娥碑》：后面镌刻的几行观款文字，在原石上是与碑文连刻的，这有相同版本可以证明。故宫藏明拓《晋唐小楷十三种册》中的一拓，即与此同版。但从观款第三行起，《晋唐小楷十三种册》接换了另种

1 《真赏斋帖》，无锡华夏辑家藏真迹成帖，由著名刻手张简甫操刀镌刻，刊之极精，为世人称颂。帖刻于嘉靖元年（1522），分上、中、下卷，其中《荐季直表》镌于首位。《荐季直表》墨迹元代为陆行直购藏，明代曾进华夏真赏斋，清初入内府，后历经英兵抢劫、被盗损灭，不复存世。

2 陆行直与袁易的刻印在《真赏斋帖》中镌于《荐季直表》前，此本移接在俞松跋后，同时将“重鼎”“河东开国”“彭城开国”“米芾之印”“天水赵氏”“䦆”几印刻在一起，裱在《力命表》之后。

拓本，并多出了第四、五、六行的“癸酉岁九月六……”“成四年七月十九剌史杨汉公已”“……九月……”等文字，这与明代《停云馆帖》中类似，但不同版。

此《曹娥碑》上有鉴藏印“古杭瑞南高氏藏画记”，高氏即高濂，字深甫，号瑞南，钱塘（今浙江杭州）人。生卒年不详，主要活动时间在明万历年间。他是明代著名戏曲作家、养生学家、古籍鉴赏家。曾在京任鸿胪寺官，能诗文，有《雅尚斋诗草》。著《玉簪记》脍炙南北。喜藏书，能鉴别，“妙赏楼”为藏书所。著有《遵生八笺》，其中不少鉴赏收藏知识，涉及青铜、瓷器、玉器、印玺、书画等多方面内容。书中揭示作伪之术，言宋版书作伪，甚为细致深刻。是拓《曹娥碑》曾经高濂收藏，从帖石有损坏看出不是初拓，但从字迹镌刻、纸墨色泽、高濂的收藏时间看，可定为宋代拓本。

《黄庭经》（第一种）：是拓系“修太平本”。刻拓精湛，宋刻古本特征俱在。此经鉴藏印迹除卞永誉外，清晰的有“吴廷伟书画印”“觉虚斋”，另一印可识为“管世昌印”（依据《续编》）。

吴廷伟（1676—？），字端人，扬州高邮人。康熙年间，任陕西同州知州时随清军进西藏督粮，喜诗词歌赋，著有记载西藏山川风貌、人情风俗及清军驱逐当地反叛武装的历史事件之书《定藏纪程》[1]。管世昌，《娄县志》载：“管世昌，字宏道，枫泾人，真、草、隶、篆皆工。子唯木，乾隆十五年（1750）举人，任广东遂溪知县。”[2]

从此拓《黄庭经》可辨识印记看，康熙至乾隆年间吴廷伟、管世昌曾经收藏。

《黄庭经》（第二种）：字迹清晰，虽显瘦硬，然古意不减。宋纸帘纹清晰可见，确为宋拓无疑。故宫庋藏一本清拓《黄庭经贾刻本》，张廷济旧藏，此即民国初年从杭州出土的“贾似道本”帖版拓出者[3]。两相比较，帖内文字特征相类，后部亦有虞世南刻跋，应是所依同源，但不为一版。两本区别也表现于刻印，此拓“大观”及“淳化”刻印裱在前部，《贾刻本》则在陶谷草书刻跋之后。是本刻印作伪，前部的“大观”半印具有置于尾部印的特征；“淳化”印，是拼凑伪造成全印的。

《黄庭经》刻本所传多是唐宋人临本，上述二拓不是一版，但皆为宋拓古本。

（二）题跋、钤印考证

曹溶跋在“四表”后，书于顺治二年。跋文没有针对“四表”的具体评论，从语气分析，“此本古迹不可见，见之有典刑之思”是谈“四表”书法。据跋，可知曹溶三十二岁时，从一庙市购得，但地点未明。据其历官时间，是在任顺天学政时购买。曹溶收藏过“四表”，在他所撰《金石表》中也有记载[4]。此表是他历经五年搜集的八百余本碑帖目录，在“上古秦汉魏晋六朝”一节中，记有“魏锺繇四表”，并注“旧拓”，应即此次购买之本。他未将“四表”定为宋拓本，反映了其知识储备和鉴定能力。

沈荃的跋是康熙六年（1667）四十三岁时书。跋文内容与《黄庭经》对应，是沈荃观帖后写的评述。

---

1 王自立：《为官入藏留佳作——清代扬州人吴廷伟与〈定藏纪程〉》，《扬州文化研究论丛》，广陵书社，2009年第1期，第149页。

2 （清）谢庭熏修，陆锡熊纂：《娄县志》卷二十七《艺术传》，清乾隆五十三年（1788）刊本，第13页。

3 故宫藏《黄庭经贾刻本》，张廷济曾藏，帖后张氏跋文言此版为虞世南临本。

4 《金石表》是曹溶所搜集拓本的目录，目下简洁注文，除名称外有书者、撰者、书体、刻石地点、刻立年代等，有的还注为“翻刻”。收录的碑、帖、墓志、经幢、题名等，虽有时代分章，内中却早晚时间混排且无分类。

图12 《张璧写照陆远补图卞永誉石门踏雪景》轴

沈荃是华亭（今上海松江）人，康熙六年丁忧服满，授直隶通蓟道员，正于此年他书写了这段跋文，可能是出行或回京赴任路过也园而作。也园是明代布政使陆怀玉的园子，清延续其称，地点在今天的浙江省平湖市，属嘉兴市管辖。据张豫章等纂《御选宋金元明四朝诗·明诗姓名爵里》记载，陆怀玉字石含，万历己未（1619）进士，授工部主事，历郎中，出知镇江府，迁湖广按察副使，仕至福建右布政使。陆怀玉有《也园》诗："种药云根已十年，小园独卧思悠然。岂无幽径通韦曲，亦有连山象辋川。半砌苔衣清似水，一池花石小于钱。归来便是西畴长，晚稻秋香满社田。"[1]从诗中可窥其思想、向往和也园当时景象，但由于也园的记载鲜见，陆怀玉去世后园子情况已无从考证。沈荃当时对拓本的鉴定结论是"宋拓"，故而要"宝之宝之"。他最后使用的印是"臣荃印"，这种臣字印的使用，不只为君书画，这有实物证明。如故宫藏《郎世宁画果亲王允礼像》册，是果亲王允礼骑马肖像，有"郎世宁谨绘"款，钤印"臣郎世宁""恭绘"[2]。这幅画是郎世宁奉雍正帝之命为允礼画的，可由其自己保存[3]。又如《张璧写照陆远补图卞永誉石门踏雪景》轴，是张璧和陆远为卞永誉合绘，画上方卞永誉自题一段，言康熙二十三年（1684）他四十岁时与庞眉老衲至石门山登睡崇冈时雪霁如银的景象。尾款为"仙客漫题"，并钤"令之氏""臣永誉"印两方〔图12〕。这些书画都不是进献皇帝的，说明臣字印在使用上并没有严格的规定。沈荃在朝为官，对皇帝称臣，而此拓本绝非敬上之作。跋款有"漫书"字样，且有改动之字，也不似为旁人书写，或是自己留用之本。

通过以上梳理，可以看出这七种墨拓开始并不是一家收藏。通过题跋、钤印，可分析出是本前身的几段经历：前面"四表"为明代拓本，比后面三拓时间晚。除清宫钤印外，只有卞氏之印，这是曹溶曾经购藏之本。《曹娥碑》，明代钱塘人高濂曾藏[4]。清代吴廷伟、管世昌收藏过第一种《黄庭经》。第二种《黄庭经》沈荃曾藏，有"沈荃私印"并跋。沈跋"是拓纸墨黝古，丰采焕发"，后改为"是册纸墨黝古"，

1　（清）张豫章等奉敕纂选：《御选宋金元明四朝诗》明诗卷八十八，清康熙四十八年（1709）内府刻后印本。

2　允礼是康熙帝第十七子，画上有雍正十三年（1735）的自题："我行西南，驰驱万里。蜀道即平，筰马孔驶。圣德广覃，天威尺咫。靡及有怀，瞻望无已。雍正乙卯六月果亲王自题"。《清史稿》记载："果毅亲王允礼，……（雍正）十二年（1734），命赴泰宁，送达赖喇嘛还西藏，循途巡阅诸省驻防及绿营兵。十三年，还京师……"画上自题"行西南"即言此行。（清）赵尔巽等撰：《清史稿》第三〇册，中华书局，1976年，第9083页。

3　参见聂崇正：《郎世宁的非"臣字款"画探究》，《故宫博物院院刊》，2002年第2期。

4　曹溶的《金石表》中也记录有《曹娥碑》和《黄庭经》，《曹娥碑》下还有"宋拓"的注释。但此本这两种墨拓上无曹溶印记，且题跋位置亦在"四表"后，因此不能断定其曾收藏。

从改动字看，是其亲笔。沈氏当时收藏即为一册，但册中共有几拓，不可得知。整本墨纸及题跋，每页皆钤有卞永誉"式古堂书画"印，证明这七种墨拓小楷，在卞永誉手中完整成册。拓本非皆宋拓，入清宫后鉴定为宋拓本，列入"上等"。

卞永誉（1645—1712）字令之，号仙客。隶汉军正白旗（一作镶红旗），历福建巡抚等，官至刑部侍郎。工画能书，是清代著名书画鉴藏家，著有《式古堂书画汇考》。他的著名藏品进入清宫的有五代董源的《潇湘图》、宋张即之的《汪氏报本庵记》等，亦被辑录进《石渠宝笈》。卞氏殁后，子孙不能守，散尽其藏，不少藏品归于安岐，最后进入清宫。此拓本无安岐印记，进宫详情不可考。

品相好是收藏的一个条件，"宋拓"《锺王楷帖》封面用黄色地银锭万字纹锦，此纹饰的织锦，现所见最多的是清中期制成的成品，如书画封面、锦盒等，至清晚期也还在使用，只是纹饰稍有变化。拓本锦面较旧，但确为宫中装裱。题签使用的是清乾隆时期仿宋藏经纸，此种带斑点的藏经纸，乾隆后期才得以生产。题签帖名楷书，无书者姓名。据封面、签纸材质，题签之字是在清宫装裱后题写的。

拓本有水渍、霉迹及虫蚀孔洞。此拓被水浸湿，是清宫收藏期间保存未善所致，夹于帖前附页鉴定品级的黄条有被淹痕迹，是其后遇水的证据。《活计档》乾隆五十五年（1790）农历五月二十九日如意馆记录："接得员外郎福庆押帖，内开：四月二十二日，懋勤殿交天水摹《张萱虢国夫人联辔图》一卷（换轴头）……以上十七卷上等。……《宋拓锺王楷帖》一册……《宋拓智永真草千字文》一册……以上十二册上等。《关九思山水》，十六开（重装，上等）。……传旨，交如意馆将上等十七卷配袱、别、匣，换轴头四对。册页十三册，配套、安白绫签，内一册重裱。……钦此。"[1]在这段记载中就有"宋拓锺王楷帖"，当时是要如意馆做套，安白绫签，未提及重新装裱。这说明，是本于乾隆五十五年四月二十二日以前就已进行过鉴定，亦完成了装裱，后又做套、安签，但当年的帖套已不复存在。

三　《续编》著录中的问题

《初编》中没有收录碑帖拓本，从《续编》开始，拓本专作一类增入。以我们现在的认识，会发现《石渠宝笈》有错误、存在缺憾，特别是开始辑录拓本的《续编》，较后来的《三编》错误率高，其中有著录不准确、时代误判等问题，下面于此做探讨、阐释。

（一）著录不准确

《锺王楷帖》是《续编》著录文字与实物不完全相符的实例，其中包括页数不合、印文错录、鉴藏宝玺记载与实物不对应等问题。

页数记载与实物不合：《续编》著录"四表"是"六对幅"（本文以"开"称），实际拓本是八开。印文错录："收传印记"中的"古杭瑞南高氏藏画记"，《续编》最后一字错记成"印"。"鉴藏宝玺"项与实物不对应：记

1　中国第一历史档案馆、香港中文大学文物馆合编：《清宫内务府造办处档案总汇》第52册，人民出版社，2005年，第14页。

录为“七玺全，懋勤殿鉴定章”，实际拓本只有“七玺”之一的“乾隆御览之宝”和“懋勤殿鉴定章”。虽然《续编》拓本有“五玺全”“七玺全”“八玺全”的记录，而实际上《续编》拓本类未按钤印规则执行的情况很多，并不符实。通过文与物的对照，可以看出书籍编著者的意图和完成质量。虽然是本与著录文字有不同处，但确为当时那件被收录者无疑。

编纂《秘殿珠林》《石渠宝笈》是项大工程，每日大臣们抄录资料信息，侍奉人员抻叉书画，繁忙紧张。大臣胡敬（1769—1845）参加过纂辑《三编》，从《胡敬传》中可看到当时繁忙的工作景象：“胡敬……入直懋勤殿编纂《秘殿珠林》《石渠宝笈》三编。时溽暑，内侍捧轴仓卒辰视，敬衣冠端立，执笔录其文，记载尺寸印章，日至百十卷，无少懈。”[1]大臣们一天要记录上百件书画，自有专人负责钤印及杂务，钤印或早或不晚于当场。编纂《续编》时的情景可以从阮元为沈初《西清笔记》撰写的序文中了解一二：早朝之后，大臣们在几榻上堆满数千卷轴的环境中工作，一直干到下午一两点钟方才结束。除此项工作外，同时还要在懋勤殿侍直并校勘太学正刊刻的《乾隆石经》[2]。在同一时间段中，编纂《续编》的十位大臣有八位参加了校勘《乾隆石经》，紧张的工作节奏和纷乱的环境，出现错误着实难免。而后期又不能逐一开卷校对，故此类问题的出现，是工作疏忽所致。

（二）时代误判

如前所述，“四表”曾归曹溶，他的鉴定结论是“旧拓”。而乾隆五十五年《活计档》做帖套的记录明确其为“上等”，系“宋拓”，这也是于宫廷已行鉴定的证明。分析当时误判作宋拓的原因：一是顾及皇上的喜好，将全册定为宋拓；二是大臣们鉴定拓本能力有限，误将整本皆定宋拓。

《秘殿珠林》《石渠宝笈》是清代宫廷收藏的大型艺术著录文献，这两书的初、续、三编参与人员不同。纂辑《续编》的大臣主要有十位，在搜检这些大臣的生平介绍、历官政绩之余，又从故宫庋藏中找寻到部分相关文物，以便让我们对其擅长加深了解。

王杰（1725—1805），能诗文，擅书法，字迹工整清秀。从清宫遗存看，有他的楷书作品如《御制十全老人之宝说册》《御制戒得堂记》卷《御制热河文庙碑记册》等，还有行书《诗翰册》等书迹传世。从与他人书画合璧的成扇文物中可看出，他不仅擅馆阁体楷书，还临写了多位古代著名书家的作品。如与方琮合作完成的有临王羲之、苏轼、黄庭坚、米芾、蔡襄、赵孟頫、董其昌等人书帖，在与徐扬合作的扇面上临写了《淳化阁帖》等。据记载，他八岁时即能书写匾额大字，一直勤奋习书不怠，正因对名家书法的勤学熟知，才具有了各体兼能的本领。

董诰（1740—1818），工诗文，精书法，擅绘画。董诰的书法深得乾隆帝赏识，是钦点的代笔人，在故宫博物院收藏的《快雪时晴帖》上，有乾隆帝这样一段文字：“予八十有三，不用眼镜。今岁诗字多，艰于细书，命董诰代写，亦佳话也。”当时董诰五十四岁。董诰不仅能书，更擅画，故宫博物院藏有他大量作品，装裱形式有轴、卷、册、贴落、成扇。奉敕书作有《御制元旦诗册》《御制养心殿记册》《临宋四家帖

1 （清）佚名撰：《清国史·胡敬传》，嘉业堂抄本。

2 （清）沈初：《西清笔记·阮序》，清光绪吴县潘氏刻功顺堂丛书本。

册》《书米芾西园雅集图记》卷等。画作山水、花卉最多，有《松菊凌霄图》轴《万山锦树图》卷等。《鼙鉴图》卷《文园狮子林图》卷《仁山静寿德水长清册》等皆为《石渠宝笈·三编》收录。故宫庋藏的成扇文物中还有其画书兼作的《画梅花并临王献之帖》《画花卉并临米芾帖》等。亦有与人合作的，如《方琮画山水董诰书雨景诗成扇》《徐扬画玉泉山董诰临孙绰天台山赋成扇》等，其书楷、行、草兼备。

彭元瑞（1731—1803），精于古器物、书画鉴定，收藏图书颇丰。书法有《御制月令七十二候诗卷》《书弘历平定安南战图诗册》《书弘历寒山千尺雪诗册》，在《汪承霈、吴省兰等书画集锦横轴》上有他的节临《孙过庭书谱》。也有与人合作的《汪承霈画花卉彭元瑞书御制诗成扇》，有福长安画山水彭元瑞临名家书迹的成扇，临写了颜真卿尺牍、米芾帖跋、蔡襄诗帖、董其昌帖跋等等。有的书迹还刻成青玉版、制成墨等。

金士松（？—1800），书画皆工。故宫博物院藏品有《金士松书弘历万寿山五百罗汉堂记册》《花卉册》，有自己书写及与人合作的成扇，还有青玉镌刻的《御制五福五代堂记册》《御制重华宫记册》等。他擅长楷书，也临写名家书迹，有《临米友仁帖册》，在《汪承霈、吴省兰等书画集锦横轴》上，还有他临写的史游章草《急就章》。

沈初（1729—1799），以文学受知，擅书法。留存有《弘历含德斋诗册》《弘历题丁观鹏摹贯休十六应真像赞册》《临米芾尺牍册》等，还有《李秉德画荷花沈初书御制诗成扇》《谢遂画采菊沈初临苏轼尺牍成扇》等。

玉保（？—1798），工书法，评者曰出入吴兴堂奥。故宫存其书法作品有《御制文津阁诗册》《四阁记册》《临天冠山帖》《七言联》等。

瑚图礼，故宫藏有他的《书弘历作福作威论册》《书弘历匣衍记册》。有成组的楷书折扇，写《御制广陵涛疆域辨》《御制济水考》等，亦有行书书札。

吴省兰（？—1810），擅文，乾隆四十一年（1776）的《拟九姓土司箴四首序》《盛京恭谒祖陵礼成恭记有序·绎典篇》《寿恭集千字文五言律诗二十五首序》为其所作。御制诗文集中亦见与王杰、董诰、沈初、彭元瑞、金士松、周兴岱、那彦成、阮元等共同“拜手稽首恭跋”。擅书，有《书弘历诗册》《躬稼抒丰》等，在汪承霈、吴省兰等书画集锦横轴上有他的节书《唐李程众星拱北辰赋》，还有与人合作的福长安画古木竹石图吴省兰书御制诗成扇等，其书法作品多为馆阁体。

阮元（1764—1849），博学淹通，能书画、天文、算学，政事文章。精训诂、考据学，经学深邃。其隶、楷、行、草四体皆能，故宫藏有他的《御制八征耄念之宝记册》《御制雪诗册》等书作。他写扇亦兼备各体，有《御制斗鹿赋》《御制夜亮木赋》《草书七古扇面》等。书札有《致里堂札》《致若膺札》等，对联除纸、绢本外，还有硬木包镶玉字的七言对联。

那彦成（1763—1833），工文翰，书法作品有《书弘历五经萃室记册》《书颙琰味甘书屋品茶诗贴落》《临董其昌帖》等，在汪承霈、吴省兰等书画集锦横轴上也有他的行书书作。《临赵孟頫兰亭跋册》等是著录于《三编》的作品。

据上述可知，纂辑《续编》的大臣，文翰佳绝，人人擅书，或能画，或擅长目录学及书画鉴定，但多

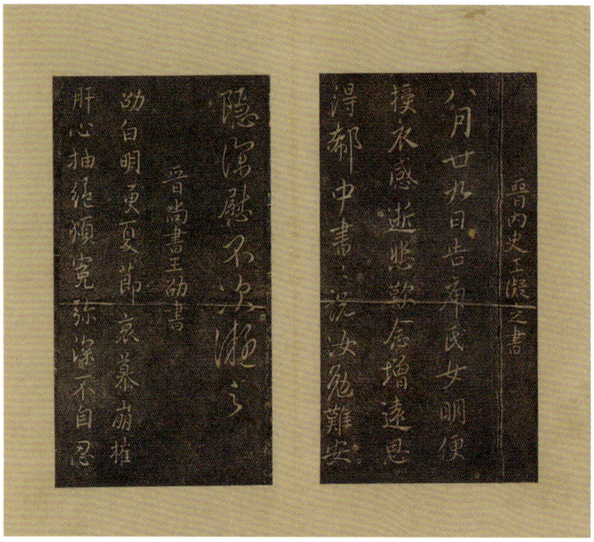

图13　清翻刻《淳化阁帖》

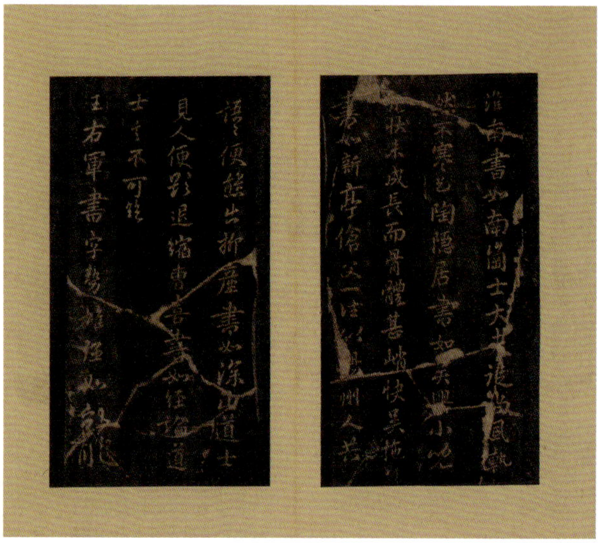

图14　翻刻"马蹄帖"（卷五）

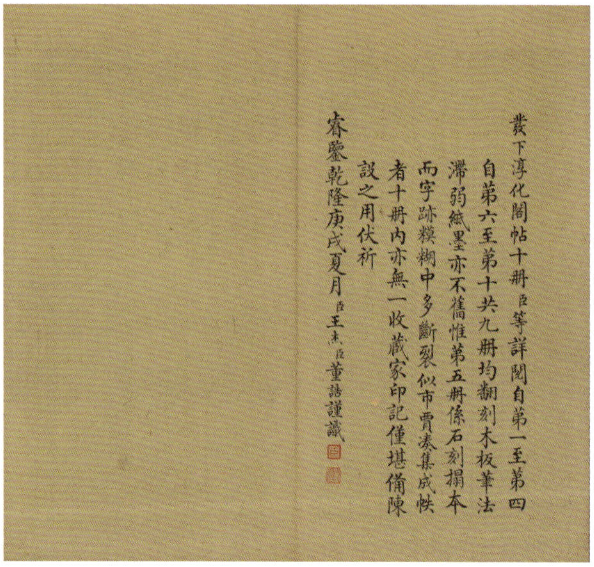

图15　清翻刻《淳化阁帖》王杰、董诰跋

数于碑帖版本并不熟悉。虽然阮元擅长金石考证，但他在参与《续编》时只有二十七岁，而日后督山东学政时通过与金石友人的交游，对金石学产生兴趣，遍访碑刻，搜集拓片，才完成了《山左金石志》《两浙金石志》等著作，自己的书学思想也逐渐成熟[1]。他参加《续编》工作时年轻眼力好，识得古篆文，工作时有"绢纸黕黦印记不可辨者，诸前辈必就元指问"[2]，但在学识、经验等方面，王杰、董诰、彭元瑞等大臣的积累更加厚实，因此参加编纂工作时阮元不会起主导作用。

王杰、董诰等也并不熟悉拓本版本，这有实例证明。除了将明代翻刻《淳化阁帖》定为宋拓外[3]，故宫藏有一套《淳化阁帖》亦可证明此论断，是帖织锦贴面，纸墨颜色甚怪。〔图13〕卷五墨色不同，遍布"冰裂纹"。〔图14〕帖后有王杰、董诰的跋文："发下《淳化阁帖》十册，臣等详阅，自第一至第四，自第六至第十，共九册，均翻刻木板。笔法滞弱，纸墨亦不旧。惟第五册系石刻拓本，而字迹模糊，中多断裂，似市贾凑集成帙者。十册内亦无一收藏家印记，仅堪备陈设之用。伏祈睿鉴。乾隆庚戌夏月，臣王杰、臣董诰谨识。"〔图15〕这段跋文说明了几个问题：第一，这套《阁帖》是乾隆帝让臣子鉴定的，所以才有董诰等文辞谨严、极为恭敬的跋语。第二，从时间上看，此《阁帖》与上述为"宋拓"《锺王楷帖》等做套的时间契

1　尹一梅：《〈石渠宝笈·续编〉碑帖拓本的问题辨析——从四部"宋拓"〈淳化阁帖〉着眼》，《书法丛刊》2022 年第 3 期。
2　（清）沈初：《西清笔记·阮序》，清光绪吴县潘氏刻功顺堂丛书本。
3　尹一梅：《〈石渠宝笈·续编〉碑帖拓本的问题辨析——从四部"宋拓"〈淳化阁帖〉着眼》，《书法丛刊》2022 年第 3 期。

合，皆在乾隆五十五年农历五月，说明这段时间宫里进行过鉴定活动，应是为纂辑《续编》做准备。第三，董诰等依照板上的横向断裂，判断此帖除第五册外皆为木板刻，是帖肆商人拼凑本。第四，清宫陈设，可放置品级不高之本。据帖面上的号签，是帖曾置热河（承德）离宫。从跋文也可看出，大臣具备鉴别拓本的一般知识，知晓木板和石板损坏的区别，同时从书法看出帖为翻刻，纸墨不旧，但鉴定意见并未言至根本。此部帖刻工粗糙，缺帖、失行、短字现象比比皆是。粘裱错乱，有标目与内容不符张冠李戴的现象，或是将不同卷的内容混而装之。

经比勘鉴定，笔者以为：这是一套拼凑的翻刻《阁帖》，拓制时间在乾隆五十五年农历五月以前。其中的九册钩摹失准，笔法滞弱。缺帖、失行、短字现象甚多，或因依据的底本残损严重，或是双勾油条[1]混乱丢失。多有横裂纹，但不符合木板裂痕自然规律，拓片上没有高低不等的感觉，系伪作木裂。出现于卷一的“隋文帝书”《双林寺慧则法师帖》，是将卷五原标“隋朝法帖”的内容，修改了标目裱入。乾隆三十四年（1769）宫中镌刻的《钦定重刻淳化阁帖》，即更改了标目移入卷一，但移动之帖注明了原居位置，是帖镌刻时间应晚于《钦定重刻淳化阁帖》。故宫另有与卷五同版之本，董诰等所得石刻结论正确，但未指明是翻刻泉州本系统的“马蹄帖”[2]。

四 结 语

辑录进《续编》的书画、拓本等，前期已进行过整理和鉴定，因此无论编辑书籍当场是否再行辨别，无论参与人员是否相同，实例证明大臣们确实不精于拓本鉴定。而工作的繁忙紧张，使之无暇细看深研，就连《锺王楷帖》刻印中的明显问题也未能发现，将锺繇的“四表”草草归为了宋拓。

综上所述，《续编》著录的“宋拓”《锺王楷帖》，实际上是明拓与宋拓的合装本。《石渠宝笈》一书著录了大量的艺术品，展示了当时丰富的清宫宝藏，这些珍贵的藏品，具有不可否认的历史、艺术和文物价值。当然随着实物资料的陆续公布，书籍记载中的错误与不足也会被逐渐发现，如鉴定误判、辑录失实、鉴藏宝玺使用不规范等诸多问题，这些皆有待我们识别判断、精心研究、去伪存真、纠正误识，乃至挖掘其产生的根本原因，还原历史真貌。

（作者单位：故宫博物院研究室）

1 古人刻石除直接在石上书丹外，要将字形移至石上，首先从墨迹底本上双勾纸样，纸样要附在石头上“钉朱”。将所用之纸涂上蜂蜡，以熨斗烤匀，纸变硬后如同经油浸过。这种纸呈透明状，能够较清晰地看到墨迹底本上的笔画，便于勾勒字形轮廓。为双勾和上石时方便，裁成条状，故名“油条”。将纸割小或裁成纸条，也有利于替换勾错及不满意之字，最大限度地保留勾写完美的字迹。

2 （清）吴肃公撰《街南文集》卷一九《跋》内记《泉本阁帖》：“泉本《阁帖》，皆坼裂作冰纹。相传甃马厩，踶蹴所致，故世谓之‘马蹄帖’”。清康熙二十八年（1689）吴承励贞隐堂刻本，第13页。

乾隆石经拓片研究*

A Study on the Rubbings of Qianlong Stone Classics

王琳琳

Wang Linlin

内容提要：

清乾隆五十六年(1791)，为勘正经典，统一教材，乾隆帝谕旨以江苏金坛贡生蒋衡耗时十二年手书的“十三经”为底本刻石，称之为“乾隆御定石经”，简称“乾隆石经”。石经以拓片的形式扩大流传和影响。乾隆石经存世拓片数量众多，种类多样，深入调查研究乾隆石经拓片是研究乾隆石经的一个重要内容。本文试图从乾隆石经拓片遗存情况、拓片的解读和拓片制作流传三个方面对乾隆石经拓片做以研究，以便更加全面深入认识乾隆石经。

关键词：

乾隆石经　拓片　版本　制作　流传

ABSTRACT:

In 1791, the Qianlong Emperor ordered the carving of the 13 Confucian classics on stones for standardizing Confucian texts. The original texts were handwritten by the Imperial College student Jiang Heng, who had spent 12 years finishing the work. The stone version of the Confucian classics was collectively called *The Qianlong Imperially Authorized Stone Classics* (Qianlong yuding shijing), or *The Qianlong Stone Classics* (Qianlong shijing) for short.

The Stone Classics extended its influence via the form of rubbings, which were in large quantities and in various formats. An extensive study of these rubbings is of great importance for the study of Emperor Qianlong's project. The paper focuses on extant copies of the rubbings, the interpretation of the content, and the making and circulation of the rubbings, in the hope to provide a fuller picture and a deeper understanding of the Qianlong Stone Classics.

KEYWORDS:

Qianlong Stone Classics, rubbing, editions, production, circulation

* 本文为国家社科基金后期资助“乾隆石经整理与研究”项目（21FZSB078）成果之一。

一 乾隆石经概况

"经学"传统悠久，是中华传统文化的根基，是儒家思想和诸子思想的共同精神来源，"十三经"更是儒家典籍的核心。伴随着儒家思想在中国传统社会主导地位的确立，"十三经"备受历代统治者推崇，成为学子必读之书和步入仕途的考量标准，影响之深远，是其他任何典籍所无法比拟的。为了长久保存典籍，规范经典，我国历史上曾七次大规模将儒家经典刻之于石：东汉灵帝"熹平石经"、三国曹魏"正始石经"、唐文宗"开成石经"、五代十国后蜀孟昶"广政石经"、北宋仁宗"嘉祐石经"、南宋高宗"绍兴石经"和清高宗的"乾隆石经"。"乾隆石经"是历代儒家石经最后一部，也是保存最完整的一部。

清乾隆五十六年（1791），为勘正经典，统一教材，乾隆帝谕旨以江苏金坛贡生蒋衡耗时十二年手书的"十三经"为底本，"刊之石版，列于太学，用垂永久"，称之为"乾隆御定石经"，简称"乾隆石经"或"清石经"。并设立石经馆，以和珅、王杰为总裁，董诰、刘墉、金简、彭元瑞为副总裁，完成石经的校对、刊刻工作。

乾隆石经包括经文：《周易》6碑、《尚书》8碑、《诗经》13碑、《周礼》15碑、《仪礼》17碑、《礼记》28碑、《春秋左传》60碑、《春秋公羊传》12碑、《春秋穀梁传》11碑、《论语》5碑、《孝经》1碑、《尔雅》3碑、《孟子》10碑，共189通；1通"圣谕及进石刻告成表文"；乾隆帝《御制说经文》石刻13通；乾隆六十年的《御制石刻蒋衡书十三经于辟雍序》清汉文石刻各1通；乾隆帝的《御制丁祭释奠诗》1通。共计206通。乾隆石经中经文189通碑，约63万字。石碑均为圆首方座，高305厘米，宽106厘米，厚31.5厘米。碑额篆书"乾隆御定石经之碑"，并刻有乾隆御玺"表章经学之宝"和"八征耄念之宝"。碑文为楷书，两面刻字，每面分6栏刻写。乾隆石经刊刻后，一直陈列于北京国子监，保存完好，少有损坏。

乾隆帝任命彭元瑞为副总裁，"校订厘正，皆系彭元瑞专司其事"，根据校勘情况彭元瑞撰写《石经考文提要》一书，乾隆帝因彭元瑞之功"着加太子少保衔，并赏大缎二匹。"[1]此事引起和珅嫉妒与不满，"和珅乃使人撰《考文提要举正》以攻之，冒为己作进上，訾《提要》不便士子，请销毁，上不许。馆臣疏请颁行，为和珅所阻，中止，复私使人磨碑字，凡从古者尽改之"。[2]光绪十一年至十三年（1885—1888）因"乾隆石经""字迹岁久受损"，国子监学录蔡赓年根据《石经考文提要》，对石经进行改刻，并

图1 国子监乾隆石经

1 中国第一历史档案馆编：《乾隆朝上谕档》第18册，第217页。

2 赵尔巽等撰：《清史稿》卷三一九《列传一百六》，中华书局，1998年版。

据此撰书《奏修石经字像册》。

光绪十年至光绪十五年（1884—1889）宗室盛昱出任国子监祭酒，在东西六堂设置栅栏，使乾隆石经得到更好的保护。1956年为了给图书馆腾出更多的收藏和借阅空间，将原六堂内的乾隆石经以及彝伦堂、敬一亭等处的所有碑刻，统一迁移至国子监与孔庙之间的堧垣。20世纪80年代，首都博物馆曾为乾隆石经建造了一个简易石灰瓦棚。2011年孔庙和国子监博物馆对乾隆石经陈列环境进行了全面的修缮整治，为石经修建现代化展厅。

二　乾隆石经拓片（本）遗存概况

乾隆石经经历了和珅的挖改和光绪年（1885—1888）的奏修，相应乾隆石经拓片有三个版本：第一是乾隆版，是和珅挖改之前的拓本；第二是和珅版，是和珅挖改后，光绪年奏修前的拓本；第三是光绪版，是光绪年奏修后的拓本。乾隆石经拓片主要有两种形态：经折装拓本和大张拓片。

乾隆石经现存拓片数量众多，仅北京地区就有多家文化单位收藏，本文以蔡赓年所著的《奏修石经字像册》为依据调查乾隆石经拓本的遗存情况，并为各拓本断代，从而为深入研究乾隆石经工作奠定基础。

表一　乾隆石经拓片（本）遗存概况一览表

收藏单位	数量	拓印时间	文物等级	装裱情况	版本
北京市文物局资料中心	一套，190张拓片	1958年第一次文物普查		未装裱	光绪版
	一套，208册	清		装裱成册	和珅版
中国文化遗产研究院	一套，190张拓片	20世纪30年代北平寺庙调查期间		未装裱	光绪版
国家图书馆	一套，190张拓片	民国时期		未装裱	光绪版
	一套，206册	民国时期		装裱成册	光绪版
首都图书馆	一套，190张拓片	民国时期		未装裱	光绪版
首都博物馆	一套，206册	清	二级文物	装裱成册	和珅版
故宫博物院	两套，各206册	清	二级文物	装裱成册	乾隆版(黄绫面)
					和珅版(黄纸面)
北京大学图书馆	一套，190张拓片	民国时期		未装裱	光绪版
吉林省图书馆	一套，206册	清		装裱成册	乾隆版
山东曲阜孔子博物馆	一套，191册	清	三级文物	装裱成册	乾隆版
重庆图书馆	一套，118册	清		装裱成册	
台北“故宫博物院”	一套，206册	清		装裱成册	

（一）北京市文物局资料中心藏乾隆石经拓片（本）概况

北京市文物局资料中心收藏有两套乾隆石经拓片（本），一套为1958年第一次文物普查时拓制，共190张。另一套为装裱本，是将大张拓片剪裁后装裱成经折，墨色乌黑发光，装裱精美，应为清宫之物，共

208册。经笔者调查统计，发现资料中心藏乾隆石经拓本有缺失，有重复。其中缺失拓本10册：《周易》第三册、《仪礼》第二册、《仪礼》第三册、《仪礼》第四册、《仪礼》第五册、《仪礼》第六册、《仪礼》第九册、《仪礼》第十册、《仪礼》第十三册、《孟子》第五册。重复拓片12册：《诗经》第六册、《周礼》第十四册、《周礼》第十五册、《仪礼》第七册、《仪礼》第十二册、《春秋左传》第四十二册、《春秋左传》第四十五册、《春秋左传》第五十六册、《春秋左传》第五十七册、《春秋左传》第五十八册、《春秋左传》第五十九册、《春秋左传》第六十册。每册拓本大小一致，长28厘米，宽14厘米。拓本封面为木板面，上覆明黄纸，内有洒金纸护页。封面题签有大小两行字：大字为“乾隆御定石经”，小字则是该册所含经名及装册后的序号，如“尚书第七册”。

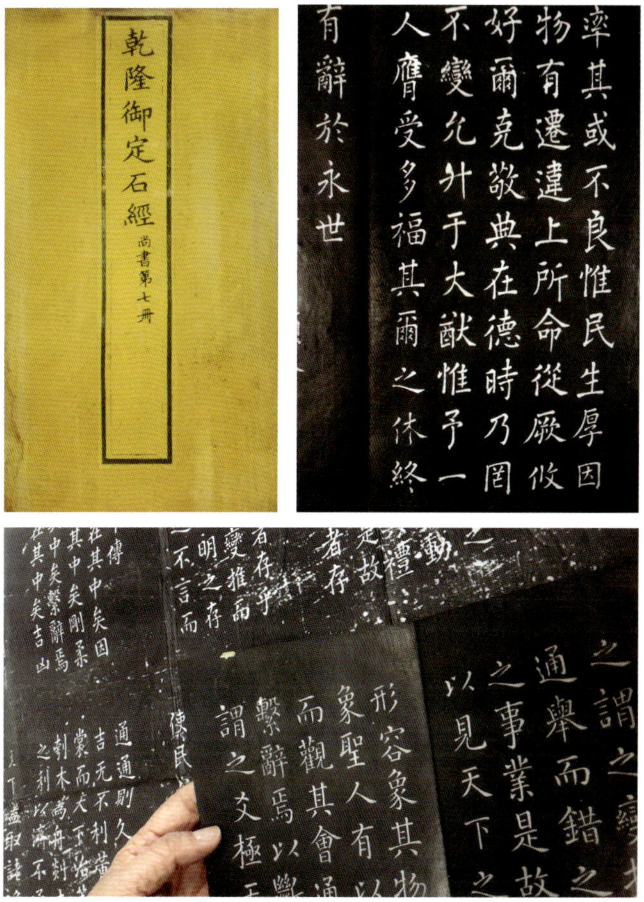

图2　北京市文物局资料中心藏乾隆石经拓本两种（和珅版、光绪版）

乾隆石经这个版本的十三经鲜为人知，乾隆石经一直以来也没有公开出版物。乾隆石经拓本在北京图书馆金石组编《北京图书馆藏中国历代石刻拓本汇编》一书中只收录了14通碑，39张拓片。为了使乾隆石经的碑文和书法为世人所知，只有通过出版发行，化身千百，才可实现。经过多方努力，燕山出版社、北京市文物局资料中心达成合作意向，将《乾隆石经》成功申报2019年国家出版基金资助项目。这是目前为止乾隆石经拓片最全的公开出版物。

（二）中国文化遗产研究院藏乾隆石经拓片概况

中国文化遗产研究院图书馆收藏有乾隆石经拓片共190张，拓片完整，字迹清晰，墨色浓黑均匀，在北京地区众多乾隆石经拓片中堪属上乘。此套拓片是整幅大张拓片：碑阳有篆书碑额“乾隆御定石经之碑”，并刻有乾隆御玺“表章经学之宝”和“八征耄念之宝”，碑阳拓片大部分尺寸为长200厘米左右，宽100厘米左右；碑阴无额，且有的碑阴未刻满文字，拓片按照文字来拓制，所以碑阴拓片长度不一，宽度基本为100厘米左右。

据中国文化遗产研究院图书馆工作人员介绍，这套乾隆石经拓片是20世纪30年代初国立北平研究院史学研究会对北平各寺庙进行全面调查时拓制的。“本院因预备修纂北平志，各种材料，须先从调查入手，爰于三月七号，派员出发，调查北平各坛庙寺观，以为纂辑庙宇志之用。工作计分绘平面图，照相，拓

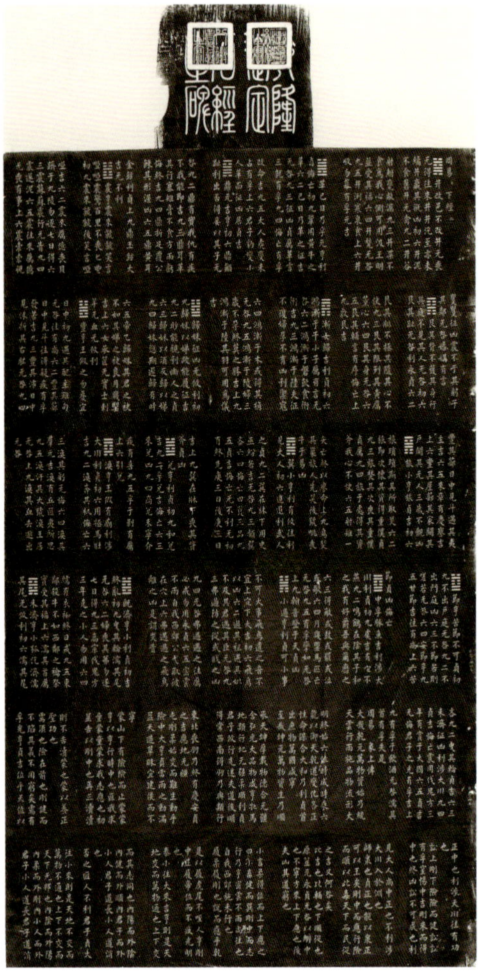

图3–1　中国文化遗产研究院藏乾隆石经周易第二碑碑阳

图3–2　中国文化遗产研究院藏乾隆石经周易第二碑碑阴

碑，纪录四项。”[1]此次调查是为修撰《北平志》搜集资料，其中也涉及了石刻的调查并进行拓碑。

（三）国家图书馆藏乾隆石经拓片（本）概况

中国国家图书馆收藏有乾隆石经拓片共190张，拓片完整，字迹清晰，墨色浓黑，并为中州古籍出版社1989年出版的北京图书馆金石组编《北京图书馆藏中国历代石刻拓本汇编》（以下简称《拓本汇编》）一书部分收录。这是乾隆石经拓片最早的出版物。在《拓本汇编》中收录的乾隆石经拓片也被中国国家图书馆网站上的“碑帖菁华”栏目所载，影响甚大。

《拓本汇编》并未将石经拓片全部收录在册，而是每经选取一通石碑（《周易》第一碑；《尚书》第七碑、《诗经》第二碑、《周礼》第一碑、《仪礼》第一碑、《礼记》第九碑、《春秋左传》第一碑、《春秋公羊传》第七碑、《春秋穀梁传》第一碑、《论语》第三碑、《孝经》一碑、《尔雅》第一碑、《孟子》第一碑），还收录了末一碑“圣谕及进石刻告成表文”，共十四通碑。《拓本汇编》将每通碑的碑额、碑阳、碑阴分三部分收录书中，其中《孝经》一碑只有碑阳，加上一张“圣谕及进石刻告成表文”的碑阳拓片，故共收录乾隆石经三十九张拓片。《拓本汇编》中的拓片是整幅大张拓片：碑阳有篆书碑额“乾隆御定石经之碑”，

1　《史学研究会调查北平庙宇碑记报告》，《国立北平研究院院务汇报》，1930年第一卷第2期，第11页。

刻有乾隆御玺“表章经学之宝”和“八征耄念之宝”，碑额拓片大小不一，高33厘米左右，宽30厘米左右；碑阳拓片尺寸长170厘米左右，宽100厘米左右；碑阴无额，且有的碑阴未刻满文字，拓片按照文字多少来拓制，所以碑阴拓片长度不一，宽度基本为100厘米左右。

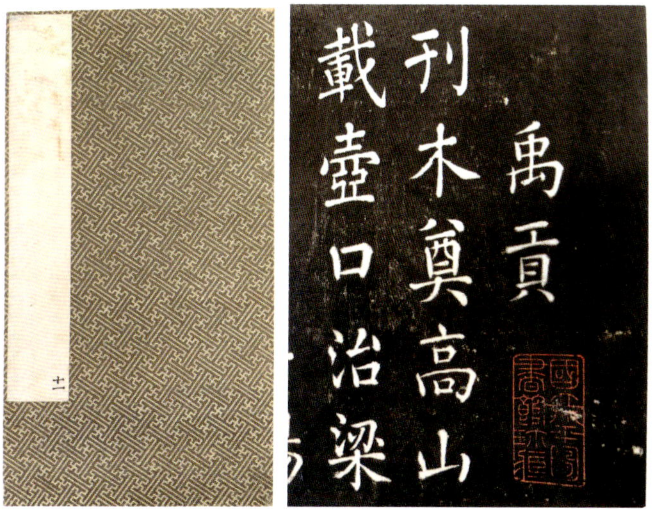

图4 国家图书馆藏乾隆石经拓本

中国国家图书馆还收藏了一套经折装乾隆石经拓本，206册，卷帙齐全。该套与北京市文物局资料中心收藏的乾隆石经拓本大小相同，但拓本墨色明显浅淡了很多，而且装帧也大为不同，封面覆卍字纹锦，钤章“国立北平图书馆珍藏”。经过仔细辨认，可以断定这套拓本是民国时期拓印装帧的，拓本属于光绪版。这是目前笔者见过的唯一一部光绪版经折装的乾隆石经拓本。

（四）首都图书馆藏乾隆石经拓片概况

首都图书馆收藏有乾隆石经大张拓片共190张，拓片完整，字迹较为清晰。

较中国文化遗产研究院和中国国家图书馆收藏的大张拓片，首都图书馆收藏的乾隆石经拓片墨色浅淡了些。

（五）首都博物馆藏乾隆石经拓本概况

首都博物馆收藏的是经折装乾隆石经拓本206册，卷帙齐全。该套与北京市文物局资料中心收藏的乾隆石经拓本形制、大小相同；大张拓片剪裁后装裱而成经折，墨色乌黑发光，拓本封面为木板面，上覆明黄纸，内有洒金纸护页。

（六）故宫博物院藏乾隆石经拓本概况

故宫博物院藏有两套乾隆石经拓本，都为经折装，各206册，卷帙齐全。形制大小也与北京市文物局资料中心收藏的一样，一套为黄纸覆面，另一套为缠枝纹黄绫子覆面，装帧异常精美。

图5 首都博物馆藏乾隆石经拓本

图6 故宫博物院藏乾隆石经拓本仪礼第十册黄绫子封面

（七）北京大学图书馆藏乾隆石经拓片概况

北京大学图书馆收藏有乾隆石经大张拓片共190张，拓片完整，字迹较为清晰。与中国文化遗产研究院、中国国家图书馆和首都图书馆收藏的大张拓片大小形制一致。

（八）山东曲阜孔子博物馆藏乾隆石经拓本概况

山东曲阜孔子博物馆收藏的是经折装乾隆石经拓本191册，缺少15册：《尚书》缺一册，《仪礼》缺第2、第5、第6共三册，《春秋左传》缺第30册，《春秋公羊传》缺第4册，《春秋穀梁传》缺一册，《论语》缺第1、第2、第3共三册，《尔雅》缺两册，《孟子》缺第1、第8共两册，《御制说经文》缺第5册。该套与北京市文物局资料中心、首都博物馆收藏的乾隆石经拓本形制、大小相同；大张拓片剪裁后装裱而成经折，墨色乌黑发光，拓本封面为木板面，上覆明黄纸，内有洒金纸护页。

2019年4月10日，“第四期全国碑帖编目与鉴定研修班”在孔子博物馆开班，以孔子博物馆收藏的碑帖拓片为教学内容，在授课和整理碑帖过程中发现一套乾隆石经拓本。施安昌先生发现拓本上的文字有涂描挖改痕迹，结合彭元瑞的《石经考文提要》、和珅的《石经考文提要举正》和蔡赓年的《奏修石经字像册》，以及《续修曲阜县志》《嘉庆朝上谕档》记载在嘉庆元年（1796）正月十三日圣公孔庆镕得到一套墨刻十三经的赏赐；断定该套拓本为乾隆石经初拓本，即乾隆版拓本。为此，故宫博物院施安昌先生撰文《孔子博物馆藏〈乾隆御定石经〉初拓本观后记》：“像孔博石经拓本信息明确则是首次遇见，不仅提供了初拓本的参照系，而且给人以多方面的启发。鲁壁灵光，功不可没。”[1]国家古籍保护中心王沛先生也撰文《孔子博物馆藏〈乾隆御定石经〉初拓本的论证及价值》[2]。

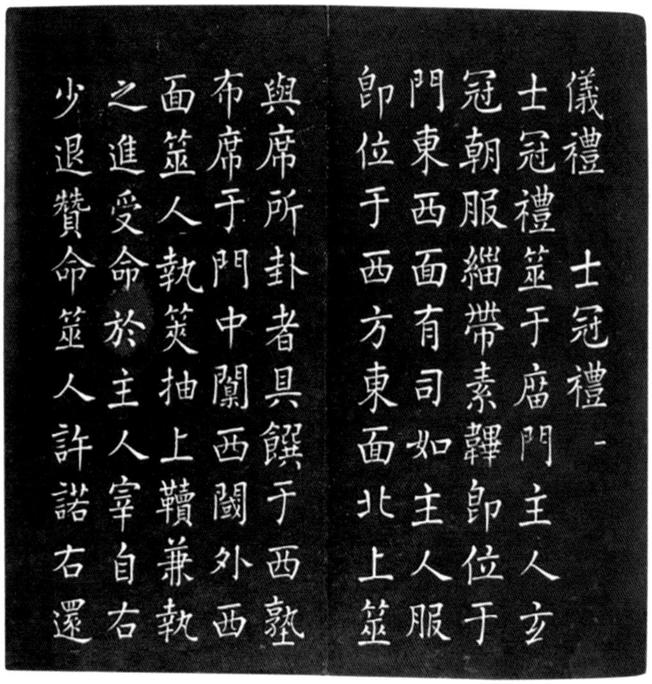

图7 孔子博物馆藏乾隆石经拓本

孔子博物馆收藏的这套乾隆石经拓本在2020年中央电视台《国家宝藏》第三季中专题播出并入选第六批《国家珍贵古籍名录》；2021年6月，该拓本又被评选为“山东省古籍普查十大新发现”之一。

1 参见施安昌：《孔子博物馆藏〈乾隆御定石经〉初拓本观后记》，《书法丛刊》，2019年第6期。

2 参见王沛：《孔子博物馆藏〈乾隆御定石经〉初拓本的论证及价值》，《古籍保护研究》第四辑，2019年12月。

（九）吉林省图书馆藏乾隆石经拓本概况

吉林省图书馆收藏的是经折装乾隆石经拓本206册，卷帙齐全。该套与北京市文物局资料中心、首都博物馆、故宫博物院、孔子博物馆收藏的乾隆石经拓本形制、大小相同；大张拓片剪裁后装裱而成经折，墨色乌黑发光，拓本封面为木板面，上覆明黄纸，内有洒金纸护页。拓本上有钤章“吉林省图书馆藏书印”。仔细观看，发现一些字是在拓本上改动的，而不是碑石改刻后再拓印的，这与孔子博物馆收藏的乾隆石经拓本文字的改动方式一致，由此可以断定，此套拓本为乾隆版。

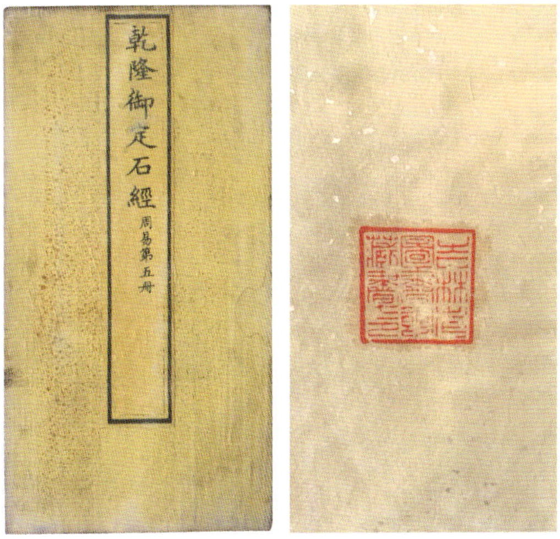

图8　吉林省博物馆藏乾隆石经拓本

（十）重庆图书馆藏乾隆石经拓本概况

重庆图书馆也收藏了一套经折装乾隆石经拓本，卷帙缺失，拓本破损。拓本上有“合川县科学馆之图记”的钤章。共藏118册，缺失89册：《周易》存三册，《尚书》存四册，《诗经》存九册，《周礼》存八册，《仪礼》存十四册，《礼记》存十九册，《春秋左传》存三十四册，《春秋公羊传》存四册，《春秋穀梁传》存六册，《论语》存四册，《尔雅》存两册，《孟子》完整不缺存十册；《上谕衔名册》《御制说经文》《御制石刻蒋衡书十三经于辟雍序》《御制丁祭释奠诗》都缺失。

图9　重庆图书馆藏乾隆石经拓本

（十一）台北“故宫博物院”藏乾隆石经拓本概况

台北“故宫博物院”藏有乾隆石经拓本和蒋衡手写本“十三经”。笔者没有实地调查过乾隆石经拓本情况，具体版本年代还有待进一步核查确定。

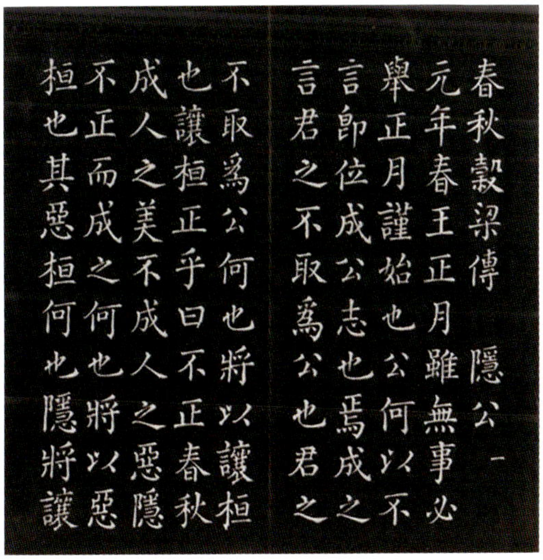

图10　台北“故宫博物院”藏乾隆石经拓本

三　乾隆石经拓片解读

笔者目前只有中国文化遗产研究院和北京市文物局资料中心藏拓片的电子版，现就此两种拓片与《奏修石经字像册》进行对比研究，以期窥见乾隆石经两次改刻的面貌及乾隆石经拓片的情况。

表二 乾隆石经拓片（本）文字对比

《奏修石经字像册》所载	北京市文物局资料中心藏乾隆石经拓本截图	中国文化遗产研究院藏乾隆石经拓片截图	对比解读
允升于大猷。升初刻升不误，后磨去一笔廾。升。[1]			“允升于大猷。”出自《尚书·君陈》篇，位于乾隆石经中《尚书》第七碑三号。从《奏修石经字像册》文字可知，在初刻时即乾隆五十六年刊刻时“升”字没有刻错，而和珅挖改时磨去一笔变为“廾”，在光绪十一年的奏修中又改回“升”。在遗产院所藏拓片中很清楚地看出“升”字修改的痕迹。
执戈上刃。执刻幸为幸，执。刃刻刄，刃。[2]			“执戈上刃。”出自《尚书·顾命》篇，位于乾隆石经中《尚书》第七碑四号。“执”和“刃”两字均刻错，遗产院拓片上能看出“刃”字修改的痕迹；而“执戈”之“执”与“执刘”之“执”的“幸”字明显笔体不同，可见有过修改。而这两个字的错误极可能是因为刻工不仔细，导致刊刻字体不规范。
定之方中。匪直也人。直初刻十讹匕复修改未净直。直。[3]			“匪直也人。”出自《诗经·墉风·定之方中》，位于乾隆石经《诗经》第二碑二号。“直”字初刻错误，光绪十一年奏修彻底改正过来。
木瓜。报之以琼瑶。瑤刻作瑶。明本不作䍃。瑤。[4]			“报之以琼瑶。”出自《诗经·卫风·木瓜》，位于乾隆石经《诗经》第二碑六号。光绪十一年奏修将“瑶”改为“瑤”。
染人。染刻染，经文染字已正。僢归画一。染。[5]			“染人。”出自《周礼·天官》，位于乾隆石经《周礼》第一碑四号。拓片上明显看出“染”字有改动的痕迹，并且“染”字结构不稳，不似初刻。但并未按《奏修石经字像册》记载要求改过来。
徹筮席。徹初刻云后加一笔徹，下同。乡饮酒篇内作徹不加画。徹。[6]			“徹筮席。”出自《仪礼·士冠礼第一》，位于乾隆石经《仪礼》第一碑一号。乾隆五十六年初刻时没有错误“徹”字上刻为“云”，和珅挖改时加上一笔为徹，光绪十一年奏修又有改动，但并未改对。

1 （清）蔡赓年：《奏修石经字像册》，贾贵荣辑：《历代石经研究资料辑刊》第8册，北京图书馆出版社，2005年，第560页。

2 （清）蔡赓年：《奏修石经字像册》，贾贵荣辑：《历代石经研究资料辑刊》第8册，第560页。

3 同上，第565页。

4 同上，第565页。

5 同上，第581页。

6 同上，第605页。

（续表）

《奏修石经字像册》所载	北京市文物局资料中心藏乾隆石经拓本截图	中国文化遗产研究院藏乾隆石经拓片截图	对比解读
啐醴建柶兴。建提要校从建，刻磨改作捷。聘礼作建柶。建。[1]			“啐醴建柶兴”出自《仪礼·士冠礼第一》，位于乾隆石经《仪礼》第一碑三号。和珅改为“捷”，光绪十一年奏修改正为“建”。资料中心藏拓本中为“捷”，遗产院藏拓片中则改为“建”。
以挚见于卿大夫。卿提要校从卿，刻磨改作乡。卿。[2]			“以挚见于卿大夫”出自《仪礼·士冠礼第一》，位于乾隆石经《仪礼》第一碑三号。和珅改为“乡”，光绪十一年改正为“卿”。资料中心藏拓本中的“乡”字有改动的痕迹，遗产院藏拓片中即为“卿”。
况于其身。況刻讹作况，拟修。況。[3]			“况于其身”出自《礼记·文王世子》，位于乾隆石经《礼记》第九碑八号。原碑文误将“況”字刻作“况”，在拓片中很清晰地看出添加的那一点。
传十年。楚子襄郑子耳侵我西鄙。侵提要校从侵，刻磨改伐。侵。[4]			“楚子襄郑子耳侵我西鄙。”出自《春秋左传·襄公》，位于乾隆石经《春秋左传》第二十五碑三号。和珅改刻为“伐”，光绪十一年奏修根据《考文提要》改为“侵”，拓片上明显有磨改的痕迹。
十有二年。厮役扈养。厮刻同明本，误广为厂，拟修增。廝。[5]			“厮役扈养。”出自《春秋公羊传·宣公·十有二年》，位于乾隆石经《春秋公羊传》第七碑八号。明本为“厮”，在“厂”上加一点，改为“廝”。
十有五年。亦乘堙。堙刻多一笔堙 [illegible] 点拟修去。堙。[6]			“亦乘堙”出自《春秋公羊传·宣公·十有五年》，位于乾隆石经《春秋公羊传》第七碑九号。“堙”多刻一点为堙。我们仔细看拓片，这一点并未全部磨掉改净。

1 （清）蔡赓年：《奏修石经字像册》，贾贵荣辑：《历代石经研究资料辑刊》第 8 册，第 605 页。

2 同上。

3 同上，第 618 页。

4 同上，第 653 页。

5 同上。

6 同上。

（续表）

《奏修石经字像册》所载	北京市文物局资料中心藏乾隆石经拓本截图	中国文化遗产研究院藏乾隆石经拓片截图	对比解读
二十有八年。公会齐侯于城濮。城刻漏一笔，戊作。城。[1]			“二十有八年。公会齐侯于城濮。”出自《春秋穀梁传·庄公》，位于乾隆石经《春秋穀梁传》第三碑六号。“城”字刻漏一点，光绪十一年奏修时改正过来。
聚敛。敛刻讹为欠。敛。[2]			“聚敛”出自《论语·先进》，位于乾隆石经《论语》第三碑二号。“敛”字的误刻为“欠”。
举皋陶。陶刻为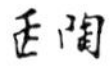。陶。[3]			“举皋陶”出自《论语·颜渊》，位于乾隆石经《论语》第三碑六号。陶刻为。光绪十一年奏修时改为“陶”。
莫大于配天。配刻酉为。[4]			“莫大于配天。”出自《孝经·圣治章》，位于乾隆石经《孝经》第一碑三号。“配”的“酉”里面多刻的一横已改掉。
祭则鬼享之。享刻作享。石台孝经作享，释文同。[5]			“祭则鬼享之。”出自《孝经·孝治章》，位于乾隆石经《孝经》第一碑三号。“享”刻作“享”，光绪十一年奏修将“享”的横去掉，拓片上能清楚看到去掉的痕迹。
敖幠。幠，提要校从幠，改刻幠。幠。[6]			“敖幠”出自《尔雅·释言》，位于乾隆石经《尔雅》第一碑五号。《石经考文提要》校对为“幠”，和珅挖改为“幠”，此次将“幠”改为“幠”。

1 （清）蔡赓年：《奏修石经字像册》，贾贵荣辑：《历代石经研究资料辑刊》第 8 册，第 659 页。

2 同上，第 682 页。

3 同上，第 682 页。

4 （清）蔡赓年：《奏修石经字像册》，贾贵荣辑：《历代石经研究资料辑刊》第 8 册，第 671 页。

5 同上。

6 同上，第 672 页。

（续表）

《奏修石经字像册》所载	北京市文物局资料中心藏乾隆石经拓本截图	中国文化遗产研究院藏乾隆石经拓片截图	对比解读
底厎尼定。厎提要校正作厎，刻磨改误废。明本作底，厎。[1]			“底厎尼定。”出自《尔雅・释诂》，位于乾隆石经《尔雅》第一碑三号。和珅挖改为“廢”，光绪十一年改正为“厎”。
犹古之乐也。犹提要校从犹，刻改作由。犹。[2]			“犹古之乐也。”出自《孟子・梁惠王下》，位于乾隆石经《孟子》第一碑八号。《石经考文提要》校对为“猶”，和珅挖改为“由”，此次将“由”改为“猶”。

通过将北京市文物局资料中心和文化遗产研究院所收录的乾隆石经拓片与《奏修石经字像册》上的字样相对比分析得出以下结论：

现存乾隆石经在光绪年依照《奏修石经字像册》所载字样做过磨改，绝大部分错误已改正，或是改了但仍与《字像册》所载有别，如《仪礼・士冠礼第一》中“徹筵席”的“徹”字，改后笔画仍不对。

光绪年奏修的大部分是将不体字改正过来，而这都因刻工粗心草率，例如《孝经・圣治章》中“莫大于配天”的“配”字，“酉”里面多刻了一横；《春秋穀梁传・庄公》中“公会齐侯于城濮”的“城”字少一点。在《奏修石经字像册》正文前所书的奏修原因“字迹岁久受损”，恐为隐晦之辞。由此也可见乾隆五十六年初刻之时仓促完工，错误众多。

光绪年奏修以彭元瑞的《石经考文提要》为依据。乾隆年初刻之际，刊刻“十三经”在理论层面上的准备十分充分，作为校勘成果的《考文提要》对后世影响深远，是后人读经、校经的重要参考。

还有很多文字在初刻时是正确的，如《尚书・君陈》中的“允升于大猷”，初刻时即乾隆五十六年刊刻时“升”字没有刻错，而和珅挖改中磨去一笔变为“廾”，在光绪十一年的奏修中又改回“升”；又如《春秋左传・襄公》中的“楚子襄郑子耳侵我西鄙”，和珅挖改为“伐”，光绪十一年奏修根据《考文提要》又改为“侵”。可见，和珅的挖改极大地降低了石经的质量，光绪年的奏修是对和珅挖改的纠正。

1 （清）蔡赓年：《奏修石经字像册》，贾贵荣辑：《历代石经研究资料辑刊》第 8 册，第 672 页。

2 同上，第 687 页。

四　乾隆石经拓片制作及流传

（一）拓本制作

乾隆石经的拓本在清代主要是宫廷拓制，由御书处完成。在第一历史档案馆笔者查找到了清咸丰年二年（1852）制作石经拓本的档案。档案中清晰记载了制作拓本的各项用料及费用："石刻十三经四十套共二百零六册，做黄绫杉木板，套黄绫壳面。每套用黄花绫三尺一寸，里缝绢四寸，面页用绫九寸，签子每条用绫九分，共应用黄花绫三十二丈五尺八寸。每尺价银一钱五分，共合银四十八两八钱七分。又锦套一册用锦四尺，每尺价银一钱六分，合银六钱四分。共享粉连四纸一百七十张，每七十七张合一块，共合二块十六张。每块价银八钱，合银一两七钱三分八厘三号[毫]。高丽纸四张，每张价银六分，合银二钱四分。每套工银一钱，合银四两一钱。每套用白面五两，共享白面十二斤十三两，每斤价银二分五厘，合银三钱一分九厘五毫。以上通共合银伍拾伍两玖钱陆厘。"[1]

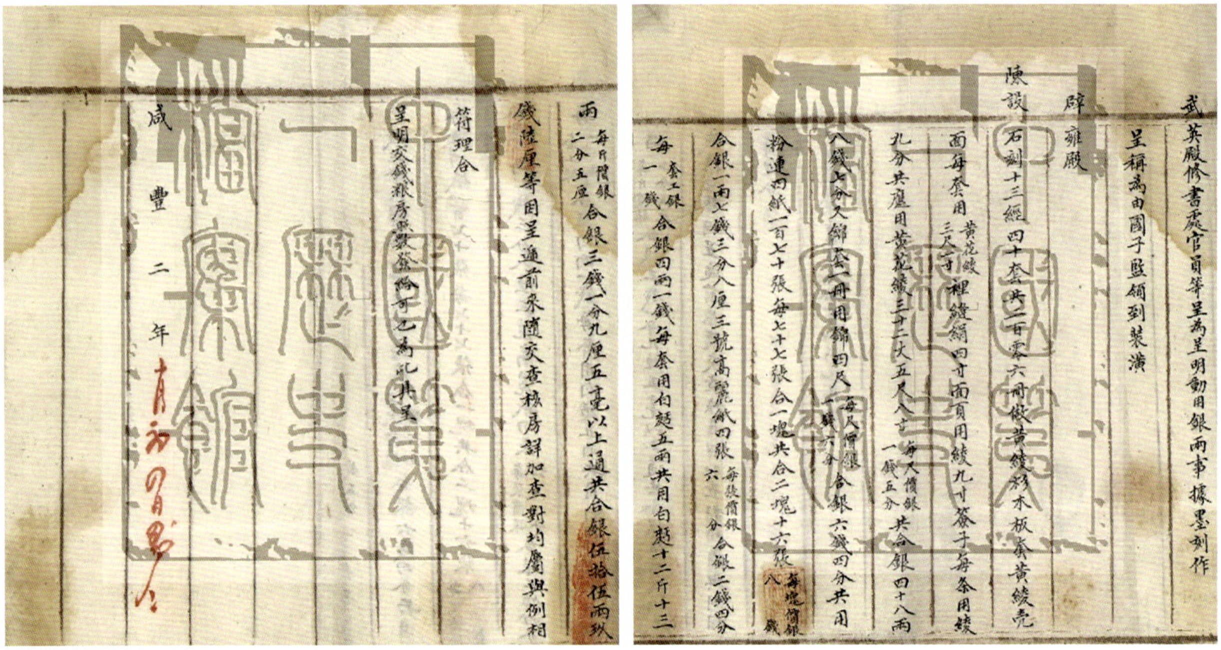

图11　第一历史档案馆05-08-030-000406-0018号档案

从这份档案可知，乾隆石经皇家装裱的拓本非常考究，黄绫子为封面，杉木板为护板。从故宫博物院藏的乾隆石经拓本封面可见一斑，而且每个项目用料费用记载得非常精细。咸丰二年（1852）制作的这套拓本是用来陈列于国子监辟雍大殿内的。清代，乾隆石经拓本基本上都是由皇宫制作完成的。

中国文化遗产研究院收藏有一套乾隆石经拓片，这套乾隆石经拓片是20世纪30年代初，国立北平研究院史学研究会对北平各寺庙进行全面调查时拓制的。《史学研究会调查北平庙宇碑记报告》记载了当时拓片的

1　《为呈请给发装潢国子监辟雍殿陈设石刻十三经所需工料银两事》，第一历史档案馆，档案号：05-08-030-000406-0018。

制作过程。1930年夏，国立北平研究院史学研究会对孔庙国子监石刻进行了调查和椎拓，同年秋完成。“本院关于调查庙宇，备修志之材料，虽酷暑炎蒸，未之或辍，值长日如年之候，孔子庙周石鼓等，国子监内各碑碣，乾隆钦定石经，及三朝太学题名，次弟毡蜡……”[1]“本会前此[次]既以国子监太学为重心，乃乘秋光高爽之际，积极工作，举凡碑碣，无不拓抚竣事，即移拓工至朝阳门外东岳庙，从事毡蜡元赵孟頫书道教碑。”[2]对于拓碑工作，史学研究会非常重视，请富有经验的琉璃厂茂盛斋识字工人椎拓，拓碑中的每道工序也非常严格，纸墨的选用，并在合适的气候椎拓不敢马虎。“碑拓觅富有经验之茂盛斋，（琉璃厂）屡经考据工料核实，虽外教三四次相争，该斋以信用名誉之攸关，愿尽义务，不能为势力夺之而去。拓碑以纸墨工为先，纸用中国旧制棉连，墨用旧新墨合捣，工则扑之到底，不识字者未敢用之。至闷纸之温燥，气候之适宜，亦未敢轻易放过，考据者收藏者自能评量，毋庸赘述也。”[3]

1937年北平市政府曾大规模组织拓印乾隆石经。北平市政府向各机关大学各文化团体发布通知并登报征集拓印“乾隆石经”，并成立拓印石经委员会，具体事宜由委员会组织：

> 本市国子监贮藏石刻十三经矗立两庑，计石林一百九十座，两面镌文，可拓三百八十余幅，为逊清蒋湘帆先生手书，迭经勘校，勒为定本。有关一代文献甚巨，此项石刻海内流传甚鲜，年来各处请求开拓者甚多。……棉连纸墨拓全部约需工料七十元，粉连纸全部六十元。如部数较多，则工价尚可酌减。兹假定为五十元至七十元（俟拓印数目确定后再行招标核实估计），特先函征同好，有愿订拓者，请于函到十五日内开示所需要部数，以便汇集计算，招商承办。实际核数若干，再行通知缴费。
>
> 经商估计，棉连纸者每部工料七十元，粉连纸者每部工料六十元……变通办法如下：（一）成立拓经委员会，以支出最少限度之经费为原则；（二）拓印工料，应由委员会招商比价，以拓印棉连纸工料五十元，粉连纸公交四十元为最高额；（三）预定公家拓百部在三个月内发售预约，定价应在八十元以下，以适合我国知识界之经济情形，而便出售；（四）援照去年拓印三希堂、快雪堂法帖成例，向本市各机关及政委会绥靖公署所属职员，按工料原价征求附拓者一百部，价款按三个月由各职员薪水项下扣足，以便如期开工拓印，依上情形，两项共可拓印二百部，流传国内，对于文化方面裨益当匪浅。[4]

这次拓印乾隆石经竟有二百部之多！这么集中大量椎拓石碑，对乾隆石经造成伤害。在动荡年代，政府部门组织拓印石碑，不论机关还是职员都可求购，打着“流传国内，对于文化方面裨益当匪浅”的旗号，实则以此谋利。此次椎拓于乾隆石经无疑是一大劫难！

1 《史学研究会调查北平庙宇碑记报告（续）》，《国立北平研究院院务汇报》，1930年第一卷第3期，第5页。

2 《史学研究会调查北平庙宇碑记报告（续）》，《国立北平研究院院务汇报》，1930年第一卷第4期，第1页。

3 《史学研究会调查北平庙宇碑记报告（续）》，《国立北平研究院院务汇报》，1930年第一卷第4期，第1－2页。

4 《拓印十三经碑》，1937年，北京市档案馆藏，档案号：J001-003-00098。

（二）拓本流传

清代乾隆石经拓本主要通过皇帝赏赐大臣的方式流传。民国时期拓经数量众多，民间或买卖或赠送，流传方式多样。

《嘉庆朝上谕档》记载，嘉庆元年（1796）正月十三赏墨刻十三经拓本一百份的名单，其中皇太子赏两份，其他人各赏赐一份。[1]

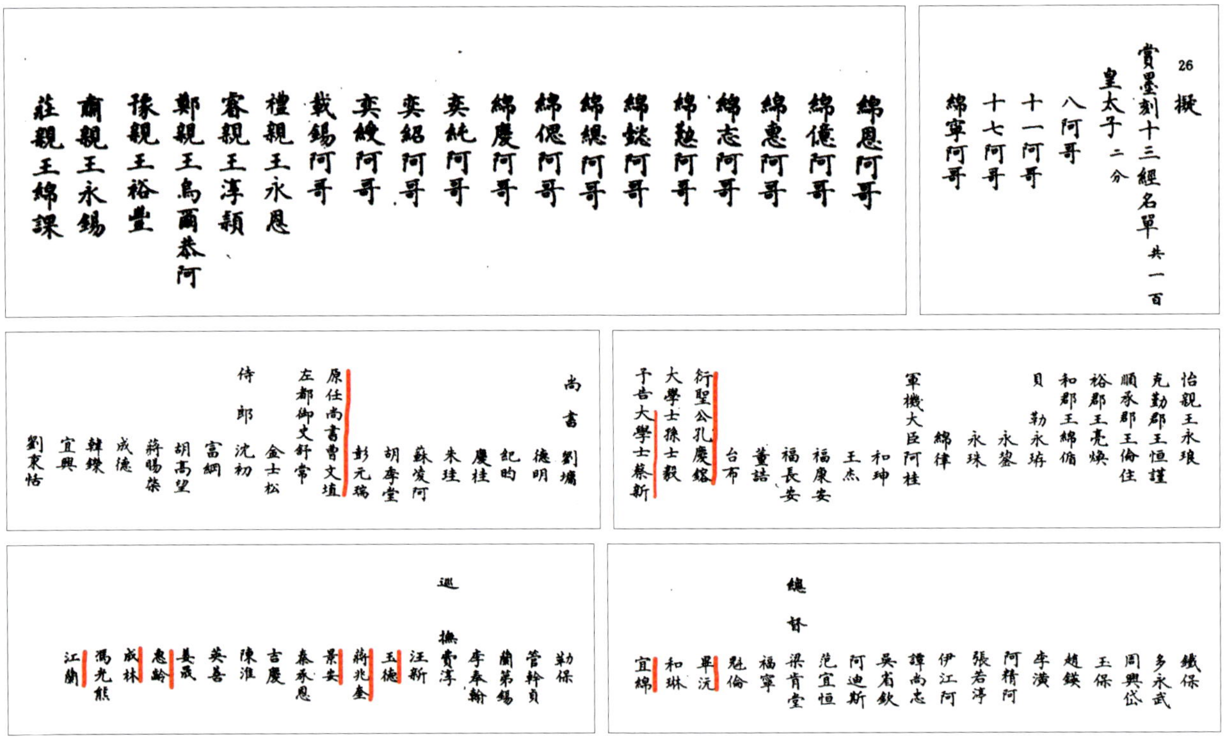
擬
26
賞墨刻十三經名單 共一百
皇太子 二分
八阿哥
十一阿哥
十七阿哥
綿寧阿哥
綿恩阿哥
綿億阿哥
綿惠阿哥
綿志阿哥
綿懃阿哥
綿鋕阿哥
綿總阿哥
綿偲阿哥
綿慶阿哥
奕純阿哥
奕紹阿哥
奕綾阿哥
載錫阿哥
履親王永恩
睿親王淳穎
鄭親王烏爾恭阿
豫親王裕豐
肅親王永錫
莊親王綿課
怡親王永琅
克勤郡王恒謹
順承郡王倫住
裕郡王亮煥
和郡王綿循
貝勒永琋
永鋆
永珠
綿律
軍機大臣阿桂
和珅
王杰
福康安
福長安
董誥
台布
衍聖公孔慶鎔
大學士孫士毅
予告大學士蔡新
尚書劉墉
德明
紀昀
慶桂
朱珪
蘇凌阿
胡季堂
彭元瑞
原任尚書曹文埴
左都御史舒常
金士松
侍郎沈初
富綱
胡高望
蔣賜棨
成德
韓鑅
宜興
劉秉恬
總督鐵保
多永武
周興岱
玉保
趙鋆
李潢
阿精阿
張若渟
伊江阿
譚尚忠
吳省欽
阿迪斯
范宜恒
梁肯堂
福寧
魁倫
畢沅
和琳
宜綿
巡撫勒保
管幹貞
蘭第錫
李奉翰
費淳
汪新
玉德
蔣兆奎
景安
秦承恩
吉慶
陳淮
英善
長麟
惠齡
成林
馮光熊
江蘭

图12　赏赐名单图

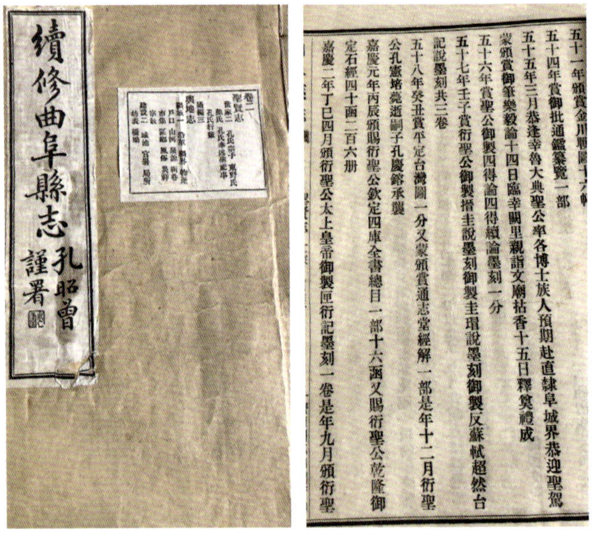

图13　续修曲阜县志书影

据《续修曲阜县志》记载：“嘉庆元年丙辰颁赐衍圣公钦定四库全书总目一部十六函。又赐衍圣公乾隆御定石经四十函二百六册。”[2]这与《嘉庆朝上谕档》的记载相符。衍圣公孔庆镕位列名单第四十一位。这套拓本现保存于山东曲阜孔子博物馆。笔者2019年5月专程赴曲阜，有幸观看此套拓本，从颁赐时间可以推断此套为乾隆石经初拓本，非常珍贵，很可惜现只存191册。这套拓本上的文字有改动的痕

1　《拟旨赏四库全书总目和墨刻十三经名单》，中国第一历史档案馆编《嘉庆朝上谕档》第一册，广西师范大学出版社，2008年。

2　孙永汉修，李经野纂：《续修曲阜县志·卷二·圣贤志》，1934年铅印本。

迹，但仔细观察会发现是在拓本上改动的，而非石碑改刻后拓印上去的。

在中国第一历史档案馆查到乾隆五十七年四月二十二，前文华殿大学士蔡新为恩赏石经序墨拓一卷谢恩。[1]还有嘉庆元年正月二十四，前户部尚书曹文埴为恩赏御定石经一部谢恩。[2]在台北"故宫博物院"清代宫中档奏折及军机处档折件中查到：嘉庆元年二月五日山西巡抚蒋兆奎奏谢恩赏石刻十三经一部，钦定四库全书总目一分；[3]嘉庆元年二月十七云南巡抚江兰奏谢恩赏宣谕建储书事墨刻一分，石刻十三经一部，四库全书总目一部[4]；嘉庆元年二月二十五湖北巡抚惠龄奏谢恩赏宣御制宣谕建储书事诗墨刻一分，钦定石刻十三经一分，钦定四库全书总目一分[5]；嘉庆元年三月二十七湖广总督毕沅恭谢天恩赏臣钦定石刻十三经及钦定四库全书总目一分[6]；嘉庆元年元月二十七陕甘总督宜绵奏为恭谢恩赐宣谕建储书事诗墨刻并钦定十三经墨刻，四库全书总目事[7]；嘉庆元年二月十三河南巡抚景安奏谢恩颁御制宣谕建储书事诗墨刻一分，钦定十三石刻各一部[8]；嘉庆元年二月十五山东巡抚玉德奏谢恩赏钦定十三石刻一部[9]；嘉庆元年五月二十七广西巡抚成林奏谢恩赐御定石经全册并钦定四库全书总目一分[10]；嘉庆元年三月十蔡新恭谢天恩赏钦定四库全书总目一部，御定石经全分[11]。

乾隆石经刊刻完成后，宫廷大量制作拓本，乾隆、嘉庆帝赏赐大臣，一方面表明朝廷崇文重道，一方面以此笼络汉族士子人心。核对档案，衍圣公孔庆镕、前文华殿大学士蔡新、前户部尚书曹文埴、山西巡抚蒋兆奎、云南巡抚江兰、湖北巡抚惠龄、湖广总督毕沅、陕甘总督宜绵、河南巡抚景安、山东巡抚玉德、广西巡抚成林在嘉庆元年正月十三获得赏赐的乾隆石经拓本后上奏的谢恩折仍有留存。（赏赐名单图中已标出）其中蔡新更早还获得乾隆石经序的墨拓赏赐，档案中还有他于乾隆五十七年四月二十二的"为恩赏石经序墨拓一卷谢恩"。

民国时期政府或文化机构组织拓印乾

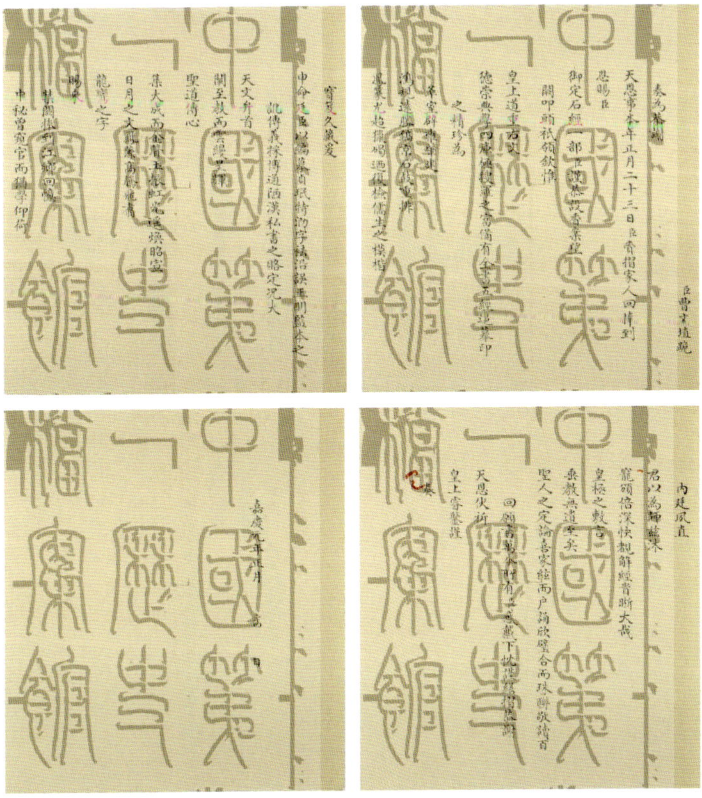

图14　中国第一历史档案馆藏04-01-13-01110-006号档案

1　中国第一历史档案馆藏，档案号 04-01-12-0237-059。

2　中国第一历史档案馆藏，档案号 04-01-13-01110-006。

3　台北"故宫博物院"清代宫中档奏折及军机处档折件，文献编号：404000114，统一编号故宫 085837。

4　台北"故宫博物院"清代宫中档奏折及军机处档折件，文献编号：404000177，统一编号故宫 085900。

5　台北"故宫博物院"清代宫中档奏折及军机处档折件，文献编号：404000213，统一编号故宫 085936。

6　台北"故宫博物院"清代宫中档奏折及军机处档折件，文献编号：404000369，统一编号故宫 086092。

7　台北"故宫博物院"清代宫中档奏折及军机处档折件，文献编号：404000085，统一编号故宫 085808。

8　台北"故宫博物院"清代宫中档奏折及军机处档折件，文献编号：404000159，统一编号故宫 085882。

9　台北"故宫博物院"清代宫中档奏折及军机处档折件，文献编号：404000162，统一编号故宫 085885。

10　台北"故宫博物院"清代宫中档奏折及军机处档折件，文献编号：404000685，统一编号故宫 086408。

11　台北"故宫博物院"清代宫中档奏折及军机处档折件，文献编号：404000289，统一编号故宫 086012。

隆石经，出售拓片。如前文所述。现今这些拓片辗转流传，或在个人手中收藏，或收藏于文化单位，或在文物市场上流通。

五 结 语

在七朝儒家石经中乾隆石经年代最晚，相比较而言，不如熹平石经、正始石经、开成石经那样受到学界的重视；而其拓本数量众多，且经过数次改刻，版本问题也不甚明了，一直以来都是收藏和研究的盲点。通过笔者七八年来的调查走访，对乾隆石经拓本的版本、制作、流传等问题有了一个初步的认识，从而也加深了对乾隆石经的了解和研究。乾隆石经拓本数量众多，目前的调查也只是冰山一角，此项工作今后还将继续。小文粗陋之处，还请方家指正！

（作者单位：中国国家博物馆）

清代汤泉行宫匾额通解与思想探析*

General Interpretation and Analysis of the Inscribed Plaques at the Qing Dynasty Hot Spring Imperial Residence

宋玲平

Song Lingping

内容提要：

本文对清代汤泉行宫匾额相关档案进行了全面梳理，并结合历史文献，对清代汤泉行宫匾额试做通解并对其蕴含的思想进行了深入分析，填补了清代汤泉行宫研究方面的空白。

关键词：

汤泉行宫　匾额

ABSTRACT:

This article comprehensively sorts out relevant archives regarding inscribed plaques (bian'e) at the Qing-dynasty (1644-1911) Hot Spring Imperial Residence (Tangquan Xinggong), and, combined with historical documents, tries to make a general interpretation of the inscribed plaques and in-depth analysis of their cultural and philosophical connotations, bridging the gap in the study of this Qing-dynasty residence.

KEYWORDS:

Hot Spring Imperial Residence (Tangquan Xinggong), inscribed plaques (bian'e)

* 本文得到故宫博物院"英才计划"和北京故宫文物保护基金会学术故宫万科公益基金会专项经费资助。

本文所论清代汤泉行宫特指小汤山之汤泉行宫。关于清代汤泉行宫的研究，陆成兰[1]、张凯旋、孙继新[2]等专家曾撰文论及相关问题，为汤泉行宫的研究奠定了一定的基础。笔者拟在此基础之上，结合相关文献和档案，对清代汤泉行宫匾额进行深入探讨和分析，以期进一步深化对清代汤泉行宫匾额所蕴含思想的认识。

一 汤泉行宫营建

据《康熙顺天府志》载，昌平州"新汤泉"注云："在旧塘里许，有海子，水益燠。康熙五年，上命工部凿大池二，复疏细渠，旁流四注。"[3]又据《钦定日下旧闻考》载："（昌平）州东三十里汤山下有温泉，行宫在焉。""汤山行宫建自康熙年间"，且云"汤山泉，康熙五年始加疏引，甃池二，并恭建行宫。"[4]关于汤泉行宫的始建年代，成书于乾隆时期的《钦定日下旧闻考》与成书于康熙时期的孤本《康熙顺天府志》所载内容基本相符，且《清高宗御制诗》之《汤泉行宫八咏·玉兰》注也云"汤泉行宫建自康熙五年"[5]，故据此可以断定，汤泉行宫始建于康熙五年（1666）。

《大清会典事例》载，"康熙五十四年，汤泉行宫告成"[6]。从康熙五年始建算起，汤泉行宫的营建历时五十余年，于康熙五十四年终于竣工，可见汤泉行宫的规模非同一般。

乾隆六年（1741），对汤泉行宫进行了改建和扩建[7],并着内务府大臣海望、三和派监修官二员，着常保、倭赫管理汤泉工程事务。

汤泉行宫整体的平面布局呈倒凸字形，分为前宫和后宫。其中前宫在南，后宫在北，二者各有墙垣围绕。前宫面积略小，平面布局呈方形。后宫占地辽阔，平面布局也呈方形。后宫分为东、西、南、北、中五所，间有大小湖泊、小桥和湖心岛。

随着大清国力衰减，嘉庆时期，汤泉行宫改砌后宫围墙，以缩小范围，便于防护。道光时期，汤泉行宫奉旨进行人员裁撤。其后，汤泉行宫的修缮或缓修或小修小补，或者干脆不修。汤泉行宫兴于康熙时期且盛于乾隆时期，故而汤泉行宫的匾额也以康熙帝和乾隆帝御题匾额最多，而不见嘉庆、道光及其此后诸帝匾额，这跟汤泉行宫的兴衰密切相关。

---

1 陆成兰：《清代汤泉行宫》，《中国紫禁城学会论文集第六辑 上》，紫禁城出版社，2011 年。陆成兰：《乾隆时期汤泉行宫书房陈设研究》，《清代档案与清宫文化——第九届清宫史研讨会论文集》，中国档案出版社，2010 年。

2 张凯旋、孙继新：《康熙帝与汤泉行宫述略》，《中国紫禁城学会论文集第六辑 上》，紫禁城出版社，2011 年。

3 （清）张吉午纂修，阎崇年校注：《康熙顺天府志》卷二，中华书局，2009 年。

4 （清）于敏中等：《钦定日下旧闻考》第 7 册，卷一三四、卷一三五，北京古籍出版社，1981 年。

5 故宫博物院编：《清高宗御制诗五集》卷七九，《故宫珍本丛刊》第 567 册，海南出版社，2000 年，第 273 页。

6 《钦定大清会典事例》卷一一七二，光绪二十五年刻本影印本，台北新文丰出版股份有限公司，1976 年。

7 长编 60746 乾隆六年《内务府大臣海望三和奏为请派主事富拉他等监修汤泉工程事》，中国第一历史档案馆。

二　汤泉行宫匾额通解

（一）前宫

康熙御笔“澡雪心神”匾（正殿）：汉代马融《长笛赋》：“溉盥污秽，澡雪垢滓矣。”《魏书・释老志》：“其为教也，咸蠲去邪累，澡雪心神，积行树功，累德增善，乃至白日升天，长生世上。”宋代陆游《雨后极凉》：“孰能痛澡雪，此道庶少进。闭门君但学，妙理天岂吝。”

乾隆御笔“气煦春温”锦边匾（正殿）：煦，即温暖。气煦春温，指春暖气温。

康熙御笔“漱琼”匾（西沐堂）：唐代李白《望庐山瀑布二首》：“无论漱琼液，还得洗尘颜。”宋代张元孝《醴泉歌》：“冰壶日日漱琼液，涓滴解使心常醒。”漱琼，指清洗尘垢，涤荡心灵。

（二）后宫

1.南所

乾隆御笔“对时育物”匾（正殿）：据清宫内务府造办处档案油作载，乾隆六年（1741）十月初八，“对时育物”匾挂在汤泉，此匾的三面俱做铜字，务必赶年内要得。《易・无妄》之《象》曰：“天下雷行物与，无妄，先王以茂对时育万物。”

清代胤禛《夏》：“麦黄节候届朱明，百草蕃滋万汇荣。槛覆槐荫当午密，阶罗葵萼向阳倾。濯枝雨过园林润，解愠风来殿阁清。一榻桃笙临水畔，对时育物豫皇情。”

清代弘历《临芳墅》：“别墅水之涯，清华复静美。团团榆槐阴，罗罗花药蕊。偶憩如久居，心恒不离此。不离此缘何，檐额揭妙旨。对时育物心，翥凤飞龙体。”

清代弘历《新春玉泉山即事》：“排日灯宵庆赏阑，水源新岁暇来观。故知驹影曾尤住，却喜韶光已露端。鱼陟虫蠕化机肖，泉流山峙太清宽。对时育物惟吾责，敢恣嬉游忽治安。”

2.中所

康熙御笔“石髓苓芬”匾（中路第一进院正殿）：李时珍《本草纲目》拾遗小序，石部之下有石髓，即石钟乳。《枚乘・七发》“蔓草芳苓”。苓芬，即芬芳之意。

清代弘历《题惠泉山房》：“昔来游惠泉，听松试竹垆。八角石栏干，明汲转辘轳。茶香涤尘虑，泉脉即此夫。重临探灵源，乃知别一区。石梯拾级登，高下置精庐。潇洒绿琅玕，峭茜青芙蕖。山茶及水仙，放香妍且都。西北有空洞，洞前方塘虚。淙淙出甘源，苓芬石髓腴。对之坐逾时，笑我前遭徒。境亦不可穷，奇亦难悉胪。名泉自千古，岂藉膻芗吾。”

乾隆御笔“风岩云壑”匾（“石髓苓芬”殿）：云壑，指云气遮覆的山谷。风岩云壑即岩壑，山峦溪谷之意，指世外隐居之处。南朝谢灵运《酬从弟惠连》：“寝瘵谢人徒，灭迹入云峰。岩壑寓耳目，欢爱隔音容。”明代徐庸《云壑》：“白云满壑隐人居，闲傍青山自卷舒。霄汉无心不飞去，清阴长护案头书。”

乾隆御笔“如是我闻”匾（西佛堂）：如是我闻，出自《金刚经》，佛教用语，乃佛临涅槃前，弟子阿难所问四事之最后一问。由此一句加之经前，正可破后世之疑。表明阿难尊者所集经藏尽是亲承佛前所听所受。

乾隆御笔“瞻睇烟云”匾（中路第二进院正殿）：《宋书·武帝纪》：“朕驻陛于野，有事岐阳，瞻睇风云，徘徊以想。”瞻睇，指仰望。

乾隆御笔“随安室”匾（明间）：随安，取随遇而安之义。随安室，是乾隆帝钟爱一生的书室之名，初在紫禁城重华宫，后在养心殿东暖阁，西苑瀛台、圆明园、长春园、清漪园、静宜园、汤泉行宫、避暑山庄等处的书室概题此额，甚至乾隆二十二年（1757）第二次南巡至苏州居于灵岩寺行宫之时，仍为该行宫题额“随安室”[1]。

清代弘历《随安室八韵（在养心殿东暖阁内）》[2]：“随遇得居安，养心左序端。检身右不及，容膝已为宽。志与青年异（乾隆帝注云：此予在青宫时即以名室，盖取随所遇而安之义，今则异曩日之志矣），题斯触处观（乾隆帝注云：御园及行宫书室率题此额，犹弗忘昔之意也）。敢求一己逸，实觉万民难。为是勤宵旰，因之叶燠寒。祈年无间意，望雨或忘餐。骄否（有韵）泰艰致，今非昔所欢。循名如责实，艴尔祇三叹。”

清代弘历《驻汤山行宫即事》[3]：“于此得佳趣，于焉驻旅鞍。零区自仙境，暖液辟秋寒。绿柳色如故，黄华芳未阑。研精书室静，天定信随安（乾隆帝注云：向在书窗颜额曰随安，今离宫别院亦以是名之）。天空皎日明，别院九秋清。坐久怀前岁，蒐还喜近京。劭农咨父老，询政覲公卿（乾隆帝注云：是日京中王公九卿来接）。得悉田多稼，因之一畅情。晴影入庭深，池流引暗琴。雪花喷龙口，香穗发兰心。脉脉符仁义，溶溶镇酌斟。徘徊思浴德，讵止涤尘襟。”

清代弘历《随安室有会》[4]：“予十七岁居重华宫时曾颜书室曰随安，取随遇而安之义。即位后于西苑及圆明园、长春园、清漪园、静宜园、汤泉、避暑山庄等处每以题额。今六十年以来，随遇之义益堪静验。重华昔所额，阅六十年中，到处题三字，惟时验一躬。安居造以道，随物会其通。更惬符名者，台湾兹定功。”

清代弘历《题瀛台随安室》[5]：“随安者取其随所遇而安之义，故凡胜地虚庭明窗净几无不以是颜其轩，盖籍以触目会心云耳。书室依林俯碧澜，文窗纱绿称遐观。庭虚松柏泛清籁，坐久衣裳生峭寒。触目有怀皆远俗，忘言何处不随安。炉烟书永禽鱼适，长啸一声天地宽。”

康熙御笔“澜碧”匾（中路第三进院正殿）：澜，即大波浪。碧，即青绿色。澜碧即碧澜，意为碧波荡漾。明代夏言《苑中寓直记事四首》：“新赐文舟泛碧澜，扣舷容与得奇观。菱筒簇簇团花锦，荷盖亭亭翠玉盘。”

清代弘历《澜碧榭》[6]：“绮榭兰阶临碧池，春风拂水绉澜漪。陆机文赋诠神趣，思发言流有若斯。”

康熙御笔“萝香径”匾（西路第二进院正殿）：唐诗中多见对“萝径”的迷人描述，明代高启还有一首题为《萝径》的五言诗。

1 李文君：《康乾南巡匾额楹联通解》，故宫出版社，2017 年，第 228 页。
2 故宫博物院编：《清高宗御制诗三集》卷三六，《故宫珍本丛刊》第 556 册，海南出版社，2000 年，第 307 页。
3 故宫博物院编：《清高宗御制诗初集》卷四四，《故宫珍本丛刊》第 551 册，海南出版社，2000 年，第 254 页。
4 故宫博物院编：《清高宗御制诗五集》卷三七，《故宫珍本丛刊》第 565 册，海南出版社，2000 年，第 347 页。
5 故宫博物院编：《清高宗御制诗初集》卷七，《故宫珍本丛刊》第 550 册，海南出版社，2000 年，第 167 页。
6 故宫博物院编：《清高宗御制诗三集》卷二九，《故宫珍本丛刊》第 556 册，海南出版社，2000 年，第 207 页。

唐代李白《送韩准、裴政、孔巢父还山》："时时或乘兴，往往云无心。出山揖牧伯，长啸轻衣簪。昨宵梦里还，云弄竹溪月。今晨鲁东门，帐饮与君别。雪崖滑去马，萝径迷归人。相思若烟草，历乱无冬春。"

唐代孟浩然《宿业师山房待丁大不至》："夕阳度西岭，群壑倏已暝。松月生夜凉，风泉满清听。樵人归欲尽，烟鸟栖初定。之子期宿来，孤琴候萝径。"

唐代钱起《谷口书斋寄杨补阙》："泉壑带茅茨，云霞生薜帷。竹怜新雨后，山爱夕阳时。闲鹭栖常早，秋花落更迟。家童扫萝径，昨与故人期。"

明代高启《萝径》："幽溪入萝茑，几曲到岩扉。夏鸟深啼处，阴阴花坠稀。知当烟暝后，从此荷樵归。"

上述古诗中的"萝径"，指松萝掩映的小路。松萝也称女萝或萝茑。但是松萝本为地衣植物，喜阴湿山林环境，寄生于松、杉等树木之上，无味。而紫藤萝花有芳香，故"萝香"应指紫藤萝之芳香，康熙御笔"萝香径"，其意应为紫藤萝掩映、飘满花香的小道。

康熙御笔"敦素"匾（西路第三进院正殿）：明代顾起纶《国雅品・士品三》："张尝与启札神交，词多敦素，亦是恬雅人。"敦素乃敦厚素雅之意。

乾隆御笔"烟霞水石"匾（中路第三进院澜碧殿的后抱厦）：宋代释文珦《山中吟》："受性不分拿，处身常落魄。难以事王侯，唯堪友猿鹤。遂尔辞国都，终然住林壑。渴则饮涧溪，饥则茹薇藿。烟霞水石间，自得无穷乐。所归在一死，天地为棺椁。弃埋任从他，曾不加计度。乌鸢与蝼蚁，于吾无厚薄。清泰藕华池，深知可栖托。念兹常在兹，但观西日落。"

"惠泽阁"

雍正御笔"玉镜遥源"匾；南朝梁王巾《头陀寺碑文》："遥源浚波，酌而不竭。"北周庾信《周兖州刺史广饶公宇文公神道碑》："高阳之子，少典之孙，苍林远遘，若水遥源。"宋代曾巩《幽谷晚饮》诗："遥源窗难窥，盘石坦如磋。"

雍正御笔"蒸泽流谦"匾：汉代刘向《说苑・敬慎》："夫天道毁满而益谦，地道变慢而流谦。""流谦"谓极其谦抑。

乾隆御笔"青莲妙相"匾：南朝梁江淹《莲花赋》："发青莲于王宫，验奇花于陆地。"（观音大士生于王宫，坐青莲花上。）梁元帝《玄览赋》："紫绀之堂临水，青莲之台带风。"北周庾信《秦州天水郡麦积崖佛龛铭序》："从容满月，照曜青莲。"《维摩诘经》曰"目净修广如青莲"。由此可见，在南北朝时期，青莲都是和佛教有关的词汇。"青莲"意即青色的莲花，是一个包含佛理的名词。佛教认为莲花清净无染，因而青莲是佛教中一个很重要的意象。

唐代高僧玄奘《大唐西域记・呾叉始罗国》："掬除洒扫，涂香散花，更采青莲，重布其地，恶疾除愈，形貌增妍，身出名香，青莲同馥。"唐代李群玉的《法性寺六祖戒坛》："初地无阶级，余基数尺低。天香开茉莉，梵树落菩提。警俗生真性，青莲出淤泥。何人得心法，衣钵在曹溪。"

在《全唐诗》和《全唐文》中，"青莲"绝大多数都与表达佛道意义的内涵有关。李白《僧伽歌》："此僧本住南天竺，为法头陀来此国。戒得长天秋月明，心如世上青莲色。""青莲"意思为清净无染。《陪族叔当涂宰游化城寺升公清风亭》："了见水中月，青莲出尘埃。"说明青莲出污泥不染。《与元丹丘方城寺谈玄作》："清风生虚空，明月见谈笑。怡然青莲宫，永愿姿游眺。"这里的"青莲宫"指的是道教场所。《庐山东林寺夜怀》："我寻青莲宇，独往谢城阙。"指的是佛教禅寺。

南朝（梁）简文帝《大爱敬寺刹下铭》："俨如常住，妙相长存。"元代耶律楚材《和抟霄韵代水陆疏文》之四："山色水光呈妙相，鸟啼猿啸露圆音。"明末清初吴伟业《寿继起和尚》诗："不羡紫衣夸妙相，惟凭白足遍诸方。"

乾隆御笔"泽润田功"匾：《书・毕命》："道洽政治，泽润生民。"《书・无逸》："文王卑服，即康功田功。"孔传："文王节俭，卑其衣服，以就其安人之功，以就田功，以知稼穑之艰难。"孙星衍疏："文王就卑贱之事，安居之功，田作之功……言文王使就治康功田功，盖勤稼穑之事也。"唐代裴铏《传奇・陶尹二君》："不及旬朔，肌肤莹滑，毛发泽润。未经数年，凌虚若有梯，步险如履地。飘飘然顺风而翔，皓皓然随云而升。"

3.东所

康熙御笔"泛涟晖"匾（正殿）：关于"泛涟晖"的意涵，乾隆帝曾经予以阐释。《泛涟晖有咏》："泛涟晖之轩，复仰奎文悬。绎言思圣意，盖以示训焉。何池不容水，何水不泛涟。大都观水者，金波于月便。曰晖具昼义，夜游戒流连。敢不服膺遵，明当翠跸迁。"乾隆帝按："按辉晖通用，余以为晖从日，则当于日用，之若辉，则当用之于月，而日亦可用之，日长于月也，因咏晖字，阐其义如此。"[1]乾隆帝《赋得泛涟晖》："琳池春水漾，埼岸午风轻。泛簌千绡叠，含晖万烛明。活宁孙氏画，载忆魏家评。澹荡呈人监，徘徊缅圣情。"

4.西所

乾隆御笔"澄怀观道"匾（正殿）：澄怀：澄心、静心，澄净胸怀。宗炳"好山水，爱远游。西涉荆巫，南登衡岳，结宇衡山，欲怀尚平之志。有疾还江陵，叹曰：'老疾俱至，名山恐难遍睹，唯澄怀观道，卧以游之。'凡所游履，皆图之于室"。澄怀观道，本是禅的境界，澄怀方能观道，观道方能澄怀，在审美主客体的交融升华中达到最高审美境界。

乾隆御笔"直方大"匾：《易・坤》："六二，直方大，不习无不利。"《象》曰："六二之动，直以方也。不习，无不利，地道光也。"《易经》坤卦文言传记载："直其正也，方其义也。君子敬以直内，义以方外，敬义立而德不孤。直方大，不习，无不利，则不疑其所行也。"三国魏明帝《赠谥徐宣诏》："宣体履至实，直内方外，历任三朝，公亮正色。"直内方外为君子之德。

5.北所

乾隆御笔"水镜秋霜"匾（前殿明间）：唐代李白《秋浦歌》："白发三千丈，缘愁似个长。不知明镜里，何处得秋霜。"水镜秋霜，指平湖秋水，如镜池水映秋霜。

1 故宫博物院编：《清高宗御制诗五集》卷一三，《故宫珍本丛刊》第564册，海南出版社，2000年，第351页。

乾隆御笔“沁香浮玉”匾（前殿东间）：《山海经》“又东五百里曰浮玉之山。北望具区，东望诸毗”。浮玉山，即天目山。具区即太湖，又名震泽、笠泽。浮山玉，亦省称“浮玉”。传说这里是仙人居住的地方。唐代陆龟蒙《奉和袭美太湖诗・初入太湖》：“又云构浮玉，宛与昆阆匹。”原注：“太湖乃仙家，浮玉之北堂。”浮玉山亦指江苏镇江的金山、焦山。宋代苏轼《甘露寺弹筝》：“白浪翻空动浮玉，唤取吾家双凤槽。”宋代周必大《二老堂杂志・记镇江府金山》：“焦山大江环绕，每风涛四起，势欲飞动，故南朝谓之浮玉山。”据《钦定南巡盛典》载，乾隆帝在乾隆十六年（1751）第一次南巡至江苏镇江在金山寺行宫题额“紫金浮玉”[1]。清代王士禛《海门歌》：“中流一岛号浮玉，登高眺远何茫茫。”

乾隆御笔“渊清玉洁”匾（后殿）：出自《三国志・魏志・陈矫传》：“渊清玉洁，有礼有法，吾敬华子鱼。”华歆（157—232），字子鱼。平原郡高唐县（今山东省高唐县）人。汉末至三国曹魏初年名士、重臣。渊清玉洁，意即如渊之清，如玉之洁。比喻人品高尚。

此外，据长编29045《汤泉行宫康熙御笔漱琼等各式匾额收拾见新安挂事》，其中所列匾额还包括康熙御笔“广润亭”匾。“广润”之意广为滋润，联想到汤泉行宫之温泉沐浴之功用，其意非常贴切。

三 从汤泉行宫匾额管窥康雍乾三帝之思想

匾额是中国古代建筑特有的一种艺术形式，其文字内容与建筑相得益彰，体现了题额者的情感抒发，或言景状物，或彰显道德追求、处世哲学、人生境界、精神寄托。汤泉行宫是康熙帝和乾隆帝钟爱驻跸之处，祖孙二人在汤泉行宫题额不少。雍正帝继位之后，勤于政事，鲜有出京，日理万机之余，也曾临幸汤泉行宫，并留下两个匾额。综览汤泉行宫档案所载二十四匾额，其中康熙御笔8个、雍正御笔2个、乾隆御笔14个。

（一）康熙御笔匾额

1.儒家修身育德类匾额

“澡雪心神”意为净化心灵，积行树功，累德增善。“漱琼”意为涤荡心灵。“澡雪心神”与“漱琼”可谓异曲同工，二匾高悬于堂，敦促家国天下的皇帝在温泉沐浴之时，更要铭记净化心灵，修身养性，积德积善，既浴身亦浴德，浴身与浴德相统一，这便是康熙御笔“澡雪心神”与“漱琼”蕴含的深刻意涵。乾隆帝十分敬仰其祖父康熙帝的御题“漱琼”，所以在他营建盘山行宫静寂山庄之时，特意将一间建筑题为“漱琼轩”。

“敦素”意为敦厚素雅。乾隆帝至少有四首题为《敦素斋》的御制诗，如“古斋临碧溪，敦素仰尧题。示训诚谆矣，推行益恧兮。化民德先惭，敷教礼难齐。岂不唐虞企，其如世降低。”[2]“轩斋多古屋，题额仰义文。朴斫今犹睹，淳风昔即勤。庭松饶画格，砌卉散仙芬。肯构吾方勉，益思尊所闻。”[3]“朴斫溪斋额敦

1 李文君：《康乾南巡匾额楹联通解》，故宫出版社，2017年，第176页。

2 故宫博物院编：《清高宗御制诗四集》卷三，《故宫珍本丛刊》第559册，海南出版社，2000年，第398页。

3 故宫博物院编：《清高宗御制诗三集》卷二九，《故宫珍本丛刊》第556册，海南出版社，2000年，第207页。

素，文是尧年垂宝露。忆予十二始髫龄，扈游曾此蒙恩顾。尔时宵旰原悉知，此日绳承得无慕。还淳返朴纵未能，齐礼道德宁弗虑。”[1]“行宫历岁久，处处仰尧文。敦素垂斋额，还淳勉政勤。繁孳日以庶，侈靡自然纷。长此安穷虑，守成难是君。”[2]这四首《敦素斋》御制诗鲜明地阐释了“敦素”之道德教化之意，促使皇帝自勉，要齐礼道德、淳勉勤政。这应该就是康熙御笔“敦素”的深刻含义。

2.言景状物类匾额

“石髓苓芬”“澜碧”“萝香径”“泛涟晖”这四个匾额是对汤泉行宫温泉、花径、湖水等景物的诗情画意般的描述。乾隆帝御制诗对康熙御笔“澜碧”进行了很好的解读，如乾隆帝御制诗其一《澜碧轩》：“是处足于水，开轩即俯澜。无他惟一碧，有术在斯观。”乾隆帝御制诗其二《澜碧轩》：“温泉泉处热于汤，流出平湖弗甚凉。酌剂斯诚得中矣，观澜凭榭足徜徉。”

3.园林亭台之名

广润亭乃汤泉行宫后宫园林之亭，悬康熙御笔“广润亭”匾额，其名应含两层含义：其一，温泉处处，随处可沐浴，广泛润泽；其二，皇恩浩荡，广润普天之下之臣民。

（二）雍正御笔匾额

据乾隆三十八年陈设档载，“玉镜遥源”和“蒸泽流谦”二匾悬于汤泉行宫后宫北部的惠泽阁内。惠泽阁一直供奉观音一尊，善财龙女二尊，龙王一尊，帅神六尊，并有香炉、香筒、蜡扦、铜钟、铜钹、铜磬、大鼓、木鱼、经幡等，由此可知，惠泽阁乃佛道合供于一堂。嘉庆帝赋诗《惠泽阁拈香瞻礼》，亦云“瓣香礼佛阁，惠泽沐新田”。“玉镜遥源”指玉镜般的湖水源于遥远之地，意即睹水思源，源远流长，永不枯竭，蕴含了“问渠那得清如许？为有源头活水来”的深刻哲学思想。“蒸泽流谦”谓之汤泉沐浴，洁身益思谦，省身谦逊，则与“澡雪心神”之境界有异曲同工之妙。由此二匾不难看出雍正帝的孤心苦诣的哲学思考和道德境界。

（三）乾隆御笔匾额

1.儒家修身育德类匾额

“渊清玉洁”意即人之品格如渊之清，如玉之洁。乾隆帝诗云“育德可澡身，心源鉴清淑”（《汤泉即景》）。乾隆御笔匾“渊清玉洁”与康熙御笔匾“澡雪心神”和“漱琼”彼此呼应，相互贯通。

“直方大”意即君子敬以直内，义以方外，敬义立而德不孤。直内方外，形容君子内心正直，做事方正。《荀子・礼论》：“君子敬始而慎终，始终如一，是君子之道，礼义之文也。”

2.哲学之思类匾额

“澄怀观道”意即让自己的情怀、意念变得非常清澄，没有丝毫杂念，如此境界之下，方能体会山水蕴含的自然之道。这不仅是审美的最高境界，也是体察深悟万千世界的最佳之道。王羲之诗云：“争先非吾事，静照在忘求。”其“静照忘求”也表达了相似的理念。

---

1 故宫博物院编：《清高宗御制诗四集》卷二八，《故宫珍本丛刊》第561册，海南出版社，2000年，第1页。

2 故宫博物院编：《清高宗御制诗五集》卷一三，《故宫珍本丛刊》第564册，海南出版社，2000年，第348页。

康熙四十二年（1703）至四十七年（1708）期间，在承德热河行宫东北角营建一组建筑群，其东所主殿康熙御题“澄观斋”。受其祖父康熙帝的影响，澄怀观道也是乾隆帝追求的思想境界，他不仅把汤泉行宫西所正殿题额为“澄怀观道”，还留下了以“澄观斋”为题的三十多篇诗文。如《清高宗御制诗二集》卷四三，《题澄观斋》：“过水寻幽径，依岩构迥斋。常教鹤守户，时下鹿书牌。翰墨香为侣，琴尊静者谐。澄怀观道妙，益觉此间佳。”

3.忧国忧民类匾额

“对时育物”之“物”本义为农作。自然界万物随不同时节而生长、繁育，人类应因时育物。民以食为天，农业乃国之根本，身为一国之君的皇帝希冀天下农作均能对时育物，确保普天之下衣食足，仓廪实，丰衣足食，万民皆安。雍正帝诗句“对时育物豫皇情”和乾隆帝诗句“对时育物惟吾责，敢恣嬉游忽治安”以及乾隆御笔“对时育物”无不表达了对丰衣足食、万民皆安的殷切期望。此外，“对时育物”之“物”也可理解为人才，国之富强需要国之栋梁，故一国之君也应为人才成长创造条件。

“泽润田功”意即以水灌溉农田，以期农业丰收。乾隆帝由温泉之水联想到农田灌溉，体现了一国之君的忧国忧民情怀。乾隆帝《晓行》诗云：“二麦南东遍，万民瞻就多。凭看率温饱，慰此更廑他。”[1]

4.励志自勉类匾额

“随安室”取随遇而安之义，表示能顺应环境，在任何环境中都能满足。其义与安然若素、安之若素相近。在《随安室八韵在养心殿东暖阁内》当中，乾隆帝直言自己年轻时的人生态度是心态平和、随遇而安，而今身为一国之君、万民之主，深感为君之难，志向与年轻时大不相同，千斤重担压在肩，心系天下黎民百姓，不敢图一己之安逸，唯希冀年丰民富。“得悉田多稼，因之一畅情”（《驻汤泉行宫即事》）[2]，真可谓“一枝一叶总关情”。乾隆帝喜欢把他在宫内外的多处书斋题为“随安室”，其实他是将此题额作为对他的一种鞭策，时刻警醒自己要勤政爱民，要体恤天下黎民百姓。乾隆帝的此番良苦用心与其御笔“对时育物”“泽田润功”所表达的情感是相一致的。

5.佛道类匾额

“如是我闻”是佛经用语。“青莲妙相”是佛教理念，追求青莲般洁净无污染之境界。“风岩云壑”则有道家玄学之理念，隐于崇山峻岭之间，内外兼空灵。

6.言景状物类匾额

“气煦春温”“瞻睇烟云”“烟霞水石”“水镜秋霜”“沁香浮玉”等诸多匾额描述了汤泉行宫春意盎然、灵岩秀水、云蒸霞蔚、平湖秋水等秀美景色，平添了几分诗意美感。诚如嘉庆帝御制诗《汤泉》对上述汤泉美景进行了高度概括，如“灵育丹砂出九渊，方池相映漾温泉。时临秋肃凉飔拂，气煦春和暖浪涟。镜玉蒸霞含石髓，漱琼分润及原田。漫言地不爱其宝，澡雪心神妙节宣。”

---

1 故宫博物院编：《清高宗御制诗四集》卷二八，《故宫珍本丛刊》第561册，海南出版社，2000年，第2页。

2 故宫博物院编：《清高宗御制诗初集》卷四四，《故宫珍本丛刊》第551册，海南出版社，2000年。

综上所述，汤泉行宫匾额虽区区二十多个，除了有言景状物者，更多则包含了康熙、雍正、乾隆三位皇帝的道德理念、哲学之思和忧国忧民情怀，尤其是在道德理念、哲学之思和忧国忧民情怀方面，祖孙三代皇帝体现出高度的一致性和传承性。一国之君徜徉于山水美景之间，儒释道集于一身，心系于民，惠泽天下。

（作者单位：故宫博物院科研处）

恭俭胡同庆云寺再考*
——以北平研究院拓录碑刻材料为中心

Gongjian Hutong Qingyun Temple Re-examination: Centered in the Inscription Materials of the Peking Research Institute

王彦嘉

Wang Yanjia

内容提要：

坐落于景山后街和恭俭胡同交会处的庆云寺[1]又称三圣祠、火神庙。其寺始建于明万历二十九年（1601），经清代乾隆、嘉庆、道光、光绪四朝和民国三十一年（1942）五次重修终成今貌。寺院规模虽然狭小，然因居于禁城之畔，其与明清两代的内官具有长期、密切的联系，宫中内官在庆云寺历次重修活动中扮演了重要的襄助人角色，寺北的三官庙作为庆云寺的下院亦是由内官赞襄维护。近年来虽有学者有专文进行研究，但因为对清代宫廷内官制度缺乏了解，导致对碑刻年代产生误读。笔者以北平研究院于20世纪30年代拓录的三通碑刻影印件和国家图书馆藏北京庆云寺碑原始拓片影印件为主要依托，就恭俭胡同庆云寺及其下院三官庙的发展简史及其与宫中内官的关系做一简要论述，从而洞悉这座禁城乾隅小寺的前世今生，也对前人谬误予以校正。

关键词：

庆云寺　火神庙　三圣祠　内官监　火药作　重华宫

ABSTRACT:

Located at the intersection of Jingshan Back Street and Gongjian Hutong in Beijing, the Qingyun Temple is also known as the Three Deities Temple *(Sansheng ci)* and the Fire God Temple *(Huoshen miao)*. The temple was built in the twenty-ninth year of the Wanli reign in the Ming Dynasty (1601), and was rebuilt during the Qianlong, Jiaqing, Daoguang, and Guangxu reigns in the Qing dynasty and in the thirty-first year of the Republic of China (1942). Although the size of the temple is small, it has a long-term and close ties with the eunuchs serving the Ming and Qing imperial courts thanks to its proximity to the imperial palace. The eunuchs were important patrons of restoration projects of the temple, as well as the maintenance of the nearby Sanguan Temple under its supervision. Recent years see research works on the temple, but insufficient understanding of the eunuch official system of the Qing court has resulted in a misinterpretation of the date of the stone inscriptions. Based on photocopies of the inscription rubbings of three steles from the Peking Research Institute in the 1930s and the photocopy of the original rubbing of the Qingyun Temple in Beijing collected by the National Library, the author briefly chronicles the history of the Qingyun Temple and its sub-temple the Sanguan Temple. The history and its ties with the palace eunuch officials are also discussed, so as to gain insights into the history of this small temple, and correct mistakes made in previous studies

KEYWORDS:

Qingyun Temple, Huoshen Temple, Sansheng Temple; Directorate of Palace Eunuchs *(Neiguan jian)*, Gunpowder Workshop, Palace of Many Splendors *(Chonghua gong)*

* 本成果得到故宫博物院"英才计划—王子林 WB113018"和北京故宫文物保护基金会学术故宫万科公益基金会专项经费资助。

1 注：为行文方便，本文统一称呼此庙为庆云寺，实际上，根据具体历史阶段不同，本寺的教派属性时有变化。

一 研究缘起

2019年，位于景山西北隅的庆云寺和三官庙为配合中轴线申遗完成公房腾退工作。这座有着四百余年历史的寺庙终于展露新颜。现庆云寺的总体格局基本完整，在重修过程中按老照片重建了山门和南侧墙垣，其后殿和配殿均通过腾退民居、拆除自建、修葺见新古建部分等手段，在一定程度上恢复了庆云寺民国三十一年（1942）重修后的状态。庆云寺及其下院三官庙因规模较小，长期以来并不为人所重视，传世文献上对其记载甚少。2018年，法国高等实践学院的著名汉学家吕敏（Marianne Bujard）教授曾撰《庆云寺小考》一文，文章收录在其主编的《香火新缘：明清至民国时期中国城市的寺庙与市民》[1]一书中。其通过对庆云寺所存三通碑刻〔图1〕的细致考察并结合北京市档案馆藏北京市社会局和公安局档案材料详细地论述了庆云寺及其前身三圣祠、火神庙的历史沿革，其对民国时期庆云寺的演变史论述极为详细精确，形成了完整的时间线索，并结合碑文材料提出了一些关于清宫内各宫内官相互斗争的假设。但实际上通过对《重修三圣祠记》赞助人题名的进一步考证可知，此碑的左右两半部实际不是同一时间所刻，这一发现一则可纠正吕敏教授误读碑文之讹，二则可以为碑阳上半部分所述乾隆朝重修三圣祠之事明确襄助人名单。

二 庆云寺小史

吕敏教授的《庆云寺小考》对庆云寺的历史沿革有着较为完备的叙述，为保证文章完整性，笔者仅就现有材料做部分补充。

关于这座寺院的发展脉络最重要的文献即为现存于中国文化遗产研究院的三通碑刻拓片[2]和现存于北京石刻艺术博物馆的《北京庆云寺碑》。由碑刻材料可知，庆云寺为民国三十一年更名后的产物，且在此次庙产被居士文显通收购后，寺庙由主供火德真君的道教宫观彻底转变为汉传佛教寺院。实际上庆云寺的教派属性一直在不稳定状态，在乾隆二十二年的碑刻上已有佛教僧侣“焚修僧湛泰”之题记，其时教派属性已经存疑，且后述嘉庆朝领衔捐修人养心殿首领太监白永安有在佛教寺院永安寺学经经历，庆云寺很可能在乾隆、嘉庆两朝就已事实上为佛教僧侣掌握，但主供神像一直未变。民国时期的这次庙产更迭可能最终彻底完成管理者、主供神两个层面的教派更迭。刻于1942年的《北京庆云寺碑》详细地记述了这一改宗过程：

> 恢祝融宅，建梵王宫。炉烟虔篆，曲水桥通。佛卷侵氛，化作庆云。法轮三转，象教重新。女师垂范，清风出尘。警彼顽懦，视此贞珉。天运壬午年七月日穀旦。[3]

---

1 [法]吕敏（Marianne Bujard）、陆康（Luca Gabbiani）：《香火新缘：明清至民国时期中国城市的寺庙与市民》，中信出版社，2018年，第124－125页。

2 按时代顺序分别为《建立三圣神祠碑记》《重修三圣祠碑记》《重华宫修火神庙碑记》。现已发表于《北平庙宇调查资料汇编·内六区卷》，文物出版社，2021年，第188－196页。

3 录自《庆云寺碑》阳，影印件，《北京内城寺庙碑刻志·第五卷》，国家图书馆出版社，2019年，第206页。

从光绪三十三年（1907）制《重华宫修火神庙碑记》中可知庆云寺在改宗佛寺前称为“火神庙”。此外，根据前述碑刻材料可知，此庙始建于明万历二十九年（1601），且在清乾隆二十二年（1757）、嘉庆十五年（1810）、道光十年（1830）和光绪三十三年（1907）有过四次较大规模的重修。在记录这四次重修的碑文中，均称本庙为“三圣祠”。由此可见，庆云寺在四百年间的碑刻材料上共使用过三个正式名称（见表一）：

表一　庆云寺寺名变化一览表

寺名	使用时间	依据材料
三圣祠	万历二十九年(1601)—？	《建立三圣神祠碑记》《重修三圣祠记》
火神庙	至迟为光绪三十三年(1907)—民国三十一年(1942)	《重华宫修火神庙碑记》
庆云寺	民国三十一年(1942)至今	《北京庆云寺碑》

除此三个见于碑刻的正式名称外，被认为绘制于康熙朝初年[2]的《北京皇城宫殿衙署图》〔图2〕还分别称庆云寺及其下院三官庙为“圣人庙”和“三教庵”。

庆云寺寺名虽然多次变化，但从《建立三圣神祠碑记》碑文记述并结合20世纪30年代所拍照片〔图3〕[3]看，从此庙明万历年间创立直至民国三十一年改宗佛寺之前其主供神像应长期为南方荧火德真君（火德真君）。在其两侧还有赤心忠良隆恩真君（王善）和护国崇宁至德真君（关羽）。这也是早期“三圣祠”寺名的主要来源，及至清代晚期，寺名改为以中央主尊火德真君为主要象征意涵的“火神庙”当也在情理之中。但《北

图1　本文所涉庆云寺三通碑刻原始陈列状况[1]（1931—1932年）

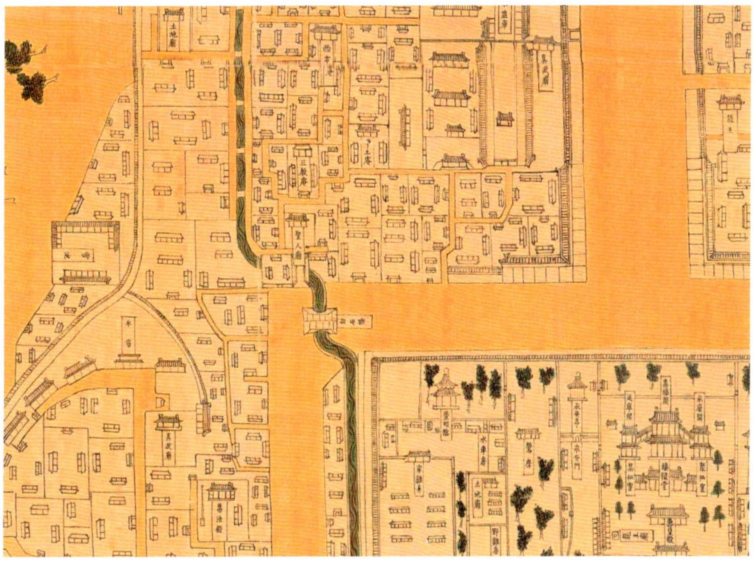

图2　北京皇城宫殿衙署图（景山西北隅恭俭胡同区域）（约1680年）

1　中国文化遗产研究院编：《北平庙宇调查资料汇编·内六区卷》，文物出版社，2021年，第187页。

2　关于《北京皇城宫殿衙署图》的绘制年代，王其亨、张凤梧《〈皇城宫殿衙署图〉解读》一文中有深入探讨，在此从略。

3　图引自中国文化遗产研究院编：《北平庙宇调查资料汇编·内六区卷》，文物出版社，2021年，第187页。

图3　庆云寺正殿中央主供火德真君像（可见两侧王善、关羽神像局部）

京皇城宫殿衙署图》所称所谓“圣人庙”只能解释为由“三圣祠”讹化而来，至于其下院“三教庵”之称可能是绘图之人将三官庙主供天、地、水三官误识为儒释道三教教主所致之讹误。

从碑刻材料上看，庆云寺历次重修应均未改变寺院格局，更多的是在前有基础上进行修缮活动，仅进行了“檐构新整，仪象肃穆”[1]的小规模建筑修葺和造像见新工作。在民国三十一年改宗佛寺之前，其应延续了大部分明万历朝始建时期的历史样貌。中华人民共和国成立后这里成为西城区政府管理的公有住房，被分配给了企事业单位职工居住，逐步变为大杂院，直至2019年的这次腾退。

三　明清内官与庆云寺

事实上，自从明代中后期宫内宦官阶层越来越多地获得政治和经济权力之后，其年老势衰之后的生活和身后事的处理就成了他们着意思虑的重要方面。根据王雪梅的统计，明代宦官对北京城内寺庙的总计重建、修葺次数至少有295次[2]。内官大多出身贫寒、年幼净身入宫，大多失去和原有家族的联系，在面临养老、后事等问题时并无传统中国的宗族力量支撑，在此情境下，明清内官形成了一种独特的捐修寺院的风潮，利用自己职业生涯高峰阶段形成的政治和经济影响力为年老后的生活提前布局。这一传统被清代的内官阶层基本继承下来，明清两代的大量内官在北京城内外大量购置土地、修葺寺院，一时间成为风尚。

由碑文材料可知庆云寺的建设和后续维护都系由内官支持，景山西北的这片区域也一直是明清内官的重要聚集区。所谓“恭俭胡同”之称，系在民国年间地名雅化运动中由“官监胡同”改名而来，景山西北隅、北海东岸这片区域自明代起就是宫内太监活动的重要区域，明代内官监下辖的多座作坊亦坐落于此，恭俭胡同区域与宫中内官关系紧密的传统一直延续到清末。直至20世纪50年代依旧有清末太监的后人居住其中。20世纪50年代家住恭俭胡同3号院的著名作家叶君健的夫人苑茵曾在其书《往事重温》中写道：

> 恭俭胡同，老北京拉三轮的都知道它的老名字叫“内官监”，即是宫中太监居住较为集中的地方，慈禧太后的大总管、李莲英的后代和最后的太监袁大爷，在我们搬进该胡同时（1953），都还活着。[3]

明代内官监作为明代实权仅次于司礼监的重要内官机构，明末内官刘若愚在《酌中志》中对其执掌和下

1　见清乾隆二十二年（1757）《重修三圣祠记》，中国文化遗产研究院编：《北平庙宇调查资料汇编·内六区卷》，文物出版社，2021年，第192页。

2　王雪梅：《明代北京地区宦官营建寺庙历史演变研究》，《首都博物馆丛刊》2009年第1期，第44页。

3　苑茵：《往事重温》，华东师范大学出版社，2008年，第169页。

辖机构有着详细记述：

内官监……所管十作，日木作、石作、瓦作、搭材作、土作、东作、西作、油漆作、婚礼作、火药作，并米盐库、营造库、皇坛库、里冰窨、金海等处。凡国家营建之事，董其役；御前所用铜、锡、木、铁之器，日取给焉。[1]

庆云寺的建立就与内官监下辖的火药作密切相关，火药作掌制造火药、鞭炮等事宜，隶内官监，以宦官管理。在《建立三圣神祠碑记》中云：

兹内府内监公署所属作分曰火药，职司造作烟火花爆等器供贡上用，托天神之垂光赖神明之默佑，概监仰沾，无由报答。斯时本监管理王公辈发心虔诚盖造……于本所吉地建立三圣神祠一座，内供南方荧火德真君、赤心忠良隆恩真君、护国崇宁至德真君……万历二十九年三月朔日起公监视布画、捐施工料至本年五月网后落成。当今永延万世下保官众咸吉和平……内官监总理太监等官魏宪、王勲、陈寿、田升、张忠、田忠，火药作掌作李朝……司房所官梅应元……[2]

由碑文可见，始建庆云寺的绝大部分襄助人均是内官监官员和下辖火药作的掌作等官，再加之正殿中央供奉火德真君，故有理由推测其最初应为火药作防火所建。作为襄助人的内官监太监田升、田忠的名字亦曾出现在云惠寺（即今定慧寺）的捐助人名单之中[3]。可见其时宫内太监对捐助佛道寺庙的强烈热忱。但作为庆云寺后三官庙的兴修情况在明代碑刻材料中并未提及，故尚不清楚这一时期三官庙和庆云寺的关系。

入清以后，虽有过顺治帝的短暂恢复，但在康熙帝亲政之后极力打压宦官的措施之下，内官监系统不复存在。在这一时期庆云寺及其后三官庙的管理情况亦不明晰，现在可知的是在乾隆二十二年（1757），庆云寺经历了一次较大规模的重修。《重修三圣祠记》载：

宸陛者亦必为神所乐佑，火药作所三圣一祠创署旧矣……阅岁祠宇渐损蚀虑，无以栖神而饬敬爰鸠工重葺之。今则檐构新整，仪象肃穆于以拥福圣主以波及群下众善等实窃有厚幸焉，乾隆岁次丁丑八月朔日竣成。[4]

《重修三圣祠记》碑阳分上下两区，上半区刻写上述乾隆二十二年重修记文，下半区刻写道光十年（1830）捐资人职衔、姓名。碑阴〔图4〕分别以乾清宫和养心殿太监首领起首，刻写捐资人职衔、姓名。

---

1 （明）刘若愚：《酌中志》，北京古籍出版社，2001 年，第 114 页。

2 中国文化遗产研究院编：《北平庙宇调查资料汇编 · 内六区卷》，文物出版社，2021 年，第 188 — 190 页。

3 （明）翁正春：《敕赐云惠寺重修碑记》阴题名，见《北京图书馆藏中国历代石刻拓片汇编》，第 58 册，第 94 页。

4 中国文化遗产研究院编：《北平庙宇调查资料汇编 · 内六区卷》，文物出版社，2021 年，第 192 页。

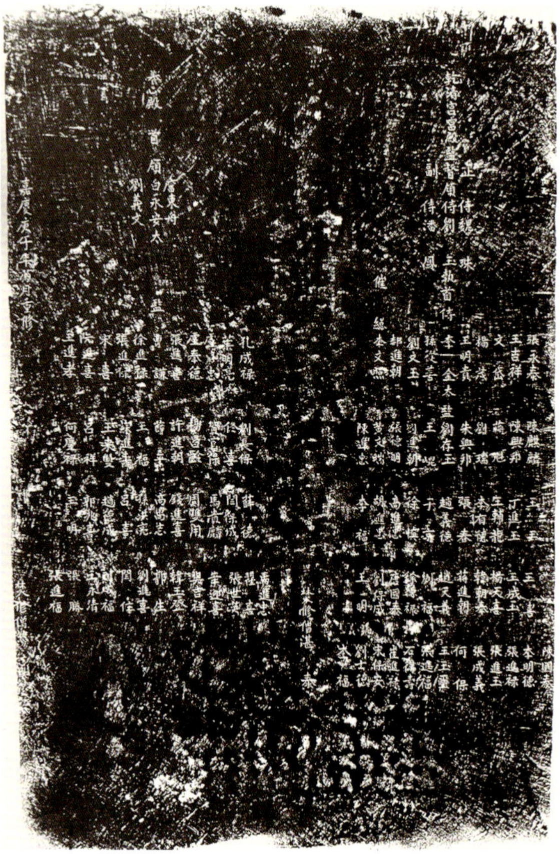

图4 《重修三圣祠记》碑阴

吕敏教授的《庆云寺小考》一文中，误以为碑阴左右两半部分题名均对应最左之嘉庆庚午年款，并以此为据得出了三处错误结论[1]：

（1）乾清宫、养心殿太监的内部斗争。

（2）《重修三圣祠碑》中没有提供捐赠者的身份信息。

（3）焚修僧湛泰和尚住持此庙三十余年。

然经笔者研究，《重修三圣祠记》碑阴内容实际应分左右两区。查阅内务府造办处档案可知，作为乾清宫宫殿监督领侍的刘玉和副侍潘凤活动时间应主要在乾隆朝前半期[2]，正侍魏珠更是在康熙末年就已崭露头角[3]且在雍正初年的政治动荡中险些被雍正帝处死[4]。但其作为内官中的三朝元老，在乾隆朝仍备受恩遇，在乾隆二十三年乾隆帝特赐其紫禁城内骑马之权[5]。故笔者推测碑阴和碑阳一样，亦存在多个时期分别刻写的情况。刘玉领衔的捐修名单对应的应是碑阳乾隆二十二年的重修之事。至于养心殿首领太监白永安，其主要活动时段有充足的档案证据可资证明应在乾隆中期[6]至嘉庆初期之间，且年轻时曾在永安寺学经[7]。故其应对应为嘉庆十五年重修的领衔捐资人。除了这些档案证据外，《国朝宫史》中的《官制》篇亦对清中期宫内太监的品级名称有明确记载，作为养心殿首领太监的白永安的品级仅为内七品执首侍，其与居于宫内太监最高职位的宫殿监督四品领侍刘玉具有巨大的等级鸿沟。清宫内官系统等级森严，如系同一时期刊刻，白永安断然不敢将己名平行刻于刘玉之旁，其只可刻于三位宫殿监督（领侍刘玉、正侍魏珠、副侍潘凤）之下，列于同级的执首侍李金之旁。

从本碑阴阳两面记载的乾隆、嘉庆、道光三朝重修庆云寺的捐资人信息看，这一时期庆云寺的主要施主

1 “1810 年的重修碑上，两宫太监分列两组，各占碑石一半，且各自拥有不同的主持，似乎正暗示了两个群体之间暗藏的争斗。也许就在 1810 年到 1830 年间的某一刻，双方之间不稳定的平衡被打破，一方驱逐了另一方，火神庙随之成为他们的专属祭祀地点。”“1757 年《重修三圣祠碑》中没有提供捐赠者的身份信息”以及“湛泰和尚住持此庙三十余年之久。”摘自［法］吕敏（Marianne Bujard）、陆康（Luca Gabbiani）：《香火新缘：明清至民国时期中国城市的寺庙与市民》，中信出版社，2018 年，第 124 页。

2 “乾隆十五年三月十六日首领于海来说，宫殿监督领侍刘玉，监副侍贾进禄，潘凤同传，御花园水法着照年例收什等语启怡亲王，内大臣海……”录自张荣选编：《养心殿造办处史料辑览 第 5 辑 乾隆朝》，紫禁城出版社，2015 年，第 78 页。

3 见《大清圣祖仁皇帝实录》卷二七，康熙五十五年冬十月。

4 见《清代历朝起居注合集·清世宗》卷一，雍正元年九月。

5 乾隆二十三年四月十七日《为大太监魏珠等俱已年高着加恩于紫禁城内骑马事》，档案号：03-18-009-000024-0001-0095，中国第一历史档案馆藏。

6 《乾隆三十一年七月十八日挑出永安寺学经正白旗太监白永安名单》，中正殿念经处档案，档案号：05-08-030-000012-0035，中国第一历史档案馆藏。

7 嘉庆六年三月初四日《为查明裁退养心殿等处首领太监白永安等旗色事》，内务府掌仪司档案，档案号：05-08-004-000020-0049，中国第一历史档案馆藏。

系以养心殿、乾清宫太监为首，兼及奏事处、坤宁宫、弘德殿、敬事房等内廷各殿太监为主，并未见及某宫太监专捐的迹象。但在刻于光绪三十三年（1907）的《重华宫修火神庙碑记》上却明确记载：

> 火神庙一所原为吾辈重华宫之所修葺，以享以祀以妥以侑。要使香火绵延不致久而废堕，又址外之北有三官庙一所，亦归此庙管辖，特恐年沿代远久即荒芜，爰集同人共立此石，庶后之仁人君子岁时致祀睹物思情，俾神灵有所凭依亦吾辈之所深幸也谨志。重华宫总管赵得喜、首领骆恒庆、首领王长寿，光绪岁次丁未四月初一日。

由碑文可知，至迟在光绪朝末期，庆云寺已经成为重华宫太监长期的资助对象，重华宫系乾隆帝潜邸，地位在宫中极为重要。从乾隆三十四年（1769）定稿的《国朝宫史》可知，重华宫内官编制共有首领四名，其中七品执守侍二名，八品侍监二名，太监四十五名。其人员编制数量仅次于养心殿内。虽然终清一代，宫内内官数量大部分时间都未达到满编状态，但从碑文上显示的一名总管、两名首领、二十七名太监来看，即便在清末，重华宫内官数量依旧在宫内居于前列，这也为重华宫太监独力捐修庆云寺提供了基本的物质保障。可惜的是碑文并未提及从何时开始庆云寺的修缮工作开始专由重华宫太监襄助，这部分历史信息的缺失不可谓不是一个重大缺憾，甚至迟至20世纪30年代初北平研究院研究人员在庆云寺调查时，寺庙管理人依旧为逊清太监，名为刘滋修。由此足见庆云寺与宫内内官密不可分的关系。

此外亦由碑文可知至迟在此时与庆云寺仅一路之隔的三官庙已成为庆云寺的下院，在组织结构上归属庆云寺管辖。三官庙正殿保存较为完好，据故宫博物院古建部彩画专家曹振伟实地勘察情况来看，三官庙正殿彩画的年代应不晚于雍正朝。但三官庙内并无任何辅证材料可资证明其寺沿革历史，文献上仅有其始建于明代并曾于光绪年间重修的记录[1]。

四 结 语

庆云寺及其下院三官庙在中华人民共和国成立后长期作为民居使用，其内藏文物和内外檐装修状态遭受了严重的毁坏，除主要建筑格局外，大部分文物信息均已灭失无存，作为本文研究最重要材料的三通明清石碑亦已无踪可寻，今仅余拓片存于中国文化遗产研究院档案室。景山西北隅恭俭胡同、米粮库胡同区域现仍尚存大马关帝庙及素云观等与宫内内官紧密相关的宗教场所，希望能在中轴线申遗项目的进一步推动下得到更多重视，使这些与明清宫廷密切相关的宗教建筑重获新生。

（作者单位：故宫博物院宫廷历史部）

1 北京市档案馆：《北京寺庙历史资料》，中国档案出版社，1997 年，第 618 页。

圆坻是元大都灵台考

On the Circular Mound is the Spiritual Terrace of the Yuan Dynasty Capital Dadu

王子林

Wang Zilin

内容提要：

元大都没有建在金中都的原址上，而是以琼华岛为基础规划大都城，忽必烈充分利用琼华岛及太液池，筑圆坻，构建大内、兴圣宫、隆福宫，形成以圆坻为中心的皇城格局。以水绕台，上建仪天殿，将象征天命的灵台概念赋予圆坻之上。本文立足史料，将蒙古"天佑观"与儒家的"天命观"结合起来，论证皇城以象征天的圆坻为中心，而不是以大内为中心格局形成的思想渊源。元大都的规划布局改变了传统的以宫城为中心的都城布局原则，在中国古代建城史上是一次创新。

关键词：

圆坻　琼华岛　忽必烈　灵台

ABSTRACT:

The Yuan dynasty (1271-1368) capital city Dadu was not built on the site of the Jin dynasty (1115-1234) capital Zhongdu, but was planned and designed around the Qionghua Isle. Kublai Khan extensively exploited the isle and the Taiye Lake by commissioning the piling of the circular mound and the construction of the Danei, Xingsheng, and Longfu palaces. Since then, a layout of a group of imperial structures encircling the circular mound has been formed. Surrounded by waters and topped by the Yitian Hall, the mound was endowed with celestial significance and was compared to the Spiritual Terrace (Lingtai)-a symbol of Heaven's mandate. Based on historical documents, the author examines both the Mongolian and Confucian cosmo-political philosophies to argue that the Yuan imperial city was not centered in the imperial palace but the circular mound that symbolizes Heaven. Dadu's unconventional layout was an innovation in ancient Chinese city-building history.

KEYWORDS:

circular mound, Qionghua Isle, Kublai khan, Lingtai

从团城向东望去，宏伟的紫禁城映入眼帘。团城的前身是元代的圆坻。在元代，它的东边是大内，西边是太后宫兴圣宫和太子宫隆福宫，北边是琼华岛，它的南边是宽阔的湖面，位置十分重要，是皇城的中心。圆坻上建有仪天殿，是礼天之所。在古代，天是最高的象征。圆坻在大都城中具有至高无上的地位。本文拟通过对史料文献的梳理，以求证圆坻是大都城的灵台，是天命的象征。

一 受天明命与儒学治国

《元史》记载礼天是历代大汗行使权力的传统，每年都要举行祭天的仪式，“元兴朔漠，代有拜天之礼。衣冠尚质，祭器尚纯，帝后亲之，宗戚助祭。其意幽深古远，报本反始，出于自然，而非强为之也”[1]。礼天出于自然也就是蒙古各原始部落在发展过程中产生的，成吉思汗在统一各部落的过程中又不断地强化了对天神即长生天的崇拜，为了与儒家“天命观”相区别，本文将之称为“天佑观”。所谓“天佑观”，是在成吉思汗时期形成的，具有纯粹的原始宗教性的特点，并融入了萨满教的自然崇拜和加持。樊永贞《蒙古族天神崇拜观念的形成及演变》称：“在信奉萨满教的蒙古社会，在强化长生天崇拜的观念中，萨满巫师起到了很重要的作用。如铁木真开始征战、壮大之初，就是萨满豁儿赤说是天神让铁木真做蒙古人的国王。如果没有萨满的宣传鼓动，成吉思汗一统毡房百姓的努力也许要慢得多。”[2]天佑观强调天神是永恒的，是世间万物的主宰，具有无穷的力量，大汗的权力是天所授，是天的唯一的代言者和权力的行使者，正如张旭、赵卫东《论成吉思汗和努尔哈赤“天命观”的异同》一文所言：“他的每一次出征都是执行‘长生天’的意志。他向天祷告说：‘我做可汗不是因为我有强健的身体，而是我顺从天命。我做皇帝不是因为我有超人的智慧，而是仰赖天恩祖德。我扫平仇敌，全靠苍天的帮助。’成吉思汗在这里将自己看作是天在人间的代表，天意的执行者，而其之所以能成为汗，成为天意的执行者。”[3]《蒙古秘史》有如下记载：

> 成吉思合罕(成吉思汗)的祖先是受有天命而降生的孛儿帖赤那，他的妻子名豁埃马阑勒阿。[4]
>
> 成吉思合罕生时，右手握着髀石一般的一块血。[5]
>
> 这你儿子的眼睛明朗，面有光彩。也速该亲家！我夜里梦着一个白色海青，两爪抓着日月飞来，落在我的臂上。我把这梦对人说过，日月但能看见，现在这海青抓来落在我的臂上，必有祥瑞，原来就是你这儿子应了我这梦。[6]
>
> (帖木真)迎着太阳把带子挂在项上，帽子挂在臂上，以手椎胸，向日九拜，并洒马奶子为礼而祝祷。[7]

---

1 《元史》卷七二，中华书局，1976年，第1781页。

2 樊永贞：《蒙古族天神崇拜观念的形成及演变》，《集宁师范学院学报》，2014年第2期，第36卷。

3 张旭、赵卫东：《论成吉思汗和努尔哈赤“天命观”的异同》，《黑龙江民族丛刊》，2005年第3期。

4 谢再善译：《蒙古秘史》，《开明文史丛刊》，开明书店，1951年，第1页。

5 《蒙古秘史》，第15页。

6 《蒙古秘史》，第16页。

7 《蒙古秘史》，第37页。

"帖木真(成吉思汗)的大车来了。天神地祇要命帖木真为国主,我载着国来了。"神人是这样指点让我亲眼见过。现在告诉你。帖木真!你做了国主之后,将怎样使我快乐?[1]

帖木真感激脱斡炊邻勒罕与札木合两人说道:"我的罕父、札木合安答!承你两位帮助,天地给我增加力气,上天给我权威。"[2]

阿沙敢不怎样敢说这样的话?我要想先去征他,何难之有?本来我是要去征伐他的,永生上天护佑,待把撒尔塔兀剌种征伐后,回来再去征伐他。[3]

久生上天护助,又把客列亦惕种百姓屈服了。[4]

永生上天大帝神旨告道:"已经命帖木真立国。"[5]

从成吉思汗的祖先一直到他本人的降生,被认为是天意的安排。成吉思汗的一切活动都是在天神的指引下进行的,并得到了天神护佑,是天神之子。天佑思想被成吉思汗的子孙们继承,从窝阔台到蒙哥汗,都认为自己是天神在人间的唯一代表,具有无上权威,所取得一切战争的胜利,都是天神护佑的结果。而蒙哥汗的继承者忽必烈却与祖先的纯粹的"天佑观"不同,是"以德配天"的儒家"天命观",这种"天命观",强调得天道者得天下,所谓天道即是"天视自我民视,天听自我民听",如《孟子·梁惠王章句下》所言:"《书》曰:'汤一征,自葛始。'天下信之,东面而征,西夷怨;南面而征,北狄怨。"仁义之师,四方仰望,希望早日去解救他们,这就是天命。

《元史》记在忽必列称帝前,"岁甲辰(南宋淳祐四年),帝在潜邸,思大有为于天下,延藩府旧臣及四方文学之士,问以治道"[6],《析津志》亦记:"皇元受天命,肇造区夏,列圣相承,未遑文治。上在潜邸,独喜儒士,凡天下鸿才硕学,往往延聘以备顾问。"[7]正如徐世隆所言"陛下帝中国当行中国事"[8],世祖征云南时,询问徐世隆,徐对曰:"孟子有言:'不嗜杀人者能一之。'夫君人者,不嗜杀人,天下可定,况蕞尔之西南夷乎!世祖曰:'诚如卿言,吾事济矣。'"[9]世祖向儒士姚枢询及治道,姚"乃为书数千言,首陈二帝三王之道,以治国平天下大经,汇为八目,曰:修身,力学,尊资,亲亲,畏天,爱民,好善,远伎佞"[10],后姚枢被委以重任。《孟子·告子章句下》曰:"君子之事君也,务引其君以当道,志于仁而已。"刘秉忠、赵璧、王鹗、张文谦、元好问、窦默、姚枢、许衡、赵复、郝经等儒学名师组成了忽必烈强大的以儒学治天下的士人集团,以儒家思想启蒙和入主忽必烈的心智,故除了提供资政策略外,使忽必烈志于仁起了很大的作用。《元史》总结忽必烈一生曰:"世祖度量弘广,知人善任使,信用儒术,用能以夏变夷,立经陈纪,所

1 《蒙古秘史》,第49页。
2 《蒙古秘史》,第44页。
3 《蒙古秘史》,第173页。
4 《蒙古秘史》,第106页。
5 《蒙古秘史》,第156页。
6 《元史》卷四,第57页。
7 (元)熊梦祥:《析津志辑佚》,北京古籍出版社,1983年,第185页。
8 《元史》卷一六〇,第3769页。
9 《元史》卷一六〇,第3769页。
10 《元史》卷一五八,第3711页。

以为一代之制者，规模宏远矣。"[1]所谓"以夏变夷"，就是要实行儒家治天下的方法即仁政。

图1 忽必烈像

中统元年夏四月己亥，忽必烈〔图1〕登基，下诏书曰："历数攸归，钦应聘上天之命；勋亲斯托，敢忘烈祖之规。建极体元，与民更始。"[2]"与民更始"，出自《汉书·武帝纪》"朕嘉唐虞而乐殷周，据旧以鉴新，其赦天下与民更始"，《庄子·盗跖》亦曰"与天下更始，罢兵休卒"，这完全是儒家传统登基的格式，称自己上应天命，受藩王拥戴，不忘烈祖圣训，登基建元立制，除旧更新，与民同乐。中统五年八月丁巳，改元至元，取"至哉坤元"之义，大赦天下，诏曰："应天者惟以至诚，拯民者莫若实惠。"《中庸》称"诚者，天之道也"[3]，忽必烈称上应天命是因为自己做到了至诚，至诚的体现在于拯救万民于倒悬，施民以恩惠。顺应天命者必至诚，《中庸》曰："唯天下至诚，为能尽其性；能尽其性，则能尽人之性；能尽人之性，则能尽物之性；能尽物之性，则可以赞天地之化育；可以赞天地之化育，则可以与天地参矣。"只有天下至诚的人，才能充分发挥其本性；能充分发挥其本性的人，就能充分发挥众人的本性；能发挥众人本性的人，就能充分发挥万物的本性；能充分发挥万物本性的人，就可以帮助天地化育生命；能帮助天地化育生命的人，就可以与天地并列为第三了。"诚身有道：不明乎善，不诚乎身也"[4]，至诚的根本在于明白自身的善的本性，并将人的善的本性充分地发挥出来，从而凝聚感动他人的力量，感化他人向善，"博施予民而能济众"，仁者爱人，如天一样把恩惠施予普天之下。天道其实就是仁道，具有了仁德，就获得了天命。至元八年十一月乙亥，建国号曰大元，取"大哉乾元"之义，诏曰："可建国号曰大元，盖取《易经》'乾元'之义。兹大冶流形于庶品，孰名资始之功；予一人底宁于万邦，尤切体仁之要。事从因革，道协天人。"[5]国号取义《易经》，以儒家传统为王朝立基。大元即像天一样具有让万物创生资始、品物流行的大德，是天的仁德的体现与实现。忽必烈称自己的言行关系天下安宁，所以要切记体仁之要，道协天人。

至元九年二月辛卯，改中都为大都，燕京正式成为大一统王朝之都。在规划元大都时，蒙古的以天为尊的"天佑观"与儒家的以德为本的"天命观"便走到了一起，既强调天神的至尊和唯一性，又强调天命的德行，一个新的都城中心就诞生了。

二 元大内不是皇城的中心

规划大都城是先从修琼华岛开始的〔图2〕，金宣宗贞祐三年五月，中都留守右丞相完颜承晖自杀，蒙古遂攻入中都，宫室为乱兵所焚。"蒙古人把废弃的古城遗址称为马兀八里（Máubalik）。马兀，蒙古语

1 《元史》卷一七，第377页。
2 《元史》卷四，第64页。
3 （宋）朱熹：《四书集注·中庸》，凤凰出版社，2005年，第30页。
4 （宋）朱熹：《四书集注·中庸》，凤凰出版社，2005年，第30页。
5 《元史》卷七，第138页。

图2 琼华岛（今北海琼岛）

意为坏或恶；八里，突厥语意为城。金中都被成吉思汗一把火烧掉后，几近废墟，在亡金宫阙废墟上重建新宫，对蒙古人来说是一种禁忌。这种心理上的嫌恶完全可能导致忽必烈根本不去理会金中都的遗址。”[1]但在金中都城的北郊却有一片离宫别苑，早在辽时已开始经营，金又进行了大规模的扩建，建有大宁宫，据高士奇《金鳌退食笔记》记：“琼华岛在太液池中。从承光殿北，度石梁至岛，皆以文砖、乳花石杂甃之。岩洞窈窕，磴道纡折，多迭奇石，巑岏岞崿。其巅古殿，相传本辽太后梳妆台。历金、元、明皆有宫殿，为游观之地。今残石坏础，犹刻云物及广寒殿字。《辽史》云：‘皇城西门曰显西，设而不开；北曰子北。其西城巅有凉殿。’《金史宫阙制度》云：‘京城北离宫有大宁宫，大定十九年建，后更为宁寿，又更为寿安，明昌二年更为万宁宫。琼林苑有横翠殿、宁德宫，西园有瑶光台，又有琼华岛，瑶光楼。’”[2]《钦定日下旧闻考》曰：“西苑作镇则曰白塔山，白塔山者，金之琼华岛也，《北平图经》载辽时名曰瑶屿，或即其地，元至元时改为万岁山，或曰万寿山，至明时则互称之，或又谓之大山子，本朝曰白塔山者，以顺治年间建白塔于山顶然。”[3]明代曹学佺编《石仓历代诗选》曰：“琼华岛在太液池中，上有广寒殿，相传辽太后游息之所。”[4]元代徐世隆《广寒殿上梁文》称“即广寒之废基”，元时广寒殿是在辽离宫废址上重建的。中统元年十二月乙巳忽必烈自和林至燕京，驻跸燕京近郊[5]。忽必烈驻跸燕京时，曾居于广寒殿，《秋涧集》记：“至元戊辰（至元五年），宪台初立，公与不肖同擢御史，引见世祖皇帝在广寒殿。”[6]这里也就成了规划元大都城的办公处了。

图3 乾隆题“琼岛春阴”石碑

1 聂影：《忽必烈的元大都》，载于《装饰》，2005年总第143期。
2 （清）高士奇：《金鳌退食笔记》，北京出版社，1963年，第116页。
3 （清）乾隆敕撰《钦定日下旧闻考》卷二六，清文渊阁四库全书本。
4 （明）曹学佺编：《石仓历代诗选》卷四九四，清文渊阁四库全书补配文津阁四库全书本。
5 《元史》卷四，第68页。
6 （元）王恽：《秋涧集》卷五八，清文渊阁四库全书补配文津阁四库全书本。

以琼华岛为点来展开对大都城面的规划〔图3〕，原来跟元朝的兴起有关系。元代陶宗仪《南村辍耕录》记："国家起朔漠日，塞上有一山，形势雄伟，金人望气者，谓此山有王气，非我之利，金人谋欲厌胜之，计无所出。时国已多事，乃求通好入贡，既而曰，他无所冀，愿得某山以镇压我土耳。众皆鄙笑而许之。金人乃大发卒，凿掘辇运至幽州城北，积累成山，因开挑海子，栽植花木，营构宫殿，以为游幸之所。未几，金亡。世皇徙都之。至元四年，兴筑宫城，山适在禁中，遂赐今名云。"[1]琼华岛乃元朝王气所在，定都燕京，琼华岛区域成为首选之地，被圈入皇城之中。故徐世隆《广寒殿上梁文》曰："析木星躔，临士马雄疆之地；琼华仙岛，营帝王游豫之宫。盖因前代规模，便有内都气象，金台南峙，玉泉西流，北襟山势，真龙虎之区。"[2]燕京为兵家必争之地，龙虎之区，王气鼎盛。虽琼华岛为前代帝王的游乐之处，但却是镇压金的王气所在，故因之而扩建。

《析津志》记："至元四年二月己丑，始于燕京东北隅，辨方位，设邦建都，所为天下本。四月甲子，筑内皇城。"[3]这段记载含有三个信息：一是大都选址于金中都燕京城的东北方；二是所谓"辨方位"即东北方是天象析木之次，为成始成终之地；三是先营建皇城。二月规划选址，四月即筑皇城，说明大都城的规划是以皇城为中心来布局的，它由大内、兴圣宫、隆福宫等组成，但奇怪的是帝王居住的大内并没有位于皇城的中心，那么皇城的中心在哪里呢？既然大内不是皇城的中心，能超越皇帝的只有天，受儒家"以德配天"的影响，只有将此观念支撑都城的规划与设计，才能为都城确立一个至高无上的中心，这个中心只能是天。

三 文王灵台与天之明命

周文王时建有一座灵台，《诗经·灵台》曰："经始灵台，经之营之。庶民攻之，不日成之。经始勿亟，庶民子来。王在灵囿，麀鹿攸伏。麀鹿濯濯，白鸟翯翯。王在灵沼，于牣鱼跃。虡业维枞，贲鼓维镛。于论鼓钟，于乐辟雍。于论鼓钟，于乐辟雍。鼍鼓逢逢。蒙瞍奏公。"《灵台》的主旨是说周文王有天命，"文王以民力为台为沼，而民欢乐之"[4]，所以百姓归附，鸟兽悠然自得，且"麀鹿濯濯，白鸟翯翯"，鹿鹤为祥瑞，它们的出现，是周将兴的征兆。

《毛诗注疏》曰："《序》：'灵台，民始附也。文王受命，而民乐其有灵德，以及鸟兽昆虫焉。'《笺》云：'民者，冥也，其见仁道迟，故于是乃附也。天子有灵台者，所以观祲象，察气之妖祥也。文王受命而作邑于丰，立灵台。'《春秋传》曰：'公既视朔，遂登观台以望，而书云物，为备故也。'"[5]东汉郑玄《易纬乾元序制记》记："伐崇作灵台，受赤雀丹书，称王制命，示王意。"[6]

灵台象征天命，建于文王伐崇之后，《史记》亦记："明年，伐密须。明年，败耆国。殷之祖伊闻之，

1 （元）陶宗仪：《南村辍耕录》卷一，第16页。

2 （元）苏天爵编：《元文类》四七，清文渊阁四库全书本。

3 《析津志辑佚》，第8页。

4 《孟子·梁惠王章句上》。

5 （汉）郑玄注，（唐）孔颖达疏：《毛诗注疏》卷二三，清文渊阁四库全书本。

6 （汉）郑玄注：《易纬乾元序制记》，清文渊阁四库全书本。

惧，以告帝纣。纣曰：‘不有天命乎？是何能为！’”连纣王都说文王有天命，出土的《大盂鼎》的铭文亦曰：“丕显文王，受天有大命”。

原来灵台属天子拥有，是天子登台观祲象，察气之妖祥的地方，按照《周礼》所记，登台观测天象有十种占望之法，以观妖祥，辨吉凶，一曰祲，二曰象，三曰鑴，四曰监，五曰暗，六曰瞢，七曰弥，八曰叙，九曰隮，十曰想。观象台夏时称瑶台，商时称鹿台。掌握了气象，也就通晓了天道，通晓了天道，也就具有了天命，所以《诗经·文王》曰：“文王在上，于昭于天。”

文王得天命，还在于他的仁德，《诗经·皇矣》曰：“帝谓文王，予怀明德，不大声以色，不长夏以革。”文王拥有天命，但从不对百姓大声呵斥，也不用严酷的刑法，所以“文王圣德，上及飞鸟，下及鱼鳖”[1]，因为文王的仁爱，不仅百姓归附，而且鱼跃于渊，鸟翔于天，使伯夷、太公听见西伯善养老者，盍归乎来。《诗经·维天之命》曰：“维天之命，于穆不已。于乎不显，文王之德之纯！”

灵台的建造，是文王得天命的标志，它的存在，是文王圣德的体现。灵台成为后世帝王向往的理想目标。

那么灵台的形制是什么样的呢？“于乐辟雍”告诉了这个秘密〔图4〕。《毛传》称“水旋丘如璧曰辟雍，以节观者”，《毛诗正义》曰：“水旋丘如璧者，璧体圆而内有孔，此水亦圆而内有地，犹如璧然。”辟雍，即圆丘四周环水，水如璧之环，丘如璧之孔，原来灵台是建在水中的，是圆形的。这种形制也称明堂。汉武帝于汶上所建的明堂，便是四周环水，《史记》记：“上欲治明堂奉高旁，未晓其制度。济南人公玉带上黄帝时明堂图。明堂图中有一殿，四面无壁，以茅盖，通水，圜宫垣为复道，上有楼，从西南入，命曰昆仑，天子从之入，以拜祠上帝焉。”[2]明堂四周环水，有桥通达四方，殿中供奉上帝。西汉末年，王莽假托古制，于长安城南郊建明堂，始把明堂与辟雍合二为一，“起明堂、辟雍长安城南门，制度如仪，一殿，垣四面，门八观，水外圜”。北魏时根据王莽的明堂式样，修建的明堂形式仍是“引水为辟雍，水侧结石为塘，事准古制”[3]，一圈水是辟雍，水圈里的正中央为明堂。东汉蔡邕《明堂章句》曰：“明堂者，天子太庙，所以宗祀，周谓明堂。东曰青阳，南曰明堂，西曰总章，北曰玄堂，中曰太室。人君南面，故主以明堂为名。在其五堂之中央皆曰太庙。飨射、养老、教学、选士，皆于其中。故取其宗祀之清静，则曰清庙；言其正室之貌，则曰太庙；取其尊崇，则曰太室；取其堂，

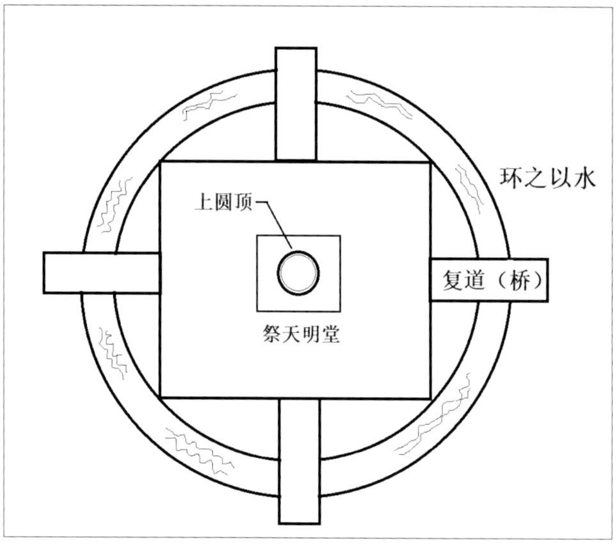

图4 明堂图

1 （清）严虞惇：《读诗质疑》卷一二，清文渊阁四库全书本。
2 （汉）司马迁：《史记》卷一二，中华书局，1987 年，第 480 页。
3 （清）秦蕙田：《五礼通考》卷二六，《钦定四库全书·经部·礼类》，台湾“商务印书馆”影印，1986 年。

则曰明堂；取其四门之学，则曰太学；取其四面周水圜如璧，则曰辟雍。虽各异名，而事实一也。”[1]蔡邕认为所谓清庙、太庙、太室、明堂、太学、辟雍之名，但事却是一样的。卢植《礼记注》亦认为灵台、辟雍、明堂是一回事，“明堂，即太庙也。天子太庙，上可以望气故谓之灵台，中可序昭穆故谓之太庙，图之以水似璧，故谓之辟雍。古法皆同一处，近世殊异，分为三耳”[2]。

灵台、辟雍和明堂，虽然名称不同，但事却是一样的，三者是相通的。灵台望气，与天相通，上建祭天的太庙则为明堂，环之以水则为辟雍，但其本质都是天命的象征。历代欲强调天命，灵台、辟雍和明堂便是最好的表达方式。

四　圆坻是象征天命的灵台

林徽因《谈北京的几个文物建筑》称：“团城是古代台的实例，台本是中国古代建筑中极普通的类型。从周文王的灵台和春秋秦汉的许多的台，可以知道它在古代建筑中是常有的一种，而在后代就越来越少了。古代的台大多是封建统治阶级登临游宴的地方，上面多有殿堂廊庑楼阁之类，曹操的铜雀台就是杰出的一例。据作者所知，现今团城已是这种建筑遗制的唯一实例，故极其珍贵。”林徽因先生独具慧眼，看出团城是一座台〔图5〕。元代刘鹗《惟实集》记：“广寒殿，殿在万岁山上……门前有桥，桥有石阑如玉，前有石台，上建圆殿，缭以黑粉墙，如太湖石状，台东西皆板桥，桥东接皇城，西接兴圣宫。”[3]在元代，圆坻原为石台，上建有圆殿，缭以石墙，四周环水。因仪天殿为重檐圆盖顶，故称圆殿。元代王士点《禁扁》曰：“仪天，太液池南，俗号圆殿。”[4]圆象征天，殿名仪天。

图5　团城（元圆坻）

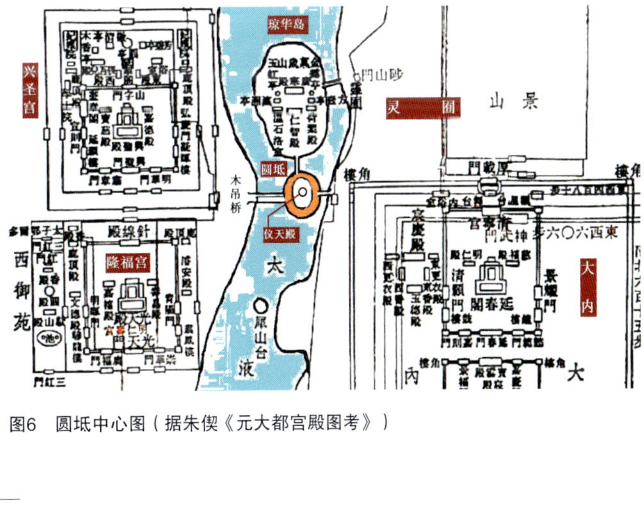

图6　圆坻中心图（据朱偰《元大都宫殿图考》）

所以，元大都城的规划是从经始圆坻为灵台展开的。

圆坻四周环水〔图6〕，上有礼天的圆殿，

1　（元）黄镇成：《尚书通考》卷十，《钦定四库全书·经部·书类》，台湾“商务印书馆”，1986年。
2　（汉）郑玄笺、（唐）陆德明音义、（唐）孔颖达疏：《毛诗注疏》卷二三，清文渊阁四库全书本。
3　（元）刘鹗：《惟实集》卷六，清文渊阁四库全书补配文津阁四库全书本。
4　（元）王士点：《禁扁》卷二，清文渊阁四库全书本。

北、东、西三面有板桥与大内、兴圣宫、万岁山相通，独开南面，以朝万国，此乃辟雍明堂之象。大内位置的选择极有意图，大内位于圆坻东南，如明堂之青阳左个，为天子所居之处，故为大内；而圆坻又位于大内之西北，正当乾位即天位，至高无上，故台上建仪天殿以祭天，象征受天护佑，得天命。元代王祎《元故弘文辅道粹德真人王公碑》记："甲午，成宗登极，命公召天师龙虎山，比至蒇醮翠华阁及万岁山圆殿，竣事，锡赉优渥。"[1]皇帝登基时，还要在圆殿建醮做法事以答谢上天。从这条记载可以看出来，圆坻的设置，是将天命与皇帝本人叠加在了一起。

《灵台》中有"王在灵囿"句，《毛传》注："囿，所以域养禽兽也。"郑玄《驳五经异义》云："于台下有囿沼。"《毛诗正义》云："筑墙为界域，而禽兽在其中。"圆坻同样也建有灵囿，《南村辍耕录》记"万岁山在大内西北太液池之阳，……山之东也为灵囿，奇兽珍禽在焉"[2]，如文王灵台一样有灵囿即御苑，位于万岁山东，大内北，它是附属于圆坻的灵囿，并非大内的御苑[3]。台、水、囿俱全，说明这里是天命所在，仁德泽及鸟兽鱼鳖。

五 圆坻是皇城的中心

图7 圆坻旧影（原仪天殿为重檐圆顶，四周为水环绕）

圆坻取象灵台，象征天，从元代陶宗仪《南村辍耕录》所记琼华岛及周围建筑分布看，它是皇城的中心〔图7〕，《南村辍耕录》记："太液池在大内西，周回若干里，植芙蓉。仪天殿在池中圆坻上，当万寿山，十一楹，高三十五尺，围七十尺，重檐圆盖顶。圆台址，甃以文石，藉以花茵，中设御榻，周辟琐窗，东西门各一间，西北厕堂一间，台西向，列甃砖龛，以居宿卫之士。东为木桥，长一百廿尺，阔廿二尺，通大内之夹垣。西为木吊桥，长四百七十尺，阔如东桥，中阙之，立柱架梁于二舟，以当其空，至车驾行幸上都，留守官则移舟断桥，以禁往来。是桥通兴圣宫前

1 《王忠文集》卷一六，"元故弘文辅道粹德真人王公碑并序"，清文渊阁四库全书补配文津阁四库全书本。

2 （元）陶宗仪：《南村辍耕录》卷二一，第255页。

3 《大元一统志》记海子桥"南直御园"，这并不能说明鼓楼就与大内中轴连为一线，实际上御园不是现在的景山公园，面积要大得多，它与西边的太液池是连在一起的，是圆坻灵台的灵囿。朱偰《元大都宫殿图考》称："厚载门北为御苑，外周垣红门十有五，内苑红门五，御苑红门四，凡垣三重。内有水碾，引水自玄武池，灌溉种花木；自有熟地八顷。八顷内有小殿五所。元代诸帝，尝执耒耜以耕，拟于籍田也。考其地望，当在今景山西部及大高玄殿北至地安门一带，以垣三重及熟地八顷推之，四积颇广；所谓玄武池，盖即今北海也。"故海子桥虽与御苑相对，但不能就此认为与元大内中轴成一条线。

之夹垣。后有白玉石桥，乃万寿山之道也。犀山台在仪天殿前水中，上植木芍药。”[1]据姜舜源《故宫断虹桥为元代周桥考：元大都轴线新证》考证，圆坻西吊桥470尺，若以每尺0.31米折算，约合145米，与今北海大桥基本相同。后来改作石桥，清代称“金鳌玉蛛”桥。向北通万寿山的桥200余尺，约合62米以上，也大致与现在距离相同。由此可见，圆坻自元、明、清至今位置未动，只是明后期将圆坻东部与东岸填土连接，使之成为半岛，并在通道东口建乾明门。夹垣为大内和隆福、兴圣各区宫墙外的低矮的围墙，这些围堵与高大的宫墙之间往往布置着一些官署或其他小型设施。[2]笔者认为圆坻向东的木桥长120尺，约合37米，可确定大内西北夹垣的具体位置在今团城东37米左右处〔图8〕，很有可能明代乾明门就是元大内夹垣的大门，正统元年与杨荣同乡的江鋘记：“戊申（宣德三年）春正月戊戌，元宵节赐文武大臣观灯于万岁山，命中官侍宴，公进《元宵赋》，赏钞三千贯。二月庚申，命公同少师蹇义等十八人从游万岁山，诏许乘马从东北门入，各携从者二人至乾明门下马登山，继命乘舟泛太液池。”[3]杨荣为永乐时大学士，乾明门明初已存在，早于填圆坻东水面时期，它极有可能是元代的门名，乾明之义，即指通往天的大门，它与通往圆坻的木桥相通，因圆坻上建有礼天的仪天殿，故与天相通，由此可以确定元大内的中轴在明紫禁城中轴的西侧，靠近圆坻。圆坻东有大内，西有兴圣宫和隆福宫，北有万岁山，南有犀山台，圆坻东西各有一门，通过桥与大内、兴圣宫相连，名副其实地成为皇城的中心。

图8 元圆坻（今团城）东侧木桥处，通大内夹垣大门

《南村辍耕录》记圆坻通往兴圣宫的板桥是吊桥，只有当皇帝车驾行幸上都时，才在两条船上立柱驾梁将两端连接起来，皇帝过后，即“移舟断桥，以禁往来”，看来这座桥是专门供皇帝使用的。圆坻的东板桥，直通大内夹垣，说明也是供皇帝使用的。通往兴圣宫的桥、通往大内的桥和通往琼华岛的桥，均为皇帝御用桥，这三条重要路线的设置，强调了圆坻的重要性。皇帝去上都、去太后兴圣宫、去琼华岛广寒殿，都要经过圆坻，原因就在于圆坻象征天，是中心。

林徽因《谈北京的几个文物建筑》称：“仪天殿，在池中一个圆坻上。换句话说，它是一个岛，在北海与中海之间。岛的北面一桥通琼华岛（今天仍然如此），东面一桥同当时的‘大内’联络，西面是木桥，长

1 （元）陶宗仪：《南村辍耕录》卷二一，第256页。

2 姜舜源：《故宫断虹桥为元代周桥考：元大都轴线新证》，《故宫博物院院刊》，1990年第4期。

3 《文敏集·附录》，清文渊阁四库全书本。

四百七十尺，通兴圣宫，中间辟一段，立柱架梁在两条船上才将两端连接起来，所以称吊桥。当皇帝去上都（察哈尔省多伦附近）时，留守官则移舟断桥，以禁往来。现今的委曲地位使人不易感觉到它所曾处过的中心地位。”

六 结 论

在研究元大都时，琼华岛区域中的圆坻即今团城，常常被忽视，仅仅把它看成一座供帝王游玩的小岛屿。其实它在元大都城的布局规划中占有最重要的地位，它处于皇城的中心，大内、兴圣隆福二宫及琼华岛，如众星捧月一般拱卫在它的周围。

忽必烈定都燕京，必须行“中国事”，从改年号为至元和国号为大元，就可以看出要以儒家思想治国，“至元”“大元”均出自《周易》，《周易》相传为文王所作，阐述的是人与天的关系，仪天圆坻的出现，显然是强调了自己受天明命，故以圆坻作为皇城的中心点，而不是以大内作为皇城的中心。

以太液池圆坻为中心的规划，突破了前代都城规划制度，不以宫城为中心，而是以天为中心，故圆坻为圆形，瓮以石墙，上建重檐圆顶的仪天殿，表明这里才是天下的中心，是天神所在之处，是最高神圣之处。它起源于蒙古的天佑观念，同时又与儒家的天命观相结合，以明堂辟雍的形制矗立于太液池之中。

所以在研究元大都时，一定要注意这片宽阔的水域，蒙古人喜临水而居，但又“陛下帝中国当行中国事”，将蒙古习俗与儒家思想结合起来，创造了一座举世闻名的旷古中天之城。

（作者单位：故宫博物院研究室）

北京地区明北京营建物料采贮地略考

——兼论北京地区明北京营建物料采贮遗产群的保护

Research on the Construction Material Procurement and Storage in Beijing during the Ming Dynasty: Discussion on the Protection of the Heritage Groups of Construction Material Procurement and Storage Plants in Ming Dynasty in Beijing Area

王毓蔺

Wang Yulin

内容提要：

明代北京营建，取征物料于四方，输京物料多积贮于京师诸厂以供营造。同时，北京地区也是砖瓦料的重要烧造地和营建石料的最重要采办地，更是几乎全部营建灰料的烧办地。依据文献材料及实地踏勘，初步考证出今北京地区的明代北京营建物料采办地和收贮厂地，复原明代北京营建史上物料采贮的关键环节，并为北京城市史和文化遗产研究提供有益参考。

关键词：

北京地区　明代北京　营建　物料采办地　收贮厂地　遗产保护

ABSTRACT:

To build the capital city Beijing during the Ming dynasty, materials were sourced from all across the country, and were primarily stored in the city at a string of locations. At the same time, Beijing in its own right had been a major place for firing bricks and tiles, an important source place of building bricks, and a manufacturing center of almost all construction lime mortar. According to literary materials and field survey results, the paper preliminarily identifies sites for manufacturing construction materials and locations for storing construction materials in today's Beijing during the Ming dynasty, so as to untangle the key mysteries in obtaining and storing construction materials in the Ming dynasty Beijing, and providing reference for the study of Beijing's urban history and cultural heritage.

KEYWORDS:

Beijing, Beijing in the Ming dynasty, construction projects, material procurement sites, storage locations, heritage protection

明代北京营建，自永乐朝营建北京宫殿始，有明一代在北京的内府、城垣、坛场、庙宇、公廨、仓厂、营房、山陵、京师沟渠、桥梁、堤防闸坝、运道及京师边墙等诸多官方及公共建筑设施的修造、维护上，其所征采木、石、砖、瓦、琉璃、灰料、苇课等物料品类繁杂、规模庞大、地域广阔、持续久长、采办方式纷杂、经费征索纷纭，远超历代。深入研究明代北京营建中的物料采办，对理解中国近古以来建材变革有重要参照价值。自20世纪初以来，中外学者相继有专著或专文涉及该问题，但绝大多数研究，考察讨论的范围主要集中于营建物料的来源地域变动、征用过程、采办方式变迁等方面[1]，巨量营建物料输京后的收贮征用过程，迄今尚未引起重视，对北京地区的物料采办类目，目下研究仍属有限。[2]以上述研究为基础，全面梳理明代北京营建物料输京后的收贮厂地，考察其地望，征索其沿革，并整理归类今北京地区的物料采办类目，尝试复原构建一个较为完整的北京地区明北京营建物料采贮地分布概况，期为进一步深化明代北京营建史研究提供关键材料，并为北京城市史研究提供有益线索。

一　明北京营建在京物料采办收贮地

（一）木料采办和收贮厂地

明代北京营建皇木采办，以明代行政区划，大致涉及四川、湖广、贵州、浙江、江西、福建、山西、陕西等布政司和南、北直隶等地域。其中，前期采办的主要地域是四川、湖广、贵州（以上以楠、杉等木为主），山西（以松木为主），南直、浙江（以杉、竹等材为主）等地；中后期采办的主要地域为四川、湖广、贵州等地，浙、直亦间有采买鹰平架木及竹材之举，而山西已少有规模以上的采办，仅在真定尚有抽分榷木之所抽分少量材木或征银以供营造[3]。

1.北京地区的木料采办地

密云雾灵山。至少在宣德间，今北京地区东北部靠近河北兴隆县一带的燕山山脉雾灵山一带，仍有一定规模的军夫在此采办营建木料。《宣宗实录》载："宣德九年（1434）五月壬午，行在户部奏：雾灵山采木军夫工匠数多，月支口粮艰于转运，请召商于密云县黑峪口，新盖仓纳粮，不拘资次于淮浙等处支盐。……从之。"[4]时军夫工匠聚集于雾灵山采木，道路艰险，运粮不给，乃行开中之法，召商运粮于此，凭粮给付盐

1　关于明代皇木采办研究，见蓝勇等人专文。蓝勇：《明清时期的皇木采办研究》，《历史研究》1994 年第 6 期；《明清皇木采办遗迹考》，《中国历史文物》2005 年第 4 期；李志坚：《明代皇木采办研究》，华中师范大学硕士学位论文，2004 年。关于明代北京营建烧造的研究综述，可参考王毓蔺《明北京营建烧造丛考之一：烧造地域的空间变化和烧办方式变迁》，《故宫博物院院刊》2012 年第 2 期。关于明代北京营建石料采办的研究，见陈喜波，韩光辉：《明北京城营建石料采办研究》，《北京社会科学》2010 年第 2 期；王毓蔺《明北京三殿营建采石的重要史料——记河南浚县天启六年皇极殿采石摩崖题刻》，《故宫博物院院刊》2014 年第 1 期。

2　吴梦麟和刘精义对明代房山大石窝采石进行过研究，见吴梦麟、刘精义：《房山大石窝与北京明代宫殿陵寝采石——兼谈北京历朝营建用石》，《中国紫禁城学会论文集》第一辑，紫禁城出版社，1997 年；陈喜波等人亦对明代北京营建在京采石进行过初步研究，见陈喜波、韩光辉：《明北京城营建石料采办研究》；王毓蔺对明代北京营建北京地区的采石和烧造收贮地有过研究，见其文《明北京营建石料采办地略考》，《故宫学刊》2019 年第 1 辑；《明北京营建烧造在京收贮厂地考》，《北京史学》2019 年第 1 辑；另孙雪等人对明清北京地区的皇木收贮地有过初步研究，见孙雪、李爽、李莉：《明清时期北京皇木厂初探》，《北京林业大学学报（社会科学版）》2019 年第 3 期。高寿仙对明代北京营建物料采办收贮有过概述，见高寿仙：《明代北京营建事宜述略》，《历史档案》2006 年第 4 期。

3　（明）申时行等修：《明会典》卷二四〇，万有文库本，商务印书馆，1936 年，第 4091 — 4092 页。

4　《明宣宗实录》卷一一〇，宣德九年五月壬午，中央研究院历史语言研究所校印本，1962 年，第 2478 页。

引。有明开中之法多行于边塞以保障边军军粮，时在靠近京师的密云临时行开中法，显见其时雾灵山一带采木规模较大，采木军夫人数众多，给养庞大，转输艰辛，亦知行在朝廷对雾灵山采木的重视。按黑峪口，即今密云区新城子镇花园村黑谷关一带[1]。

2.北京地区的木料收贮厂地

北京地区是明代北京营建木料的最终加工和使用地，除西南大木输运中的暂时性木料集散地重庆、荆州、芜湖、南京等地外，北京地区是最重要的营建木料收贮厂地。各地皇木水运至通州后，工部在通州水次设立通湾诸厂勘验木植，交收后，即由车户等运抵京师诸木厂，各木厂将木植收存备用之过程即谓收贮。车户、民车运来木植，凭运票、总单在木厂交接，所运木植即收贮在京师诸木厂。按有明一代，京师诸厂设立时间不一，各厂兴废无时，兹略考之。

（1）神木厂。神木厂在永乐朝营建北京时设立[2]。《工部厂库须知》（以下简称《须知》）载："（国初设立）先朝营建时有巨木蔽牛浮河而至，疑为神木，厂遂得名。地在城外，以便湾厂输运，岁时贮积以供取用，所积每多于山、台两厂（即山西大木厂、台基厂）。厂中木料每年出入盈□不等，难定数目……"[3]神木厂得名，有永乐初京师卢沟河出巨木[4]与四川马湖府出神木[5]两说，大约均是肇启灵迹以佐巨工的神佑之说。

嘉靖中期以前，明人称神木厂位置多在崇文门外[6]。嘉靖三十二年（1553）新筑京师外城，立广渠等诸门[7]。神木厂位置遂在崇文门东郊新立之广渠门外。《日下旧闻考》（以下简称《旧闻考》）载："神木厂在广渠门外二里许，……乾隆二十三年（1758）御制神木谣……"[8]清人载"大通桥之南有皇木厂，属工部，岁遣官致祭。高庙有皇木谣刻石。木旧有屋，今圮，石栏尚存，木已朽"。[9]据此可推定明代神木厂之位置约在今广渠门外。明初立厂之时，未有外城，故曰在崇文门外，嘉靖以后，京师外城展拓，神木厂即在外城之东，故曰在广渠门外，大通桥之南。清代亦称"皇木厂"，民初地图已标记为"黄木厂"[10]，为地名转音（民初整饬地名，改皇为黄）所致。今北京市朝阳区双井街道办事处辖下有"黄木厂"地片，当为明代神木厂之故地[11]。

（2）大木厂。按《英宗实录》载正统元年（1436）以"行在工部郎中韩翼升行在大理寺右少卿，提督大木厂"。[12]正统四年（1439），"增朝阳门外大木厂军夫口粮"。[13]《明会典》载"朝阳门外有大木厂"，又载：

1 密云县地名志编辑委员会编：《北京市密云县地名志》，北京出版社，1992 年，第 255 页。
2 （明）杨荣撰：《兵部尚书许公神道碑铭》，载徐竑辑《明名臣琬琰录》卷二一，江苏广陵古籍刻印社，1988 年。
3 （明）何士晋纂：《工部厂库须知》卷五，《续修四库全书》史部第 878 册，上海古籍出版社，1995 年，第 523 页。
4 《明世宗实录》卷四六五，嘉靖三十七年十月戊辰，第 7852 页。
5 （明）郎瑛：《七修类稿》卷四九，上海书店出版社点校本，2001 年，第 523 页。
6 《明会典》卷一九〇，第 3851 页；（明）张爵《京师五城坊巷胡同集》，北京古籍出版社校点本，2001 年，第 15 页。
7 《明世宗实录》卷四三〇，嘉靖三十二年十月辛丑，第 7060 － 7061 页。
8 （清）于敏中等纂：《日下旧闻考》卷八九，北京古籍出版社校点本，2001 年，第 1518 页。
9 （清）震钧撰：《天咫偶闻》卷八，《续修四库全书》史部第 730 册，第 706 页。
10 见《实测京师四郊地图》，内务部职方司测绘处编，比例尺 1 : 36200，民国四年（1915），1 幅，92cm×120cm，北京大学图书馆藏。
11 朝阳区地名志编辑委员会编：《北京市朝阳区地名志》，北京出版社，1993 年，第 258 页。
12 《明英宗实录》卷一五，正统元年三月甲申，第 289 页。
13 《明英宗实录》卷六一，正统四年十一月戊午，第 1162 页。

"营缮所需木植……曰神木厂、曰大木厂即獐鹿房厂，堆放木植兼收苇席……"[1]元明杂剧唱词曰："出得齐化门，便是獐鹿房。"[2]据上资料可推考大木厂至少正统前已设立，约在朝阳门外獐鹿房附近，此地在通惠河庆丰闸北，向北即朝阳门通往通州之陆路大道，向南隔河与神木厂相望，水陆运条件均甚便利。厂房主要用来"堆放木植，兼收苇席"。民初地图上有獐鹿房之标记，今北京市朝阳区大北窑北里一带，即为獐鹿房旧址，大木厂当在此附近。

正统—天顺年间之大木厂，收贮材木数量庞多。《英宗实录》载："正统二年（1437）八月乙亥，行在工部奏：齐化门外（大木厂）积楠杉等木三十八万，而四方运者日至，覆庇不密，多为风雨所坏。乞发军夫修理厂房且监守之，庶不虚费财力。上是其言，诏发人夫一万，以安远侯柳溥总其事。"[3]自永乐末年三殿火毁后，宣德朝一直为重建三殿采备物料，在正统初重建三殿之时，备积材木规模数量自然颇巨。其间，大木厂之规模亦极为庞大。又载："天顺三年（1459）十二月丙子，增盖大木厂房。初，以厂房三千六百余间损坏，命内官监右监谢范、工部右侍郎翁世资督工修理。至是，以新运木多，遣都督佥事赵辅督军夫一万名增盖四千余间。"[4]大木厂厂房多达数千间，其规模之宏大，约可想见。

由此，亦可知神、大二厂为前期营建贮材主要场所。《会典》曾载："凡各省采到木植，俱于二厂（即神、大二厂）堆放。"[5]亦为其时二厂曾为贮放各省木植重要场所之明证。

（3）山西大木厂。《须知》载："山西大木厂营缮分差，亦国初旧设，与神木厂同储材木，与台基厂同储材为造作之场。"[6] 可知山西厂约与神木厂同设立于"国初"（即永乐初），厂房除收贮材木外，另还为"造作之厂"，即作为营建时木材加工场所。《胡同集》载西城阜财坊（有）山西厂[7]。《宛署杂记》载西城金城坊四牌一铺曰山西大木厂墙下胡同[8]。成化时，雨涝，水淹刑部监，其北墙"临山西厂界墙十丈"俱坍塌[9]。可知山西厂在阜财坊，南界刑部，其西墙界金城坊。徐苹芳《明北京城复原图》定其明代方位为阜财坊巡按察院胡同东[10]，在今北京市西城区二龙路街道办事处大木仓胡同附近[11]。

（4）台基厂。《须知》载："台基厂营缮分差，与神木厂同储材木，与山西厂同储材为造作之场。查国初无，系后增设，以近宫殿造作所就，易于输运，一切营建定式于此，故曰台基。"[12]台基厂虽系后增设，至

1 《明会典》卷一九〇，第 3847、3852 页。

2 无名氏撰《十探子大闹延安府》，载（明）赵琦美辑《脉望馆钞校本古今杂剧》，《古本戏曲丛刊》第四集，商务印书馆，1958 年。

3 《明英宗实录》卷三三，正统二年八月乙亥，第 646 页。

4 《明英宗实录》卷三一〇，天顺三年十二月丙子，第 6521 — 6522 页。

5 《明会典》卷一九〇，第 3852 页。

6 《工部厂库须知》卷五，第 523 页。

7 《京师五城坊巷胡同集》，第 11 页。

8 （明）沈榜：《宛署杂记》卷五，北京古籍出版社点校本，1983 年，第 35 页。

9 《笞杖罪囚例该做工者出备工价修理监墙厅库例》，载刘海年等主编《中国珍稀法律典籍集成》乙编第四册《皇明条法事类纂》，科学出版社，1994 年，第 32 页。

10 见徐苹芳：《明北京城复原图》，又见《明北京城复原图建置资料表》，载其编著：《明清北京城图》，地图出版社，1986 年，第 76 页。

11 西城区地名志编辑委员会编：《北京市西城区地名志》，北京出版社，1992 年，第 221 — 222 页。按朱一新曰"大木厂，厂俗讹仓"可知大木仓地名之演变乃由"厂"讹为"仓"所致。见（清）朱一新：《京师坊巷志稿》卷上，北京古籍出版社，2001 年，第 128 页。

12 《工部厂库须知》卷五，第 524 页。

少在景泰六年以前已有之[1]，虽亦收贮材木，主要作为营建时木材加工场所，地在南熏坊东长安街路南[2]，在今北京市东城区东华门街道办事处台基厂大街附近[3]。

按台基厂，明代中后期以来，其职能曾有较大转变。《会典》载其为工部"大五厂"之一，早期"堆放柴薪及芦苇"[4]，主要用来收贮柴薪供内府、各监局柴炭及琉璃、黑窑二厂烧造之用，另垛放营建芦苇。嘉靖时，其柴炭办纳，"准招商买办，赴台基厂上纳"[5]。台基厂职能转变与明代北京燃料转换有较大关系。弘治间，丘濬即有石煤代薪之议，以"京城军民百万之家，皆以石煤代薪"议请惜薪司量纳石煤[6]。嘉万之际，从民间到内廷，已普遍开始使用煤作为新的燃料，京师西山一带民窑、官窑多设窑取煤，朝廷一度征收煤税[7]。《利玛窦中国札记》亦记录了万历间京师普遍用煤的事实[8]。这表明，嘉万时，京师出现了以煤代薪的燃料替代趋势[9]，内廷和各监局所需用柴炭，或量为招买，或多用煤代，柴炭需求量大为减少。万历初诏减内廷柴炭数量，裁撤惜薪司冗官，柴炭需求量减少[10]，则原来堆垛柴薪之台基厂，其职能渐发生改变，以厂内"有砖砌方地一片"，盖为原垛放柴薪之地，自然成为明中后期营建收贮材木和木材加工的便利场所。

台基厂和山西厂在嘉靖后期逐渐成为收贮真定抽分材木的重要场所[11]。更重要的是，因山、台二厂皆在内城，"以近宫殿造作所就，易于输运"，营建所需木材加工造作，当比城外神、大二厂便利许多。故城外木厂所贮材木，当营建伊始，往往将所贮之材再运往城内山、台二厂加工使用。正德末年工部侍郎赵璜水运永顺土司进献大木即"抵神木厂，拽入打截，运入台基厂造作"，可为明证[12]。

（5）通湾诸厂。通湾诸厂包括位于张家湾之湾厂（皇木厂）、通州之竹木厂、（北）皇木厂等诸处木材收贮之地，通湾诸厂是逐渐形成的。永乐时营建采办木植水运或陆挽经过通州，多不在其地停留，直接解运京师神、大诸厂造办，但在通州本地设立抽分厂榷竹木[13]。约在其时，其辖境南张家湾因便利水运，设大通关提举司，收贮木植[14]。"大通关在[通]州南张家湾之长店，百货汇集处也。"[15]"竹木局建于通州，自永乐始，……旧制，张湾之浒设有大通关巡检司，通州竹木局又以大使领之。桴筏至者，各列其材板枋之多寡、长短、阔狭、厚薄之差等，以达之关司长，关司长据所差等校勘虚实而上之巡仓御史，御史据所陈报而下之竹木局，使如例抽之。其署额曰抽分竹木厂。"[16]正统间，真定抽分木植运至通州抽分竹木局交收；嘉靖

1 《明英宗实录》卷二五七，景泰六年八月戊午，第5533页。
2 《京师五城坊巷胡同集》，第5页；又见《明北京城复原图》。
3 东城区地名志编辑委员会编：《北京市东城区地名志》，北京出版社，1992年，第218－219页。
4 《明会典》卷一九〇，第3847页。
5 《明会典》卷二〇五，第4099页。
6 丘濬：《大学衍义补》卷一五一，《丛书集成三编》第13册，台北新文丰图书出版公司印行，1997年，第255页。
7 见《明神宗实录》卷三三一、三八〇等。
8 [意]利玛窦，金尼阁著，何高济等译，何兆武校：《利玛窦中国札记》第一卷第三章，中华书局，2005年，第16页。
9 关于明代北京能源供应问题的详细讨论，见孙冬虎：《北京近千年生态环境变迁研究》，北京燕山出版社，2007年，第170－176页。
10 《明神宗实录》卷一六九，万历十三年十二月丁卯，第3049页。
11 《明会典》卷二〇四，第4091－4092页。
12 （明）赵璜：《归闲述梦》，《四库全书存目丛书》史部第127册，齐鲁书社，1996年，第616－617页。
13 《明会典》卷二〇四，第4088页。
14 《明太宗实录》卷二二九，永乐十八年九月乙亥，第2226页。
15 （清）顾祖禹，贺次君，施和金点校：《读史方舆纪要》卷一一，中华书局，2005年，第457页。
16 《日下旧闻考》卷一一〇，第1823页。

间，曾令其运赴张家湾料砖厂交收[1]，通湾诸厂始渐有存放材木之例。“故事，诸省运木，先于张家湾出水挽运，以此入神木厂。既完，始耶批回，动经岁月，间有水溢漂失，坐累死亡者。工部主事王梴奏：即水次设厂，竹木至，验入，即与解官批回，公私便之。”[2]“遂著为例。”[3]因之，通湾诸厂也渐成为中后期采办木植存贮场所。嘉靖四十一年（1562），归有光赴京会试南归，“下张家湾，皇木蔽川，舟阻隘，仅得出”[4]，可见嘉靖末年在张家湾验贮皇木之多。计在张家湾有湾厂。万历后期李三才辞官后退居张家湾起宅第，被劾“擅用皇木”“侵占（通湾）木厂”事，即涉湾厂[5]，其地约在今北京市通州区张家湾镇皇木厂村附近[6]；在通州有竹木局，主要抽分并收贮竹木，其地约在今通州区永顺镇竹木厂附近；[7]另有皇木厂（北关竹木局），收贮采办木植，约在今通州区新华街道北皇木厂附近[8]。

（6）其他木料收贮厂地。此外，尚有其他收贮木植之地，以其存废多无考，简述之。

小屯厂。永乐初，卢沟桥设抽分竹木局，抽分自山西等处贩运木植。正统时，卢沟桥抽分规模不小[9]。约在其时，在卢沟桥抽分竹木局附近设有小屯厂，收贮抽分及采办木植备营建。《明英宗实录》载：“正统三年（1438）六月壬戌，行在工部言：近者，修德胜等门城楼，将在京各仓厂局物料支给殆尽。明春，当修正阳门城楼，乞发后军都督府军千名，给与口粮，令于蔚州、保安等处山场采木，编筏自浑河运至，贮小屯厂以备支用。从之。”[10]可见正统时，小屯厂曾积贮有部分山西采办木植。此后，小屯厂贮木记载渐不复闻，故其后废立无考。《旧闻考》载“卢沟桥东五里名小屯，又桥北十余里地名小屯村。”[11]其地约在今丰台区卢沟桥街道小屯村附近[12]。

阜成厂（竹木厂）。“（西城）河漕西坊（有）阜成厂即竹木厂”[13]，当亦为收贮竹木之所在，其地约在今北京市西城区福绥境街道办事处富强胡同和官园胡同附近[14]。

猫竹厂。在朝阳门外，“城东三四里”[15]，其设立无考，曾收贮竹木。成化初渐荒废，以朝阳门外旧竹木厂（猫竹厂）赐秀王牧马地[16]。正德初，以朝阳关外猫竹厂地给付权阉刘瑾建玄明宫。“所谓猫竹厂者，止据传闻，工部亦无册籍可考，军民庐于其内，因而开种，遂为己业，或从便营葬，无虑数千家。”[17]刘瑾败亡后，

1 《明会典》卷二〇四，第4091页。
2 《涌幢小品》卷四，第3205页。
3 （明）万历朝《重修象山县志》卷一五，《中国方志丛书》华中地方第474号，成文出版社有限公司，1983年，第165页。
4 归有光：《壬戌纪行》下，载《归震川先生别集》卷六，《丛书集成三编》第38册，新文丰图书出版有限公司，1997年，第664页。
5 《明神宗实录》卷五五一，万历四十四年十一月戊辰，第10413－10414页。
6 通县地名志编辑委员会编：《北京市通县地名志》，北京出版社，1992年，第176页。
7 《北京市通县地名志》，第68页。
8 《北京市通县地名志》，第75页。
9 《明英宗实录》卷六七，正统五年五月癸卯，第1282页。
10 《明英宗实录》卷四三，正统三年六月壬戌，第835页。
11 《日下旧闻考》卷九二，第1555页。
12 北京市丰台区地名志编辑委员会编：《北京市丰台区地名志》，北京出版社，1993年，第183页。
13 《京师五城坊巷胡同集》，第12页。
14 《北京市西城区地名志》，第183页。可见《明北京城复原图》。
15 南大吉《九日游玄明宫诗》，载氏著：《瑞泉集》，转引自《日下旧闻考》卷一五六，第2525页。
16 《明宪宗实录》卷二四，成化元年十二月辛卯，第468页。
17 《明武宗实录》卷四七，正德四年二月戊子，第1075页。

工部奏请以厂仍还本部，堆放竹木[1]。其所在及后来存废无考。

尚有黄杉木店者，约在今北京市朝阳区平房乡黄杉木店，清及民初曾有记载[2]，而明代存废无考，存而疑之。

以上诸厂，设立及存废时间不一。至嘉万间，尚有神木厂、山西厂、台基厂及湾厂，多有存贮材木、加工木料之记载，余厂多废置。

（二）砖瓦料、琉璃烧造和收贮厂地

明代北京营建烧造，前期遍及山东、河南、南北直隶等地，多由各烧造地方及各府军卫所于沿江沿运等水道便利输运地方，取土设窑烧造。嘉靖中期以来，随着各地烧造劳役货币化趋势的发展，各地烧造砖料价银逐渐固定为年例，由工部在临清等地定砖价发诸窑招商烧办。中后期以来的烧造基本上集中在以临清为中心的城砖烧造、以苏州为中心的金砖烧造、以京师琉璃厂为中心的琉璃烧造等数处烧造中心。上述烧造地方，将砖、瓦、琉璃等料件烧造后，经勘验合格，即由水道或陆路运解至京，于京师近郊及内城地方，设有收贮砖瓦料厂地若干，一俟营建之需，即从各收贮厂地运至工所使用。

1.北京地区的砖瓦料、琉璃烧造地

北京地区是明代北京营建烧造物料的重要采办地之一，尤其是营建琉璃，几乎大部烧造于北京。由于烧办方式变迁，北京地区前后设立窑座多处，废立不一，择其要者简述之。

（1）琉璃厂、黑窑厂。琉璃厂和黑窑厂是明代设于京师烧制琉璃及砖瓦料的两大官窑厂。两厂大约设立于永乐间，为工部营缮司之分司[3]。琉璃厂主要烧造各色琉璃瓦料，黑窑厂烧造各色砖料并筒、板瓦。琉、黑二厂由营缮司选委主事一员坐厂管理，有关防、公署，一差兼管二厂。由营缮司关支钱粮，烧造皆须因工题请，烧造构件皆由工部实烧实收，属典型官手工业模式[4]。

琉、黑二厂自设立以来，虽间有调整，但迄至明亡清初，仍属官窑未变。顺治间，仍于琉璃厂设官监督烧造琉璃砖瓦。[5]黑窑厂则一直延续至康熙二十三年（1684）后乃废止[6]。

琉、黑二厂在永乐时代均位于京师城外宛平县辖内，嘉靖展筑外城后，琉璃厂位于南城（外城）正西坊、宣北坊响闸桥南[7]，即今北京市西城区和平门外南新华街琉璃厂东西街两侧[8]；黑窑厂位于南城正南坊内[9]，约在今北京市西城区陶然亭街道办事处黑窑厂街附近[10]。

琉、黑二厂除直接烧造外，烧成琉璃砖瓦料多直接贮厂以供营造。二厂因近处外城，本身窑座即靠近工

1 《明武宗实录》卷六七，正德五年九月辛酉，第 1476 － 1477 页。

2 《北京市朝阳区地名志》第 471 页，另见民初《实测京师四郊地图》。

3 《工部厂库须知》卷三，第 449 － 450 页。

4 《工部厂库须知》卷五，第 509 页。

5 《钦定大清会典事例》卷八七五，《续修四库全书》史部第 810 册，第 594 页。

6 《日下旧闻考》卷六一，第 999 页。

7 《京师五城坊巷胡同集》，第 15 － 16 页；另参见《明北京城复原图》及《明北京城复原图建置资料表》，第 77 页。

8 宣武区地名志编辑委员会：《北京市宣武区地名志》，北京出版社，1993 年，第 153、218 页。

9 《京师五城坊巷胡同集》正南坊条，第 15 页；另参见《明北京城复原图》及《明北京城复原图街巷胡同地名表》，第 38 页。

10《北京市宣武区地名志》，第 192 － 193 页。

所，运输贮用方便，故二厂所烧造琉璃砖瓦等料，多在烧成后直接收贮于厂内，一俟营建之需，径运工所使用。二厂平时有年例修造烧造，大工之时则据工作所需临时题派烧造。万历末年，内监多次籍口内工，恣意取用收贮于二厂的正额琉璃、砖瓦等料，冒破甚多，工部曾通过"增小票""勤收验""禁花销"等条议整饬之[1]。

（2）西琉璃局。西琉璃窑厂者，至少在正统时已有，当属琉璃厂之分厂。[2]《宛署杂记》载："山……对子槐山，在县西五十里。山产甘子土，堪烧琉璃。本朝设有琉璃厂，内官一员主之。街道……县之正西有两道：一出阜成门……西有浑河，三家店过浑河板桥正西约二里许曰琉璃局……"[3]沈榜此书成书于万历中期，可知当时京师宛平县西五十里（西山）对子槐山附近设有琉璃厂，约在三家店过浑河正西二里许，曰琉璃局，即《英宗实录》所载西琉璃厂[4]，约在今北京市门头沟区龙泉镇琉璃渠村附近[5]。

（3）通州诸窑座。通州是京师郊甸重要的砖瓦料烧制地，明代先后在此地开设砖瓦窑座数十处，长期烧制砖瓦料以供北京营建、修仓及修理京通运道使用。通州旧城南部曾分设东、西黑窑厂，烧造砖瓦料，以备修仓之用。东黑窑厂，在（通州旧）城东南八里，西黑窑厂，在城西南二十里许。二厂在嘉靖前期曾领价烧造砖瓦，因土性粗恶，后均停废，故址无考[6]。此外，万历间，在通州曾设立民窑数座，行招买之法，由工部在营建中直接购买民窑砖、瓦料[7]。今通州区张家湾镇张湾村[8]，永顺镇前窑、后窑一带，尚有窑座遗址，并出土有大批窑藏城砖，当为明代通州民窑所在[9]。

（4）昌平窑座。明代昌平州密迩天寿山皇陵，陵工、城工营建运砖不给，常就地烧造以济缓急。景泰以前，州治白浮图城（今昌平旧县村），其旁之畲苍屯，设窑数十座，以供天寿山陵工及城工砖料之用[10]。万历十二年（1584）议建万历帝寿宫，于昌平迤东设立窑座烧造。其载："查得昌平州迤东地方，先年原有窑座，俱曾烧运上用砖瓦。其道路去陵颇近，合无多招窑户，即于该州地方采取细土，如法烧造，务期精坚合式，仍听各窑户自运，工所验收，与临清、黑窑各砖相兼应用，尤为省便。"[11]其地望，约在今昌平区南邵镇官高村一带[12]。

（5）西湖景窑。明代宛平县西湖（今昆明湖）一带，平畴低地，淀泊弥望，苇荡杂丛，又近西山，樵采颇便。永乐以来，即有官军在此设立窑座，烧造砖料以供京师城垣修造。正统初，九门城垣毕工，窑座遂废。景泰初，太监陈谨又滥请于西湖景等处建立窑厂，仍将本湖周围及正阳等九门城壕野草供给烧造，后革之[13]。成化初，太监黄顺奏请以团营官军一万，赴西湖景、城壕等处采办芦薪，烧造砖瓦，以修理之用，从

1 《工部厂库须知》卷五，第522页。
2 《明英宗实录》卷一一九，正统九年闰七月甲辰，第2412页。
3 《宛署杂记》卷四，第28页；卷五，第40页。
4 《明英宗实录》卷一一九，正统九年闰七月甲辰，第2412页。
5 门头沟区地名志编辑委员会编：《北京市门头沟区地名志》，北京出版社，1993年，第101页。
6 （明）嘉靖朝，刘宗永点校：《通州志略》卷三，北京旧志丛刊，中国书店，2007年，第45页。
7 （明）贺仲轼撰：《两宫鼎建记》卷下，《四库全书存目丛书》史部第128册，第151页。
8 周庆良：《通州文物志》，文化艺术出版社，2006年，第49页。
9 《北京市通县地名志》，第66－67页。
10 昌平县地名志编辑委员会编：《北京市昌平县地名志》，北京出版社，1997年，第261页。
11 （明）葛昕：《集玉山房稿》卷一《寿宫营建事宜疏》，《景印文渊阁四库全书》集部第1296册，台湾"商务印书馆"，1986年，第383页。
12 《北京市昌平县地名志》，第417页。
13 《明英宗实录》卷二四〇，景泰五年四月癸未，第5226－5227页。

之[1]。其后，西湖景诸窑存废无考，其位置当在今海淀区颐和园一带。

（6）良乡民窑。万历二十五年（1597），鼎建乾清、坤宁二宫，砖料一时不敷，即于京郊招买民窑砖料，时良乡民窑召买砖料颇多[2]。其砖窑具体位置无考，约在今房山区良乡镇一带。

2.北京地区的砖瓦料、琉璃收贮厂地

北京地区是明代营建烧造物料的最终使用地，除临清、仪真等河路料砖转收收贮厂地外，最终南直地区的细料方砖（金砖）、山东临清等地的城砖等，都运抵北京交收，收贮在京诸厂，略述在京诸砖厂。

（1）通州附近砖厂

通州砖厂（石坝砖厂）〔图1〕。通州砖厂是弘治以前河路砖料北输至京交卸的水次砖厂，时舟船至京，水路多止于通州，故砖料多在此交卸，工部于此附近设立砖厂以暂贮。该地系通惠河与北运河汇流之处，南来漕粮与货物多在此停泊交卸，砖料亦因之。嘉靖七年（1528）以后，砖厂附近通惠河上又新创石坝一座[3]，因之砖厂后亦称"石坝砖厂"[4]。考其地大约在今北京市通州区通州镇东北隅西海子公园石坝遗址附近[5]。

通州砖厂自弘治中张家湾新建料砖厂后渐废。嘉靖《通州志略》载："料砖厂，在张家湾。永乐间设，原置于新开路（即原通州砖厂）。弘治间改于广利桥西（即新厂，张家湾料砖厂），属工部，管修仓主事监收砖料居之。"[6]嘉靖中期，时人已将料砖厂位置径归在张家湾，则其时通州石坝砖厂已渐废。

（张家湾）料砖厂。弘治以来，通州砖厂附近水道淤塞，砖厂距水次较远，舟船接卸砖料颇不便，而其南之张家湾乃卢沟河（浑河）与白河汇流处[7]，水深流大，交卸方便，乃于张家湾附近设立料砖厂暂贮北输砖料。改建通州砖厂于张家湾之议，始自陈雍。《孝宗实录》载："弘治三年（1490）正月壬申，命改建料砖厂于张家湾浑河口，以工部主事陈雍言旧厂（即通州石坝砖厂）去水次颇远，军民船运纳料砖不便故也。"[8]继陈雍后掌其事者工部主事刘汝靖终完其事。时于通州旧厂交卸，砖料卸船后，尚需雇车转运五六里始达厂，每万块额外费银八十两，转运不便且亏国病民，改建砖厂于张家湾后，运砖苦弊，稍得除焉[9]。约自弘治间以来，砖厂遂移往张家湾，在广利桥西[10]。其位置，约在今北京市通州区梨园镇砖厂村附近，村即因砖厂而成[11]。

（通州）工部修仓分司（工部厂）。掌收以上通州两厂砖料的工部营缮分司主事，居于通州新城内的工部修仓分司，工部修仓分司署，是有明一代掌收河路料砖的重要管理机构。

工部修仓分司初创于正统间，初仅奉敕管理修（通）仓，但至少弘治以来，修仓分司主事已辖修通州

1 《明宪宗实录》卷九五，成化七年九月己卯，第1818页。
2 《两宫鼎建记》卷下，第147页。
3 （明）吴仲：《通惠河志》卷上，《玄览堂丛书》初辑8，中正书局印行，1981年，第34页。
4 （清）康熙朝《通州志》卷二，《中国地方志集成·北京府县志辑》第6册，上海书店出版社，2002年，第454页；《日下旧闻考》卷一〇八，第1805页。
5 《北京市通县地名志》，第380页。
6 （明）嘉靖朝《通州志略》卷二，第27页。
7 《读史方舆纪要》卷一一，第457页。
8 《明孝宗实录》卷三四，弘治三年正月壬申，第742页。
9 （明）康海撰：《奉议大夫工部虞衡清吏司郎中刘君汝靖墓志铭》，载《国朝献征录》卷五一，《续修四库全书》史部第527册，第663页。
10 （明）嘉靖朝《通州志略》卷二，第33页。
11 《北京市通县地名志》，第89页。

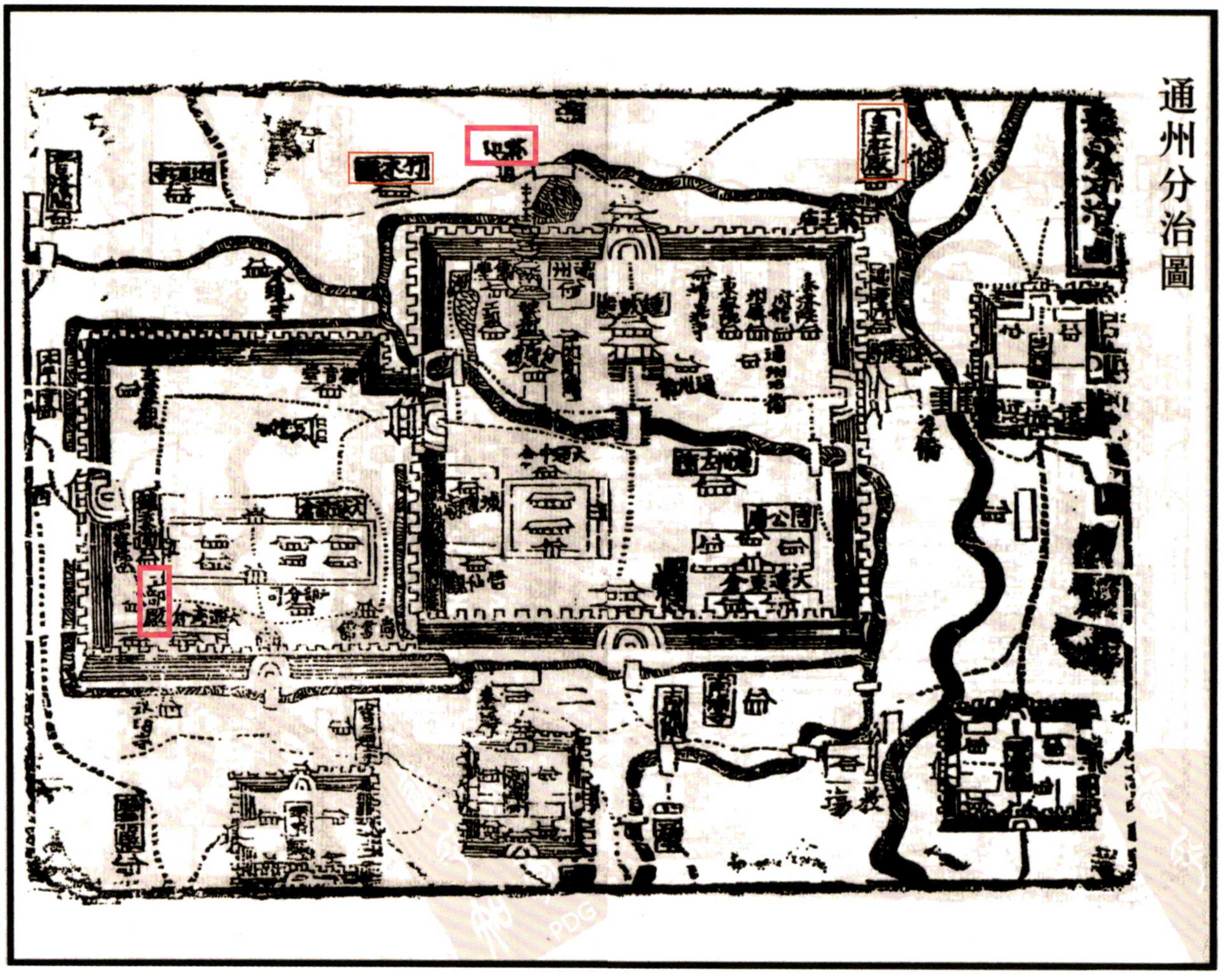

图1 《通州分治图》中的工部厂和石坝，石坝附近即通州石坝砖厂图（采自嘉靖《通州志略》）

仓及砖厂，由之，工部修仓分司即成为其后监管通州附近砖厂的最重要工部派出机构[1]。嘉靖初，工部在通州新设都水分司，掌通惠河兼管天津一带漕运。时人为与都水分司相分别，遂将工部修仓分司简称为工部厂[2]。“通州新城之西南隅为工部厂，厂以其属主事一人领之，所治不一其事，而惟修仓、掌收砖料为专职，所以重储营国也。”[3]

工部修仓分司地望，约在今北京市通州区北苑街道帅府街与西营房胡同交界处附近[4]。

（2）京城附近砖厂

大通桥砖厂。北输砖料暂贮通、湾诸砖厂后，工部即令在京车户、人夫及囚犯等接续转运至京城附近砖厂以备营建之需。大通桥砖厂即明中后期以来临清城砖输京后之最终贮放地，“河路砖料在于临清烧造，大

1 （明）嘉靖朝《通州志略》卷二，第25页。

2 （明）杨行中撰：《工部都水分司题名记》，载《通惠河志》卷下，第193页。

3 （明）杨果撰：《工部修仓分司题名记》，载（明）嘉靖朝《通州志略》卷一三，第253－254页。

4 《北京市通县地名志》，第22页。

通桥取用”[1]。其位置当在大通桥附近，约在今北京市朝阳区建外街道办事处辖内建国门外大街南之砖厂胡同附近[2]。另《须知》所载营缮司诸分司中有“神木厂兼（管）砖厂”[3]，此处之砖厂应即大通桥砖厂，按神木厂在广渠门外大通桥南，其地近大通桥砖厂，故神木厂置分司时则兼管砖厂为便。

万历初营建寿宫，即于大通桥砖厂设立“查发砖料司官一员”督之，并将“大通桥、张家湾砖厂”“见积各项砖料查明呈报听候运用”[4]。万历末《须知》所载营缮司所理诸工如司礼监修理经厂、都重城（都城即京师内城，重城即外城）、见工灰石作及虞衡司街道厅修沟渠桥梁等项所需白城、斧刃等砖料，皆取之于大通桥砖厂[5]。万历后期预建三殿所备砖料皆积于该厂，可知其时大通桥砖厂所贮砖料规模之巨，至“厂无隙地”，而临清仍循例烧造不已，烧造之靡费，可见一斑[6]。

方砖等厂。方砖等厂主要贮放苏州细料方砖（金砖）。金砖成造艰辛，质地坚硬，价值颇昂，故多用于内府宫殿、天寿山诸陵殿庑及玄宫地面室内墁地之用，因之，金砖“只是雇船差官，押运到工”[7]，中途不交卸于沿河砖厂，故北输至通、湾上岸后，直接运至城内方砖等厂贮放备用。万历末期，“收贮之权听凭诸内监，故径运至鼓楼下之备用、铸钟二厂，有同一掷，部官不得过而问焉”[8]。

按备用厂，具体位置无考，由《须知》知其在鼓楼附近，属明代掌收内府物料的厂库之一。[9]清代厂地无存，在新辟的内官监胡同内（明代内官监位置）大佛堂碑记上，列有备用厂之名，[10]可知其位置当在鼓楼至内官监一带。

铸钟厂在内城北城日中坊，[11]即今北京市西城区新街口街道办事处辖内之铸钟胡同附近[12]。

考方砖厂，内城北城昭回靖恭坊有“方砖厂”之名[13]，亦在鼓楼附近，从厂名看，应为堆放苏州细料方砖的收贮加工厂地，清代厂废后演化为大、小方砖厂及方砖厂胡同[14]。其地在今北京市东城区交道口街道办事处辖内方砖厂胡同附近[15]。

琉璃、黑窑二厂。（前已述）

大约京畿通、湾诸厂及京城大通桥砖厂主要收贮河路料砖，主要包括黑、白城砖、斧刃、券砖等墙面用砖；内城方砖、备用、铸钟等厂主要收贮苏州细料方砖等地面铺墁用砖；外城之琉璃、黑窑二官窑则主要烧造、贮用琉璃砖瓦等料，主要用于屋面、脊面及照壁、牌坊、门楼等建筑。

1 《工部厂库须知》卷四，第 503 页。
2 北京市朝阳区地名志编辑委员会编：《北京市朝阳区地名志》，北京出版社，1993 年，第 248 页。
3 《工部厂库须知》卷三，第 450 页。
4 《寿宫营建事宜疏》，《集玉山房稿》卷一，第 381 页。
5 《工部厂库须知》卷三，第 482 页；卷四，第 487、503 页；卷六，第 600 页。
6 《工部厂库须知》卷三，第 482 页。
7 《明会典》卷一九〇，第 3851 页。
8 《工部厂库须知》卷三，第 482 － 483 页。
9 《明穆宗实录》卷三二，隆庆三年五月甲寅，第 835 － 836 页。
10 《日下旧闻考》卷四一，第 637 页。
11 《京师五城坊巷胡同集》，第 19 页。
12 《北京市西城区地名志》，第 54 页。
13 《京师五城坊巷胡同集》，第 18 页。
14 《京师坊巷志稿》卷上，第 170 页。
15 《北京市东城区地名志》，第 59 页。

（三）石料采办和收贮厂地

明代北京营建石料采办，考虑到运输便利与石材种类选择，主要分布在北直顺天府、大名府与南直徐州等处。在自然地理区划上，主要分布在华北平原太行山东麓山前余脉火石岗（浚县一带）、北麓余脉西山、燕山山脉军都山系（顺天府一带）及鲁南丘陵南缘一带（徐州一带）。上述地域，靠近石料产地，开采较方便，或距离京师较近（如顺天府房山、昌平、丰润等地），或有便利的输运条件（如大名府浚县临近卫河，徐州临近漕河）。至于远输自云南之大理石，主要出自内工特需且型材较小，故能不计成本万里转输。上述采办区域，曾因储量或营建工程变动，前后采办区域亦有调整。大体上前期采办区域较广，中后期以来石料开采主要集中在京师附近，而房山石窝与浚县善化诸山的石料开采，则几乎持续了整个有明一代北京营建石料采办，是明代北京营建石料采办两个最重要的开采地。

1.北京地区的石料开采地

因石料开凿艰辛，输运更倍之，北京地区是明代北京营建采石的最重要产区。对此，明人曾有清晰认识："本朝陵寝用石最多，及正德嘉靖两朝，再建三殿两宫，其取石更繁。倘凿之他方，即倾国家物力亦不能办。乃近京数十里名三山大石窝者，专产白石，莹彻无瑕，俗谓之白御石。顷年三殿灾后，曾见辇石入都，供柱础用者，俱高广数丈，似天生异种，以供圣朝之需。"[1]略陈北京地区石料开采地如下。

（1）房山县大石窝。房山是明代北京营建采石的最重要产地，县境西南部之黄龙山，特产白玉石与青白石[2]，其采石石塘最聚集之处即大石窝，窝下即白石塘[3]。其最古且大之白玉塘，明代陵工、殿工所用的高等级白玉石，多采自该塘。"（白玉塘）水中产白石如玉，专以供大内及陵寝阶砌栏楯之用，柔而易琢，镂为龙凤芝草之形，采尽复生。"[4]白玉塘因明代多次大规模开塘采取白玉石，年久塘深，至天启末，塘内地下水位已高涨，至熹宗德陵营建采石，不得不取石于别塘[5]。清代康熙间营建采石，已彻底放弃在白玉塘取石，"水中玉石不敢冒采"[6]。白玉塘遗址，今称大白玉塘（堂），在高庄村西数百米，塘坑为不规则之长方形，东西长120米，南北宽40余米，塘深20余米，水深10余米，罹旱不涸，久已废弃不用[7]。

明代房山大石窝附近采石地方，主要分布在环黄龙山之石窝官厅、石窝店、高家庄、铁匠营、木匠营（今无考）、石窝新庄（新庄村）、纸房村、四座庙（今无考）、独树村、岩上村、伴壁店、南上乐村、长沟村等诸村，多属明代顺天府涿州房山县怀玉乡独树里下村社[8]，即今发展成为北京市房山区大石窝镇（官厅）、石窝村（石窝店）、高庄村（高家庄）、下营村（铁匠营）、南辛庄村（新庄村）、纸房村（纸房

1 （明）沈德符：《万历野获编》卷二四，中华书局，1997年，第611页。

2 《工部厂库须知》卷四，第484页。

3 （民国）《房山县志》卷三，中国国家数字图书馆·数字方志。

4 （明）谢肇淛：《五杂组》卷三，上海古籍出版社，2005年，第1529页。

5 《崇祯长编》卷二下，天启七年十月甲寅，第69页。

6 （清）康熙朝《房山县志》卷二，北京数字方志馆。

7 北京百科全书编辑委员会编：《北京百科全书·房山卷》，奥林匹克出版社，北京出版社，2002年，第36页。

8 以上明代村社名，屡见于现存石窝村、高庄村、岩上村等明代采石碑刻题记中。所见如正统六年《内官监倪太监寿藏记》、正德六年《重建磨碑寺记》、万历八年《重修观音堂碑记》、崇祯七年《玉皇塔圣像碑记》及明《福胜寺题名碑》等诸碑刻，见中国国家数字图书馆·碑帖菁华。另长沟村名见于天启间采运石料所建之显德祠（魏忠贤生祠），见（明）徐肇台撰：《记政录》续丁，雕龙数据库。

村）、独树村（独树村）、岩上村（岩上村）、半壁店（伴壁店）、南尚乐村（南上乐村）及长沟镇长沟村（长沟村）等诸村[1]。

（2）房山县云蒙山。房山采石除主要在大石窝附近采办外，尚有云蒙山及马鞍山[2]等处。万历十五年（1587），定陵寿宫采石，工部尚书石星等即“至房山之云蒙岩职攻石之工”[3]。云蒙山，在房山区西北之河北镇、燕山办事处及坨里乡交界一带[4]，其山附近之磁家务[5]、南车营、北车营等诸村，当与其时采运灰石等料有关[6]。

（3）宛平县马鞍山。宛平县马鞍山，在“县西七十里，……其形似马鞍”[7]，位处宛平、房山两县交界处，其在宛平县境西南者，自东向西绵延，东边余脉称“罗睺岭”，“在（宛平）县西三十里，自石厂一带横亘至西峰寺岭下”[8]，向西为主峰马鞍山，主峰向西为潭柘寺一带余脉，多在宛平县京西乡辖内，[9]基本在今北京市门头沟区东南隅永定镇、潭柘寺镇与丰台区大灰厂交界处。[10]明时石门营（今石门营）、石厂（今石厂村）、何哥庄（今何各庄）诸村，多属宛平县京西乡辖内[11]，在今门头沟区永定镇、潭柘寺镇马鞍山一带[12]，是马鞍山石料采办的主要产区。

明时马鞍山一带盛产青白石与紫（塘）石两种石料[13]。青白石主要产于罗睺岭，明时亦称官山或马鞍山石厂，即今石厂村北青龙山一带[14]。从永乐朝起，即于该地“开取石料”，并开“官山塘口”[15]。成化、正德、嘉万以来，该处长期设厂取石，以供山陵、宫殿、城垣营造之用。成化间，诏有力囚人自马鞍山运石赴正阳门交纳[16]；嘉靖时，采石员役众多，设石厂官厅衙署一所，以“锦衣卫骑校”领“营卫官军士军”驻守[17]，并立官山地界以界其四至。时马鞍山石厂四至为：“东至何家庄（即今何各庄）；西至岢罗坨池西并明扒煤窑烧造等处（今青龙山池西樱桃沟一带）；南至石河南岸（今石门营村南季节河）；北至碾子塘冷泉等处（今青龙山之阴山

1 以上诸村之沿革，参考房山区地名志编辑委员会编：《北京市房山区地名志》，北京出版社，1992 年。

2 马鞍山明时在宛平县与房山县交界处，马鞍山采石归入宛平县下。

3 （明）万历朝《重修万佛龙泉宝殿记》，中国国家数字图书馆·碑帖菁华。

4 《北京百科全书·房山卷》，第 38 页。

5 磁家务地名见于嘉靖三十五年《石窝采石题名碑》，另万历《重修万佛龙泉宝殿记》即立于磁家务万佛堂，中国国家数字图书馆·碑帖菁华。

6 按南、北车营二村，约明时成村，其形成当与其时附近采办输运灰石等营建物料有关。但《房山区地名志》对车营村的形成，有运粮于谷积山于此卸粮成村说，见《北京市房山区地名志》，第 241 页。南、北车营村的形成，尚待细考。

7 《宛署杂记》卷四，第 28 页。

8 《宛署杂记》卷四，第 27 页。

9 《宛署杂记》卷二，13 页；另成化《圆照寺圣旨碑》载寺坐落于“顺天府宛平县京西乡马鞍山”；（明）正德朝《明故尚衣监太监杨公墓表》载其葬于“顺天府宛平县京西乡马鞍山石厂圆照寺之原”，约可为其时地望之判断，分见北京市门头沟区永定镇石厂村委会编:《皇家禁地——石厂村》，中国博雅出版社，2014 年，第 78、110 页。

10 北京百科全书编辑委员会编：《北京百科全书·门头沟卷》，奥林匹克出版社，北京出版社，2001 年，第 190 页。

11 《宛署杂记》卷五，第 40 页。

12 以上诸村之沿革，可参考《北京市门头沟区地名志》及《宛署杂记》。

13 《工部厂库须知》卷四，第 484 页。

14 北京市门头沟永定镇石厂村委会编：《皇家禁地——石厂村》，中国博雅出版社，2014 年，第 93 页。

15 《永乐开取石料官山塘口碑》，2015 年 6 月考察摄。

16 《明宪宗实录》卷五一，成化四年二月丙辰，第 1049 页。。

17 《建造皇史宬等工程题名碑》，中国国家数字图书馆·碑帖菁华。

脚下）。"[1]至少在万历时，石厂已发展为一村落，官军驻守地业已成村为石门营[2]。今石厂村旧址西北山坡之下，尚有明代采石塘，称高家塘[3]。其旁立有嘉靖间营建皇史宬等工程采石题名碑[4]。紫石主要产自马鞍山主峰西延至潭柘寺一带的阳坡园村老虎山附近，明时称马鞍山紫石塘，内工多于此伐石供营造或制砚之用[5]。

（4）宛平县石径山。宛平县石径山，在县西北三十余里玉河乡，以山多石，亦呼石景山或石经山[6]，或曰湿经山[7]。"山故石耳，无景也。土人伐石，岁给都人，石田是耕，不避坚厚，久久，岩若、洞若焉。"[8]因长期采石，"山麓径甚险仄，岩壁凿洞，累累如蜂房"[9]。在今北京市石景山区首都钢铁公司厂区西北部与广宁街道办事处交界一带，包括今石景山与黑头山一带诸峰[10]。明时北京营建取石，石径山一带主要采办的是青砂石，运至城工或陵工应用[11]。

（5）宛平县城子山。城子山，在宛平县玉河乡白家滩西八里许[12]，即今北京市海淀区温泉镇显龙山[13]。今显龙山顶西侧一带，有明代营建采石摩崖题刻三处，分别为洪武、正统、嘉靖三朝。洪武题刻曰"左淇卫前所占下石堂。洪武二十七年五月，高手石匠五十名开山"[14]。说明在洪武朝北平府时期即有营建取石，是现今北京地区发现最早的明代采石摩崖题刻；正统题刻曰"山神大王，列石将军，正统十年开山"[15]。正统十年，时甓京师内垣，即于城子山一带开山采石[16]；嘉靖题刻曰"嘉靖壬子（三十一年）九月十二日兵部左士郎"[17]。此时有筑京师外城采石之役[18]。在山顶题刻附近，明代采石塘遗迹累累，可知其时采石规模甚大，主要采办的石材是青白石。

城子山附近因明代长期采石，至少嘉靖时在山南已形成了与采石有关的聚落石窝[19]，万历时称小石窝[20]，以上明代村社，即今海淀区白家疃（白家滩）、温泉村（小石窝）一带，在今海淀区温泉镇辖内[21]。城子山南坡下之石窝，因采石而成村，明代或称小石窝，因长期开塘取石，地下水出露，《旧闻考》载："石窝村

1 见《永乐开取石料官山塘口碑》碑阴，今地名又据北京市门头沟永定镇石厂村委会编：《皇家禁地——石厂村》，中国博雅出版社，2014年，第95－96页。

2 《宛署杂记》卷五，40页。

3 北京市门头沟区永定镇石厂村委会编：《皇家禁地——石厂村》，中国博雅出版社，2014年，第88页。

4 《建造皇史宬等工程题名碑》。

5 分见明《内官监紫石官塘石界碑》《嘉靖十四年采伐御砚紫石题记》、（明）万历朝《敕赐云岩寺碑》等；另（清）康熙朝《房山县志》载："紫石，在马鞍山下紫石塘，取以为砚。"见该志卷二，中国国家数字图书馆·数字方志。

6 《宛署杂记》卷四，第27页。

7 《万历重建石景山玉皇殿碑》（今称《重建石景山天主宫碑记》），载《日下旧闻考》卷一〇四，第1727页。

8 （明）刘侗、于奕正：《帝京景物略》卷六，北京古籍出版社，1980年，第280页。

9 （明）赵怀玉：《游西山记》，载光绪朝《顺天府志》卷二〇，北京古籍出版社，2001年，第614页。

10 石景山区地名志编辑委员会编：《北京市石景山区地名志》，北京科学技术出版社，1991年，第87、89页。

11 《工部厂库须知》卷四，第485页。

12 《日下旧闻考》卷一〇六，第1764页。

13 海淀区地名志编辑委员会编：《北京市海淀区地名志》，北京出版社，1992年，第274页。

14 《北京市海淀区温泉镇显龙山洪武采石题刻》。

15 《北京市海淀区温泉镇显龙山正统采石题刻》。

16 《明英宗实录》卷一三〇，正统十年六月戊辰，第2596页。

17 《北京市海淀区温泉镇显龙山嘉靖采石题刻》，以上三种题刻2013年4月考察摄。

18 《明世宗实录》卷三九六，嘉靖三十二年闰三月丙辰，第6960－6965页。

19 《京师五城坊巷胡同集》，第20页。

20 《宛署杂记》卷五，第42页。

21 海淀区地名志编辑委员会编：《北京市海淀区地名志》，北京出版社，1992年，第233－236页。

一带，灵渊神潢，随在涌现，不可枚举也。"[1]后改曰温泉村[2]。

（6）昌平州神岭山。神岭山，"在州治东三十五里，其山高百余丈，上有白石，下有龙潭"[3]。神岭山夙产白石，万历初营建寿宫，有旨于"神领（岭）山白玉石拣选好的相兼应用"[4]。

按神岭山，山下有龙潭，芹城店（村）（今秦城村）[5]之泉即为明时州治东三十余里之龙潭，其北山即神岭山。今昌平区兴寿镇秦城村北，有自崔村镇香堂、麻峪诸村一带，自西向东南绵延之军都山余脉，其上石峪、马蹄岭诸山，为明时神岭山之所在[6]。

（7）昌平州白虎涧。白虎涧"在州治西三十里"[7]。乃驻跸山之余脉。驻跸山，"在州西二十五里"[8]因"金章宗常游此崖，镌驻跸二字"[9]，"人呼驻跸山，遂逸其初名"[10]。驻跸山今在昌平区阳坊镇西约1千米处[11]，白虎涧即在驻跸山西南一带，明时曾设军屯白虎涧屯[12]，后成村为前、后白虎涧村，为该镇辖村[13]。

明时白虎涧主要产豆渣石[14]，城工、桥工、陵工采石，莫不取办于此。嘉靖中期曾有内官督理白虎涧采石[15]。万历朝白虎涧采办尤多，寿宫营建，乾清、坤宁两宫鼎建，皆差委司官赴白虎涧开取石料[16]。启祯间，内官监尚在白虎涧等取石处设提督外差员役[17]，可知白虎涧采石一直持续到明末。

（8）怀柔县石塘山。石塘山，亦名石厂山[18]，"在（县西三里）灰山之右，其石自成祖以至世宗，不时取修陵寝，工部立厂，守以官军"[19]。石塘山之南设石厂，陵工营建多取石于此。嘉靖初，密云兵备副使裴骞登石塘山，见永乐以来历朝废采之石材委弃遍地，"綦布席排无数"，遂撰《石厂石记》，勒石于石厂台下之奉圣寺[20]。嘉靖十五年，营建永陵寿宫，并工修饬七陵、长陵神道甃石及石像等项各护以石台[21]，取石之役甚重，该年冬，工部尚书甘为霖督石于石塘山，见裴骞之记，撰《旧石叹》记之[22]。

---

1 《日下旧闻考》卷一〇六，第1759页。
2 海淀区地名志编辑委员会编：《北京市海淀区地名志》，北京出版社，1992年，第236页。
3 （明）隆庆朝《昌平州志》卷一，北京数字方志馆。
4 《酌派文石疏》，载《集玉山房稿》卷一，第388页。
5 北京市昌平区地方办公室编：《北京市昌平县地名志》，中国书店，2021年，第470页。
6 《京兆地图》怀柔县分幅图昌平县芹城村北标注有神岭山，1：100000，光绪三十四年（1908）直隶警务处绘图局监制，民国四年（1915）经界局复印，首都图书馆藏。
7 （清）康熙朝《昌平州志》卷四，中国国家数字图书馆·数字方志。
8 （清）顾炎武撰：《昌平山水记》卷上，北京古籍出版社，1980年，第19页。
9 （明）隆庆朝《昌平州志》卷一。
10 《帝京景物略》卷八，第343页。
11 北京市昌平区地方办公室编：《北京市昌平县地名志》，中国书店，2021年，第247页。
12 （明）隆庆朝《昌平州志》卷四。
13 北京市昌平区地方办公室编：《北京市昌平县地名志》，中国书店，2021年，第252－253页。
14 《工部厂库须知》卷四，第485页。
15 （明）嘉靖朝《大石窝采石题名碑》，中国国家数字图书馆·碑帖菁华。
16 《寿宫营建事宜疏》，载《集玉山房稿》卷一，第381页；（明）王在晋撰：《银钱山督工记》，载氏著：《越镌》卷八，雕龙数据库。
17 （明）刘若愚：《酌中志》卷一六，北京古籍出版社，2001年，第102页。
18 （明）裴骞：《石厂石记》，载万历《怀柔县志》卷四，北京数字方志馆。
19 （明）万历朝《怀柔县志》卷一。
20 裴骞撰：《石厂石记》。
21 《明世宗实录》卷一八六，嘉靖十五年四月癸巳，第3929－3932页。
22 怀柔县文化文物局编：《怀柔文物集成》，1998年，第156页。

因长期山陵取石，至万历时，附近已形成村落曰石厂庄[1]，取石之石厂名怀柔厂[2]。清初，顾炎武谒天寿山陵，尝游昌平州一带山水，曾记石塘山采石，其载："（怀柔）县西三里为石塘山，有大工则采石焉，设工部厂。"[3]按石塘山今仍存，在怀柔区怀柔镇怀柔水库南岸，其山东南，石厂村在焉[4]。

（9）顺义县牛栏山。顺义县亦是明时陵工取石重要产地。"凡山陵大工所用白石黝垩，皆取于顺义西北诸山。"[5]县北二十里曰牛栏山[6]，亦呼顺义山[7]，"东跨白河，西接牛山镇，横亘三里许"[8]。盛产青砂石，城工、陵工皆有采用[9]。今牛栏山其山仍存，在顺义区牛栏山镇牛栏山村之东，至史家口村之南，横亘1500余米，至上世纪末，该山周围仍遍布采石场、石灰窑，为建材生产基地[10]。

（10）通州三河县华山。华山"在三河县北三十里，一名兔儿（耳）山[11]，上出花斑石"[12]。宣德初，已于该山附近设华山石厂[13]。华山特产花斑石，为殿阁铺砌良材，石厂采办后多于内工应用，甚少流于民间，间亦有特赐，景泰间曾赐予内官所建之巨刹[14]。华山石厂所采普通石料，成化间曾应用于京师道路沟渠之铺砌，亦可知其时华山石厂所贮石料之量当甚大[15]。嘉靖十五年建永陵寿宫，取办华山等处花斑石料，应用于宝城、殿宇等处，"一体坚美"；万历十三年定陵寿宫营建，御前览过华山等处开取到花斑石"俱不堪用"，命拣"花样坚美的来用"，后议定以徐州、浚县、三河（华山）及遵化等处协办[16]。天启间三殿营建取办花斑石料甚急，数于各处征求，独无近畿三河，则华山石厂之花斑石采办约在天启间已停废[17]。

按华山在今顺义区大孙各庄镇境西北部，属顺义境内燕山余脉二十里长山中段的一座山峰，其稍东南又有户耳山（兔耳山）等诸山[18]，属明时华山及石厂一带，今附近有东华山村、西华山村、户耳山（兔耳山，兔儿山）诸村[19]，该镇南境尚有大塘、小塘、老公庄诸村，应与其时采石有关[20]。

2.北京地区的石料收贮厂地

石料自采办地开采粗加工后，多径运至在京各工所使用，唯需精细雕镌琢磨且多为内工所用如花斑石、白玉石等体量较小石材，多运至收贮石厂，俟进一步加工后使用。

---

1 （明）万历朝《怀柔县志》卷一。
2 《工部厂库须知》卷四，第485页。
3 《昌平山水记》卷下，第26页。
4 怀柔县地名志编辑委员会编：《北京市怀柔县地名志》，北京出版社，1993年，第18、36页。
5 《昌平山水记》卷下，第24页。
6 （明）万历朝《顺天府志》卷一，《四库全书存目丛书》史部第208册，第24页。
7 《大明一统志》卷一，三秦出版社，1985年，第5页。
8 （民国）《顺义县志》卷一，中国国家数字图书馆·数字方志。
9 《工部厂库须知》卷四，第485页。
10 顺义县地名志编辑委员会编：《北京市顺义县地名志》，北京出版社，1993年，第399、369页。
11 （清）康熙朝《三河县志》卷一作兔耳山，雕龙数据库。
12 《大明一统志》卷一，三秦出版社，1985年，第6页。
13 《明宣宗实录》卷四五，宣德三年七月乙卯，第1099页。
14 （明）胡濙撰：《敕赐云岩寺碑记》，载万历朝《怀柔县志》卷四。
15 《明宪宗实录》卷一二〇，成化九年九月乙巳，第2315－2318页。
16 《酌派文石疏》，载《集玉山房稿》卷一，第388页。
17 天启间三殿营建取办花斑石，多责求于浚县、丰润等处，见《明熹宗实录》卷六五、卷七〇。
18 顺义县地名志编辑委员会编：《北京市顺义县地名志》，北京出版社，1993年，第402页。
19 顺义县地名志编辑委员会编：《北京市顺义县地名志》，北京出版社，1993年，第377－378、383页。
20 顺义县地名志编辑委员会编：《北京市顺义县地名志》，北京出版社，1993年，第387－388、390页。

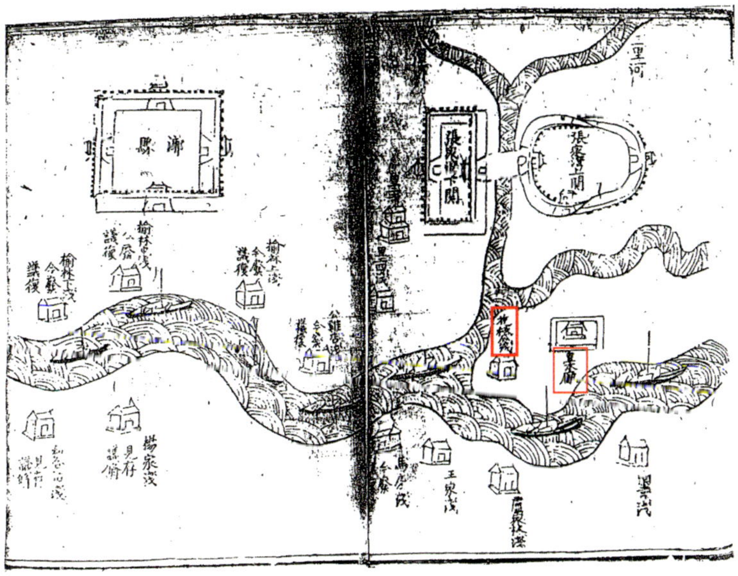
图2 张家湾附近的花斑石厂与皇木厂（采自万历《通粮厅志》）

（1）花斑石厂。花斑石厂在张家湾[1]，至少在成化末，张家湾已置石厂，有管厂内臣督理[2]。张家湾一带，有水运之便，皇木、砖瓦等料皆于附近水次设厂收贮，花斑石料于此收贮，与上述诸厂之设同，花斑石厂主要收贮徐、浚等沿河水运输京的花斑石料。万历间，在张家湾皇木厂东南水次，置花斑石浅，按浅，即浅铺，以时挑浚河道，指引河洪。时张家湾附近水次，置通州花斑石上浅、通州花斑石下浅，总称曰花斑石厂浅[3]，以花斑石厂浅铺之位置判断，则花斑石厂之位置应在皇木厂东南附近〔图2〕。20世纪末在张家湾镇皇木厂村旧村址东南取土，发现大批花斑石料，可断定石块出土之处即明花斑石厂[4]，在今通州区张家湾镇皇木厂村南[5]。

（2）石作及石厂。内府宫殿兴作，向由工部营缮司见工、灰石作二差奉堂札差委监督，掌工作之事，多与内监同事，动有抵牾[6]。嘉万以来，内监管（内）工，已势不可挡，工部委官，徒沦陪员。董理内工的内府机构主要是内官监，内官监管石作，即内府宫殿营造所需之石料，自采取地运至皇城或宫城附近后积贮加工之地。内官监石作在皇城大高玄殿稍西，万历末，大料运至西长安门外交卸，小料运至内西华门外河边交卸[7]。小料堆积在紫禁城西华门外西面城河两岸，天启间三殿兴工用石后，该地空旷，魏忠贤即在该地建秉笔直房，即占用了城河西岸原石料垛集地[8]。

石作一带，清代演变为大、小石作胡同，在今北京市西城区东部什刹海街道办事处辖内，今大石作胡同仍存，小石作胡同并入景山前街[9]。当时贮石之所，即今西城区西长安街街道办事处靠近故宫筒子河的北长街一带[10]。

至于运至西长安门外交卸之大料，万历末门工，则“自西长安（门）运至工所”，其附近并无史载之石

1 (明) 嘉靖朝《通州志略》卷二，第 27 页。
2 《明宪宗实录》卷二六二，成化二十一年二月乙亥，第 4445 — 4447 页。
3 (明) 万历朝《通粮厅志》卷五，北京数字方志馆。
4 《通州文物志》，第 339 — 340 页。
5 通县地名志编辑委员会编：《北京市通县地名志》，北京出版社，1992 年，第 176 页。
6 《工部厂库须知》卷四，第 502 页。
7 《工部厂库须知》卷四，第 503 页。
8 《酌中志》卷一七，第 139 页。
9 西城区地名志编辑委员会编：《北京市西城区地名志》，北京出版社，1992 年，第 119 页。
10 西城区地名志编辑委员会编：《北京市西城区地名志》，北京出版社，1992 年，第 249 页。

厂。惟西安门外北皇墙西北角积庆坊太平仓[1]，正德间，一度改为新石厂[2]，当为石料积贮之所，在今西城区厂桥街道办太平仓胡同一带[3]。西安门外之南小时雍坊皇城西南角有石厂街，按石厂街其北曰灰厂街[4]，厂乃大工用灰之所，其南之石厂街附近，亦当为贮石之所。石厂街与灰厂街今改称府右街，在西城区中部西长安街街道办辖内[5]。

（四）灰料烧办和收贮厂地

明代北京营建大量使用石灰作为胶凝材料，通过掺加骨料（砂、黏土等）、加强筋（麻丝、秸秆、稻草、棉花等）、有机质（糯米、桐油、动物血等）等，获得性能各异的灰土/灰浆等改性材料，广泛用以砌筑、粉刷抹灰、地面铺装和防水防渗勾缝等土木工作[6]。明代北京营建取办石灰等灰料规模庞大，灰料沉重且输运艰难，又不宜久贮。因之，有明一代北京营建灰料，几乎全部在北京地区烧办。烧造灰料，既需就近开取青白石等石灰岩石料，又消耗巨量柴薪，北京西山一带，石料、柴薪、煤炭资源兼备，自然成了灰料烧办最合适的采办地，几与明代北京营建相始终。

1.北京地区的灰料烧办地

（1）马鞍山灰厂。马鞍山灰厂始置时间当与马鞍山石厂同，均在永乐时设厂。明人记马鞍山灰厂一带曰：从卢沟桥西北行三十里为灰厂，出灰厂渐入山，两壁夹径，不止百折，行者前后不相见。径尽始见（戒坛）山门[7]。灰厂地处马鞍山杏子峪等处，其四至为：东至官槐树，西至佛二门榛峪，南至后甫营，北至化阳洞[8]。即今丰台区西北部与门头沟区东南部接壤的马鞍山一带，从区内千灵山南麓的王佐镇后甫营村向东北延伸到北宫镇大灰厂村，总体分布在马鞍山石厂迤南一带[9]。马鞍山灰厂早期灰料烧办，多征调军匠员役，以武功三卫军夫采烧搬运赴京，天顺间，差指挥千百户等官分管提督，五年一替[10]。马鞍山灰厂是明代供应城工、殿工灰料最多的烧办地，因其山石坚实可用，烧制灰色洁白，且最近京城，嘉万以来大工，莫不取办灰料于此[11]。因长期驻军卫烧办灰料，附近日久成聚，后甫营，大灰厂即此成村。

（2）磁家务灰厂。磁家务灰厂约在永乐时已设立，时间与马鞍山灰厂同，明时亦称瓷家务，早期烧办亦以武功三卫军夫匠为主[12]。磁家务灰厂主要分布于云蒙山一带，大约长期烧办灰料员役聚集，形成了道店聚落磁家务店。为约束矿徒民众，弘治时，增设良乡县磁家务店巡检司，可知当时磁家务灰厂一带聚落发展

1 《明北京城复原图》。

2 《明武宗实录》卷九八，正德八年三月戊子，第 2054 — 2055 页。

3 西城区地名志编辑委员会编：《北京市西城区地名志》，北京出版社，1992 年，第 91 页。

4 《明北京城复原图》。

5 西城区地名志编辑委员会编：《北京市西城区地名志》，北京出版社，1992 年，第 265 页。

6 李晓、戴仕炳、朱晓敏：《“灰作六艺”——中国传统建筑石灰研究框架初探》，《建筑遗产》，2019 年第 3 期。

7 （明）蒋一葵：《长安客话》卷四，北京出版社，2015 年，第 77 页。

8 《内官监马鞍山后甫营灰厂地界碑》，《北京市丰台区地名志》，第 405 页。学友罗飞兄热情提供现存残碑资料，谨致谢忱。

9 丰台区地名志编辑委员会编：《丰台区地名志》，北京出版社，1993 年，第 281，301，319 页。

10 （明）正德朝《明会典》卷一五七，《景印四库全书》第 618 册，第 548 页。

11 《工部厂库须知》卷四，第 486 页；《明世宗实录》卷二七九，嘉靖二十二年十月己卯，第 5437 页。

12 《明会典》卷一九〇，第 3851 页。

之繁盛[1]。嘉靖末重建三殿烧灰，磁家务灰厂尚供役[2]。其灰厂采办遗址在今房山区河北镇磁家务村一带[3]。

（3）周口灰厂。周口灰厂亦设于永乐时，其早期烧办员役与以上两厂同[4]。附近亦产煤炭，沿周口村迤西，灰厂及窑座一带，形成道店聚落周口店。天启末年，内官专管周口灰厂，奸民投献，遂割灰厂附近地土，与房山县分治，知县张肇林整饬之[5]。近代以来，周口店一带烧灰、采煤窑座林立，已成为房山西部重要市镇[6]。其明代灰厂遗址约在今房山区周口店镇西北石灰岩浅山区一带[7]。

（4）怀柔灰厂。怀柔灰厂在怀柔县西三里灰山，与其西石塘山及石厂左右对峙，自永乐至嘉靖，陵工多在此烧办灰料[8]。其灰厂遗址当在今怀柔区庙城镇灰山一带。

（5）其他灰厂。此外，尚有其他灰厂，以其规模稍小，存废不一，略述之。

斋堂灰厂。设置时间无考，正德时尚存，以军卫烧办[9]。其位置当在今门头沟区斋堂镇东西斋堂村附近[10]。

军庄灰厂。明代在今门头沟区军庄镇灰峪村一带有军庄灰厂[11]，多为民窑，以其石性粗恶，灰料较之马鞍山诸厂，灰性稍次。万历初营神宗寿宫，灰料验收时特加甄别，不许将军庄灰充马鞍山白灰及将沙石掺和，希冒价值，违者管工官从重究治[12]。万历末三殿兴工，军庄等处灰户，多纳杂灰，妄称马鞍山白灰，以希重价，工部相应设法查禁[13]。

2.北京地区的灰料收贮厂地

由于石灰吸水不宜久贮，灰料烧办后多径运工所直接使用，明代北京营建过程中较少设置较大的专门收贮灰料的厂地。明代北京营建，工部营缮司设置的见（现）工、灰石两个分差，即是临时设置于大工之时，直接管理灰石料使用的机构[14]。

灰厂。明时皇城西南角石厂街之北有灰厂街，当是皇城诸工兴作时，贮用灰料之灰厂所在，日久曰灰厂街。李东阳赐第在灰厂小巷李阁老胡同[15]。嘉万时，皇墙西南，射所之东，即为灰厂街[16]。灰厂及灰厂街位置约在今府右街北部。

---

1 《明孝宗实录》卷一〇六，弘治八年十一月乙酉，第1938－1939页。
2 （明）嘉靖朝《大石窝采石题名碑》，中国国家数字图书馆·碑帖菁华。
3 房山区地名志编辑委员会编：《房山区地名志》，北京出版社，1992年，第171页。
4 《明会典》卷一九〇，第3851页。
5 《邑侯张公生祠碑记》，载民国《房山县志》卷七，中国国家数字图书馆·数字方志。
6 （民国）《房山县志》卷五。
7 房山区地名志编辑委员会编：《房山区地名志》，北京出版社，1992年，第66－67页。
8 （明）万历朝《怀柔县志》卷一。
9 （明）正德朝《明会典》卷一五七，第548页。
10 门头沟区地名志编辑委员会编：《门头沟区地名志》，北京出版社，1993年，第68－69页。
11 门头沟区地名志编辑委员会编：《门头沟区地名志》，北京出版社，1993年，第93页。
12 《寿宫营建事宜疏》，载《集玉山房稿》卷一，第383页。
13 《工部厂库须知》卷四，第486页。
14 《工部厂库须知》卷四，第502页。
15 《长安客话》卷一，第7页。
16 （清）孙承泽：《春明梦余录》卷六，北京出版社，2015年，第45页。

（五）苇课收贮厂地

芦苇收割后编制成苇席或苇箔，以作屋顶苫背、房屋隔断、顶棚、搭盖棚殿及仓场苫盖、屯贮之用，明代北京营建用量极大，多在顺天、河间等府州县征收芦苇，谓之苇课。永乐时营造，主要在顺天府武清县设立蔡村掘河厂、杨村北厂、杨村南厂、尹儿湾北厂、尹儿湾南厂等五大苇厂，选差指挥，督率军夫，打苇织造[1]。后厂地多被军民侵占佃种，乃征收苇课银收买苇席以供营造。今北京地区并无官苇厂采办地。营建苇席输京后，多积贮于大木厂和台基厂，两厂除收贮木植外，兼收苇席，以供营造[2]。（以上采贮地见表一）

表一　明北京营建在京物料采贮地

明代地点	今地望
采木	
顺天府密云县雾灵山；黑峪口	密云区及河北省承德市兴隆县西北雾灵山一带；黑谷关，密云区新城子镇花园村辖村
木料收贮厂地	
神木厂	朝阳区双井街道黄木厂
大木厂	朝阳区建外街道大北窑一带
山西大木厂	西城区二龙路街道大木仓胡同附近
台基厂	东城区东华门街道台基厂大街附近
(张家)湾厂	通州区张家湾镇皇木厂村
竹木厂	通州区永顺镇竹木厂附近
皇木厂(北关竹木局)	通州区新华街道北皇木厂附近
阜成厂(竹木厂)	西城区福绥境街道富强胡同和官园胡同附近
猫竹厂	朝阳区朝外大街东大桥一带
小屯厂	丰台区卢沟桥乡小屯村一带
砖瓦琉璃烧造	
琉璃厂	西城区南新华街琉璃厂一带
黑窑厂	西城区陶然亭街道黑窑厂一带
西琉璃局	门头沟区龙泉镇琉璃渠村
西湖景窑	海淀区青龙桥街道颐和园昆明湖一带
昌平州民窑	昌平区畲岜屯、官高村等村落
良乡县民窑	房山区良乡附近
通州民窑	通州区张湾村、前窑、后窑等村落
烧造收贮厂地	
琉璃厂	见上
黑窑厂	见上
大通桥砖厂	朝阳区建外街道砖厂胡同附近
(张家湾)料砖厂	通州区梨园镇砖厂村附近

1 《明会典》卷一九〇，第3854页。

2 《明会典》卷一九〇，第3847页。

（续表）

明代地点	今地望
通州砖厂（石坝砖厂）	通州区西海子公园石坝遗址附近
（通州）工部修仓分司（工部厂）	通州区北苑街道帅府街与西营房胡同交界处附近
方砖等厂	东城区交道口街道方砖厂胡同附近
采石	
涿州房山县大石窝	房山区西南黄龙山大石窝一带诸村
房山县云蒙山	房山区西北云蒙山
宛平县马鞍山	门头沟区永定镇石厂村青龙山一带
宛平县石径山	石景山区首钢厂区石景山、广宁街道黑头山一带诸峰
宛平县城子山	海淀区温泉镇显龙山
昌平州神岭山	昌平区兴寿镇秦城村北诸山
昌平州白虎涧	昌平区阳坊镇白虎涧村西诸山
昌平州怀柔县石塘山	怀柔区怀柔镇怀柔水库南岸
昌平州顺义县牛栏山	顺义区牛栏山镇牛栏山一带
通州三河县华山	顺义区大孙各庄镇境西北部户耳山一带
石料收贮地	
花斑石厂	通州区张家湾镇皇木厂村南
石作	西城区西长安街街道办事处靠近故宫筒子河的北长街一带
石厂	西城区西长安街街道府右街南部一带
烧灰	
马鞍山灰厂	丰台区王佐镇后甫营、长辛店大灰厂一带
周口灰厂	房山区周口店镇一带
磁家务灰厂	房山区河北镇磁家务村一带
怀柔灰厂	怀柔区灰山一带
斋堂灰厂	门头沟斋堂镇附近
军庄灰厂	门头沟区军庄镇灰峪一带
灰料收贮地	
灰厂	西城区西长安街街道府右街北部一带
苇课收贮地	
大木厂	
台基厂	

二　明北京营建与明代北京地区的空间生产

城市不是孤立存在的，而是协调和反映更广阔社会进程和更大社会结构的一个重要因素。审视明代北京营建这一近古以来最大规模的都城营造范例，其背后持续漫长的物料采办过程，不仅塑造了明代北京的城市形态，且深刻影响并改变了众多物料采办地及加工收贮地的景观形态，明北京城市形态的演变与北京地区物料采贮地的变动就是一个巨大的景观变迁过程，更是中国王朝专制时期典型的历史性空间生产[1]。这一空间生产，从文化地理的角度理解，主要表现在两个方面。

（一）自然生态上的空间生产

明代北京营建所导致的自然景观改变，影响最大的即改变了上述北京地区物料采办地的植被及地貌等自然地理条件，给上述地域带来了巨大的生态环境扰动和破坏。

明代皇木采办，基本上属于无节制的森林资源滥伐，本质上就是对采办地区林木资源的野蛮开发。宣德间，尚能在北京地区林木资源较丰富的密云雾灵山一带采木，同时在卢沟桥小屯一带收贮西山及永定河上游采伐林木。正德以来，上述采办及收贮厂地多已停废，北京地区的林木资源萎缩、枯竭是相当严重的。

北京地区长期设窑烧造，琉、黑二窑烧造燃料，尽取于京郊，多次伐薪于西湖景、西山、环城及南海子等地。黑窑厂长期取土，附近众多低洼窑坑，导致外城南部雨潦为患，现代以来始疏浚成陶然亭一带塘淀水面[2]。

长期营建采石和烧灰，对北京地区山区矿产、林木、地下水资源破坏甚大。石窝白玉塘，至天启间，长期大规模开塘取石，地下水位高涨，年久塘深，已无法取石，白玉石料已近枯竭。怀柔石塘山，遍山皆采石废材，童山濯濯。除陵寝禁山外，其西山采石烧灰山厂，山体崩塌，河道淤塞，西山林木，砍伐几空，对北京地区的环境破坏是巨大的。

（二）文化生态上的空间生产

作为空间表象的明代北京。明代北京营建物料，荦其大端：大木巨材，依次支撑起了庭殿宫苑等城市权力空间；琉璃石材所建造之坛庙寺观，塑造了城市信仰空间；砖石甓砌之巍峨内外重城，给城市住民共同体带来了厚重的安全空间。这一空间生产，竭力营造出“神京翼翼”的城市形态，筑造出“四方之极”的伟大帝京，“非壮丽无以重威”[3]，以之作为彰显权力、隐喻合法性进而强化政治认同的王朝地理权力空间秩序中心。这一历史性空间生产，明代北京是空间表象，是占据支配地位的空间。

作为表征性空间的北京地区营建物料采贮地。以上物料采贮地，在明代北京营建过程中，经由人类的大规模采办活动，被被动重塑。伐木入山，聚落出现；石厂、灰厂、窑座兴废，道路开辟，道店兴起，村落、市镇星罗棋布；收贮仓厂变迁，历史街区、街道、胡同、村落等城乡居民点、园林景观次第呈现。上述地方，实现了从自然景观到文化景观的演变（见表二）。其物料采贮地，是直接经历的表征性空间，是处于被

1 “空间生产（the production of space）”概念，系人文地理学领域近年来讨论城市形态时经常使用的重要词汇。空间的生产即发生在社会生活中的“精神”和“物质”空间的生产。每一种社会，每一种生产方式都产生其自己的空间。空间包含了不同的事物，但它不是一个物质实体，它是事物间的一系列关系。上述概念最早经由法国哲学家列斐伏尔（Henri Lefebvre）提出并加以阐发，得到了人文地理等学界的热烈回应。Henri Lefebvre, translated by Donald Nicholson-Smith, *The Production of Space*, Oxford, OX, UK and Cambridge, Mass., USA: Blackwell Publishing,1991, p.38.

2 北京市宣武区地名志编委会编：《北京市宣武区地名志》，北京出版社，1993 年，第 303 页。

3 《史记》卷八，中华书局，1975 年，第 386 页。

支配地位的空间。

表二　北京地区与明京营建物料采贮有关的部分人文景观

物料采办分类	景观名称	景观类型
木料采办地	密云区黑谷关村	村落
木料收贮厂地	神木厂大街(明)	历史街区
	广渠门外皇木厂(清)	历史地名
	朝阳区黄木厂路	道路
	西城区大木仓胡同	胡同
	东城区台基厂大街	街道
	通州区张家湾镇皇木厂村	村落
	通州区新华街道北皇木厂村	村落
	通州区永顺镇竹木厂村	村落
	丰台区卢沟桥小屯村	村落
砖瓦琉璃烧造地	西城区琉璃厂	街道
	西城区黑窑厂	街道
	西城区陶然亭公园、窑台子	园林
	门头沟区龙泉镇琉璃渠村	村落
	通州东、西黑窑厂	历史地名
	通州区张家湾镇张湾村	村落
	通州区永顺镇前窑村、后窑村	村落
	昌平区南邵镇官高村	村落
	昌平区马池口镇畲㐂屯	村落
砖瓦料收贮厂地	通州区西海子公园	园林
	通州区梨园镇砖厂村	村落
	工部厂(明)	历史地名
	朝阳区砖厂胡同	胡同
	东城区方砖厂胡同	胡同
	西城区铸钟胡同	胡同
石料采办地	白玉塘	水体塘淀
	房山县石窝店、石窝官厅(明)	道店聚落、官府机构
	房山区大石窝镇、石窝村、高庄村、下营村、南辛庄村、纸房村、独树村、岩上村、半壁店、南尚乐村及长沟镇长沟村等诸村	乡镇、村落
	门头沟区东辛房石门营小区	城市居民点
	门头沟区永定镇石厂村	村落
	石景山区石景山公园	园林
	海淀区温泉镇显龙山	采矿点
	海淀区温泉镇温泉村	村落
	宛平县小石窝(明清)	历史地名

（续表）

物料采办分类	景观名称	景观类型
石料采办地	昌平区阳坊镇前、后白虎涧村	村落
	昌平神岭山（石塘、东叫坑、西叫坑）	历史地名
	怀柔区石塘山	采矿点
	怀柔区怀柔镇石厂村	村落
	顺义区牛栏山	采矿点
	顺义区牛栏山镇牛栏山村	村落
	顺义区户耳山	采矿点
	顺义区大孙各庄镇户耳山村、东华山村、西华山村、大塘、小塘、老公庄诸村	村落
石料收贮厂地	花斑石浅铺（明）	历史地名
	大、小石作胡同（清）	历史地名
	西城区大石作胡同	胡同
	石厂街（明）	历史地名
灰料烧办地	丰台区王佐镇后甫营	村落
	丰台区北宫镇大灰厂	村落
	丰台区千灵山灰窑遗址公园	工业遗址
	良乡磁家务店（明）	道店聚落
	房山区河北镇磁家务村	村落
	磁家务巡检司（明清）	历史地名、官府机构
	房山县周口店（明清）	道店聚落
	房山区周口店镇	乡镇
	怀柔区灰山	采矿点
	门头沟区斋堂镇东、西斋堂村	村落
	门头沟区军庄镇灰峪村	村落
灰料收贮厂地	灰厂街（明）	历史地名

从中心到边缘的景观互动。明代北京作为神京，是一个被构想的空间，是居于中心的空间；北京地区物料采贮地的空间变动，是一个亲历的空间，处于边缘空间；经由明代北京营建这一可感知的空间，即空间实践，亲历的空间创造出了构想的空间，这就是明代北京的历史性空间生产[1]。这一进程，呈现了一系列非对等的互动式景观塑造过程：神京翼翼的北京都城景观得以主动创造，上述采贮地的地理景观则被被动重塑。

专制权力主导空间生产。这一过程，空间既是权力运作的场所和媒介，又是权力实践的机制。同时，作为与中心空间（北京）对应的边缘自然空间（上述物料采贮地）消失了，变成了一定意义上的社会空间（文化景观），可理解为更大宏观意义上的空间生产。

1 ［法］亨利·列斐伏尔著，刘怀玉等译：《空间的生产》，商务印书馆，2022 年，第 19 页。

三 北京城的生命印记：北京地区明北京营建物料采贮遗产群

（一）近古北京城市发展中的特殊文化遗产

作为国史上最重要的建都区，北京保留有最为丰富的中国传统都城城市形态。明代北京营建，上法唐宋，来肇今基，奠定了今日北京城市发展的基础。北京城市发展与存留古代都城遗迹的承继关系紧密清晰，是世界上仅有的少数古今城市形态重叠度较高的历史名城之一。当代北京，就是在延续明清北京城市历史形态基础上的有机更新过程。

城市（尤其是古代都城）这一独特文化景观的塑造，首先须有赖于支撑城市空间建设的建筑材料，建材是城市空间景观建构的物质基础。明代北京营建这一宏大的城市形态演进过程，在中国古代建筑材料多样、建材技术不发达的历史背景下，须依赖于天下四方之征输，北京地区的物料采贮地，是奠基神京最重要物质基础的见证所在，更是铭刻北京城市发展的生命印记，是北京历史文化名城保护中的特殊文化遗产群，具有独特且重要的遗产价值。

（二）丰厚的北京地区明北京营建物料采贮遗产群

1.物料采办遗迹

西城区琉璃厂一带，下承清代形成的琉璃厂文化区域，留下了众多历史地名和历史街区等地名资源。黑窑厂一带，残留高台窑座与取土低洼窑坑结合，改造形成了秀美的陶然亭湖坡园林景观。门头沟琉璃渠村，仍保留有数处明清琉璃烧造窑址。通州、昌平等区县，明代烧造窑座众多，丰台、门头沟、房山等地，明代灰窑星布，窑座兴废，形成众多村落地名。丰台后甫营千灵山一带，在保留复原明清灰料烧制遗迹的基础上，建成了首家灰料遗址公园，实现了从自然景观—人文景观—生态景观的初步修复[1]。房山大石窝镇白王塘、磨碑寺等处，遗存的明代采石遗址尚存，附近采石而形成的古村落众多。门头沟马鞍山石厂村一带，因采石而形成聚落地名多处外，山旁尚有多通重要明代采石碑刻等文物遗存。

2.收贮仓厂遗址

因营建之需，仓厂主要分布在内外城及通州等水次近郊。神木厂、大木厂、山西大木厂、台基厂、大通桥砖厂、方砖厂、备用厂、石作、灰厂、砖厂、皇木厂、竹木厂、花斑石厂等厂库，专掌京外输运皇木、砖瓦、石材、灰料等收放贮用，其诸厂遗址主要分布在今东西城及朝阳区，今上述仓场遗址多已不存，但仍存留着相当丰富的街道、胡同、村落地名或碑刻资料等地名文化遗产。

3.瑰丽的非物质文化遗产

上述遗产群，不仅包含古代工业遗址、仓厂历史建筑群遗址、历史地名、历史街区、古村落、地上典型文物遗存、地下文物埋藏区等丰富的物质文化遗产，还存留有刘伯温建北京城传说、帝王踩坟及十三陵传说、长城传说、孟姜女传说、卢沟桥传说、鲁班传说、通惠河传说等瑰丽的北京城市起源、营建类民间传

1 《非煤矿山披新绿：千灵山灰窑遗址公园讲述“矿山变美景”》，《北京日报》2021 年 5 月 5 日第二版。

说，在北京地区非物质文化遗产口传传统主要传说类型中，占据着首要地位，自明清以来，世代在北京民众中口耳相传[1]。以上北京城市营建类传说的演变和流布，反映了近古北京城市空间生产对区内住民的深刻影响，寄托着近古以来北京住民共同体对北京城市起源、营建、形成及发展的丰富文化想象，是构建近古以来北京住民共同体城市意象的内核，是近古北京地区尤其是近城居民共同文化感觉区形成的文化基础。

此外，上述遗址群的物料采办，如石料开采、加工，琉璃砖瓦烧造、官式建筑施工等传统古建技艺，工序严格、技艺高超、传承有序，是中国古代传统手工业技艺的重要组成部分。其大石窝汉白玉开采加工、传统石雕技艺、京西琉璃烧造、古建施工等传统手工技艺，已有多项列入国家级非遗技艺。以上丰饶的物质文化遗产和非遗遗产，共同凝蕴成为北京厚重文化遗产的重要组成部分。

4.北京文化功能建设的重要组成部分

房山、门头沟、石景山、海淀、昌平、丰台等地的采石、烧灰、琉璃烧造等采办遗迹，反映了西山永定河文化带与北京城市发展的密切物质文化联系；城区及通州诸仓场等物料收贮遗迹，见证了大运河文化带与北京历史古都的深厚历史渊源。由此而及，平谷、密云、怀柔、延庆、昌平等地的明长城沿线烧造、采石及陵寝营造遗迹，是屏障明代北京军事战略空间安全的长城文化带的重要联结点。该遗产群，是有机联结北京传统城市文化遗产与北京区域历史文脉的关键纽带，充分认识、发掘上述文化遗产的文化内涵，可为北京区域文化功能创新和北京全国文化中心建设提供文化支撑。

（三）北京地区明北京营建物料采贮遗产群的保护

对于象征城市生命印记的营建物料采办遗址，若干国外城市曾有先行的文化遗产保护理念和实践可供借鉴。国际已将营建物料遗址作为“城镇遗产”的一部分[2]。埃及阿斯旺附近的古采石场，是古埃及新王国时期都城、神庙、陵墓等建筑的重要石料采办地，今已列入附近的努比亚世界文化遗产中加以整体保护[3]。意大利古罗马城建造所需之火山灰混凝土材料及石料开采地，曾被载入罗马建筑典籍《建筑十书》中，现代以来已陆续有考古发掘和文化遗产保护措施[4]。北京，作为仍保留有清晰城市生命发展印迹的都市，对现存营建物料采办遗产群，应当在借鉴国外相关文化遗产保护实践的基础上，实现从简单遗存保留到深厚文化遗产保护的转变。

遗憾的是，在过往北京文化遗产认定、文物保护、城市规划、村落改造中，系统研究和制度化保护严重缺乏，无论在遗产理念、文保措施还是城乡规划上，该遗产群尚未引起应有的关注和重视。除少数遗址外，大多遗迹或消灭殆尽，或保护全无，或野蛮开发，或展示说明不当，遗产群的整体保护理念及分类保护措施堪忧。在当前北京规划建设中，亟待促进保护理念的转变、加强文保措施的实施及规划建设中的前瞻性保护开发。

在文化遗产保护规划中，明北京营建物料采办遗产群，是始终贯通首都功能核心区、北京城市副中心、

1 中国民间故事集成・北京卷编委会编：《中国民间故事集成・北京卷》北京地区常见传说分布示意图，中国ISBN中心出版，1998年。

2 丁新军、阙为民：《国际采石场遗产研究的探索与实践》，《中国园林》2016年第9期。

3 韦子墨：《努比亚寻踪》，《文明》2011年第2期。

4 ［古罗马］维特鲁威著，陈平译：《建筑十书》，北京大学出版社，2012年，第79－81页。

京津冀协同发展规划建设的历史文化脉络。这一宏大进程中，以历史底蕴、文化远见、人文情怀，以前瞻性的保护理念，结合北京文化带大遗产保护规划，对该遗产群现状展开全面普查、线性文化遗产规划保护及遗产展示传承等工作，对于存留北京城市历史记忆、存续北京城市历史发展脉络、留住北京城生命印记，具有重要的城市发展战略意义和久远文化价值。

地图1 北京市现存明代北京营建物料采贮遗迹及营建类非遗民间传说类型分布示意图

四 小 结

有明北京营建，其在京物料采贮，有着明显的两个规律：其灰料、石料、琉璃砖瓦料烧造采办，以上述物料在今北京地区资源贮备较多，按取近原则，多在京内资源产区附近就地开采或烧办后输运；其木材、大宗城砖等烧造物料、苇课等，非北京本地宜产，则分派京外各适宜地方采办，其输京贮运，取便运原则，采办后水运或陆挽，以达京内水次、陆道便利地方收贮，这也是以上各物料收贮厂地的设立原则。明代北京营建这一历史性空间生产，不仅主导了明代北京地区的空间形态变动，其留存至今的丰厚物料采贮遗产群，更是紧密联结历史与现实、民众与国家、城与人的生命印记。

（作者单位：首都师范大学历史学院）

明清时期紫禁城养心殿区建筑格局与功能演变*

——以修缮中所见建筑遗痕为线索

Layout and Functional Evolution of Buildings in the Hall of Mental Cultivation Area during the Ming and the Qing Periods: Studies of Traces of Remains in Renovation

张典

Zhang Dian

内容提要：

本文以养心殿修缮过程中所见建筑遗痕为线索，结合文献图档，考证了养心殿区在明清时的建筑格局与功能演变：明嘉靖前为膳房，南北并排呈矩形院落。明中后期北侧院落建成正殿、配殿、后殿及耳房，养心门南自北向南分设秉笔值房、连房、隆道阁与忠义室、祥宁宫与无梁殿。清初拆除部分建筑，南院墙北移，南库区添建两座建筑，御膳房区添盖连房。康熙时设造办处。清中期以后北侧院落与值房区改为现存布局后至清末基本未变。

关键词：

养心殿　建筑格局　功能　演变　遗痕

ABSTRACT:

Based on the architectural traces seen during the renovation of the Hall of Mental Cultivation (*Yangxin dian*), this article, combined with historical records, drawings, and illustrations, verifies the layout and functional evolution of this area in the Ming (1368-1644) and the Qing (1644-1911) dynasties. Before the Ming-dynasty Jiajing reign (1522-1566), the area featured north-south parallel rectangular courtyards and used as kitchens. In mid-to-late Ming dynasty, buildings were constructed in the northern courtyard including a main hall, flanking halls, rear halls, and smaller extensions (er fang), while south of the Gate of Mental Cultivation (Yangxin men) a series of buildings were installed, namely, from north to south, the Directorate of Ceremonial's (*Sili jian*) duty office for eunuch wielding the brush, connecting rooms, Belvedere for Flourishing Daoism (*Longdao ge*), Chamber of Loyalty and Righteousness (*Zhongyi shi*), Palace of Auspiciousness and Tranquility (*Xiangning gong*), and the Beamless Hall (*Wuliang dian*). In the early Qing dynasty, some of these buildings were demolished, the walls of the southern courtyard were moved northwards, and two buildings were added. Also added were connecting rooms for the imperial kitchen area. Imperial Workshops (*Zaoban chu*) were installed during the Kangxi reign (1662-1722). After the northern courtyard and duty office area were transformed into the exsiting layout after the mid-Qing period, the structure stayed basically unchanged until the fall of the dynasty.

KEYWORDS:

Hall of Mental Cultivation *(Yangxin dian)*, architectural layout, function, transformation, traces of remains

* 本文由中国文物保护基金会（香港）资助，特此致谢！

养心殿建筑群位于紫禁城内廷西侧最南端，北接西六宫，南为隆宗门广场，东侧是乾清宫，东南为外朝三大殿，西与慈宁宫及三宫殿三所殿区隔巷相对〔图1〕。养心殿初建于明代中期，虽处于内外廷交会之处，但在明代史料中却记载寥寥。清代自顺治帝入主紫禁城后，除康熙帝外，其余九位皇帝均曾将这里作为勤政燕寝之所。因此，彼时养心殿成了清朝真正的政治心脏所在。这一时期，关于养心殿的文献记载可见于清宫档案之中，内容大多是发生于该地的各类事件，而其建筑陈设、修缮改造等情况，虽可见于《内务府奏销档》《样式雷图档》等清宫档案，以及分别绘制于康熙、乾隆时期的《康熙宫殿衙署图》《乾隆内府绘制京城全图》，但仍无法与现存建筑布局逐一对应，留下了不少疑惑。

关于养心殿的沿革，近现代以来有不少学者著文考证。单士元在《明北京宫苑图考》中根据《芜史》《明宫史》《宸垣识略》等历史文献，绘制过较为概略的明代养心殿区域建筑布局示意图[1]。何蓓洁亦曾在《附：养心殿的历史沿革》中，对该区域布局进行过梳理。此外，傅连兴的《养心殿建筑》、李燮平的《明至清初时期的养心殿》、郭福祥的《康熙时期的养心殿》以及缘齐的《养心殿附属建筑的使用》中对其主体区域——自遵义门进入后的第三、四、五进院落核心建筑的格局均有所描述[2]。此外，杨新成在《养心殿样式雷图档的整理与初步分析》中从图档的角度着重分析了清中晚期这三个院落的变动情况。需得说明的是，前辈学者的考证多聚焦于养心殿核心区，也即正殿和后殿区，但对养心殿的其他区域大多言之不详。养心殿区前后共五进院落。正殿位于第四进院落，其北侧有后殿区，其南侧依次为值房区、御

图1　养心殿区现状卫星图

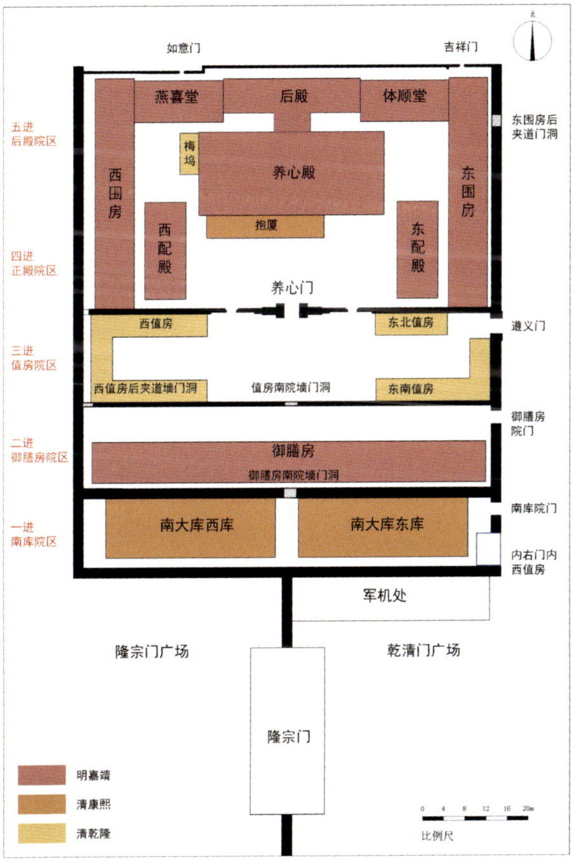

图2　养心殿区现状平面图，源自《养心殿研究性保护项目文物建筑调查评估与保护方案》，在此基础上修改并标注

1　单士元：《明北京宫苑图考》，紫禁城出版社，2009年，第28页。

2　傅连兴、许以林：《养心殿建筑》，《紫禁城》，1983年第6期。

膳房区、南库（茶饭房）[1]区。南侧三个院落区域虽然主要承担的是为核心区域服务之职责，但它们与北侧各殿共同构建了一个完整的养心殿运转体系，不容忽视〔图2〕。因此本文将研究视角拓展至包括南侧各殿在内的整个养心殿区，尤其是将御膳房、南库两个少有学者涉及，但确系养心殿建筑群有机整体的区域纳入讨论范围。另外，笔者在养心殿修缮过程中，发现了若干有价值的营建修缮遗痕，可补档案、图像资料之阙疑，本文在此前研究成果的基础上，结合文图资料及修缮遗痕，重新探讨了养心殿主要院落的变迁过程，将养心殿区域建筑沿革的时代区间上溯至明代初期，考证了嘉靖之前该区域的格局和使用功能，并重新梳理了明代中晚期、明末清初以及清代养心殿的建筑布局和使用功能。以下详述。

一 明早期养心殿区域格局及其使用功能

笔者翻阅明初关于紫禁城建成时的档案或诗文记载，发现一个奇怪的现象：养心殿所在区域明明置身于诸多重要宫殿之间，但各类文献却均未提及。此外，养心殿区域将与其他区域交通之门开在东侧（一般来说，与传统古建院落朝南开门不同）——这是紫禁城的特殊原始布局，还是另有他因呢？

据《明史》卷六载，明成祖朱棣在永乐四年（1406）闰七月壬戌，"诏以明年五月建北京宫殿"[2]，至永乐十八年（1420）九月宫殿建成。时任文渊阁大学士的杨荣在歌咏皇都阙功的赋文《皇都大一统赋》中对当时的紫禁城宫殿布局做了较为翔实的描述。其中在描写乾清宫周围建筑时，他写道："若夫乾清之前，门列先后。日精月华之对峙，景运隆宗之并构。谨身翼乎其前，仁寿屹乎其右。又有奉先之祠，大善之殿。文楼、武楼之特耸，左顺、右顺之并建。若乃震位毓德，文华穹窿。亦有武英，实为斋宫。有天财宝藏以贮珍货，有大烹光禄以典飧饔。宝善在左以翼翼，思善居右而崇崇。若夫钦安之后，珠宫贝阙。藻绣交耀，雕栊巘嵲。六宫备陈，七所在列，亲蚕有馆，缫丝有室。"[3]

这段文字以乾清宫为坐标中心进行描述，左右两边由北向南，先有日精门和月华门相对，后有景运门和隆宗门相峙。再往南是外朝三大殿最北侧的谨身殿。由此可以看出明初乾清宫及其周边建筑位置与现在基本吻合。在此之后，杨荣文言及，仁寿殿在乾清宫右边（西），周围还有奉先之祠和大善之殿。奉先作为皇家之祠，按照左祖右社的祖制，应是在乾清宫的左边（东）。依据前文左右骈列的描写方式，大善应是在乾清宫右边（西）。又，在《大明会典》卷之一八一"工部一·营缮清吏司·内府"条中，也有"嘉靖十五年，以清宁宫后半地建慈庆宫，以仁寿宫故址并撤火（原文误，应为大）善殿建慈宁宫"[4]的记载，可知仁寿殿和大善殿当时不仅是在乾清宫西侧，且建筑位置应是在慈宁宫区域。而以上记叙最奇怪之处则是：对夹在乾清、仁寿、大善和西六宫中间的养心殿区域，却是完全没有提及。

这片区域方位并不偏僻，为何被文献遗忘了呢？抑或是说，这片区域当时到底有无建筑呢？

1 晋宏逵：《清乾隆内府绘制京城全图》，紫禁城出版社，2009年。

2 《明史》卷六"闰七月壬戌诏以明年五月建北京宫殿"，书同文古籍数据库版。

3 （明）杨荣：《文敏集》卷八《皇都大一统赋》，清文渊阁四库全书本，爱如生中国基本古籍数据库，第90页，该文成于永乐十九年（1421）。

4 《大明会典》卷一八一"工部一·营缮清吏司·内府"，书同文古籍数据库。

笔者认为，在宫殿不断营建改造的过程中，建筑位置可能会有挪移，核心建筑所占的区域边缘也有可能扩展，但如果在一片重要宫殿中间，空废出一大块旷地，无论是从建筑营造制度还是使用者的角度来看，都是极其不合理的。所以，明初营建紫禁城时，养心殿区域应是有建筑的。那么，位于一片重要宫殿的中间，这里的建筑又是什么用途呢？

目前所知最早出现"养心殿"这一称谓的，是《大明世宗肃皇帝实录》卷之二〇〇"嘉靖十六年五月"条，其中提到"慈宁宫工程已举不敢少缓，其文华殿、养心殿、崇德殿、金水河并礼仪房、双阳桥修理渐完工不容已，惟奉先殿、崇先殿、慈庆宫、沙河行宫俱工程巨大，难于并举，乞酌定先后之序逐渐建造"[1]。一个月后，在五月因为快完工而不能停下的养心殿工程，在该册档案卷之二〇一"嘉靖十六年六月"条就明确写道"丙子新作养心殿成"。据崔瑾、何蓓洁等学者的勘察和研究，养心殿正殿现存梁架正是明嘉靖时期遗构[2]。

在对养心殿建筑进行修缮保护的过程中，我们发现位于养心殿正殿大木构件上的题记共29处，除一处是写木料材质和数量以外，其余28处题记所描述的构件位置均与现状相符，因此推测该题记应是初次营造时所标记的。根据对这29处题记内容的辨识，除了常规的位置描述以外，在养心殿正殿明间中心的藻井构件上，有7处以"膳房"命名该殿〔图3〕。并且，这29处题记中，对建筑的明确命名只此一种。此外，在养心殿东配殿和西配殿的梁架之上，我们也找到了与之匹配的"膳房左厢房"和"膳房右厢房"的题记。不仅如此，在《明宫史》卷一《宫殿规制》中，还提到出入养心殿的遵义门，曾名膳厨门[3]。由此可见，这一区域在嘉靖朝定名养心殿之前，应是膳房区，并且，至少在加工木料时，工匠们仍然认为使用这些构件的建筑物是膳房，或者以本区以前的功能暂称之。

图3　养心殿正殿明间藻井构件上7件以"膳房"命名的大木题记

（1）膳房龙井后边园天花梁西头　（2）膳房龙井前边园天花梁西头　（3）膳房龙井天花梁前边西头　（4）膳房龙井右边天花梁北头　（5）膳房龙井右边园天花梁北头　（6）膳房龙井左边天花梁北头　（7）膳房龙井左边园天花梁北头

那么，在宫殿中部靠西北方向，各主要建筑中间设置膳房是否合理呢？首先，从使用便宜度上，在皇帝常御驾亲临的乾清宫和后宫嫔妃、太后太妃的生活区中间，设置生活所必需的膳房无疑是适合的。其次，具有服务性质的膳房区，无论是从建筑等级还是使用功能而言，自然是很有可能被文献档案所遗漏的。

此外，我们除了在大木构件的遗痕中找到如上线索，还在墙体修缮过程中有了一些新的发现。

在墙体抹灰修整过程中，我们在距养心殿北院墙8.19米的东院墙上，发现了隐藏于抹灰层下的门洞遗痕

1　《大明世宗肃皇帝实录》卷二〇〇"嘉靖十六年五月"，书同文古籍数据库。

2　王凤莹、何蓓洁、崔瑾：《故宫养心殿正殿大木构造调查》，《古建园林技术》2018年第3期。

3　《明宫史》卷一《宫阙规制》："过月华门之西曰膳厨门，即遵义门，向南者曰养心殿。"清乾隆文渊阁四库全书抄内府藏本，爱如生四库系列数据库，第36页。

图4.1　东院墙门洞痕迹三维扫描影像（全景）

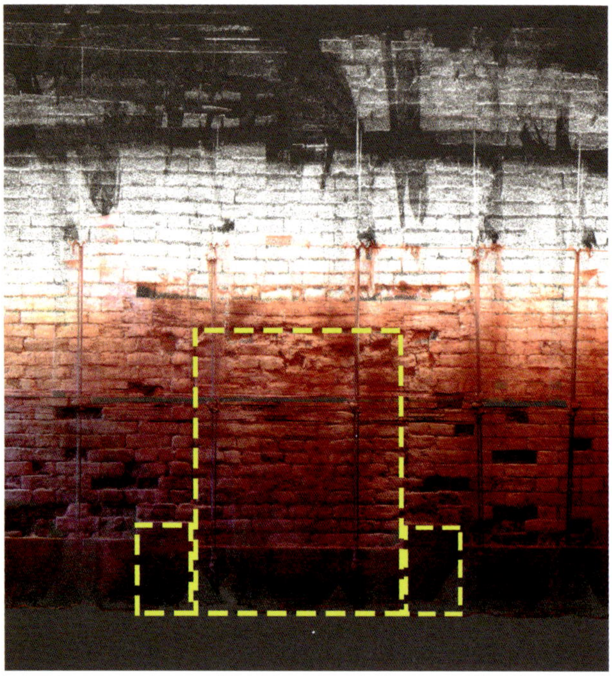

图4.2　东院墙门洞痕迹三维扫描影像（细节）

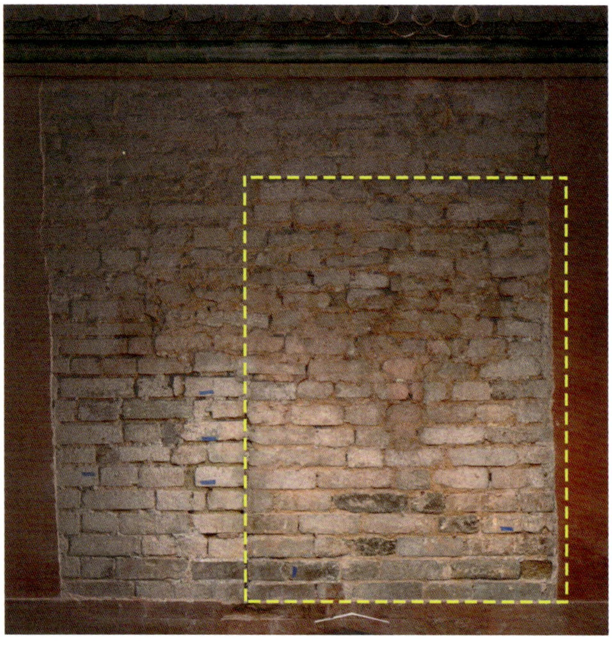

图5　养心门南侧院墙门洞痕迹三维扫描影像

〔图4.1〕。该门洞总宽2.3米，总高2.84米。两侧有角柱石，角柱石宽0.61米，高0.94米，高于墙身下碱0.22米。上方有木过梁，过梁长3.3米，高0.35米〔图4.2〕。将其与现存养心殿区门洞相比较：遵义门门洞宽2.97米，高3.37米；遵义门南侧御膳房院落的门洞总宽2.45米，总高2.85米；南库院落门洞总宽2.49米，总高2.74米。单从门洞大小来看，除最大的遵义门外，其他三门大小相差无几，而遵义门北侧门洞较之南侧门洞的不同在于，洞口两侧设置石角柱一对，推测其规制可能略高于南侧现存门洞。但从该隐藏门洞所处位置来看，东院墙与东围房后檐夹道仅宽0.75米，且门洞北角柱石中线与东围房北数第三缝梁架中线重合相对，门的位置与东围房北数第三开间大致相对。因此该门的封堵时间应该不晚于东围房北三间始建时间。笔者在另一篇同样基于建筑遗痕探讨东围房营缮时间的文章中，考证认为东围房始建于嘉靖时期[1]，由此看来，该门洞被封堵时间应不晚于嘉靖时期。

此外，修缮过程中，我们发现隐藏在抹灰层下的门洞并不止东院墙上这一个。在养心门南侧院墙，以及御膳房南墙上还各发现一个现已被封堵的门洞遗痕。御膳房南墙通往南库的门洞宽2.53米，高3.63米，距西院墙37.12米。养心门南侧院墙上亦有与之相对的一个宽2.49米的门洞遗痕〔图5〕。当我们将养心殿五个院落作为一个整体来看时，便

1　张典、束金奇：《养心殿东围房修缮痕迹的史学观察》，《紫禁城建成600年暨中国明清史国际学术论坛论文集》，待刊。

会发现遵义门内养心门南墙通往御膳房院的门洞以及御膳房院南墙通往南库的门，都是以整个院落的南北中轴线为中线所设。而养心门、养心殿正殿及后殿明间，这几个嘉靖时期改造后的建筑中轴则在院落南北中轴的基础上统一向东偏移了0.8米。而遵义门门洞北缘则与整个院落区东西中轴完全重合。从门洞痕迹来看，似乎是嘉靖朝在改造后两个院落时，根据所需建筑的布局拟定了新的院落中轴。至于遵义门中线为何紧靠着院落东西中轴向南偏移了1.5米，根据我们在修缮过程中的观察，大约有两种推测：其一，在修缮过程中发现的养心门所在院墙抹灰层下有数块明确刻有嘉靖年款的墙砖，且这堵墙定位轴线正好处于遵义门琉璃屋檐北缘线上，据此推测现存院墙应为嘉靖时期改造遗物。遵义门亦有可能是同一时期为满足养心殿院落需要而南移。其二，可能是遵义门即膳厨门原始门，并未挪移，但养心殿院落北墙为满足院落需要稍向北扩展。但养心殿院落北墙与东六宫南侧的斋宫、毓庆宫、奉先殿院落北墙，以及西侧慈宁宫、寿康宫区的北墙几乎在同一准线上，这不像是某一时期对某一个或几个宫殿的改造所产生，而是紫禁城初建时的整体规划设计。因此，笔者认为第二种推测可能性并不大。

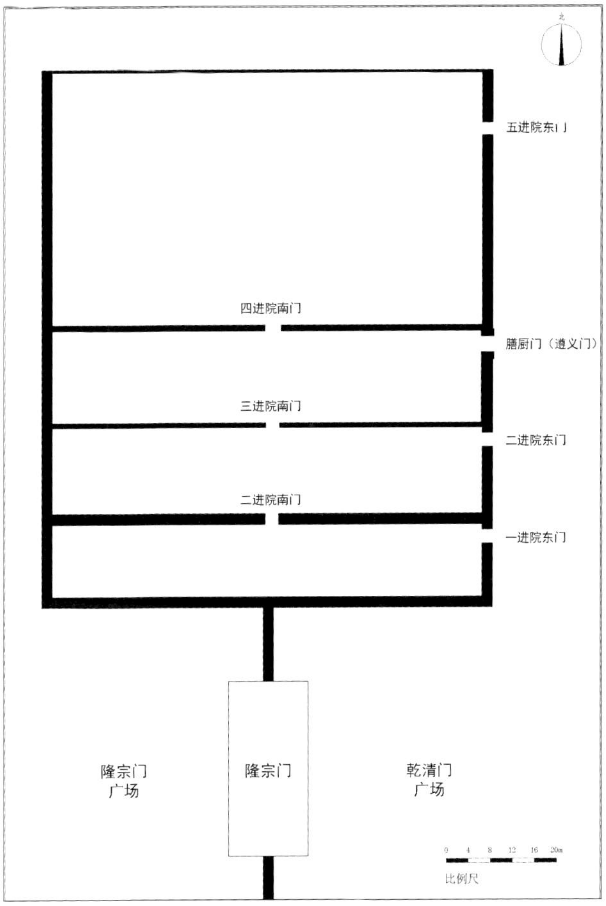

图6 明早期养心殿区域格局推测图

据此，笔者认为，在明代早期养心殿区域曾为宫中膳房区，其建筑格局应成南北排列的东西向矩形院落，南北院落之间以门洞相通，各院落又于东侧开门，与其他功能区交通〔图6〕。此后，当养心殿成为天子常御之所，出入显然不便再经过南侧的服务区，所以只能自养心门前左转，出东侧自膳房时代所保留的遵义门（膳厨门）了。

二 明中晚期养心殿区域的变迁

如上所述，正如《大明世宗肃皇帝实录》所载，明中期嘉靖帝将这一区域改造为养心殿。其建筑布局在万历朝成书的《酌中志》中有详细描述：

“过月华门之西曰膳厨门，即遵义门，向南者曰养心殿。前东配殿曰履仁斋，前西配殿曰一德轩。后殿曰涵春室，东曰隆禧馆，西曰臻祥馆。殿门内向北者则司礼监掌印秉笔之直房也。其后曾尚有大房一连，紧靠隆道阁后，祖制宫中膳房也（逆贤移膳房于怡神殿，而将此房改为秉笔直房）。养心殿之西南曰祥宁宫，宫前向北者为无梁殿，系世庙烹炼丹药之处。其制不用一木，皆砖石砌成者。月华门之西南巍然者为隆道阁，原名皇极阁，后更道心阁。左曰仁荡门，右曰义平门，此二门原名归极、会极，世庙时改之。阁之下曰仁德堂（即旧名精一堂亦隆庆四年所更），前曰仁德门（万历二十四年两宫灾后开此门出入，至神庙晚年移居乾清宫始闭不恒开也）……阁之东曰忠义室？"[1]

从大木题记所获线索可知，嘉靖帝在这一时期，建成了养心殿正殿及其东西配殿、后殿及其东西耳房。这几个殿座均与现存建筑吻合。《酌中志》记载显示，在殿门之南是司礼监掌印秉笔的值房，由于养心殿和养心门之间距离较小，因此这里的殿门应是指养心门。那么描述为养心门南的司礼监掌印秉笔的值房应该就是位于现在遵义门内的值房区了。

那么，在此值房之后，宫中祖制就是膳房的"一连大房"又在什么位置呢？

《酌中志》提到，这"一连大房"在隆道阁的后面，宫中建筑如无特殊说明，多数为坐北朝南而建。文献中对隆道阁并无特殊说明，且隆道阁应为院落主体建筑，而非配殿值房类附属建筑，其朝向应该是坐北朝南的。那么紧靠在隆道阁后面的"一连大房"，应该是在隆道阁北侧。且文献同时提到，这排连房位于遵义门内的现值房区，当时的司礼监掌印秉笔值房的后面。显然，在这座值房北侧不可能安置下一阁与一房，那么唯一的可能就是当时的秉笔值房应是坐南朝北，面向养心殿主殿的倒座房，而这一排连房，应在此值房南侧，而隆道阁则在紧靠连房的更南侧。至于此后，魏忠贤将连房改为秉笔值房，原来位于连房之前（北侧）的值房又作何用途还需进一步考证。

在修缮保护过程中，我们也在相应区域的建筑上找到了可以佐证这则文献的相关遗痕。在御膳房区一连坐南朝北的硬山建筑后檐墙西侧墙砖上，发现了不止一处嘉靖时期的款识印记。此外，御膳房两山墙现存丁头栱月梁造，鹰嘴瓜柱琉璃五花山做法，这一做法基本可以确认为明代建筑山面做法，最可能流行于明代中早期。而建筑后檐嘉靖时期墙砖亦很可能是该房屋始建时候遗存。因此，笔者认为，现存建筑应为嘉靖改造时的遗存，"祖制宫中膳房也"的意思可能是：这里改造前的房屋就是宫中膳房，而这一长排建筑就是文献中所提到的"一连大房"。由于这排连房离该院落南墙仅1.01米，不便交通，所以，连通南库与御膳房的中门封堵时间，应该也不早于嘉靖的这次改造。

此外，《酌中志》中提到位于养心殿西南还有一对南北相对的建筑：祥宁宫和无梁殿。无梁殿为嘉靖炼丹之所。在描述养心殿南侧建筑时并未提及，且根据连房建筑两山遗痕，认为现存几乎贯通养心殿院落东西的连房为嘉靖时期遗存，而养心殿区域再往西，仅一巷道之隔则是慈宁宫区，应无法再安置宫殿。因此，笔者认为，祥宁宫和与其相对的无梁殿应是位于连房南侧，与隆道阁及其阁东的忠义室左右并置于现库房区院落之中。然而，现库房区南北院墙之间仅12.75米，断然无法搁置南北相对的祥宁宫和无梁殿两座建筑。2015—2016年，故宫博物院考古部在遵义门西侧地面以下1.34米之处，发现了类似门房基址的4个磉墩，其位置大概在隆宗门台明北缘延长线和养心殿区西院墙的延长线交会处，磉墩2个一组，南北排列，磉墩东侧，南北磉墩之间还有一道墙的基址[2]。从这道墙的基址到现南库北墙，大约27米，这个距离安置两个院落主体

1　（明）刘若愚：《酌中志》，清道光二十五年刻海山仙馆丛书本，爱如生中国基本古籍数据库，第94页。

2　李季、王光尧、徐华烽等：《故宫隆宗门西元明清时期建筑遗址2015—2016年考古发掘简报》，《故宫博物院院刊》2017年第5期。

建筑显然是更加合理的。根据上文对嘉靖时期养心殿区建筑布局的分析，此门的位置离无梁殿或者祥宁宫更近，不太可能是开于隆道阁前（南侧）的仁德门，反而更加符合文献中提到的“阁之西南过义平门则慈宁宫矣”的描述。因此，笔者认为，这次考古发掘中所发现的墙址即养心殿区南墙西侧部分，此门很有可能为文献中所载的义平门。而同样处于“隆宗门西向南者”的仁德门，文献中明确的开门时间是万历二十四年，且在万历晚年就“始闭不恒开”了。万历做了48年皇帝，这个更靠近隆道阁，只开了十余年，且能关上不再常开的，笔者认为更像是一个随墙门，其基址可能不会有独立的磉墩基础〔图7〕。

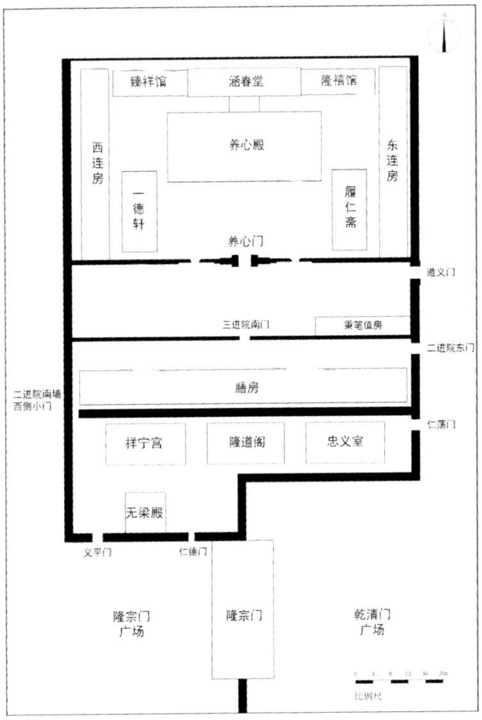

图7　明中晚期养心殿区域格局推测图

三　清初养心殿区域建筑布局考证

在此之后直至明末，养心殿在宫廷档案中鲜有记录。清初爱新觉罗氏入主紫禁城后，除康熙将养心殿作为造办处外，顺治和雍正也皆曾在养心殿居住，但档案中均未记载对养心殿区域格局进行大的调整或改造。

《清圣祖实录》中，清顺治十八年正月丙辰，皇帝于养心殿册立皇太子。“辛丑春，正月辛亥朔月七日丁巳夜子刻，世祖章皇帝宾天。先五日壬子，世祖章皇帝不豫。丙辰，遂大渐，召原任学士麻勒吉，学士王熙，至养心殿，降旨一一自责，定皇上御名，命立为皇太子。”[1]顺治十八年正月丁巳又有“丁巳，夜子刻，上崩于养心殿，遗诏颁示天下”[2]的记载，可见顺治至少在临终前是居住在养心殿的。

王士禛在其《池北偶谈》中曾有记载：“……八月入直，又同陈（廷敬）、叶（方蔼）、张（英）三学士和御制《赐辅国将军俄启诗》，仍命次日携名字印章入内，各书一幅，即发养心殿装潢，随御笔同赐之，皆异数也。”在《清圣祖御制文集》中记载康熙《赐辅国将军俄启诗》作于康熙十七年[3]，因此可以推测至迟在康熙十七年养心殿即已经开始作为宫中造办处使用。

康熙六十一年十一月，《清世宗实录》记载雍正帝持服日满后，谕旨修葺养心殿，意欲之后居于养心殿。“已酉，谕内务府总管等诸王大臣佥云，朕持服二十七日后，应居乾清宫。朕思乾清宫乃皇考六十余年所御，朕即居住，心实不忍。朕意欲居于月华门外养心殿，著将殿内略为葺理，务令朴素。朕居养心殿内，守孝二十七月，以尽朕心。”[4]此后开启了清朝皇帝将养心殿作为居住和日常处理政务之所的惯例。

当然，除此之外的小规模修缮应该是根据使用需求，时有发生的。例如雍正九年三月，内务府总管

1 《清圣祖实录》卷一“顺治十八年正月”条，第4页。
2 《清世祖实录》卷一四四“顺治十八年正月”条，第1页。
3 郭福祥：《康熙时期的养心殿》，《紫禁城》，2016年第12期。
4 《清世宗实录》卷一“康熙六十一年十一月”，第29页。

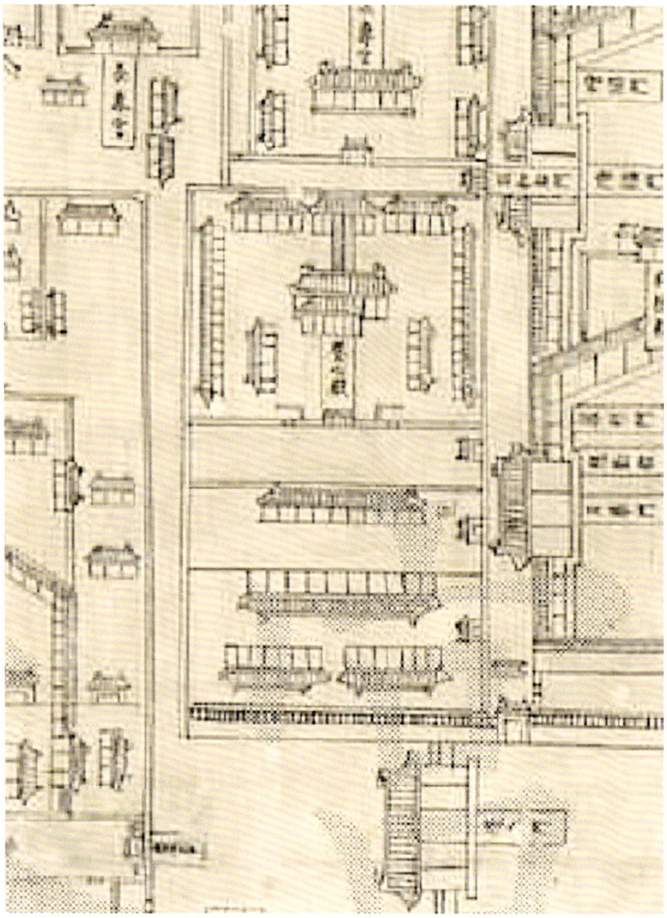

图8 《皇城图》中的养心殿

海望奏称"修理养心殿墙垣，意欲用黑毡遮挡"等语奏请。奉旨"尔等酌量西暖阁，现作佛堂洁净，敬谨遮挡修理。钦此"[1]。

但除了这些文字档案以外，当我们对照康熙时期的舆图和建筑遗痕时，便有了新的发现。

首先，成图于康熙早期的《皇城宫殿衙署图》（后简称《皇城图》）中，已不见祥宁宫、无梁殿、隆道阁、忠义室等建筑。现南库推测曾往南突出的南墙也已北移，与内右门齐平。其次，从图上看，院内在清早期已变为南北两排建筑。南侧为坐南朝北左右并置的两座七开间单檐建筑，北侧为坐南朝北十开间单檐殿座。奇怪的是，如果这座建筑真的在此地坐南朝北的话，那么在这座建筑里的人一出门就会撞到一面大墙上。造成这一奇怪现象的原因，后文会做进一步分析。此外，御膳房院内东侧有一井，井西侧为一连坐北朝南十开间单檐建筑。而上文中留有明显嘉靖时期建筑遗痕的，靠该院落南墙坐南朝北的大房一连，则在此图中无存。而值房区，最早的秉笔太监值房也已不见踪影〔图8〕。

对比这一区域现状，我们可以得知，至清初时期，养心殿院落不止一处被改造了。改造的重点大概是在南部区域。例如南院墙的北移，还有祥宁宫、无梁殿、隆道阁、忠义室以及值房区原秉笔太监值房的拆除，以及南库区库房类建筑的添建。

四 清中后期养心殿区的沿用和改造

清中期以后，养心殿成为历任皇帝固定的勤政燕寝之所，皇帝们根据自己的喜好和需求对其内檐装修和建筑本身进行了不少改造。而在位时间最长的乾隆，应该是对这一区域改造最多的皇帝。乾隆十五年，在郎世宁和沈源的指导下，《京城全图》绘制完成。从这幅图当中，我们可以一窥乾隆早期这一区域的改造情况。将养心殿明代布局和康熙时期《皇城图》与这幅图档相比对，结合建筑遗痕的分析，或可解答上文《皇城图》中的

1 长编 60222，《内务府上传档（号十七）》，中国第一历史档案馆藏。

疑惑〔图9〕。

首先，无论是《皇城图》还是《京城全图》，在南库区和御膳房区，都是共有三排建筑。最北侧一排都是坐北朝南，中间一排都是坐南朝北，最南侧一排都是一排两座并置的七开间单檐建筑。不过位于《皇城图》中间那一排出门撞墙的大连房，也即魏忠贤改做过秉笔太监值房，在《京城全图》中消失了。然而又再次在御膳房院内出现了。通过上文对建筑遗痕的分析以及对建筑现状遗存的实地勘测，现存于院墙北侧，坐南朝北的长房应始建于嘉靖时期，且将它置于院墙南侧，出门即墙的确不便使用。笔者认为，可能是《皇城图》中将御膳房南院墙与这排房屋的相对位置画反了，《京城全图》应是更加符合真实情况的。不过，根据测绘，这排房屋现状为十五间，且东山墙与院墙距离不足1米，西山墙与西院墙距离不足2米，无论东西都无法再多安置两个开间，且从墙身遗痕看，亦不可能是整栋建筑拆掉后重建而成。因此，无论是《皇城图》中的十间，抑或是《京城全图》中的十七间，均与现实不符，或同为误绘。其次，这排连房北侧，两幅舆图也都示意有了一排坐北朝南的建筑，但间数不同。由于这排房屋已于1954年坍塌[1]，究竟是《皇城图》成图之后添建，抑或有无误绘，已无法从建筑本身找寻线索，只能有待之后从其他角度进一步考证。

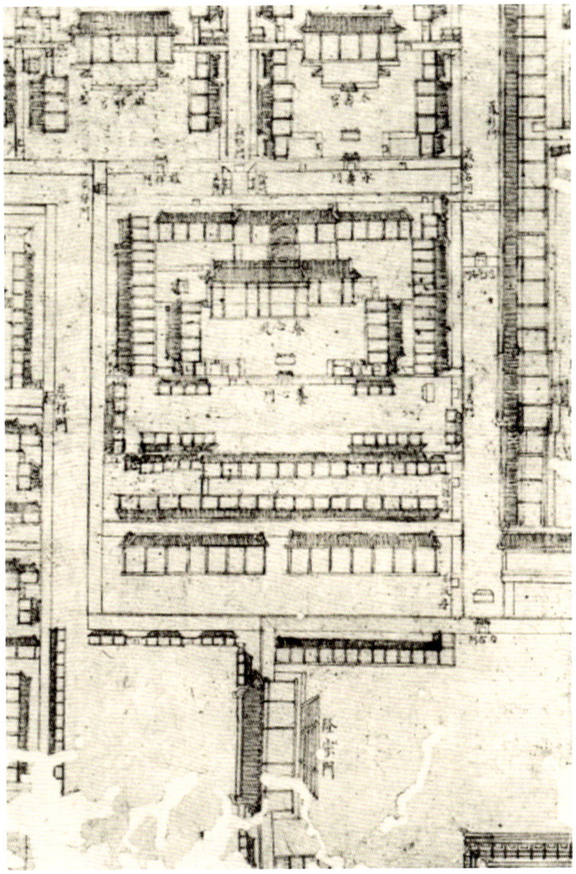

图9 《京城全图》中的养心殿

此外，在《京城全图》中南库区两座并列七开间单檐建筑均为坐北朝南，此区域现状亦为并列的两座坐北朝南的七开间单檐建筑，与《皇城图》正好相反。或亦为《皇城图》所误绘。

除了在对比分析中考证《皇城图》的可疑之处，我们在《京城全图》中还可以清晰地看到这一时期养心殿区域的变化。

在北侧院落中，养心殿正殿东山面已经增设了卡子墙，与东配殿北山墙相连，将正殿与后殿分为了两层院落。此卡子墙与现存位置及形式基本一致。但从图中可见，其门洞位于"L"形小卡墙的东墙居中位置。

在修缮院落墙体抹灰层时，我们试图在东墙之上寻找该门洞的遗痕，并未有特殊发现。但却意外在"L"形小卡墙的北墙东侧，新发现了一个抹灰层下已被封堵的门洞。该门洞距墙东侧拐角0.68米，宽0.97米，高2米，门洞上方有木质过梁，过梁长1.23米，高0.045米〔图10〕。该门洞距现有门洞4.06米。将它与现有门洞对比，现有门洞宽1.36米，高2.195米（含下槛），过梁长2.3米，高0.11米。已封堵门洞高度与现有门洞基本

1 《故宫博物院养心殿、膳房、南库修建工程做法说明书》，档案号19540873z，故宫博物院藏。

图10 L形卡子墙门洞痕迹三维扫描影像

一致，宽度略窄，但奇怪的是其木梁极薄。我们在实地勘察时发现，现存北墙上门洞与体顺堂明间正门几乎完全相对，这也并不符合中国传统建筑布局中，院门不与房门直接相对的做法。由此可见，乾隆中早期时开于东墙的小门，曾因故改到了北墙东侧，随后北墙东侧仍不便使用，最终才只能改到了现存位置。为何这个小小的随墙门至少两次移位，并且最终移到了似乎不太合理的位置呢？笔者在清晚期的一张养心殿地盘样中寻得一丝端倪。国家图书馆档案号为YSL173-0032的这张清末地盘图中，可以看到这道“L”形小卡墙的拐角处曾有拆改水房的计划，其位置正好在《京城全图》中门洞和此次修缮时所发现封堵门洞之处〔图11〕，或许正是此时的拆改，致使门洞最终只能挪到了现在的地方。而此次发现的被封堵的门洞，由于其宽度较窄，且过梁较为简易，推测只是一个临时性、过渡性门洞，或者仅仅是借用了这堵“L”形墙的水房北房门。

图11 L形卡子墙现门洞正对体顺堂明间正门

后殿西侧院落增设一处井亭，东西两侧的围房北部也有部分改建。值房区南、北、西、东各增加了间数不等的值房，但相互之间并未相连。御膳房区南北两排长房东西两侧也增加了一些小房。在《京城全图》中，北侧长房不仅东侧在井上加盖了井亭，西侧还多出一座井亭。而在井亭西侧，御膳房院落的北墙上，还开有一小门。这个小门现已无存，但在我们的修缮过程中，却通过墙体遗痕找到了它可能的具体位置，并且得到了它具体的高度和宽度。

我们发现的门洞遗痕并非如《京城全图》中所示，位于养心殿区西侧院墙与御膳房西井亭中间，它的门中线向西偏移了0.85米，西侧紧贴着养心殿区院落西墙，东侧正好为现西值房后檐墙。门洞宽1.32米，北面距台明上皮高2.14米，南面距地面2.33米。门上有木过梁，过梁厚0.055米，长1.75米。从值房区向南观察门洞遗痕，西南值房后檐墙的冰盘檐与木过梁的叠压关系为：值房压在了更早期的门洞过梁之上。从御膳房区向北观察门洞遗痕，可见西南值房天沟排水口正好开在门洞东端。如果天沟排水口筑成时间在门洞之前，则门洞位置或宽度应该与现存不同〔图12，图13〕。因此，笔者推测，现存西值房应为该门洞封堵后所建。那么，门洞到底是什么时期封堵的呢？

据《内务府造办处各作成做活计清档》载，《京城图》于乾隆十五年五月十六日持进斋宫呈览收贮[1]。半个月后，养心殿的北侧两院便又做了不少调整。

又，《内务府奏销档》“乾隆十五年六月初一日”条载[2]：

> 六月初一日，内务府奏养心殿门外添盖值房等工程约估物料银两。
>
> 奴才海望三和德保额尔登额谨奏，为奏闻约估银两数目事。
>
> 奴才遵旨：养心殿门外添盖值房三座，计三十一间，琉璃影壁一座，拆卸板房三十一间，门内拆盖井亭一座，净房三间，板墙一槽，东围房前檐添安板墙一槽，廊内挪安门口板墙，内里添安床罩，顶槅拆改板墙，台基闪裂处归陇，拆砌踏跺臺帮，大殿内两山改安隔断门口四座，东山板墙一槽，养心门内两边拆挪曲尺板墙二槽，换做试风旗天灯杆二座，养心门并两边角门看墙花臺须弥座新换琉璃瓦料，并

图12　值房区通往御膳房区西边门洞北侧痕迹

图13　值房区通往御膳房区西边门洞南侧痕迹

1 《内务府造办处各作成做活计清档》：“（乾隆十五年）五月十六日，员外郎白世秀来说，太监胡世杰传旨与内大臣海望，将北京图送进呈览。钦此。于本日，内大臣海望将北京图十七排，每排记三册，共五十一持进，交太监胡世杰在斋宫呈览。奉旨：着好生收贮，不可虫蛀。钦此。”中国历史第一档案馆藏。

2 《内务府奏销档》，档案号05-0106-034，长编60856，中国第一历史档案馆藏。

干清门两边左右门内拆盖值房四座，计十二间，影壁二座，成砌大墙四丈一尺，以及铺墁地面，油画糊裱。再养心殿东西围房三十二间，接檐廊十八间，并井亭净房板墙，俱照旧粘补油画糊裱等项工程，除银朱、苎布、杉木、纸张、琉璃瓦料、亮铁槽活照例向各该处行取用，并拣选旧料抵用外，所需办买木石、砖灰、绳麻、钉铁、杂料以及给发各作匠夫工价、运价，通共约估银七千二百八十六两五分六厘，捶造飞金约需赤金七两九钱，请向广储司支领应用。如有余剩不敷之处，统俟工竣之日，将实用银两数目详细查销据实奏闻。谨将约估银两分晰细数，另缮清折恭呈御览。为此谨具奏闻。

乾隆十五年六月初一日

等因。具奏。奉旨：知道了。钦此。

这一次的改动涉及养心殿北部三个院落，主要内容除了拆盖外，其他项目对建筑的干预程度都不大，几乎不涉及院落内建筑布局的变动。值得注意的是，养心门外值房区在这次调整中将原有板房拆掉，添盖为三十一间的值房，并且明确指出这三十一间值房是三座建筑，与今日之值房完全相符。复看《京城全图》中分布于值房区东、西、南、北四周，各方向均独立互不相连的七座建筑，应是在刚完成这幅图的同一年六月这次拆改中演变为现在的格局。

因此，该门洞应该是在这幅图成图后不足一月，即被封堵了。那么，这个门洞是何时所开呢？《皇城图》中虽未明确标注此门，但《皇城图》中御膳房区域已经有了北侧连房，值房区南院墙中门在有此连房后已无法使用，需要开启旁门以利交通。因此，笔者认为此门开启时不会晚于康熙早期。

在此之后，乾隆二十八年[1]、乾隆三十八年[2]、嘉庆六年[3]、嘉庆七年[4]，均对这一区域进行了规模稍大的调整，但涉及院落布局变化的，主要是院落卡墙的添砌、梅坞的加盖以及梅坞平台游廊的加建等几处，而这

1 《内务府奏销档》载："八月初二日，内务府大臣奏养心殿等处修缮工程约估银两事。总管内务府干降二十八年八月起至九月止本府口奏缘头牌白本档案。八月初二日，奴才四梏谨奏，为奏闻约估银两事。奴才等遵旨：养心殿院内板墙改砌砖墙，凑长二十一丈八尺七寸，台阶上改砌砖墙，凑长十八丈五尺，东西配殿拆去板墙，接砌山墙四道，添砌墀头廊门，后殿两边顺山殿拆去板墙，接砌山墙四道，添砌墀头廊门，东西围房拆去板墙，改砌砖墙，添砌墀头，廊门院墙成安随墙门口十三座，拆盖东西围房四间，隔火墙二道，板棚六间，改砌砖墙，添琉璃脊瓦料，配殿南山拆去偏厦房四间等项工程，除选用旧料外净需银五千二百八十八两二钱五分八厘。养心殿前御路石改做升转龙花纹约需工料银八十四两九钱四分二厘。"档案号 265-254，中国第一历史档案馆藏。

2 （清）于敏中：《日下旧闻考》卷十七，"奴才谨照上年养心殿御书梅坞匾额式样花纹镶嵌雕镂，详慎成做，今已告成，专差家人运送工程处查收"，清文渊阁四库全书本。

3 《内务府奏案》载，"嘉庆六年四月十二日奏为修理养心殿等处工程估需工料银两事。嘉庆六年四月十二日明公爷苏额常大人奏为修理养心殿等处工程估需工料银两。奏，奴才明安额勒布苏楞额常福谨奏为奏闻估需工料银两事。前经遵旨养心殿重华宫各殿座揭瓦头停油画见新等因，奏准在案续经奉旨揭瓦养心门外值房膳房库房南面大墙顶挪砌，北面院墙拆修，明沟暗沟东暖阁改做，窗桶添安书格，东西顺山殿两边围房拆搭地炕改安内檐装修，再奴才等进内详细查勘酌拟添做穿堂殿两边木格漏水柱，大殿内里龙井天花琉璃门斗科看墙影壁花台满换琉璃瓦料以及石料见新等，项九月二十七日辛丑，总理工程为养心殿添盖平台等需用银两事"。二十号，档案号奏案 05-0488-073，中国第一历史档案馆藏。长编 69833，《内务府来文建筑工程（第 2036 包）》："总理工程为养心殿添盖平台等需用银两事。嘉庆六年九月二十七日，总理工程处为咨行事本处具奏养心殿梅坞添盖平台游廊并东西围房添改装修床张……"中国第一历史档案馆藏。

4 《内务府奏案》载，"嘉庆七年六月初九日，奏为养心殿等处工程销算银两事。嘉庆七年六月初九日苏额那常大人奏为养心殿等处揭瓦殿座工程用过银两事 。奏，奴才额勒布那彦宝苏楞额常福谨奏为奏闻销算工料银两事。前经奴才等将修竣养心殿、重华宫、储秀宫、延禧宫、尚书房等处工程于上年十一月二十日奏请钦派大臣照依修过丈尺做法逐细查验，俟查明后再将用过工料银两按照查过工程活计另行据实奏销……养心殿揭瓦大殿一座三间、前抱厦二间、后殿一座五间、穿堂一间、东西顺山殿二座十间、配殿二座十间、两边围房二座二十八间、大殿东山偏厦房一间、东配殿后檐小房二间、养心门一座、值房三座三十四、间膳房一座十五间、库房二座十四间、偏厦房三座五间、前抱厦二间、改盖梅坞殿一间、添盖平台游廊一座三间、拆盖西配殿后檐偏厦房一座三间、东围房后檐小房一间、西围房后檐小房二座三间、库房院内值房一间、黏修东西围房后檐板棚三座四间、膳房院内偏厦房一座十五间、养心门内影壁门一座、随墙门口十八座板墙二道拆修"。二十一号，档案号奏案 05-0495-044，中国第一历史档案馆藏。

几处的改造在清宫档案中亦有明确记载。此后至溥仪出宫前，该区域虽然修缮改造的活动仍因需时有发生，但基本未再对院落格局有大的改动。

五 结 语

综上所述，养心殿区域在永乐营建北京紫禁城时并非一片旷地，而是具有膳房功能的建筑群。可能由于厨膳工序所需，将整个区域由南至北分为东西向规整的矩形院落。每个院落朝东对外开门，院落间沿院落南北中轴，在东西向隔墙上开门相通。

嘉靖时期，对该区域进行了较大规模的改造。除保留现御膳房区南北院墙外，其他院墙及建筑均进行了重新规划。北侧院落改建为养心殿及其后殿。正殿南侧设东西配殿，万历时配殿后置东西围房，后殿两侧耳房等。南侧院落设秉笔太监值房、御膳房、隆道阁、忠义室、祥宁宫、无梁殿等。封堵现御膳房南墙居中的门洞，并在同一堵墙的西侧新开门洞以利交通。后推测可能在清初因南侧院落建筑功能的改变而被封堵。南侧院落更是因建筑布局需要一度南扩至隆宗门北端。

清初，院落及建筑格局的改造主要集中在南侧院落。首先，最南侧院墙北移，与乾清门院墙齐平。其次，将院落中的隆道阁、忠义室、无梁殿、祥宁宫逐一拆除，新建并列单檐硬山库房类建筑一排，共两座。于现御膳房区加建坐北朝南连房一座，封堵该院落北院墙居中门洞，并如先例在同一堵墙西侧新开门洞出入，并在乾隆十五年因西值房的改建而被封堵。

清中期以后，北侧院落和建筑布局变化较多，改造多成形于乾隆和嘉庆时期，其中又以乾隆时期最为频繁。这一时期建筑格局的变化主要有：值房区添建值房，并最终改造为现存格局；养心殿区域添建卡墙，将院落分隔得更为明确；正殿西侧添建梅坞、井亭等。嘉庆在此基础上小有修改，如在梅坞前添建平台游廊，挪移假山树池等。此后，直至清末，这一区域虽一直因需不断改造，但院落总体格局基本未再有较大变动。

（作者单位：故宫博物院工程管理处）

仿古如参禅：禅对董其昌绘画之影响

Imitating Ancient Paintings as Practicing Chan: The Influence of Chan on Dong Qichang's Paintings

王中旭

Wang Zhongxu

内容提要：

董其昌学禅和学画大约同时，但是董在青年时期参禅即达到一定的境界，他对禅的悟入要早于对画的悟入。于董而言，"南北宗"诸画家的皴法、笔墨，就像是禅宗中的则则公案、话头。自董青年时代始，他仿古绘画的一个基本特点即仿而不似，这与禅家"见过于师，方堪传授"的思维方式相通。合参和圆融是董在绘画上仿而不似的重要法门。董59岁及以后多次在论书中引用禅家"拆肉还父，拆骨还母"的典故，其所阐述的理趣与董"画须熟外熟""妙在能合，神在能离"等绘画理论相似，体现了他晚年绘画所追求的境界。

关键词：

董其昌　仿古绘画　参禅　画禅

ABSTRACT:

Dong Qichang studied Chan Buddhism and painting at about the same time, but Dong reached a high level when he practiced Chan in his youth, and his enlightenment to Chan was earlier than that of painting. For Dong, the texturing techniques, brushwork and ink of the painters of the Northern and Southern schools are like Chan koan and huatou in Zen Buddhism. Since Dong's youth, one of the strengths of his antique-style paintings is imitation rather than resemblance, which is similar to the way of thinking of Chan "Only one whose insight surpasses the teacher is worthy of being taught". Practicing and integrating multiple koans is an important method for Dong to imitate but not resemble in antique-style paintings. At the age of 59 and later, Dong quoted the Chan allusion of "returning the flesh to the father, tearing the bones back to the mother" many times in calligraphy reviews. The ideas and tastes reflected in them are similar to some of his painting theories, which reflect the realm he pursued in painting in his later years.

KEYWORDS:

Dong Qichang, antique-style paintings, practicing Chan, painting Chan

因董其昌（1555—1636）仿照禅宗倡导绘画之“南北宗”，以及在论画中多借用禅的概念、术语，故禅对董其昌绘画之影响，历来为学界所关注。然而，由于一则董其昌论画有其自身独特之逻辑，再则禅之参悟注重个人内心体验，语言表述较为晦涩，研究者对该问题或采取回避态度，或存在分歧。一种意见认为禅只是董用来论画的工具，如阮璞《对董其昌在中国绘画史上的意义之再认识》[1]一文中认为“董其昌的口不离禅，貌为解脱，这在当时只不过是一种时髦的装点，可以用来帮助他自高身价”。另一种意见认可禅对董画之影响，如肖燕翼在《评析董其昌的“画禅”》[2]一文中以诗歌来沟通禅和画，并以董具体作品中体现的“净”“静”“空”等意境，分析了诗、画、禅三者之间的关系。

笔者认为，禅对董画之影响，既不容夸大，亦不应忽略，只有客观地认识、研究该问题，才能对董画有符合其创作语境之认识。笔者主张区分摹古绘画和仿古绘画的概念，摹古绘画是对原画的忠实临摹，构图、风格均与原画相似，其主要目的是学习或复制原画；仿古绘画则仅仿古代画家或画作之笔意，构图、风格均与原画家或画作保持距离，其主要目的是创作。虽然在董之前，沈周、文徵明等皆曾创作过少量的仿古绘画，但是只有到了董，仿古才正式成为流行的绘画主题，并风靡于晚明及清代画坛。本文拟以仿古绘画为切入点，尝试探讨禅的思维方式对董绘画理论及创作之影响。由于董的书画理论关联性较强，本文的论述亦涉及其书法理论。

一 董其昌之参禅

虽然晚明文人参禅是时代风气，但是晚明绘画评论家、画家参禅，以董其昌最为深入、精进，其他如莫是龙、陈继儒、李日华、丁云鹏等，无论是在参禅悟入的深度上，还是在以禅论画的广泛性、系统性上，均远不能与董相比[3]。

董其昌自称为诸生时受紫柏真可的启发，“始沉酣内典，参究宗乘”，真可对他说“王廷尉妙于文章，陆宗伯（陆树声）深于禅理，合之双美，离之两伤”，鼓励他将文章、禅理融合，并表示对他寄予厚望。董称此后得真可弟子密藏道开激扬，“稍有所契”[4]。董应是在17至34岁之间为诸生[5]。真可对董说这番话是在请董为南朝慧思《大乘止观法门》作序之时，说明此时董对禅已有所悟入，只是受真可启发始至沉酣、参乘之地步[6]。董二十三四岁时，丁云鹏为他画《大阿罗汉》，董回赠“毫生馆”印，寓意“菩萨为毫生，盖从画师指头

1 收于阮璞：《中国画史论辩》，陕西人民出版社，1993 年，第 165 － 217 页。

2 收于肖燕翼：《古书画史论鉴定文集》，紫禁城出版社，2005 年，第 278 － 288 页。

3 鉴于莫是龙文集《莫廷韩集》《石秀斋集》中未常见有借禅论诗文书画的倾向，《画说》中的论画文字全部见于董其昌著作中，以及最早将《画说》归于莫是龙名下的《宝颜堂秘笈续集》由陈继儒辑校的证据并不充分，故笔者同意傅申、汪世清的意见，《画说》的作者应归于董其昌而非莫是龙。参见［美］傅申：《〈画说〉作者问题研究》，汪世清《〈画说〉究竟为谁著》，二文分别收于上海书画出版社编印：《董其昌研究文集》，1998 年，第 26 － 51、52 － 77 页。

4 董自称“得密藏激扬，稍有所契”，其中密藏应指真可的弟子密藏道开，董《容台别集》记他昔年曾问密藏禅师“大彻大悟之人，如何证验”。见董其昌：《容台别集》卷一，见董其昌著，邵清海点校：《容台集》下册，西泠印社出版社，第 573 － 574 页。下文所引邵清海点校该书均以明崇祯三年（1630）董庭刻本参校，并部分修改标点，不另注。有学者认为“密藏”指的是密教经典，误。

5 董于 17 岁参加松江郡试得第二名，31 岁赴南京参加乡试落第，34 岁再赴南京乡试及第。

6 这与董自称 17 岁开始发愤临池（参见董其昌：《画禅室随笔》卷一，见卢辅圣主编：《中国书画全书》第 5 册，2009 年，上海书画出版社，第 128 页）是一个道理，并不是说之前他不会写字，只是此时他才开始刻苦临帖，钻研书法。

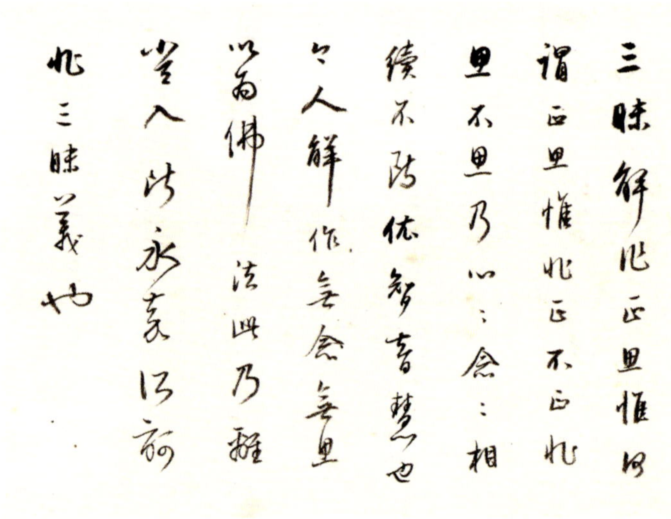

图1 行书罗汉赞等书卷（局部） 明 董其昌 日本东京国立博物馆藏

放光，拈笔之时，菩萨下生”[1]，故推测此时他已学禅。董自称23岁从学于陆树声时偶然尝试作画[2]，又真可称赞陆树声“深于禅理”，那么董跟随陆学习的不仅是文章，应还有禅。因此董学禅、学画应大约同时，另鉴于陆“深于禅理”而不擅长于画，推测此时董对禅的悟入应深于对画的悟入。

董其昌在青年时期参禅用功甚勤，并达到一定的境界。董自称31岁舟过武塘时，将久未参悟的“竹篦子话”与“香岩击竹”合参，蓦然顿悟[3]。“竹篦子话”是五代北宋临济宗首山省念教示归省的话头，因北宋大慧宗杲之举示而著名，旨在通过难以调和的矛盾，让参禅学人达到二律背反式的困惑[4]。“香严击竹”则是唐沩山灵佑启发香严智闲的公案，旨在教示学人不执着于佛教典籍而悟得内心清净本性[5]。同年秋董参加南京乡试落第，心情应颇为郁闷[6]，大约是在归途舟中，“忽现一念三世境界，意识不行，凡两日半”，并以此参儒家经典《大学》中所说的“心不在焉，视而不见，听而不闻”，认为“正是悟境，不可作迷解也”[7]。此外，董49岁《行书罗汉赞等书》卷（日本东京国立博物馆藏，图1）亦录自身入定体验两则，其中“入定信宿”中董自称尝连续两夜入定，方信唐李通玄《华严论》所谓“十世古今，始终不离于当念”之语；“三昧解作正思维”中董称正思维即“非正不正，非思不思，乃心心相念，相续不断”，而非今人理解的“无念无思”。

董自称32岁时“读《曹洞语录》偏正、宾主、互换、伤触之旨，遂稍悟文章宗趣”[8]，其中《曹洞语录》应指唐曹洞宗洞山良价、曹山本寂之语录[9]。董从《曹洞语录》中悟文章宗趣，与真可对他文章、禅理“合之双

---

1 《容台别集》卷四，第706页。

2 董其昌题董源《龙宿郊民图》轴（台北“故宫博物院”）称：“余以丁丑年三月晦日之夕，燃烛试作山水画，自此日复好之。”另清顾麟士《过云楼续书画记》卷五“董文敏对题〈山水〉巨册”董题曰：“余学画，自丁丑四月朔日馆于陆宗伯文定公之家，偶一为之。”参见顾荣木、汪葆楫点校本，江苏古籍出版社，1990年，第42页。

3 董称：“余始参‘竹篦子话’，久未有契，一日于舟中卧，念香严击竹因缘，以手敲舟中张布帆竹，瞥然有省，自此不疑。”《容台别集》卷一，第565页。

4 宗杲以手执竹篦为例，围绕“唤作竹篦则触，不唤作竹篦则背”的话头，经过几番举例问话后，最后上升到“唤作山河大地则触，不唤作山河大地则背”。魏道儒解释称：“在这里，宗杲以手持的竹篦为例，提出了哲学上的二律背反：如果唤它作竹篦，就是世俗化的认识，就与禅要契合的真理无关；如果不唤它作竹篦，或可符合佛教教义，但又与现实生活经验相违背。……通过参究‘话头’，达到这种二律背反式的困惑，是宗杲看话禅要达到的第一个目标。”（魏道儒：《中华佛教史 · 宋元明清佛教史卷》，山西教育出版社，2013年，第78－79页）

5 智闲擅长钻研佛典，灵佑为启发他，要他“父母未生时，试道一句看”，智闲长时间不得悟，直到一日割除草木偶抛瓦砾击竹作声，忽然省悟。参见（宋）普济著，苏渊雷点校：《五灯会元》中册卷九，中华书局，2020年，第536－537页。

6 与他一同在此次乡试中落第的好友陈继儒则“裂其冠，……结茆茅小昆山之阳”（《陈空青先生墓志铭》，陈继儒：《陈眉公集》下册，上海中央书店印行，1936年，第111页），以山人自居，从此绝仕途之念。

7 《容台别集》卷一，第565页。

8 《容台文集》卷二“《戏鸿堂稿自序》”，见《容台集》上册，第192页。

9 尤其是《抚州曹山本寂禅师语录》通常被简称为《曹洞语录》。杜继文认为，“偏”相当于宗密所谓的“事法界”，“正”相当于宗密所谓的“理法界”，“宾”“主”也分别相当于事（或用）、理（或体），正确的事、理关系，应该事理兼带，“不堕诸有，非染非净，非正非偏”；正确的主宾关系，应该如同“长江水与波”，“清风拂明月”。参见杜继文、魏道儒：《中国禅宗通史》，江苏人民出版社，2009年，第362－364页。

美”的期待相符。又董的挚友陈继儒称董“独好参曹洞禅，批阅永明《宗镜录》一百卷，大有奇悟”[1]，《宗镜录》系“集中精于法义的贤首、慈恩、天台三家学者参与讨论，由延寿以‘心宗’为准绳审定编辑”[2]而成，是倡导禅教、禅净融合的典范之作。

董49岁时，真可因“妖书”事件被捕入狱病逝，锦衣卫搜查真可书信时未发现董的书信，董称“此足以报观师（即真可）矣”[3]。同年憨山德清亦因“妖书”事件被发配至岭南，董为其画扇题诗赠别[4]，道开亦为避祸引退。

总的来说，董其昌青年时期参禅下过苦功夫。从时间上比较，虽然董学禅、学画大约同时，但是董在青年时期参禅即达到一定的境界，而他在绘画创作上的成熟则是在中、晚年时期，因此笔者认为，董对禅的悟入要早于对画的悟入，他有时机、条件将禅的思维方式运用到绘画中去。

二　仿古：参公案、话头

董其昌论画时多次将临仿古画比喻为参禅或出入法门，于董而言，古代画家的皴法、笔墨，就如同禅家的公案、话头，学人通过参公案、话头悟禅，董则通过参悟古代画家，尤其是“南宗”画家的皴法、笔墨，领悟画之真谛，亦即他所说的“画禅”。

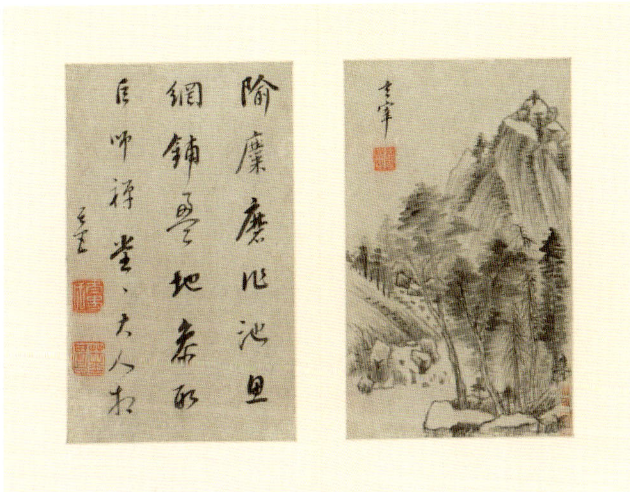

图2　山水图册之仿巨然山水图页　明　董其昌　故宫博物院藏

董其昌在画禅室与客同观新获得的巨然《松阴论古图》轴，并于夜秉烛仿画两幅，天明以示客，客赞曰：“君参巨公禅，几于一宿觉矣。”[5]将董仿巨然画比作参禅，并借用“一宿觉”的典故[6]来称赞董参仿巨然画于一宿觉悟。此外，董自题《山水图》册（故宫博物院藏）“仿巨然山水图”页〔图2〕对开曰：“参取巨师禅，堂堂大人相。”董自题《钟贾山望平原村图》卷（故宫博物院藏）曰：“出入惠崇、巨然两梵法门，以俟同参者评之。”董称自己临仿巨然、惠崇画为参禅或出入法门。

董称仿古如参禅，他所针对的并非仅是画僧巨然、惠崇，亦包括一般性（非僧人或居士）画家，如董67岁《仿古山水图》册（故宫博物院藏）“仿杨昇没骨山水图”页〔图3〕对开自题将张僧繇没骨山、王洽泼墨

1　（明）陈继儒：《容台集叙》，见《容台集・附录》，第725页。

2　《中国禅宗通史》，第390－391页。

3　《容台别集》卷一，第567页。

4　董其昌：《画扇赠别憨师戍岭表》，收于《容台集》卷四，第137页。

5　董其昌：《画禅室随笔》卷二，见《中国书画全书》第5册，第146页。

6　唐永嘉玄觉参访六祖慧能得其印可，被留一宿，时人谓之“一宿觉”。

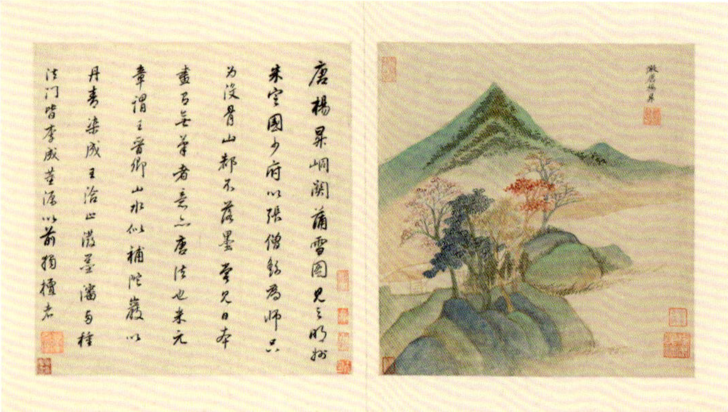

图3 仿古山水图册之仿杨昇没骨山水图页 明 董其昌 故宫博物院藏

比喻为“两种法门”等。

禅家参公案、话头的思维方式，对董其昌参仿古画有深刻影响。公案是指祖师、大德在接引学人时所作的问答，或具有启发意义的动作，话头则是指公案中的答话。参话头自宋临济宗大慧宗杲倡导以来，对禅宗的参悟方式影响颇大。宗杲称“夫参学者，须参活句，莫参死句”[1]，所谓活句，系相对死句而言，是指不能从字面上理解、充满玄妙机锋而能启悟人的话头[2]。

董对参话头有深刻体悟，曰：“（禅宗）不知何年始于参话头……及得彻悟，又将一千七百烂葛藤，一一无疑，始为稳坐。”[3]“一千七百烂葛藤”即一千七百则公案。对于古画，董主要参悟的应是皴法。董41岁题王维（传）《江山雪霁图》卷（日本私人藏）称：“凡诸家皴法，自唐及宋，皆有门庭，如禅灯五家宗派，使人闻片语单辞，可定其为何派儿孙。”虽然董据此认为赵孟頫《雪景》系学王维十分主观，但是可见皴法是他参悟古画的关键法门，也是他倡导“南北宗论”的主要依据。另董《画禅室随笔》曰：“画中山水位置皴法，皆各有门庭，不可相通。”[4]亦指出皴法在分别门庭中的关键作用。于董而言，“南北宗”诸家之皴法、笔墨，又何尝不如同禅宗祖师的则则公案、话头？

董74岁撰《墨禅轩说》引禅家“须参活句，莫参死句”[5]语，比喻参悟古代书法，不应参“死”的碑帖而应参“活”的书法真迹。“参活句”的思维方式对董的绘画亦有影响，董参悟的古代画家虽然“南北宗”皆有涉及，但着重参悟的是“南宗”的王维、董巨、二米和黄公望，应与“南宗”诸家皴法、笔墨符合“活句”的特点有关，其参悟方式亦为“一超直入如来地”、顿悟式的活参，而非“积劫方成菩萨”、渐悟式的死参[6]。

三　仿而不似：见过于师，方堪传授

仿古既是董其昌习画之必要手段，亦为他作画之不二法门。自董青年时代始，他仿古绘画的一个明显特点即不拘泥于形骸之似，始终与所仿画家或画作保持一定的距离，这与禅家“见过于师，方堪传授”的思维方式相通。

董其昌42岁时为杨继礼作《燕吴八景图》册（上海博物馆藏），附页有画家后书跋曰：

1 （宋）蕴闻编：《大慧普觉禅师语录》卷一四，第869页。
2 参见《中华佛教史·宋元明清佛教史卷》，第77－78页。
3 《容台别集》卷一，第579页。
4 《画禅室随笔》卷二，第141页。
5 《容台文集》卷五，见《容台集》上册，第337页。
6 《画禅室随笔》卷二，145页。

夫师古者，非过古人之言也，不及古人之意也。见与师齐，灭师半德。见过于师，方堪传授。惟以造物为师，方能过古人，谓之“真师古”，不虚耳！

其中“见过于师，方堪传授”系引用了唐百丈怀海举示黄檗希运的公案：怀海问弟子希运以后是否要承嗣师祖马祖道一，希运答曰不然，今日只是因为怀海的举示而“得见马祖大机之用”，但是不识马祖，不嗣马祖。怀海表扬希运有“超师之见”，称“见与师齐，减师半德。见过于师，方堪传授”[1]，大意是说倘若学生的见识与老师一样，那么只能学到老师一半的德行；学生的见识只有超过老师，才能传承老师的衣钵。

董以“见过于师，方堪传授”参悟仿古绘画，应是受南宋严羽之影响。严羽倡导学诗者需以“汉、魏、晋、盛唐为师”，而不学开元、天宝以后的诗，称“学其上，仅得其中；学其中，斯为下”，如此才能算是“见过于师，仅堪传授”[2]。

董在《燕吴八景图》跋中，称师古不能拘泥于古人，只有以造化为师，见识胜过古人，才是“真师古”。董跋中还提到，自己素有画癖，“年来见荆、关（荆浩、关仝）之迹，多苦心仿之，自觉所得，仅在形骸之外”，称摆脱形骸之似只是自己仿古的初级目标；并称今后自己将在“饱参名岳，偃息家山”写生时，“但以意取，不问真似”，如此久之，以达到“驱役万象，镕冶六法”的境界。

下面拟以《燕吴八景图》中的两开实例来进行说明。“西山雪霁图”页〔图4〕自题称“仿张僧繇”，采用没骨法，即山体主要以石绿、白粉刷染，黑笔勾勒的轮廓线多被隐没于颜色内，不见皴法用笔，另有鹅卵形的小山石以石青、赭石染，树以朱笔写，树枝上以白粉勾点。董67岁作《仿唐杨昇没骨山水图》亦采用的是典型的没骨画法，但主要使用的是具有溶解性的植物颜料，注重颜色之间的过渡交融，山体以绿、青及赭黄色刷染，部分山头以浓汁绿点，对开董跋称：“唐杨昇《峒关蒲雪图》，见之明州朱定国少府，以张僧繇为师，只为没骨山，都不落墨。尝见日本画有无笔者，意亦唐法也。”董所见杨昇《峒关蒲雪图》应非真迹，南朝梁张僧繇创没骨山亦无依据[3]，张僧繇、杨昇分别作为没骨山水的创始者、继承者，应是在晚明被构建出来的。“西山雪

图4　燕吴八景图册之西山雪霁图页　明　董其昌　上海博物馆藏

1　参见（宋）普济撰，苏渊雷点校：《五灯会元·百丈怀海禅师》，中华书局，2020年，第131、132页。

2　（南宋）严羽撰，郭绍虞校释：《沧浪诗话校释·诗辨》，人民文学出版社，1983年，第1页。

3　唐代有建康（今南京市）凹凸寺门上以没骨法绘成的“凹凸花”系张僧繇画的传闻，因此将没骨山水的创始者也归为张僧繇。

图5　燕吴八景图册之西湖莲社图页　明　董其昌　上海博物馆藏

霁图”表现的是董在北京的居所舫斋所在西山之景[1]，应受雪过天晴西山实景之启发，山顶白色表现的是大雪，山体以明亮的石绿染及树以朱笔写表示初晴，表现的或为“快雪时晴”的画意。《快雪时晴帖》是东晋王羲之的名作，是董重点参悟的对象[2]，或许也正是因为如此，董所仿的是与王羲之时代更为接近的张僧繇而非杨昇。虽然董在创作“西山雪霁图”前是否看过“张僧繇”的没骨山现已无法知晓，但是可知，董并非“复制”了一幅他所看过的“张僧繇”的画作，而应是受没骨山古画、西山实景及相关文献启发，在该图中融入了晋唐古意，呈现了皴法产生之前山水画的面貌。

“西湖莲社图”页〔图5〕绘北京西山道中西湖长堤平远之景[3]，图中一长堤蜿蜒延伸将湖面分开，中间跨木桥一座，长堤两侧有荷叶、莲花及水草，堤上有杨柳，并有远山兀立，云雾缥缈，全画以汁绿蘸淡墨晕染，不强调皴法用笔。董虽未在自题中称仿自某家，但从上述色墨皴法特点及构图来看，应仿自北宋赵令穰的《湖庄清夏图》卷（美国波士顿艺术博物馆藏，图6）[4]。二图对比来看，赵图为长卷，而董图为团扇，董图截取了

图6　湖庄清夏图卷　北宋　赵令穰　美国波士顿艺术博物馆藏

1　该图册“舫斋候月图”页董自题称：“余旅长安，有小斋似舫子，唐元徵题为‘舫斋’。时同彦履过斋中，望西山朝暮之色。”

2　董其昌曰：“《快雪帖》相传为右军正书，今在真行之间，米老有小楷跋语，未知其论如何也。”《容台别集》卷三，第657页。

3　董自题称“绝类武林苏公堤，故名”。

4　虽然肖燕翼认为《湖庄清夏图》后董其昌诸跋均伪（参见肖燕翼：《赵令穰〈湖庄清夏图〉卷后董其昌书题辨伪》，收于肖燕翼：《古书画名家名作辨伪三十例》，浙江大学出版社，2019年，第182－189页），但是《湖庄清夏图》曾经董收藏，并且董“西湖莲社图”系仿自该图应无疑问。

赵图中的部分构图，将长堤左右蜿蜒延伸改为斜向上"S"形延伸，并增加了近景处的松树、坡陁，拄杖文人及远山等。董图虽然仿自赵图，但是参照了实景，通过改变构图、增删物象等方式与原图保持了较大的距离。

除《燕吴八景图》外，董自题仿李成寒林法的山水曰："李出于右丞（王维），故自变法，超其师门，禅家呵称'见过于师，方堪传授'者也。"[1]称李成学王维而有所变化，即属于禅家所说的"见过于师"。另董在50岁时所作《仿梅道人山水图》轴（浙江省博物馆藏）自题中亦提到"见过于师，方堪传授"，强调通过学吴镇的老师巨然而学吴。

类似的论画表述还见于董50岁题赵孟頫《鹊华秋色图》卷（台北"故宫博物院"藏），董称赵该图兼王维、董源二家画法，"有唐人之致去其纤，有北宋之雄去其犷，故曰师学舍短"，其中"师学舍短"与前述"见过于师"的理念相符。董并称倘若书家临古而不能摆脱形似，有所变化，即为"书奴"。

四　仿古门庭：合参与圆融

仿而不似是董其昌仿古绘画的基本特点，那么董如何做到仿而不似呢？前述董提到以造化为师，事实上，合参、圆融才是董"见过于师"更重要的法门，而合参、圆融的思维方式均主要来自禅。

禅家所谓合参，是指将两个或多个公案、话头放在一起参悟，如前述董其昌将"竹篦子话"和"香岩击竹"合参。丁福保《佛学大辞典》解释"圆融"称："若就分别妄执之见言之，则万差之诸法尽事事差别；就诸法本具之理性言之，则事理之万法遍为融通无碍，无二无别，犹如水波，谓为圆融。"[2]圆融是董参禅的重要特点，包括禅教融合、禅净融合及儒道释三教融合等。如前述董将禅家"意识不行"与《大学》"心不在焉"合参，是为释儒融合；陈继儒称董批阅禅教、禅净融合的典范之作《宗镜录》而"大有奇悟"；等等。

董其昌将合参广泛地运用到仿古绘画之中，其中最主要的表现即"沿流讨源"[3]。董48岁自题《葑泾访古图》轴（台北"故宫博物院"藏，图7）称，董与同年顾际明一同自槜李（今浙江嘉兴市一带）归，途中因遇雨宿于葑泾，遂"捡古人名迹，兴至辄为此图"，明确提及为即兴仿古之作，陈继儒题该图称"此北苑兼带右丞"，指出该图系仿董源兼带王维。董43岁时相继获得董源《潇湘图》卷（故宫博物院藏）、《龙宿郊

图7　葑泾访古图轴　明 董其昌
台北"故宫博物院"藏

1 《容台别集》卷四，第683页。

2 丁福保：《佛学大辞典》，财团法人佛陀教育基金会出版部，1989年，第2337页。

3 董跋唐孙过庭《千字文》时称，该书法结字"犹存汉魏间法，盖得之章草为多"，"乃知作楷书必自八分大篆入门，沿流讨源，见过于师，方堪传授"，并称学孙过庭需要自王羲之求之。参见《画禅室随笔》卷一，第138页。

图8 龙宿郊民图轴五代董源 台北“故宫博物院”藏

民图》轴（台北“故宫博物院”藏）[1]，此前41岁时从冯梦桢处借得冯新购的王维（传）《江山雪霁图》，在家中观摩长达七个月后并请求延期归还[2]。董其昌《葑泾访古图》在整体山石构图、皴法及树的画法上，应较多地受到了董源《龙宿郊民图》〔图8〕的影响。就整体山石构图而言，董源图中近景处的坡陁高树在董其昌图中被强调、放大；董源图中左侧的水域、矮山及平远之景，在董其昌图中被挪至中段；董源图中逶迤而上的山势，在董其昌图中则被集中在了画面上部，并被简化为前后遮挡的三四大分合，董源图中平远、深远的透视感被减弱甚至趋于消失。此外，董其昌图中的山石皴法，以吸收董源密集、湿润的披麻皴为主；董其昌图中山脚处多碎石的特点及树的画法，也明显是受到了董源图的影响。同时在皴法及局部细节上，董其昌《葑泾访古

a 葑泾访古图　　b 江山雪霁图

图9 山石局部及枯树画法比较

1 参见二图董跋。

2 冯梦桢记万历二十三年（1595）七月十三日接董其昌来函求借观王维《江山雪霁图》，第二年二月十日又接董来函，要求宽限时日容后归还王维该图。参见（日）古原宏伸编：《董其昌の書畫》，东京二玄社，1981年，no.29、31；刘晞仪：《董其昌书画鉴藏题跋年表》，收于 Wai-kam Ho, Judith G.Smith, *Tung Ch'i-ch'ang 1555-1636*, volume Ⅱ, The Nelson-Atkins Museum of Art, The University of Washington Press, P.492.

图10 仿梅道人山水图轴 明 董其昌 浙江省博物馆藏

图11 宋元人缩本画册之摹吴镇山水图页 明—清 佚名 台北“故宫博物院”藏

图》也体现了王维（传）《江山雪霁图》的特点，如董其昌图中的皴法也兼带王维（传）图中稀疏直皴的特点，董其昌图中段左侧山石及枯树画法也与王维（传）图亦较为相似〔图9〕等。

董50岁自题《仿梅道人山水图》轴（浙江省博物馆藏，以下简称浙博本，图10）称，他于元四家中独不习吴镇，但是因为吴镇学巨然，自己也学巨然，故该图也能似吴镇，并称“古人云：‘见过于师，方堪传授。’良有以也”。这里的“师”指的是吴镇，董通过吴的老师巨然而学吴，因此算得上是“见过于师”。董在自题中未说仿自吴何画，董其昌跋《宋元人缩本画》册（又名《小中现大》册，台北“故宫博物院”藏）系对宋元古画较为忠实的摹本[1]，其中有摹吴镇画三件，对比可知浙博本与其中“摹吴镇山水图”页〔图11〕较为相似：中间山峰突兀而立，山石以长及中长线条的披麻皴为主，山顶及近景坡陁顶部布满墨点的矾头，仅墨线勾勒轮

1 该图册所临摹古画中，范宽《溪山行旅图》轴、传巨然《雪图》轴，现藏于台北“故宫博物院”，对比可知是较为忠实的摹本，故判断该图册的“其他原作佚失的宋元画摹本，亦是可信的资料”。参见（日）古原宏伸撰，王建康译：《有关董其昌〈小中现大册〉两三个问题》，收于《董其昌研究文集》，第595页。

图12　仿王洽、李成山水图轴　明　董其昌
上海博物馆藏

廓的简笔屋舍画法则见于该图册中的“摹吴镇烟江叠嶂图”页。相比较而言，浙博本在山势分合上更简洁明了，没有了吴镇原作中山势的蜿蜒动态及小山石的细碎累积，中近景的坡陁、树石、屋舍桥梁等的画法也都变得简洁。董在“摹吴镇山水图”对开题跋曰：“巨然衣钵，唯吴仲圭（吴镇）传之，此图不当作元画观，乃北宋高人三昧。”称吴镇该图不应作元画观，而应在其中看到巨然的笔墨真谛，这与浙博本中董自题中所说的“见过于师”一致。另据浙博本董再题，该图还受到了实景的启发[1]。

董其昌亦有将同类技法合参者。董48岁时从项德明处得赵孟頫《鹊华秋色图》[2]，之前家藏有赵伯驹《春山读书图》和赵令穰《江乡清夏图》（即《湖庄清夏图》），于是“兼采三赵笔意”为一图，并称“然赵吴兴（赵孟頫）已兼二子，余所学则吴兴为多也”[3]。上述三赵图均为青绿山水，虽然其中赵伯驹属于“北宗”，但是董认为他“精工之极，又有士气”[4]，故也是董学习的对象。

米芾、高克恭写云山法可追溯至董源，因此董其昌也有合参董源、米、高的画作，如《容台别集》称：“赵令穰、伯驹、承旨三家合并，虽妍而不甜；董源、米芾、高克恭三家合并，虽纵而有法。两家法门，如鸟双翼。吾将老矣。”[5]“三家合并”即三家合参之意，“两家法门”则分别体现了董对用色、用墨的参悟。

董对墨的参悟也体现在对王洽、李成画的合参上。董《画禅室随笔》曰：“李成惜墨如金，王洽泼墨沈成画。夫学画者，每念惜墨泼墨四字，于六法三品，思过半矣。”[6]此段论述应为董仿王洽、李成画上的题跋。董自题《仿王洽、李成山水图》轴（上海博物馆藏，图12）曰：“王洽泼墨，李成惜墨，两家合之，乃成画诀。”该图用墨略显滞重，然而墨色简练厚重、大片留白的表现方式体现了画家对泼墨、惜墨合参的探索。

董其昌将圆融的思维方式运用到仿古绘画中，主要体现为集大成和诗画禅融合的创作思想。董有一段如何学画的豪言壮语，称“画平远师赵大年（赵令穰），重山叠嶂师江贯道（江参），皴法用董源麻皮皴及《潇湘图》点子皴，树用北苑（董源）、子昂（赵孟頫）二家法”等，强调要“集其大成，自出机杼”，[7]明确

1　董三年后再题该图称“同观者吴充符，汪履康、履泰，皆游画中山也”，故知该画创作亦受到实景启发。
2　参见该图董跋。
3　《容台别集》卷四，第685页。
4　《容台别集》卷四，第709页。
5　《容台别集》卷四，第678页。
6　《画禅室随笔》卷二，第140页。
7　《容台别集》卷四，第674页。

地体现了集大成的创作思想。

董亦注重诗画禅融合。如董49岁时德清受“妖书”牵连被发配岭南，董画扇赠别并题诗曰：“参得黄梅岭上禅，魔宫虎穴是诸天。赠君一片江南雪，洗尽炎荒瘴海烟。”[1]原画不存，从赠诗来看，画家通过描绘江南荒寒枯寂的冬季之景，表现了山河大地一片空寂的禅意，画家试图洗净的，不只是岭南荒蛮之地的烟瘴，更是萦绕在受画者心里的烟瘴。另如笔者曾撰文对董53岁时所作的《〈渔翁〉诗意图》进行个案研究，认为其中诗画之转化方式、画中空寂意境之呈现，皆契合了禅的思维方式和理趣[2]。

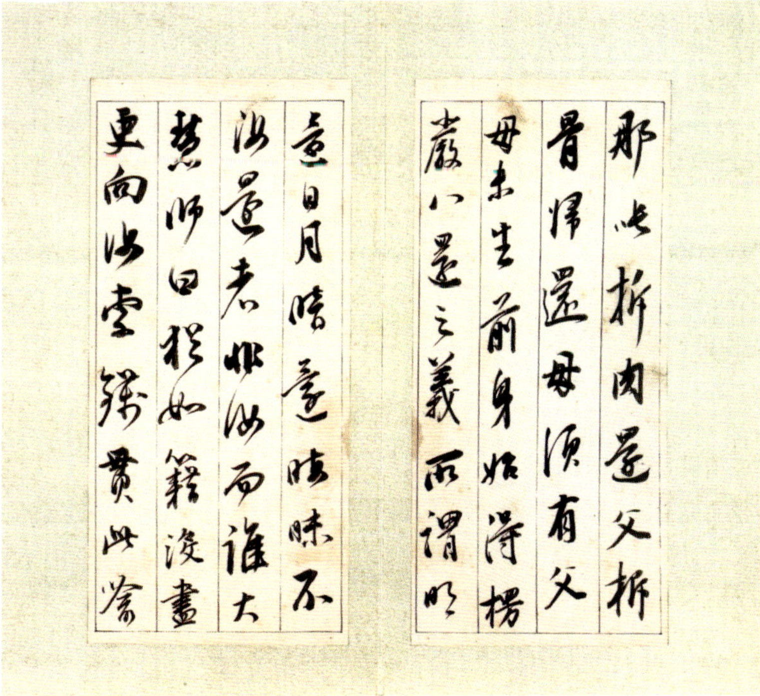

图13 论书册（之一） 明 董其昌 台北“故宫博物院”藏

五　不合而合：拆肉还父，拆骨还母

董其昌59岁及以后多次在论书中引用禅家“拆肉还父，拆骨还母”的典故，其所阐述的理趣与董“画须熟外熟”等绘画理论相似，体现了董其昌晚年绘画所追求的境界。

董其昌59岁时书《论书》册〔图13〕曰：

> 哪吒拆肉还父，拆骨归还母，须有父母未生前身，始得《楞严》“八还”之义，所谓明还日月，暗还晦昧，不汝还者，非汝而谁！大慧师曰，犹如籍没尽，更向汝索钱贯。……此语余以论书法，待学得右军（王羲之）、大令（王献之）、虞（虞世南）、褚（褚遂良）、颜（颜真卿）、柳（柳公权），一一相似，若一一还羲、献、虞、褚、颜、柳，譬如籍没还债已尽，何处开得一无尽藏。

据佛教典籍，哪（那）吒系北方毗沙门天王之太子，五代、宋时他“拆肉还父，拆骨还母”的故事被当作公案在禅家丛林中流传。《景德传灯录》记南唐宋初法眼宗德韶禅师上堂，有僧问：“哪吒太子析肉还母，析骨还父，然后于莲华上为父母说法，未审如何是太子身？”德韶答：“大家见上坐问。”从其后僧“恁么即大

1 《容台集》卷四“《画扇赠别憨师戍岭表》”，第137页。

2 参见王中旭：《董其昌的诗画禅：〈《渔翁》诗意图〉研究》，《湖北美术学院学报》，2020年第2期。

千同一真如性也”的答话来看，德韶实际上是说彼时的哪吒身和上座一样，皆为真如之性、清净法身[1]。哪吒因此被收入《五灯会元・西天东土应化圣贤》中[2]。《楞严》“八还”包括“明还日月”“暗还晦”“顽虚还空”“清明还霁”等，不能还的，即为自己之清净法身。董将禅家此思维运用到书法中，意即书家在向王羲之父子、虞世南等学习之后，再将学习到的一一还给他们，那么还剩下的，即书家之本色。

“拆肉还父，拆骨还母”还见于董其昌60岁、64岁的论书中。董60岁称“书家妙在能合，神在能离”，“离”不仅是要与欧阳询、虞世南等不似，而是“直欲脱去右军老子习气”，即源头、祖师也要脱去，称这才是禅家所谓的“哪吒拆骨还父，拆肉还母”[3]。董64岁自题《临柳公权书兰亭诗》卷（故宫博物院藏）称，书法自颜真卿始一变，柳公权继之，该变化即“如哪吒拆肉还母，拆骨还父，自现一清净法身也”。

董对“拆肉还父，拆骨还母”的参悟亦受严羽之影响，严羽称受宗杲“参禅精子”影响，自己也是“参诗精子”，并尝对李友山说：“吾论诗，若哪吒太子析骨还父，析肉还母。”[4]

笔者认为，“拆肉还父，拆骨还母”的思维同样也可以用到董其昌的仿古绘画中，即先努力向董源、黄公望等诸家，包括祖师王维学习，然后再一一脱去，最后剩下的，即画家之本色，或称清净法身。

董有一段论画文字颇为晦涩，曰：“画与字各有门庭。字可生，画不可熟。字须熟后生，画须熟外熟。”[5]其中书法须在熟练后转向生涩比较好理解，“画须熟外熟”则颇为令人费解，笔者直到读到董其昌论倪瓒、丁云鹏画的两段文字，才有所感悟。董称：“盖倪迂书绝工致，晚年乃失之，而聚精于画，一变古法，以天真幽淡为宗，要今所谓‘渐老渐熟’者。”[6]称倪瓒晚年画以天真幽淡为宗，即所谓的“渐老渐熟”。又董50岁以后[7]题丁云鹏《白描罗汉》称：“诗文书画，少而工，老而淡，淡胜工，不工何以能淡？东坡云：‘笔势峥嵘，文采绚烂，渐老渐熟，乃造平淡。’实非平淡，绚烂之极也。”[8]如此，董所谓“画须熟外熟”的意思也就明了了，是指画须渐老渐熟，由绚烂臻于平淡，而平淡、自然也正是董所谓的清净法身和本色。

董其昌论书类似的表述还有“从门入者，不是家珍”“妙在能合，神在能离”等。董60岁书《论书》册所录文字称，苏轼听说章子厚日临《兰亭》一本，诋之曰：“从门入者，非是家珍！”称子厚书必不高，指出此句系唐岩头全豁向雪峰义存语，并录岩头语曰：“汝向后欲播扬大教，须一一从自己胸中流出，盖天盖地去始得。”岩头举示的公案见于《碧岩录》，原句为：“从门入者，不是家珍，须是自己胸中流出，盖天盖地，方有少分相应。”[9]对照可知董并非原引，而是有所篡改，原句是说开悟的关键在于本身之佛性而非师者门庭，

1 （宋）道原著，顾宏义译注：《景德传灯录译注》卷二五，上海书店出版社，2013年，第1943页。

2 北宋也有高僧对其出处表示怀疑，如善卿编正《祖庭事苑》曰：“丛林有析骨还父、析肉还母之说，然于乘教无文，不知依何而为此言，愚未之知也。”见《续正藏》第64册，第399页下栏。

3 《画禅室随笔》卷一，第129页。

4 《沧浪诗话校释・附录》，第253页。

5 《容台别集》卷四，第674页。《画禅室随笔》卷二亦录此条，但是称“画须生外熟”，误。

6 《容台别集》卷四，第679页。

7 笔者曾考证万历三十二年（1604）丁云鹏重回吴中，其绘画风格与年轻时大不相同，被董其昌评为“画中有禅”（参见王中旭《丁云鹏〈释迦思惟出山像考〉——兼谈丁云鹏晚岁画中的“枯木禅”》，《美术研究》2018年第2期），董题丁云鹏《白描罗汉》应是在该年，亦即董50岁以后。

8 “渐老渐熟”源自苏轼，《竹坡诗话》曰：“东坡尝有书与其侄云：‘大凡为文，当使笔势峥嵘，文采绚烂，渐老渐熟，乃造平淡。’余以不但为文，作诗者尤当取法于此。”［（南宋）周紫芝：《竹坡诗话》，《文渊阁四库全书》第1480册，第674页］

9 （宋）重显颂古，克勤评唱：《佛果圜悟禅师碧岩录》卷一，《大正藏》第48册，第145页上栏。

参悟者须向自身内心寻求，这样方能与天地有少分相应，董将末句改为“盖天盖地去始得”，称要与天地一切“相去”。前述董60岁称“书家妙在能合，神在能离”，意即书家与古人相合只能达到妙品，与古人能离方能臻于神品，那么“盖天盖地去始得”应是指与包括天地在内的一切相去、相离才能有所得。

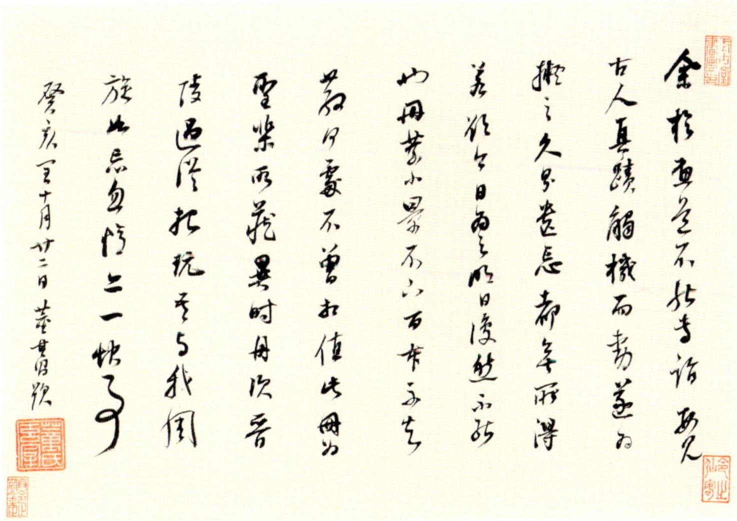

图14　《山水图》册自跋　明　董其昌　故宫博物院藏

董69岁题两年前所作《山水图》册（故宫博物院藏，图14）曰：“余于画道不能传诣，每见古人真迹，触机而动，遂为拟之，久则遗忘，都无所得。若欲今日为之，明日复然，不能也。”其中“久则遗忘，都无所得”应即“拆肉还父，拆骨还母”后的“神在能离”。该图册现存七开，除其中一开注明系仿自“米家山”外，其余均未注明仿自某家。每开均构图简洁、

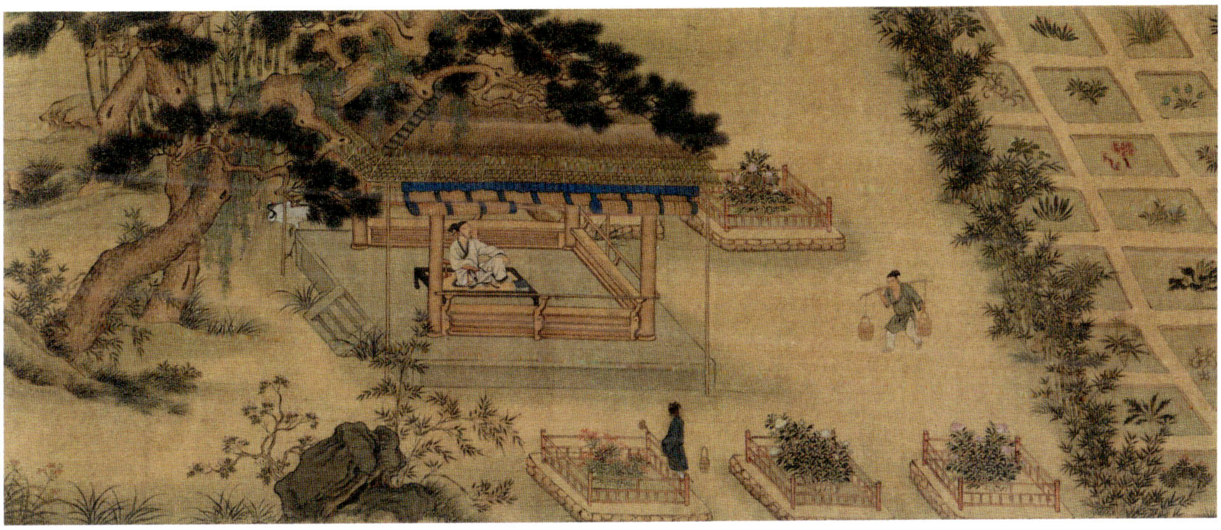

图15　摹宋人独乐园图卷　局部　明　仇英　美国克利夫兰艺术博物馆藏

图16　昼锦堂图并书记卷　明　董其昌　吉林省博物馆藏

图17 仿古山水图册之青绿山水图页 明 董其昌 美国纳尔逊艺术博物馆藏

笔墨率意，仿古而不拘泥于古人，应主要是“遗忘”、相“离”后的笔墨意象，因此呈现的也主要是董秀雅、真率的本家笔法。董曾见仇英《摹宋人独乐园图》卷（美国克利夫兰艺术博物馆藏，图15），并仿作《昼锦堂图并书记》卷（吉林省博物馆藏，图16），自题称“盖画院界画楼台，小有郭恕先、赵伯驹之意，非余所习。兹以董北苑（董源）、黄子久（黄公望）法写《昼锦堂图》，欲以真率当彼巨丽耳”。对比仇英摹本和董该图，可知两本构图、风格均差异极大，一线条精工秀雅，一笔墨真率秀润，二本相通的，除青绿设色外，大概就是文人清雅、隐逸的趣味了，董自题中的“当彼巨丽”的“真率”，亦应即董的本色和清净法身。笔者认为，董画越到晚年，与所仿画家或原作的差距就越大，本家笔法的特点也就越明显，此亦即“拆肉还父，拆骨还母”、超越“妙在能和”之后的“神在能离”吧。

除在绘画笔墨、风格上追求遗忘、相离外，董其昌晚年也强调画上所题诗文不必与画合。董67至70岁所作《仿古山水图》册（美国纳尔逊艺术博物馆藏）其中一开青绿山水〔图17〕上董书明杨慎《雨中遣怀曲》一首，并在末尾称“玄宰（董其昌）书以题画，不必与画有合”。结合上述董“拆肉还父，拆骨还母”“妙在能合，神在能离”的论述，就能对董此话有进一步的理解：对于晚年的董而言，诗与画合仅是“妙在能合”，不合方为“神在能离”，当然这里的不合并非指诗、画真的毫无关联，而是指诗、画在理趣上相合，从而达到不合而合的境界。该图中董录杨慎《雨中遣怀曲》曰：“霁雨带残虹，映斜阳一抹红。楼头画角收三弄，东林晚钟，南天晓（原文应为‘晚’）鸿。黄昏新月弦初控，望长空，披襟谁共？万里楚台风。”该曲中“残虹”“一抹红”与画中山水的青绿颜色相合，“霁雨”与画中秀雅湿润的笔墨、山间萦绕的云雾相合，当然，董主要所取的，应该是曲、画在文人情怀、意趣更深层次上的契合，并在画中融入了自己的情怀，将曲中杨慎被贬戍滇南的悲凉、伤感，转化为了亦官亦隐文人的闲散、清逸。此外，笔者认为曲、画上的相合，也在于表现的是同一季节。杨慎曲中没有明确提到表现的是何季节，但是杨慎曲应是受到了王安石《千秋岁引・秋景》的影响，杨曲中提到的“画角”“楚台风”在王安石词中均有出现，王词明确提到表现的是秋景，秋季亦与杨曲悲凉的气氛相合。董对此应深有体会，他在该图中描绘的应是秋季雨后之景，这亦与晚明通常以与水墨相融的淡青绿表现秋景相符。

六 结 语

董其昌学禅和学画大约同时，但是董在青年时期参禅即达到一定的境界，他对禅的悟入要早于他对画的悟入。董屡次将自己在作画上仿古比喻为参禅或参悟法门，于董而言，“南北宗”诸画家的皴法、笔墨，就像是禅宗中的则则公案、话头，而董着重参悟“南宗”画家的皴法也与禅家参活句的思维方式相似。

自董青年时代始，他仿古绘画的一个基本特点即仿而不似，这与禅家“见过于师，方堪传授”的思维方式相通。除董自己所提的师法造化外，合参和圆融才是董在绘画上仿而不似更为重要的法门。董59岁及以后多次在论书中引用禅家“拆肉还父，拆骨还母”的典故，其所阐述的理趣与董“画须熟外熟”“妙在能合，神在能离”等绘画理论相似，体现了他晚年绘画所追求的境界。

概而言之，笔者认为禅的思维方式对董其昌绘画理论及创作有深刻影响。在董之后，仿古绘画经由清初四王的演变，日益趋于形式化并最终没落，其中一个重要原因应即脱离了董画中所融入的禅的思维方式及内在理趣。

（本文受“国家高层次人才特殊支持计划青年拔尖人才”资助）

（作者单位：故宫博物院书画部）

明代司礼监提督太监小考*

Eunuch Superintendents at the Ming-Dynasty Directorate of Ceremonial

赵晶

Zhao Jing

内容提要：

明代司礼监提督太监地位清贵，但不及司礼监掌印、秉笔、随堂诸太监，其职权主要是管理宫廷书籍和书画收藏，兼掌内书堂及经厂。其地位清贵的最主要原因是其掌管了明代宦官教育机构内书堂。《明史》纂修者误解了《酌中志》中有关司礼监提督的叙述，将司礼监监官、典簿误为其手下，并将监官、典簿的职能植入司礼监提督名下，拔高了司礼监提督的地位。提督被列入司礼监特定职级序列之一种，其时间当不早于嘉靖时期。除了司礼监提督外，其他太监带"提督"之称的均系使职差遣，其职务高低需看提督者本身所带职衔。

关键词：

《明史》　《酌中志》　司礼监提督　司礼监掌印

ABSTRACT:

In the Ming dynasty (1368-1644), eunuch superintendents (Tidu taijian) at the Directorate of Ceremonial (Sili jian) enjoyed an elegant and prestigious status, which, nevertheless, was still inferior to the grand eunuch bearing seal (Zhangyin taijian), grand eunuch wielding brush (Bingbi taijian), and eunuch handling affairs (Suitang taijian). Eunuch superintendent oversaw the imperial court's bibliography, calligraphy, and painting collections, while managed the palace school for eunuchs (Nei shu tang) as well as Classics Depository (Jingchang). Among all the duties, it was the management of the eunuch school that gave the post most of the privilege. The compilers of *History of the Ming* (Mingshi) misunderstood the text in *A Eunuch's Unbiased Description and Observation of the Court Institutions, Events, and Policy Processes* (Zhuozhong zhi) regarding eunuch superintendent in that official for rituals (Jian guan) and archivist (Dianbu) were wrongly categorized as his subordinates while their duties transferred as part of those of eunuch superintendent, resulting in the elevation of his official status. The post of superintendent, as one of the designated ranks of the institution, appeared no earlier than the Jiajing period (1522-1566). Except for this specific title, all other eunuchs with the title of "superintendent" were dispatched with assigned tasks, and their status depended on the title of official rank of the title bearer.

KEYWORDS:

History of the Ming (*Mingshi*), *A Eunuch's Unbiased Description and Observation of the Court Institutions, Events, and Policy Processes* (*Zhuozhong zhi*), eunuch superintendent at the Directorate of Ceremonial (*Sili jian*), grand eunuch bearing seal (*Zhangyin taijian*)

* 本文受浙江大学中央高校基本科研业务费资助。本文初稿完成于 2012 年，2012 年末至 2013 年初曾以《〈明史·职官志〉正误一则》为题投稿，未获刊用，2021 年曾对此文加以修订。经有关学者告知，王泉伟先生 2013 年曾在日本《爱知论丛》发表《论明代司礼监提督太监》一文，亦讨论了司礼监提督太监的情况。笔者拜读后认为，虽然本文部分内容王文已有所涉及，特别是已指出了司礼监提督位在掌印之下但关于司礼监提督太监的情况仍有值得进一步讨论的空间，本文仍有一定的价值，读者也可两相参看。

明代的宦官机构主要包括十二监、四司、八局，俗称“二十四衙门”。监的地位高于司、局，十二监中又以司礼监地位最为尊崇，统领各宦官机构。司礼监中有提督太监一人，属于高级宦官，在清代文献中，长期将其列为司礼监的最高长官，对其职权范围的描述亦有错误。对此，王泉伟曾著文讨论，[1]王文指出了司礼监提督位在掌印之下的事实，但关于司礼监提督的地位、管辖范围以及《明史》致误的原因等，仍有值得商榷探讨之处。另外，包括司礼监在内的明代宦官机构中，带有“提督”之称的太监不止一人，职掌各不相同，亦需加以厘清。

一 司礼监的最高长官是提督还是掌印

关于司礼监的官员设置及职掌，《明史·职官三》载：

> 司礼监，提督太监一员，掌印太监一员，秉笔太监、随堂太监、书籍名画等库掌司、内书堂掌司、六科廊掌司、典簿无定员。提督掌督理皇城内一应仪礼刑名，及钤束长随、当差、听事各役，关防门禁，催督光禄供应等事。掌印掌理内外章奏及御前勘合。秉笔、随堂掌章奏文书，照阁票批朱。掌司各掌所司。典簿典记奏章及诸出纳号簿。[2]

《明史·职官志》排比司礼监诸重要宦官及其职权，排位最前的是提督太监，其下是掌印太监，再下则秉笔、随堂诸太监，提督太监俨然成为司礼监首珰。清代不少官方文献在介绍明代宦官情况时均沿用了《明史》的记载，如《续通志》谓：

> 明置十二监、四司、八局。司礼监，提督太监一人，掌督理皇城内一应仪礼刑名，及钤束长随当差听事各役，关防门禁，催督光禄供应等事。掌印太监一人，掌理内外章奏及御前勘合。又秉笔太监、随堂太监，掌章奏文书，照阁票批朱，无定员。书籍名画等库、内书堂、六科廊俱有掌司、典簿，亦无定员。[3]

《续通典》载：

> 明司礼监，提督太监一人，掌印太监一人，又有秉笔太监、随堂太监、书籍名画等库掌司、内书堂掌司、六科廊掌司、典簿无定员。提督掌督理皇城内一应仪礼刑名，及钤束长随当差听事各役，关防门禁，催督光禄供应等事。掌印掌理内外章奏及御前勘合。秉笔、随堂掌章奏文书，照阁票批朱。掌司各掌所

1 王泉伟：《论明代司礼监提督太监》，《爱知论丛》（日本）2013年（95号）。

2 （清）张廷玉等：《明史》卷七四《职官三》，中华书局，1974年，第1818－1819页。

3 （清）嵇璜、刘墉等：《钦定续通志》卷一三六，《景印文渊阁四库全书》394册，台湾“商务印书馆”，1986年，第232页。

司。典簿典记奏章及诸出纳号簿。宦官之有权而职重者也。[1]

《日下旧闻考》谓:

> 司礼监,提督太监一员,掌印太监一员,秉笔太监、随堂太监、书籍名画等库掌司、内书堂掌司、六科廊掌司、典簿无定员。提督掌督理皇城内一应仪礼刑名,及钤束长随当差听事各役、关防门禁、催督供应等事。掌印掌理内外章奏及御前勘合。秉笔、随堂掌章奏文书照阁票批朱。掌司各掌所司,典簿典记奏章诸出纳号簿。[2]

受上述文献的影响,今天的不少学者在介绍明代宦官制度时多加以沿袭。如南炳文、汤纲著《明史》谓:

> 在宦官二十四衙门中权力最大,最值得重视的是司礼监。其主要人员有提督太监一员,掌印太监一员,秉笔、随堂太监八、九员。提督太监掌管全部大小宦官,掌印掌理内外章奏及御前勘合。秉笔、随堂掌章奏文书,照阁票批朱。[3]

温功义《明代宦官》谓:

> 司礼监。设有提督太监一员,掌印太监一员,秉笔太监、随堂太监、书籍名画等库掌司、内书堂掌司、六科廊掌司以及典簿等俱无定员。提督太监掌督皇城内一应仪礼、刑名,及钤束长随、当差、听事各役,关防门禁,催督光禄供应等事。掌印太监掌理内外章奏及御前勘合。秉笔、随堂太监掌章奏文书,照阁票批朱。掌司各掌所司。典簿典记奏章及诸出纳号簿。司礼监由于有督理皇城内一应仪礼刑名的规定,暗中寓有管辖其他各监、司、局等内监衙门的权力……因此,有明一代,内监们最为热切争夺的职务便是司礼监中的提督太监。[4]

余华青《中国宦官制度史》称:

> 司礼监设提督太监一人,掌督理皇城内一应仪礼刑名,及钤束长随、当差、听事各役,关防门禁,催督光禄供应等事;掌印太监一员,掌理内外章奏及御前勘合;秉笔太监、随堂太监无定员……掌章奏文

---

1 (清)嵇璜、刘墉等:《钦定续通典》卷三一,《景印文渊阁四库全书》639册,台湾"商务印书馆",1986年,第464页。

2 (清)于敏中等:《日下旧闻考》卷三九,北京古籍出版社,1983年,第618页。

3 南炳文、汤纲:《明史》,上海人民出版社,2003年,第250页。

4 温功义:《明代宦官》,紫禁城出版社,2010年,第3页。

书、照阁票批朱。[1]

《明史·职官志》虽然将司礼监提督置于掌印之上，但却与《明史》其他地方的记载相矛盾。《明史·冯保传》记载了万历初年最有权势的大宦官冯保获得司礼监最高职位的过程：

> 冯保，深州人，嘉靖中为司礼秉笔太监，隆庆元年提督东厂兼掌御马监事。时司礼掌印缺，保以次当得之，适不悦于穆宗，大学士高拱荐御用监陈洪代保，由是疾拱。及洪罢，拱复荐用孟冲，冲故掌尚膳监者，例不当掌司礼，保疾拱弥甚，乃与张居正深相结，谋去之。……穆宗甫崩，保言于后妃，斥孟冲而夺其位，又矫遗诏令，与阁臣同受顾命。及帝登极，保升立宝座旁不下，举朝大骇。保既掌司礼又督东厂，兼总内外，势益张。[2]

冯保嘉靖中为司礼监秉笔太监，隆庆元年以司礼监秉笔太监之职提督东厂兼掌御马监，其地位仅次于司礼监掌印太监，隆庆间他两度有机会获得司礼监掌印之职，均因首辅高拱的干预而未成功。冯保因此深恨高拱，并与张居正交结。直到穆宗驾崩后，冯保方通过手段赶走孟冲，获得司礼监掌印之职，成为地位最高的宦官。随后他又与阁臣同受顾命，得以"兼总内外"。很明确，宦官中司礼监掌印太监地位最为尊崇，冯保必欲得之为快，并不存在一个地位在其之上的提督太监。

继冯保之后最有权势的太监当是天启时期的魏忠贤，魏氏权倾朝野，至有"九千岁"之称，他的职务又是怎样的呢？据《明史·魏忠贤传》，熹宗即位，魏忠贤"自惜薪司迁司礼监秉笔太监兼提督宝和三店"，[3]天启三年又"兼掌东厂事"，[4]所以其最后职务为司礼监秉笔太监兼掌东厂事，这与冯保升掌印之前职衔相同。魏忠贤虽然权势熏天，但并非职衔最高的宦官，职位在其上的是王体乾。《明史·王体乾传》载：

> 体乾，昌平人，柔佞深险。熹宗初，为尚膳太监，迁司礼秉笔。王安之辞司礼掌印也，体乾急谋于客、魏夺之，而置安于死。用是，一意附忠贤，为之尽力。故事，司礼掌印者位东厂上。体乾避忠贤，独处其下，故忠贤一无所忌。[5]

王体乾为司礼监掌印太监，其职位本在魏忠贤之上，但他获得这个职位是得到了魏忠贤和客氏的帮助，故他对魏忠贤曲意逢迎，甘愿处在其下，这也使得魏忠贤毫无顾忌。这同样说明并不存在一个位在司礼监掌印、秉笔之上的提督太监，否则魏忠贤岂能"一无所忌"？无论是冯保还是王体乾，所争者都是司礼监掌印之位而不是司礼监提督。

1 余华青：《中国宦官制度史》，上海人民出版社，2006年，第416页。
2 《明史》卷三〇五《冯保传》，第7800－7801页。
3 《明史》卷三〇五《魏忠贤传》，第7816页。
4 《明史》卷三〇五《魏忠贤传》，第7818页。
5 《明史》卷三〇五《王体乾传》，第7825页。

再看崇祯初年的司礼监掌印太监高时明的升迁履历，可以更加清楚地看清司礼监提督与掌印地位的高下。高时明万历十一年（1583）入宫，后掌南司房，因"明断有识略，晋司礼监提督"，"光宗即位，擢司礼监秉笔"，崇祯即位，"复授司礼监掌印"。[1]高时明的升迁履历是从掌南司房升司礼监提督，再升司礼监秉笔，最后升至司礼监掌印，亦可证司礼监提督的地位在掌印、秉笔之下，司礼监的最高长官是掌印太监。

二 司礼监提督的地位及职能

由于《明会典》不载宦官机构，故有关明代宦官机构的官方资料，主要来自《明实录》《祖训录》《皇明祖训》中的相关记载。私人著作中有关明代宦官机构最重要的材料无疑是成书于崇祯时期的《酌中志》。该书作者为明末太监刘若愚，刘氏历经四朝，熟知宫廷掌故，其书详细介绍了万历以后宦官诸机构的情况，《明史・职官志》所述明代宦官制度多来自该书的记载。关于司礼监，《酌中志》谓：

> 司礼监，掌印太监一员，秉笔、随堂太监八、九员或四、五员。……最有宠者一人，以秉笔掌东厂。掌印秩尊，视元辅；掌东厂权重，视总宪兼次辅。其次秉笔、随堂，如众辅焉。……其余大小衙门，遇有应题奏之事情，皆先关白司礼监掌印、秉笔、随堂而始行。凡御前亲近大臣，如乾清宫管事、打卯牌子，其秩亦荣显，犹外廷之勋爵戚臣，然皆得掌各衙门之印，视其宠眷厚薄而钦传畀之，不拘资次。[2]

司礼监最有权势的三类太监，依其地位高下，依次是掌印、秉笔、随堂。掌印太监地位最高，好比内阁首辅，秉笔太监中兼掌东厂者权力最重，如同内阁次辅兼都察院左都御史，其他秉笔、随堂太监如同其他内阁成员。这三类太监处于宦官权力金字塔的顶层，是宦官"内阁"的成员。其下则是皇帝身边的亲近内侍，如皇帝寝宫乾清宫的管事，打卯牌子等，他们一般都是宦官各衙门的掌印太监。

位于掌印、秉笔、随堂以及御前近侍之下的司礼监高级宦官则有提督、监官、典簿。紧接上文，《酌中志》又谓：

> 司礼监提督一员，秩在监官之上，于本衙门居住，职掌古今书籍、名画册页、手卷，笔、墨、砚、绫纱、绢布、纸扎，各有库贮之，选监工之老成勤敏者掌其锁钥。所属掌官四员或六员佐理之，并内书堂亦属之。又经厂掌司四员或六员，在经厂居住，只管一应经书印版及印成书籍，佛藏、道藏、番藏，皆佐理之。自提督以下，则监官、典簿十余员。第一员监官提督皇史宬，并新房，候转提督俱轮流该正，在廊下家宿，专理皇城内一应礼仪刑名，钤束长随、当差、听事各役，关防门禁。……其次，六科廊掌司六员或八员，分东西两房，管精微内外章疏及内官脚色、履历、职名，月报逃亡事故、数目。其次，又数十员或八员，管二十四衙门、山陵等处内官职级、姓名，撰写每日传行圣旨，稽查门禁，钤束当差听事，题奏应行

1 （清）王源：《居业堂文集》卷二，《续修四库全书》1418 册，上海古籍出版社，2002 年，第 115 － 116 页。

2 （明）刘若愚：《酌中志》卷一六，北京出版社，1994 年，第 93 页。

礼仪，应颁赏赐。[1]

司礼监在本衙门居住的提督太监一名，负责掌管宫廷收藏的书籍名画、笔墨纸砚、绫纱绢布等，同时兼掌教育宦官读书识字的内书堂，以及刊刻宗教书籍的经厂，这才是司礼监提督太监的真正职能。

司礼监中比提督地位更低的宦官是监官、典簿，有十余名，主要职责是管理皇城内的“礼仪刑名，钤束长随、当差、听事各役，关防门禁”，并轮流提督皇史宬及新房，这恰恰就是《明史·职官志》所记载的司礼监“提督太监”之职。这里首先需要厘清的是提督和监官、典簿之间的关系，“自提督以下，则监官、典簿十余员”是说“提督”这一职衔之下的还有监官、典簿十余人，并不是说“提督”管理着十余名“监官”“典簿”，提督和监官、典簿之间并没有直接的隶属关系，故不能将监官、典簿的职能附属于提督。所谓“第一员监官提督皇史宬，并新房，候转提督俱轮流该正，在廊下家宿，专理皇城内一应礼仪刑名……”云云，并不是说第一员监官会升迁至司礼监提督，“候转提督”中的“提督”是主管、管理的意思，并不是指提督太监一职。这句话是说第一员监官管理皇史宬和新房，其他的监官和典簿会挨次升迁主管皇史宬和新房。显然，《明史》编纂者把监官、典簿地位在提督之下，错误理解为隶属于提督太监，故把监官、典簿的职能一并归属于提督太监名下，反倒没有提及提督太监的真正职能，即掌管内府书籍、书画、文房用品、书籍刊刻，以及管理内府宦官教育机构内书堂。

从司礼监提督太监的职能看，与书籍刊刻、书画收藏以及宦官教育有关，似乎清而不要，并非如掌印、秉笔般权势显赫，也非如乾清宫管事那般时刻在皇帝左右，但提督在司礼监的宦官序列中又仅次于属于宦官“内阁”成员的掌印、秉笔、随堂，而高于监官、典簿、掌司、监工等其他宦官，其地位颇高，这又是什么原因呢？显然这与提督太监掌管宗教书籍刊刻以及保管内府书画、笔墨、绢布的收藏职能关系不大，当然更不是因为如《明史》所言兼有了权力颇大的监官、典簿职能，这不属于司礼监提督的职能。提督太监在司礼监中地位之所以重要，关键在于他具有掌管内书堂的职能。

宦官大多文化水平不高，文盲很多，但宫廷服务，管理庞大的宦官机构又需要具备一定的文化知识，故宣德间正式设立内书堂，[2]用翰林院官员教授小宦官读书认字，此后，经过内书堂教育，并“奉旨派拨”，逐渐被视作宦官的“正途”出身，犹如外廷经学校、科举选拔出身的官员。因此，多数职位显要的太监系内书堂读书出身，尤其是掌握了“批红”权的司礼监掌印、秉笔、随堂太监。提督太监掌管内书堂，俨然如同担任了内廷翰林学士兼内廷国子监祭酒，这应当是提督太监地位尊显的最主要原因。

三 《明史》致误之由

《明史》的纂修者之所以将提督太监置于司礼监之首，主要是出于两个原因。其一，是错误理解了《酌中志》中有关提督职能的内容，将司礼监监官、典簿误认为提督的手下，并将监官、典簿的职能附会于提

1 《酌中志》卷一六，第94页。
2 《酌中志》卷一六，第97页。

督之下，无形中扩大了提督的职权，前已述。其二，应是误解了《酌中志》中“司礼监提督一员，秩在监官之上”一句的含义。《明史·职官志》的编纂者很可能是将“监官”错误理解成是指“司礼监官员”，故将提督置于司礼监的最高职位。实际上此处的“监官”就如“掌印”“秉笔”“随堂”等称谓一样，是司礼监各级别太监中的一种，并非“司礼监所有官员”之意。

据《酌中志》，“监官”仅司礼监和御马监有，其得名的由来或与司礼监监察宦官的职能相关。司礼监的前身是设于洪武六年的内正司，设置目的为“纠察内官失仪及不法者”。[1]内正司后改典礼司、典礼纪察司、纪察司，据洪武十五年重新修订的《祖训录》，典礼纪察司职能包括“掌管内府一应礼仪”，“纠劾内官、内使非违不公等事”，[2]正与司礼监“监官”职能相近。

清代修《明史》历经九十余年，虽最终成书于乾隆初，但其主要工作在康熙末已大致完成，存世有万斯同等纂修的《明史》稿本四百一十六卷，以及王鸿绪在此基础上稍加增删并刊刻的《明史稿》（又名《横云山人集》）三百一十卷，今本《明史》即在王鸿绪刻本《明史稿》的基础上增删完成。今检万斯同《明史》稿本卷七十《职官下》，及王鸿绪刻本《明史稿》卷七十七《职官五》，有关司礼监的介绍与今本《明史》完全一致，可知这一错误的产生至少在康熙朝纂修《明史》时即已发生。

四　司礼监提督出现的时间

从司礼监提督太监的职能而言，不管是掌管书籍刊刻、宫廷书画收藏，以及管理内书堂，均属明代前期司礼监已有之职能，但用“司礼监提督”这一专门称谓来称呼管理此项职能的宦官，并将提督列入由掌印、秉笔、随堂、监官等组成的司礼监宦官序列中，恐不会早于嘉靖时期。目前所能举出的曾担任司礼监提督的太监均不早于嘉靖晚期。如崇祯初的司礼监掌印高时明是万历后期晋升为司礼监提督的，前已述。目前所见最早担任司礼监提督的是嘉靖间的李端，据徐阶嘉靖四十年所撰《重修三义庙记》，李端在嘉靖三十九年至四十年间为司礼监提督太监。[3]

五　司礼监提督之外的其他“提督”

在明代晚期的司礼监中，“司礼监提督”特指掌管内书堂、经厂及内府书籍名画、笔墨纸砚的这位太监，在司礼监本衙门居住。除此之外，还有若干带“提督”之称的太监，都是用“提督”的字面本义，指负责管理某机构或某项事务。如礼仪房有“提督太监一员”，[4]东厂有“提督太监一人”，[5]此两处的“提督”地位也很重要，一

1　《明太祖实录》卷八五，洪武六年十月壬辰，“中研院”历史语言研究所校印本，1962年。
2　（明）朱元璋：《祖训录·内官》，《洪武御制全书》，黄山书社，1995年，第378页。
3　（明）沈榜：《宛署杂记》卷二〇《重修三义庙记》，北京古籍出版社，1980年，第258页。
4　《酌中志》卷一六，第98页。
5　《酌中志》卷一六，第100页。

般由掌印或秉笔太监兼任。[1]另外，正阳等九门、永定等七门，有正副提督二员，[2]人坝等马房有正副提督太监二员，[3]前者“秩在文书房监官之上”，[4]后者位在文书房之次。中书房有“掌房官一员”，系由司礼监年老资深的监工出任，[5]该掌房官也称提督文华殿太监。[6]此外，见于各种记载的带“提督”字样的宦官尚有“提督宝和等店”，“提督团营”“提督漕运”“提督京营”等，其他如御药房、御酒房、牲口房、南海子上林苑，以及林衡、蕃毓、嘉蔬、良牧四署，均有提督太监。

这些带“提督”之名的宦官与在司礼监本衙门居住的“提督”存在一定区别，后者事实上已成为司礼监宦官职级体系中的一种，可直接称“司礼监提督”。而其他的“提督太监”，虽有时也简称“提督”，[7]但更多是用其掌管、主管的本义，不代表一类职级，介绍职务时须连带上其具体“提督”的部门。这些提督太监相互间职级并不相同，有高下之别。这类似于“提督”一词在明清的不同含意，清代“提督”已成为正式的官职，有固定的品级，比较接近司礼监提督一职“提督”的含意。而在明代，“提督”还仅是一种差遣，其地位高低更要看提督者的本官职衔，看其是掌印，还是秉笔、随堂、监官等。显然，提督东厂和提督牲口房，虽然都是“提督”，但前者往往由司礼监掌印、秉笔担任，显然不是牲口房提督所能比拟的。当然，如果从严格意义上讲，包括司礼监提督在内，无论是高于提督的掌印、秉笔、随堂，还是低于提督的监官、典簿等，虽然已成序列并有高下之分，但本质上也还是可以视作某种差遣，因为明代宦官“真正的”官职自洪武二十八年（1395）定制以来并没有变化，仍是具有固定品级的各监太监、左右少监、左右监丞、典簿，以及各司局库的司正、司副、大使、副使、局郎、局丞等，只是越到后期越不重视这些严格意义上的宦官官职了。

（作者单位：浙江大学艺术与考古学院）

1 《酌中志》卷一六，第 98 页。
2 《酌中志》卷一六，第 99 页。
3 《酌中志》卷一六，第 100 页。
4 《酌中志》卷一六，第 100 页。
5 《酌中志》卷一六，第 98 页。
6 （明）沈德符：《万历野获编》卷九，中华书局，1959 年，第 249 页。中书房掌房官管理文华殿中书舍人，沈德符谓“提督本殿大珰”。
7 如“提督东厂”的司礼监掌印或秉笔太监，有时亦简称其为“提督”，但前提是不至于引起误解。如《崇祯长编》崇祯四年五月己卯载：“以提督宋晋有缉获陈存性等功，赏银币羊酒。”（“中研院”历史语言研究所校印本，1962 年，第 2751 页。）宋晋实为提督东厂太监，“提督”为“提督东厂太监”之简称。

故宫博物院藏康熙瓷器人物纹及其文化内涵探析*

The Figure Patterns and Cultural Connotation of Porcelain from the Kangxi Reign in the Palace Museum Collection

黄斐

Huang Fei

内容提要：

康熙瓷绘人物以其鲜明的时代风格和包罗万象的审美姿态享誉瓷坛。故宫博物院所藏康熙人物纹瓷器，数量众多、规格极高、品类颇丰，是研究清初宫廷文化的绝佳样本。这些珍贵的艺术史料，既是当时社会政治经济、人文理念、宗教信仰、民俗民愿的融合体现，更是帝王本人审美思想的直接表达，具有极高的证史功能和价值。本文对故宫博物院所藏康熙瓷器人物纹进行分类和文化内涵阐释，总结出"耕织牧渔""山水寄情""锐意文治""肄武绥藩""仕女婴戏""大众文学""宗教神仙""意必吉祥"八个主要方面，进一步挖掘了康熙瓷器人物纹所蕴藏的深厚文化内涵和审美价值，为传承和弘扬中华优秀传统文化略尽绵薄之力。

关键词：

康熙　瓷器　人物纹　文化内涵

ABSTRACT:

The figure patterns painted on porcelain ware of the Kangxi reign (1662-1722) are famous in the circles of porcelain studies for their distinctive style of the times and all-encompassing aesthetic taste. Such porcelain objects in the Palace Museum collection boast large quantity, high ranking, and rich variety, forming a supreme pool of samples to study imperial court culture in the early Qing dynasty (1644-1911). These precious art historical specimens are not only the embodiment integrating contemporary society, politics, economy, humanistic ideas, religious beliefs, folk customs and wishes, but also the direct expression of the emperor's own aesthetics, thus with extremely high value as physical historical evidence. This article classifies and interprets the cultural connotation of these porcelain objects, and concludes eight main motifs including "farming, weaving, animal husbandry, and fishing", "emotion and philosophy as represented by landscape", "governance through culture", "military drilling and pacifying the frontier rebels", "court ladies and children playing", "popular literature", "religions, deity, and immortals", and "auspicious meanings". The aim of this study is to further explore the profound cultural connotations and aesthetic values contained in these porcelain pieces and make a positive contribution to inheriting and carrying forward the excellent traditional Chinese culture.

KEYWORDS:

Kangxi reign, porcelain, figure patterns, cultural connotation

* 本文得到故宫博物院"英才计划"和北京故宫文物保护基金会学术故宫万科公益基金会专项经费资助。

康熙时期，国力蒸蒸日上，陶瓷艺术的发展达到了全新的高度。《陶雅》赞曰：“世界之瓷，以吾华为最。吾华之瓷，以康雍为最。”康熙帝对瓷器烧造的重视程度和投入的心血远超前代。他重贤任能，选派内务府广储司郎中徐廷弼、主事李延禧、工部虞衡司郎中臧应选、笔帖式车尔德、江西巡抚郎廷极督理景德镇制瓷，不仅创烧出可独步本朝的青花、五彩，更引领清代官窑走向发展本朝特色的道路。康熙在位六十一年，经济发展、文化繁荣，瓷业官民并举、竞相发展，将盛世之景尽收其中。纵览故宫博物院藏瓷，耕织牧渔、贤臣名相、文人雅士、兵戈戎马、仕女婴童、神仙圣哲、文学形象，无一不有，呈现出博采众长、海纳百川的时代特征和精神风貌。

图1　五彩耕织图棒槌瓶

一　耕织牧渔　以助衣食丰饶

康熙官窑人物以耕织图为最佳。《饮流斋说瓷》曰：“康熙耕织图为瓷界可珍之品，所作以盘、碗为多，图凡多幅，每幅各系以御制诗一，诗乃短五古也。青花、五彩均有之，五彩尤为罕覯。”其中，最具代表性的莫过于康熙五彩耕织图棒槌瓶〔图1〕，瓶身绘养蚕、碓米两组经典纹样，并题“春碓”“分箔”五言诗两首，诗画相通，一幅细腻传神的劳作之景跃然而现。康熙青花春耕图碗〔图2〕，外壁绘辛劳繁忙的春耕之景，并书以御制诗一首，名曰《耙耕》。诗中饱含对农民的同情，传递了统治阶层对劳苦大众的体恤和感恩。耕织图得以在康熙朝批量跃迁于御窑瓷上并非偶然，更有其深刻的历史根由。农为天下之大本，封建帝国之命脉。清初连年战乱，以致地荒民逃，赋税不充，有可耕之田，而无耕田之民。为尽快恢复农业生产，重建发展秩序，顺治帝时就鼓励开垦耕种，永准为业。康熙朝对农业的重视更达到了新的高度，实行了一系列卓有成效的农业政策。康熙帝自幼喜观稼穑，所得各方五谷菜蔬之种，必种之，以观其收获。他心系农业技术发展，在京畿地区推广水田，甚至亲自培育高出众稻之上的天然杂交水稻“御稻米”。他重视农业仪典，祭祀先农，示范养蚕。康熙认为“满汉人民，悉赖农业，须多方劝谕，开垦耕种”。[1]在其南巡之际，见南宋楼璹所作的《耕织图》，深契圣衷，传旨命宫廷画家焦秉贞重新绘制，朱圭、梅裕凤镌版印制。在这样的时代背景下，以《耕织图》为蓝本的瓷器

图2　青花春耕图碗

1 《清圣祖实录》卷三六，康熙十年九月辛未。

图3 青花山水牧牛图瓶

一跃成为康熙朝最具特色的艺术品类。瓷绘耕织图的推广，一则，起到了劝课农桑、教化民风的作用。二则，强调了满族帝王"念生民之本，以衣食为天"的正统形象。正如《御制耕织图·序》曰："古人有言：'衣帛当思织女之寒，食粟当念农夫之苦'，朕惓惓于此，至深且切也。"即便是皇室子孙臣庶，也要谨记"粒食维艰，授衣匪易"。康熙帝重农爱民若此，笼络了上至精英阶层，下至劳动大众的心。

另一类反映劳动人民日常生活的常见题材是牧牛图。图多以木桥野径、阡陌小景作衬，具有浓郁的乡村田园风格。康熙青花山水牧牛图瓶〔图3〕，绘二人结伴牧牛，一人吹笛之间，被同伴吸引，转头相望。其同伴伸手所指，似是一顶被风吹落的草帽。"风吹帽落，人指牛追"这一动态场景还出现在另一件青花山水童子牧牛图盘[1]中，为画面增添了勃勃生机，颇有妙趣。

渔业是封建农业经济的重要组成部分。渔文化自仰韶时代始，贯穿华夏数千载，但真正意义上的渔家乐图在明末清初才发展起来，并在康熙朝的瓷绘中拓展出更为丰富生动的场景。故宫博物院藏康熙青花捕鱼图笔筒、青花渔家乐图笔筒（3件）、斗彩捕鱼图笔筒〔图4～8〕，分别

图4 青花捕鱼图笔筒

图5 青花渔家乐图笔筒

图6 青花渔家乐图笔筒

图7 青花渔家乐图笔筒

图8 斗彩捕鱼图笔筒

1 陈润民主编：《清顺治康熙朝青花瓷》，紫禁城出版社，2005年，第150页。

图9 青花渔家乐图方花盆

图10 五彩渔家乐图棒槌瓶

图11 青花渔家乐图棒槌瓶

刻画了渔人以罾罩鱼、张网捕鱼、执叉刺鱼、浅滩围捕、徒手捉鱼等真实的劳动场面。康熙青花渔家乐图方花盆〔图9〕，一面绘众人捕获大鱼，画面正中是巨大的鱼身，渔夫们正通力合作，二人抬杆，一人抱紧鱼尾，另有两人蹲于水中奋力托举。河岸边，老叟稚童，正欣喜地关注着这忙碌的场面。方盆另一面绘渔妇们快步行于桥上，或以篮提鱼，或以担挑鱼，身后一小童，亦手提鱼篮，分享着收获的喜悦。渔家虽繁忙辛苦，却仍然抱有积极乐观的生活态度。康熙五彩渔家乐图棒槌瓶、青花渔家乐图棒槌瓶〔图10～11〕，描绘了劳作之余的休憩娱乐。既有渔夫推杯换盏、猜拳行令，也见渔妇、孩童乃至鸬鹚相伴其中。亲友相聚、新糯酒香、鱼羹稻饭、蟹紫虾红，多么悠然惬意。这种艺术表现形式既延续了晚明画派对世俗生活的审美观照，更增添了康熙时期太平盛世的象征意味，迎合了帝王在其统治下"海宇升平、物阜民丰"的政治评价。当然，这也与统治阶层对社会的价值导向密不可分。所谓"父子笃，兄弟睦，夫妇和，家之肥也"。渔家乐图中，亲族兄弟同心协力、携老挈幼、夫唱妇随，营造出一幅幅和谐融洽的社会风俗画卷。

二　山水寄情　演绎天人合一

康熙山水人物瓷画意境高远、超凡脱俗，具有鲜明的文人思想和审美特点。文人常以山水寓寄情怀，独抒性灵。故宫博物院藏瓷多绘高士于青山秀水间，谈古今之道，观四时美景〔图12～14〕。又多见一主一仆于崇山峻岭中携琴访友〔图15〕，此为取意"伯牙子期"，表达了崇尚贤德，以琴论道，寻觅知己的文人志

图12 青花山水人物图大瓶

图13 五彩山水人物图缸

图14 斗彩山水人物图长方委角花盆

图15 青花山水人物图大瓶

趣与情愫。又常绘高士于一叶扁舟之上赏游〔图16～图17〕。若作“寒江独钓”图〔图18〕，则格调更为清冷萧索、空疏寂静，颇有隐逸志趣。隐逸对于古代文人并不仅仅是自我放逐、消极避世，也有置身于山水中修身自勉、坚守善道的意味。

中华民族对自然山水的情感经历了从山水致用、山水崇拜到山水比德、山水比情。儒家创始人孔子从理性高度认知山水之美。《论语·雍也》载：“知者乐水，仁者乐山。知者动，仁者静。知者乐，仁者寿。”清刘宝楠《论语正义》释之曰：“知者性好运其才知以治世，如水流不知已止也。仁者之性好乐如山之安固，自然不动而万物生焉。知者役用才知，成功得志，故欢乐也。仁者少思寡欲，性常安静，故多寿考也。”[1]儒家以山水之德寄托人格之本，这种观点被称为“比德说”。道家提倡道法自然的山水观。庄子曰：“天地有大美而不言。”“圣人者，原天地之美而达万物之理。”山水与道相连，万物与我为一，回归自在无为的山水才能获得心性的自由解放。道教信奉神仙信仰。《抱朴子》载“山无大小，皆有神灵”。[2]洞天福地、神仙故乡往往就存在于山水仙境之中。佛教禅宗主张“触类是道”的山水观，即山水与佛性同一。禅僧王梵志诗曰：“世事悠悠，不如山丘。青松蔽日，碧涧长秋。山云当幕，夜月为钩。卧藤萝下，块石枕头。”在自然山水中，洞明佛性，了悟自性，进入“山河天眼里，世界法身中”的佛理境界。

自然山水融合了天人合一的美学思想，但早期被搬到瓷上的山水纹并不具备这种独立的审美意蕴。

1 （魏）何晏集解，（宋）邢昺疏：《论语注疏》卷六，《景印文渊阁四库全书》第195册，台湾“商务印书馆”，1986年，第583页。

2 （晋）葛洪撰：《抱朴子内篇》卷四，《景印文渊阁四库全书》第1059册，台湾“商务印书馆”，1986年，第96页。

图16 青花山水人物图笔筒

图17 五彩山水人物图高足杯

图18 青花“寒江独钓”图鼻烟壶

直到明末清初，文人文化伴随着社会形态变革产生了强大的生命力，文人（画家）与工匠突破了泾渭分明的界限，山水瓷画的艺术品味才得以获得极大提升，形成了独具时代特色的审美特征。观之故宫博物院藏瓷，画风明显受到明末清初画家董其昌、陈洪绶、花喦、“四王”等人的影响，以康熙青花山水人物图花盆〔图19～图20〕为例，构图舒展、浓淡分明，远山近水、清润秀逸，人物仅作为微小的衬景点缀其中，与山水融为一体，营造出情景交融的高远意境和韵味恒远的诗情画意。

三 锐意文治 引领文德兼美

清代帝王皆以汉学为政纲，宣扬满汉一体，强化文教治国。康熙瓷绘文人的盛行正是这种政治和精神意涵的体现。十八学士图〔图21～图22〕应属文人意象最多的构图形式。唐李肇《翰林志》载：“唐兴，太宗始于秦王府开文学馆，擢房玄龄、杜如晦一十八人，皆以本官兼学士，给五品珍膳……时人谓之‘登瀛洲’。”[1]十八学士与太宗是君臣相得的典范，为历代帝王效法，文人歌颂。自古为政之要，唯在得人。康熙自幼研习四书五经，推重朱熹理学，他崇儒重道，广开科举，于康熙十六年（1677）设“南书房”，康熙十七年（1678）诏“举博学鸿词科”，谕吏部：“自古，一代之兴，必有博学鸿儒，振起文运，阐发经史，润色辞章，以备顾问著作之选。朕万几余暇，游心文翰，思得博学之士，用资典学……凡有学行兼优、文辞卓越之士，不论已仕未仕，令在京三品以上，及科道官员，在外督抚布按，各举所知，朕将亲试录用。”[2]康熙帝首重人才，不拘一格，于当时的文人而言，也迎合了儒家倡导的积极入世，修齐治平的处世之道。由此，圣主得贤臣颂、文王访贤、四景读书乐等题材在瓷绘中大量涌现。

古代贤俊，既有辅弼王权的贤臣名相、名著府僚，也有隐逸淡泊、品行高洁的文人雅士，他们的共同

1 （唐）李肇撰：《翰林志》，《景印文渊阁四库全书》第 595 册，台湾“商务印书馆”，1986 年，第 296 页。

2 《圣祖仁皇帝御制文集》卷七，《景印文渊阁四库全书》第 1298 册，台湾“商务印书馆”，1986 年，第 87 页。

图19　青花山水人物图方花盆

图20　青花山水人物图长方花盆

图21　青花“十八学士图”棒槌瓶

图22　青花“十八学士图”笔筒

图23 青花“竹林七贤图”缸

图24 青花五彩“竹林七贤图”尊

图25 五彩“兰亭会”棒槌瓶

之处在于文德兼美，入仕则为君为国，外野则超尘出世、流芳千古，为历代讴歌颂赞。故宫博物院藏瓷中，绘圣贤高雅生活者不胜枚举。若青花“竹林七贤图”缸〔图23〕、青花五彩“竹林七贤图”尊〔图24〕、五彩“兰亭会”棒槌瓶〔图25〕，画面中，众贤雅集宴乐、文酒相会、吟诗作赋、品茗对弈、乘兴挥毫、逍遥长歌，实乃风雅也。

文人好酒，以酒为题最具代表性的莫过于“饮中八仙”。故宫博物院所藏多件康熙青花人物诗句小杯，绘有“贺知章骑马”“太白醉酒”等纹样。一件八开光青花人物图葵瓣大碗〔图26〕，虽未附诗句，但与上述小杯进行比对，可确定画面正是“知章骑马似乘船，李琎道逢曲车口流涎，李适之日兴费万钱，崔宗之举觞望青天，苏晋醉中爱逃禅，李白长安市上酒家眠，张旭挥毫落纸如云烟，焦遂高谈雄辩惊四筵。”这栩栩如生的群像图，对应了唐杜甫的《饮中八仙歌》，展现了众贤豪放旷达的性格特征，弥漫着诙谐欢快的情调。

雅好之外，意趣盎然的动植物也是中国文人不可缺少的灵魂伴侣。文人以其寄情寓理、比德抒怀，衍生出无数逸事和文学掌故。譬如康熙青花开光四方委角形碗〔图27〕，所选取的四个情景正是经典的“四爱图”，即“羲之爱鹅”“陶潜爱菊”“浩然爱梅”“茂叔爱莲”。

图26　八开光青花人物图葵瓣大碗

图27　青花开光四方委角形碗

图28　青花刀马人物图盘

图29　五彩刀马人物图盘

四　肄武绥藩　奠定盛世之基

瓷绘刀马人兴起于元、明之末，盛极于康熙一朝。《陶雅》载："康窑大盘，直径三尺，强彩画左傅五霸战争之事，两阵有多至二百余人者。"观之故宫博物院藏康熙刀马人物图各器〔图28～图31〕，或绘黄沙漫卷、尘烟四起，锦旗招展，战马奔腾，两军对垒、将帅拼杀的战争场面；或绘将领坐于帷帐中，孔武威严，帐外兵将皆戎装铠甲，高大威猛，人物表情生动传神，场面恢宏大气、振奋人心。更有杨门女将冲锋陷阵，巾帼不让须眉[1]。

战争场面所呈现出的力量感和自信感与康熙时期雄厚的军事和政治实力密不可分。康熙"自幼强健，筋力颇佳，能挽十五力弓，发十三握箭"。[2]康熙帝尚武，常诫宗室江山来之不易，不可好务享乐太平。其训曰："我朝祖宗开创以来，孤矢之利，以威天下，伐暴安民，平定海内。今朕上荷祖宗庇荫，坐致升平，岂可一日不事讲习？故朕日率尔诸皇子及近御侍卫人等，射侯射鹄，备仪备典，八旗官兵以时试肄。朕常临御校场，历观兵卒，等其优劣，赏赐褒嘉，黜陟劝勉，故尔旗分佐领，各各娴习弓马，武备足观。"[3]在康熙六十一年的执政生涯中，平定三藩，统一台湾，收复雅克萨，西征噶尔丹，立下赫赫战功，以武力维护了国家的长治久安。刀马人的流行既是皇室对自身功绩的肯定，也是政府军事政策的倡导。从社会角度来说，魏源评价康熙时期"兵多而民不扰，饷费而赋不增"。[4]清震钧《天咫偶闻》载："国家创业，以弧矢威天下，故

1 《故宫博物院藏品大系·陶瓷编21》，河北教育出版社，2013年，第228页。
2 （清）王先谦撰：《东华录》康熙一百，《景印续修四库全书》第370册，上海古籍出版社，2002年，第610页。
3 《圣祖仁皇帝庭训格言》，《景印文渊阁四库全书》第717册，台湾"商务印书馆"，1986年，第657页。
4 （清）魏源撰：《圣武记》卷二，《景印续修四库全书》第402册，上海古籍出版社，2002年，第188页。

图30 青花刀马人物图盖罐

图31 五彩刀马人物图直径瓶

图32 青花人物故事图炉

图33 青花三国人物图棒槌瓶

八旗以骑射为本务，而士夫家居亦以射为娱。家有射圃，良朋三五，约期为会。”[1]可见尚武精神是康熙时代自上而下的重要风尚。

还有一类“刀马人”纹取材于神话历史故事或传奇小说，重在凸显“智谋”“勇敢”“忠义”。如《西汉演义》中的“萧何月下追韩信”〔图32〕，《三国演义》中的“铜雀台比武”〔图33〕，《空城计》中的“诸葛亮城门弹琴退兵”〔图34〕，《西游记》中的“孙悟空、沙僧、猪八戒大战女妖”〔图35〕。水浒人物〔图36〕的描绘多取法于著名版画家陈洪绶（老莲）的《水浒叶子》。《水浒叶子》由徽派名手黄子立刻制，为梁山泊40位水浒人物塑造了正面形象，名扬天下，后世水浒英雄的绘工很难超出其范畴，对瓷面刀马人物自然也产生了极为深远影响[2]。《茗斋集》曰：“会稽陈洪绶画贯中水浒人物，惜以虎头之笔写狗盗之雄，虽工不可训。中州刘源仿其意画凌烟功臣，王侯将相，英姿磊落，俨若天人。”[3]清《虞初新志》曰：“陈章侯《水浒牌》，近年如画灯，如席上小屏风，皆取为稿本。”[4]可见其影响力。

1 （清）震钧撰：《天咫偶闻》卷一，《景印续修四库全书》第730册，上海古籍出版社，2002年，第576页。
2 耿宝昌：《明清瓷器鉴定》，紫禁城出版社，1993年，第206页。
3 （明）彭孙贻撰：《茗斋集》卷二一，上海涵芬楼商务印书馆，1934年，第9页。
4 （清）张潮辑：《虞初新志》卷一三，《四库禁毁书丛刊》子部第38册，北京出版社，1997年，第586页。

五 仕女婴戏 循守宗法伦常

仕女画入瓷早可见于唐代长沙窑，至明末清初进入繁盛，尤以康熙时期的评价最高。《陶雅》曰："瓷器最重画工，雍正以花卉最工，人物则不及康熙远甚，尤以画美人之瓶罐，不能见重于后世。"故宫博物院藏青花仕女图盘〔图37—39〕，盘心分别刻画了女子逗弄鹦鹉、拈线刺绣和执笔绘兰的生活情态，画中女子眉清目秀，温柔典雅。为突出主体人物，除山石、案几、寥寥片叶外，几无其他陪衬，人物简约凝练，极具艺术个性。这样独特的创作审美，仅在康熙朝被推崇并传播，这是对明末以来，从本心出发，弃"矩"求"理"的社会思潮的延续，也有赖于当时满汉中西文化的碰撞和相对宽松的艺术氛围。

多人仕女图主要以拈花、庭院赏游、舞蹈宴乐为主〔图40—44〕，背景多为庭院景致。古代女子居内，"内言不出，外言不入"，庭院在建筑内部形成了一个相对封闭，较为安静的室外活动空间，园中亭台楼榭、洞石花木，清幽雅致，是中上阶层女性消遣寂寞的重要场所，也代表了男权为主的封建社会对理想女性生活的审美倾向。

古代女性在家庭中主要担负抚育、教养后代的职责，故仕女往往与婴孩相伴，称为"仕女婴戏图"〔图45—46〕。端庄、恬静的女性陪伴着纯真可爱、活泼俏皮的孩童，动静相宜，充满和谐生动的生活意趣，也寄托了家庭和睦、子孙兴旺的美好愿望。明末清初，战乱频繁，人口锐减。为鼓励生育，康熙五十一年（1712）颁发谕旨："令直隶督、抚将今钱粮册内有各丁数勿增勿减，永为定额，其自后所生人丁不必征收钱粮……永为定数，免其加增钱粮，续生人丁，永不加赋。"[1]在政府的倡导下，瓷绘婴戏图〔图47〕的发展也再次进入繁盛期。举莲、攀花、打鼓、斗草、蹴鞠、放纸鸢、持灯笼、骑竹马等程式皆可入画。故宫博物院藏康熙青花"四妃十六子图"罐〔图48〕，寓人丁兴旺、子孙多贤。康熙青花百

图34 青花三国人物图盘

图35 青花西游人物图炉

图36 五彩水浒人物图盘

1 《清圣祖实录》卷二四九，康熙五十一年二月壬午。

图37 青花仕女图盘

图38 青花仕女图盘

图39 青花仕女图盘

图40 斗彩仕女图盒

图41 青花仕女图折沿盘

图42 青花仕女图浅碗

图43 青花仕女图碗

图44 青花乐舞图笔筒

图45 五彩仕女婴戏图盘

图46 青花仕女花卉纹折沿花口盆

图47 五彩婴戏图直口瓶

图48 青花“四妃十六子”图罐

图49 青花百子图四足方花盆

图50 青花开光人物图钵式炉

子图四足方花盆〔图49〕，以更宏大、热烈、欢腾的百子婴戏累加祥瑞，祈福国祚，烘托出喜庆吉祥的气氛。

在中华传统文化的认知中，婴童的形象不仅具有多子多福的吉祥寓意，更融合了天人合一思想、宗教信仰和宗法伦常。道教对婴儿持极高的评价和赞美。老子曰："专气致柔，能婴儿乎？知其雄，守其雌，为天下溪。为天下溪，常德不离，复归于婴儿。"婴儿少私寡欲，纯真自然，启发人对返璞归真、天人合一的哲学思虑。瓷器喜绘婴童举莲，这一形象与佛教经典联系密切。《佛说阿弥陀佛经》载："化生童子本无情，尽向莲花朵里生，七宝池中洗尘垢，自然清净是修行。"[1]随着佛教的本土化，化生童子在宋代衍生出手持荷花，象征生殖繁衍的七夕节物摩睺罗，并进一步演化为小童围肚兜，坐于莲上或一手举莲的形象，寓意"连生贵子"。

儒家视生育为家庭稳定、宗族延续以及国家发展的重要基石，不仅提倡多生，更鼓励追求事功，即学而优则仕。体现在瓷器上，常见"五子登科""蟾宫折桂"等题材。当然，中国传统文化不仅重视"生"，更以"仁"为内核，融入仁爱、孝悌等伦理观念，为生育教养、文明教化和家族延续提供了保障。故宫博物院藏康熙青花开光人物图钵式炉〔图50〕，绘"二十四孝图"，正是这一文化观念的有力体现。

1 潘重规：《敦煌变文集新书》，中国文化大学中文研究所，1984 年，第 179 页。

六　大众文学　尽览世俗百态

图51　青花人物故事图盘

明末清初，伴随着商业化程度的不断加深，社会世俗化的进程也达到了顶峰。一方面，商品经济的发展促进了以商人和手工业者为主要构成的市民阶层崛起。他们注重休闲娱乐，追求生活的趣味和真实的情感。另一方面，以黄宗羲为代表的进步思想家宣扬和倡导“工商皆本”，工商业被赋予了与农业同等重要的地位。在这种思潮的影响下，文人阶层中经历坎坷或仕途无望的一部分开始转变思想，选择“弃儒就商”。如清初思想家唐甄，每以田市并列，农贾并称，其《养重》曰：“苟非仕而得禄，及公卿敬礼而周之，其下耕贾而得之，则财无可求之道。求之，必为小人之为矣。我之以贾为生者，人以为辱其身，而不知所以不辱其身也。”[1]又如明末清初素有才子之誉的戏曲家李渔，他认为填词非末技，乃与史传诗文同流而异派者也，并提出了“我以这才换那财，两相情愿无不该”。需求和供给的双重推动，使小说、戏剧、神话、传奇故事等大众文学空前活跃，形成了巨大的消费市场。作为传播媒介，彼时各地书坊林立，竞争激烈，几乎无书不插图，无图不精工，插图又促使木刻版画日增月益，进而对陶瓷和其他艺术领域产生了广泛而深远的影响。

图52　青花人物故事图棒槌瓶

故宫博物院藏康熙青花三国人物图盘（见上图34），与崇祯刻本《英雄谱》中的“孔明智退司马懿”极为相仿。还有两件藏品，与陈老莲《博古叶子》[2]版画题材如出一辙。一为康熙五彩人物故事图盖罐[3]，绘陈平分肉图，以寓办事公平公正。相传陈平为宰，分肉甚均，父老曰：“善，陈孺子之为宰！”平曰：“嗟乎，使平得宰天下，亦如是肉矣！”[4]二为康熙青花人物故事图盘〔图51〕，绘虬髯客宴请李靖夫妇，慨然将全部家财相赠，助太宗创业之举。这是《红拂传》的一个片段，其另一经典片段也绘于康熙青花人物故事棒槌瓶〔图52〕上。李靖参谒隋炀帝重臣杨素，劝其网罗天下英豪，杨素身后站立二歌伎中持红拂者目靖久之，夜

1 （明末清初）唐甄：《潜书》上篇下，《景印续修四库全书》第945册，上海古籍出版社，2002年，第382页。

2 《博古叶子》以历史人物故事为内容，一叶一事，从陶朱公至白圭，从王侯贵戚、权臣佞幸、富商巨贾到文人高士，共四十八幅，皆与“金钱”有关。

3 《故宫博物院藏文物珍品全集·五彩斗彩》，商务印书馆（香港），1999年，第140页。

4 （汉）班固撰，颜师古注：《前汉书》卷四〇，《景印文渊阁四库全书》第250册，台湾“商务印书馆”，1986年，第124页。

图53 五彩开光人物故事图带盖罐（局部）

图54 青花人物故事图盘

图55 五彩人物故事图觚

访李靖，曰："吾阅天下人多矣，未有如公者，固来奔耳。"[1]千帆尽览的红拂女慧眼识英雄，终辅李建功立业，成就了一段佳话。

《西厢记》是清代传唱极广，口碑极高的戏曲作品，故宫博物院所藏康熙瓷器多绘《西厢记》之"隔墙联吟""惠明报信""送生赶考图""张生搬兵马"等场景〔图53～图55〕。早期青花中也见得《双烈记》中之"梦虎奇缘"〔图56〕。英雄美人、才子佳人的浪漫叙说之外，亦不乏趣味丰富、寓教于乐甚至警醒世人的故事题材。康熙五彩人物故事图盘，绘"临潼斗宝图"[2]，刻画楚伍子胥于临潼大会上举鼎示威。青花人物故事图笔筒〔图57〕，绘"赠绨袍图"，描绘范雎不忘故人赠绨袍之情。青花人物故事图盘〔图58〕，绘"黄衣燃藜图"，太一之精授刘向《洪范五行》，寓夜读勤学。青花人物故事图印泥盒〔图59〕，绘"工之侨献琴图"，启迪世人判断事物的好坏，应从本质进行鉴定，切忌被表象所迷惑。康熙瓷绘人物故事浩若繁星，难以尽述。但总体来说，都来源于对日常生活和事物的感受，通过刻画人物和情景氛围传递观者以故事所表达的情感和理念，将人间百态、喜怒哀乐，尽收其中。

1 （宋）叶廷珪撰：《海录碎事》卷七，《景印文渊阁四库全书》第921册，台湾"商务印书馆"，1986年，第309页。

2 《故宫博物院藏文物珍品全集·五彩斗彩》，第140页。

图56　青花人物故事图盘

图57　青花人物故事图笔筒

图58　青花人物故事图盘

图59　青花人物故事图印泥盒

七　宗教神仙　人间喜闻乐见

清代沿袭了中国传统以儒为本，道释辅之的宗教文化格局。神仙信仰是道教信仰的重要组成。神仙人物因寓意祥瑞、长寿，在瓷绘中广受欢迎。故宫博物院藏康熙斗彩山水人物纹菱形花口花盆〔图60〕，六面皆绘群仙祝寿图。五彩“麻姑献寿图”盘〔图61〕，绘麻姑怀抱锦卷，仕女手执折枝桃，鹿车载满圣草和灵芝。麻姑寓长寿，相传三月三日西王母寿辰时，麻姑曾于绛珠河畔以灵芝酿酒祝寿。还有青花“八仙庆寿”观音瓶

图60　斗彩山水人物纹菱形花口花盆

图61　五彩“麻姑献寿图”盘

图62　青花“八仙庆寿”观音瓶

图63　青花人物三羊图杯

〔图62〕，仙人或手捧寿桃，或手举杯爵，或吹笛助兴，空中仙女骑凤，仙鹤翱翔，充满吉祥寓意。

神话题材主要宣扬道术玄妙和道家出世思想。圣人贤者可修道成仙，普通人苦修积善，亦可飞升成仙。康熙青花人物三羊图杯〔图63〕，绘“叱石成羊图”。相传东晋（黄）初平牧羊，道士引其入金华山石室，四十余年。其兄寻访至山，问羊何在，答曰：“在山东”，兄往视之，但见白石，不见羊。初平与兄俱往看之，初平乃叱曰："羊起！羊起！"于是白石皆起成羊数万头。[1]青花釉里红人物图笔筒〔图64〕，绘"王质观奕图"。《述异记》载："信安县石室山，晋时王质伐木至，见童子数人棋而歌，质因听之。童子以一物与质，如枣核，质含之不觉饥。俄顷，童子谓曰："何不去？质起，视斧柯烂尽。既归，无复时人。"[2]这一情节进一步演化为"质归家，已数百年。亲旧无复存者，复入山得道。"孟郊《烂柯石》诗曰："仙界一日内，人间千载穷。双棋未遍局，万物皆为空。樵客返归路，斧柯烂从风。唯余石桥在，犹自凌丹虹。"充满了"洞中方一日，世间几千年"的佛理禅趣。

图64　青花釉里红人物图笔筒

古代神仙谱系庞杂，常需与绘画、木刻版画等相结合加以考证。以康熙五彩群仙纹碗〔图65〕为例，十三位仙人可能大多源于明汪云鹏刊刻、王世贞编辑的《列仙全传》。据学者倪亦斌考证，书童相伴、骑牛背者为老子，其后提花篮者为蓝采和，骑鹤仙者为桓闿，采药二人为刘晨、阮肇，手拄拐杖、腰别葫芦者为李铁拐，乘鱼者可能为琴高，脚边置鱼竿者为涓子，抱鱼竿者为寇先，握鱼且蹲踞于地者，为姜太公，骑木羊者为葛由，手持麈尾者为庄子，舞蹈者为费长房遇壶公。[3]

图65　五彩群仙纹碗

神仙之外，儒释道三教的代表人物或意象也常绘于一图中，以示三教合一、融合通达。如故宫博物院藏康熙青花山水人物图棋子罐〔图66〕，人物衣饰分别为儒家东坡巾、道家小巾和释迦顶螺颔丝。另一件青花山水人物图盖缸〔图67〕，出自典故"虎溪三笑"。虎溪在庐山东林寺前，相传晋僧慧远居东林寺时，送客从不越过虎溪。一日陶潜、陆修静前往拜会，三人与语甚契，归途中谈笑而行，不觉已过虎溪，虎辄号鸣，三人相顾大笑。陶渊明乃儒门之秀，陆修静亦隐居学道之良，而惠远法师则是释氏之翘楚者。三人所处年代不同，共话大笑乃为后人虚构，但反映了三教融合的发展趋势和道乃归一的思想境界。

1 （宋）潘自牧撰：《记纂渊海》卷八四，《景印文渊阁四库全书》第932册，台湾"商务印书馆"，1986年，第551页。
2 （梁）任昉撰：《述异记》卷上，《景印文渊阁四库全书》第1047册，台湾"商务印书馆"，1986年，第620页。
3 倪亦斌：《故宫藏康熙五彩群仙纹碗的图像解析》，《紫禁城》，2010年第5期。

图66 青花山水人物图棋子罐

图67 青花山水人物图盖缸

八 意必吉祥 共话福禄寿喜

中国瓷绘艺术善于运用谐音、寓意等方式，将古人对美好事物的祈愿展现得淋漓尽致。这类题材发展到清代，被赋予了更强烈的世俗和吉祥意味，甚至达到了“图必有意，意必吉祥”的程度。包括上述所论瓷绘人物图，也无不浸润着吉祥文化。耕织牧渔，有安居乐业之意；自然山水，有锦绣江山之意；贤相良臣，有封官拜相之意；刀马人物，有国力强盛之意；仕女婴戏，有家族和睦之意；童子举莲，有连生贵子之意；百子婴戏，有祛邪除灾、普天同庆、国运昌隆之意；神仙圣哲，有添福添寿、济世度民之意；三教合一，有一团和气之意……若此类者，浩若繁星、不胜枚举。

图68 青花人物图梅瓶

图69 五彩人物图花觚

吉者，福善之事也。《尚书·洪范》载：“五福，一曰寿、二曰富、三曰康宁、四曰修好德、五曰考终命。”“五福”寄托了人民对美满幸福生活的向往和祈愿。人物纹常绘独占鳌头〔图68〕、指日高升〔图69〕、蟾宫折桂〔图70〕等。五福以寿为先。康熙五十二年（1713年）创办“千叟宴”，规模宏大、盛况空前。彼时上至皇室贵族，下至民间百姓，贺寿庆寿之风盛行，瓷绘祝寿题材〔图71—72〕亦颇为流行。康熙青

图70 青花仕女婴戏图胆式瓶

图71 青花祝寿图六方花盆

图72 五彩开光祝寿图盘

花祝寿图棒槌瓶〔图73〕，绘“郭子仪拜寿”。郭子仪乃中兴名将，守唐卫近三十年，立下丰功伟绩，深得民众爱戴。郭氏家族兴旺、子孙众多，七子八婿，均在朝为官。郭子仪夫妇端坐正中，子孙共聚堂前，为双老庆寿。此图场景宏大、人物众多，呈现出为国立功、人民爱戴、子孝父荣的祥和景象。

九 结 语

在家国一体的封建体制下，帝王个人的审美理想往往对整个国家的审美趋向产生决定性影响。康熙帝玄烨雄才大略、经纬天下，以文治国、以武抚疆，为“康乾盛世”奠定了坚实基础。康熙瓷绘人物，也以其海纳百川的胸怀，将国计民生、自然山水、文治武功、大众文学、神仙信仰、福寿吉祥等传统文化内蕴完美地呈现于瓷上，彰显了康熙时代的艺术气魄，承载着深厚的文化积淀，闪烁着人类文明的智慧光芒。

（作者单位：故宫博物院科研处）

图73 青花人物图棒槌瓶

全球史视野下的法国传教士与康熙朝中外交流*

French Jesuits and Diplomatic Affairs under the Kangxi Reign, from the Perspective of Global History

李晨哲

Li Chenzhe

内容提要：

将清史研究放入全球史研究的框架中是近些年清史研究的重要方法之一。康熙朝时期，耶稣会传教士行走于欧亚大陆的东西两端，带动东西方文明的交流和相互影响，其背后也代表各国的国家利益。本文以法国耶稣会传教士为切入点，通过法国国王路易十四向中国派遣“国王的数学家”、中俄谈判与《尼布楚条约》的签订、教宗特使铎罗来华与“礼仪之争”三个事件研究法国传教士在当中的影响。从相关中外文献出发，以全球史研究的方法解读康熙朝中外关系以及互动视角下历史事件的关联性，对比17—18世纪的欧洲，分析清初中国政府对外交流的特点。

关键词：

法国传教士　康熙朝　“国王的数学家”《尼布楚条约》“礼仪之争”

ABSTRACT:

One of the major approaches of Qing dynasty history study in recent years is to put it under the framework of global history studies. During the Kangxi reign (1662-1722), the Jesuits traveled between the eastern and western ends of Eurasia. While they fostered cultural exchange between the Eastern and Western civilizations, they also represented national interests of different countries. This study discusses the roles that French Jesuits have played, in the three diplomatic incidents of the Qing Empire under the reign of Kangxi, namely the dispatch of “King's Mathematicians” by Louis XIV of France, the Sino-Russian negotiations, leading to the Treaty of Nerchinsk, and the arrival of Tournon in Beijing to settle the “Chinese Rites Controversy”. Based on Chinese and French historical sources, the paper analyzes the communication between China and Europe in early Qing dynasty and the relevance of historical events from an interactive perspective with the approach of global history research, by comparing the activities of European countries in the 17th-18th century.

KEYWORDS:

French Jesuits, Kangxi reign, “King's Mathematicians”, Treaty of Nerchinsk, “Chinese Rites Controversy”

* 本文得到北京故宫文物保护基金会和万科公益基金会专项经费资助。

由于众多耶稣会传教士来华，康熙朝是明清中外交流比较频繁的时期。国内学者的研究现状主要集中在以下几个方面：第一，侧重清代西洋人眼中的中国和此时期不对称的中西文化交流[1]；第二，关于双方文化交流的见证——相关文物的研究[2]；第三，以康熙帝的视角出发，探讨其如何开创性地任用西士服务于朝廷和宫中[3]；第四，清初对外沟通的特点与方式[4]。总体来讲，先行成果的研究是单一视角的，并且以清代统治阶层的视角为主。

清代历史研究相比于前朝的一个重要特点是包含更丰富的中外关系研究。因为这一时期中国与世界的联系愈发紧密，因此需要用世界的眼光看清史，将清史研究放在全球史的背景中去探讨。本论文利用国内研究较少关注的《张诚神父未发表的五封信》及菲利普·阿弗瑞尔（Philippe Avril）的《旨在发现通往中国新道路的欧亚多国之旅》，希望以全球史研究的方法解读康熙朝中外关系，以法国耶稣会士为切入点，通过探讨他们所联结的17—18世纪的中法关系、中俄关系、中国与罗马教廷的关系，分析互动视角下历史事件的关联性，从不同角度探讨清初中西交流的特点。

一 中法交流的使者——“国王的数学家”

在法国之前，荷兰、葡萄牙已经向清廷派遣使节。为了能在欧洲诸国海外扩张中占有一席之地，法国于17世纪末也积极加强与中国的沟通，通过耶稣会传教士连接两国君主的交往。法国国王路易十四向中国派遣了两次“国王的数学家”。第一批于1688年抵达北京，共六位，他们从法国布雷斯特离港，分别是张诚（Jean François Gerbillion）、洪若翰（Jean de Fontaney）、白晋（Joachim Bouvet）、李明（Louis Le Comte）、刘应（Claude de Visdelou）和塔夏尔（Tachard），其中塔夏尔中途留在暹罗，未能抵达中国。第二批“国王的数学家”由白晋领队，乘坐法国商船“安菲特力特”号，于1698年抵达中国。“国王的数学家”并不是严格意义上的外交使团，为了不与在远东拥有“保教权”的葡萄牙发生直接冲突，法国耶稣会传教团以“数学家”的名号出访。“安菲特力特”号不是皇家御船，避免了法国国王向中国派遣官船的消极影响。尽管如此，法国耶稣会士有多位，如张诚、白晋、巴多明等留在清廷为康熙帝服务，成为17—18世纪中法官方沟通的代表人物。

（一）“国王的数学家”派遣的宗教背景：打破葡萄牙“保教权”

在1685年法国国王路易十四正式向中国派出耶稣会传教士之前，由于葡萄牙王国在远东享有保教权（padroado）[5]，中国国内的耶稣会传教活动主要由葡萄牙王国垄断。在1698年第二批“国王的数学家”大举入

1 参见欧阳哲生：《盛世下的忧患——中西关系视角下的康雍乾盛世》，《北京大学学报（哲学社会科学版）》，第51卷第5期，《十七世纪西方耶稣会士眼中的北京——以利玛窦、安文思、李明为中心的讨论》，《历史研究》，2011年第3期等文章。

2 比较具有代表性的是故宫博物院的郭福祥老师和关雪玲老师，前者侧重对西洋传教士带来的钟表的研究，后者在宫廷西洋药物和清代中西医学交流方面颇有成果。

3 参见冯尔康：《康熙帝多方使用西士及其原因试析》，《安徽史学》，2014年第5期。该文全面地总结了康熙时期西洋传教士参与的清宫活动，把此时的中西文化交流归化为清史研究的重要部分。

4 参见万明：《中国融入世界的步履——明与清前期海外政策比较研究》，故宫出版社，2014年，第314－474页。

5 保教权是由罗马教廷授予的由世俗政权承担的保护天主教在非天主教国家传播的权利和义务，是天主教传教事业上的一种优惠特权。

华之前，葡萄牙籍传教士在中国传教区一直占据主导地位，葡萄牙语甚至是中国教区的“官方语言”[1]。17世纪末法国王室向中国派遣传教团的行为并不仅仅是一个宗教事件，其背后还有相应的政治意义和经济利益。法王路易十四在位期间，法国国力蒸蒸日上，逐渐代替西班牙、葡萄牙成为欧洲大陆上最为强盛统一的国家。他不希望属于自己臣民的传教士受葡式传教体系的控制，借助向中国派遣传教士有助于法国在东方的势力扩张，打破葡萄牙在东亚对教务的垄断[2]。而以传教名义的扩张不仅有政治影响，还有经济利益。时任财政大臣柯尔贝[3]希望在葡萄牙国势渐微之际，抓住时机积极发展法国与远东国家的贸易关系。“国王的数学家”所代表的传教团就是在这种背景下应运而生的。1700年11月30日张诚成为法国耶稣会在华传教团体的第一任总会长，法国耶稣会在华传教团体自此与葡萄牙耶稣会的中国副省相分离。在华法国耶稣会传教团体逐渐脱离葡萄牙管控，成为受法国政府保护的独立传教力量。路易十四的派遣行为反映了法国自身的政治利益、宗教利益和经济利益。同为耶稣会的法、葡两国传教士之间的斗争代表了国家力量的角力。

（二）法国君主的使命：传教士的科研活动

“国王的数学家”的到来促使越来越多的法籍教士以法国国王使者这一身份出现，耶稣会士不仅是宗教文化交流的使者，更是中、法两国交流的桥梁。一方面，法国的耶稣会传教士肩负着为法国国王和皇家科学院做科学研究和地理探索的使命；另一方面，法国传教士在中国皇宫为皇帝、皇子们授课，传播西方科学知识。

虽然宗教、教会相关人士不能成为皇家科学院会员，但科学院可以派遣传教士去亚洲、美洲等地进行科学考察和地理探测，为皇家科学院收集重要的科学数据、地理信息。洪若翰神父于1703年2月15日写给拉雪兹神父（Père la Chaise）的信件证实了这一点：

> 如您所能想起的那样，正是在1684年岁末，上帝赐予了派遣法国传教士到中国去的机会。当时在法国，人们正根据国王的诏令，为改造地理学而工作。皇家科学院的先生们奉命负责此事，他们派遣了其团体中最精明能干的人赴大西洋和地中海各港口，英国、丹麦、非洲和美洲诸岛屿，在那里从事必要的考察。大家对遴选将被派往印度和中国的人员感到最为棘手，因为这些地区在法国较少被人所知，且科学院的先生们还认为，在那里可能会有不受欢迎以及使执行计划的外国人感到不安的危险。由此，人们把目光转向了耶稣会士们，后者在整个这一地区拥有传道团，他们的天职就是前往他们认为在拯救灵魂方面能取得最多成果的任何地方。[4]

皇家科学院选择耶稣会教士是因为后者有无可替代的优势：首先在远东，耶稣会已经拥有较大的传教范

1　耿晟：《中法文化交流史》，云南出版集团公司，2013年，第102页。

2　李晟文：《明清时期法国耶稣会士来华初探》，《世界宗教研究》，1999年第2期，第53－54页。

3　让-巴普蒂斯特·柯尔贝（Jean-Baptiste Colbert，1619年8月29日—1683年9月6日）是法国政治家、国务活动家。他长期担任财政大臣和海军国务大臣，是路易十四时代法国最著名的人物之一，也是重商主义的代表人物之一。

4　［法］杜赫德编，郑德弟等译：《耶稣会士中国书简集——中国回忆录》第1卷，大象出版社，第251页。

围，天主教传播成果初显，传教士甘愿为传播福音远行。其次，耶稣会士受过严格教育，具有深厚的自然科学和人文科学素养，这是天主教其他修会无法企及的优势。耶稣会学校的科学教育，特别是数学相关的课程在旧制度时期颇具名望。当时的耶稣会学校除了日常的神学培养，还设有诸多科学讲堂。数学课程内容丰富，除了教授纯数学，包括算术、几何、代数、分析法，还教授应用数学和与数学相关的交叉学科，例如：天文学、光学、透视学、力学、水利学、应用几何学（土地测量、地形测绘），甚至还学习防御工事修建技术和音乐。耶稣会学校在法国的多座城市设有类似讲堂，如阿维尼翁、里昂、图卢兹、巴黎、兰斯等城市[1]。洪若翰当时在巴黎的耶稣会克莱芒学院教授高等数学，已经出版多部著作，是那个时代最好的法籍耶稣会数学家；张诚在科学研究方面颇有成就，擅长天文学，出发前曾在法国香槟省教授数学；刘应神父醉心并且十分擅长天文学[2]。

"国王的数学家"随同路易十四派往暹罗的使团一同出行，出发前同巴黎天文台首任台长卡西尼进行了多次会谈，为远行做准备。法国皇家科学院遵照国王的命令为耶稣会士配备了一套完善的科学仪器、法国皇宫铜版画、精美装帧的图书等礼品[3]。这些礼物不仅有助于传教士自己的科学观察和研究，也有助于在中国宫廷传播先进的科学知识。

法国耶稣会士在华的科学活动其实是法国皇家科学院全球性科学考察活动的一部分，在客观上促成了中国的科学改革。中国方面，康熙皇帝对西洋的天文历法、先进的科学知识和仪器充满渴求，希望有更多的西洋科学家和工匠为自己效力，巩固自己的威信和统治。两者的目的和追求的利益虽然不同，但都在促进中西方科技交流方面起到了积极作用，为17—18世纪中法文化交流做出了贡献。

（三）中国皇帝的使命：出使法国

"国王的数学家"不仅是法国君主的使者，也是中国君主的使者，其中白晋、洪若翰两位耶稣会士都奉康熙之旨回访法国。白晋的出访直接连接了中、法两位君主。

康熙三十二年至三十七年（1693—1698），白晋（Joachim Bouvet）返回法国，将所著《康熙皇帝传》（*Portrait historique de l'empereur de Chine, présenté au Roy*）呈丁路易十四，向法王转述康熙帝招募人才的意向及白晋本人希望加派传教士的请求。路易十四也认为这是扩大法国在中国影响的好机会，支持白晋招募人员，并给他一万法郎购置赠予康熙帝的礼物。

白晋的返欧之旅促进了中法宫廷之间的直接交流。一方面，白晋从法国带来了更多的耶稣会士，包括许多科学人才，如雷孝思、巴多明、马若瑟，他们留在清宫为皇帝服务，对于清帝来讲，这是一次来自欧洲的人才引进。另一方面，白晋所著献给法王的《康熙皇帝传》、献给勃艮第公爵夫妇的《图解中国现状》（*L'État présent de la Chine en figures , dédié à Monsieur le Duc et à Madame la Duchesse de Bourgogne*,1697）二书引发了法国王室和贵族对中国的关注，带动了欧洲的中国热。

1　François de Dainville, *L'Éducation des jésuites (XVIe-XVIIIe siècles)*, Paris: éd. Minuit, 1978, p. 323.

2　Bernard Brizay, *La France en Chine*, Paris: Perrin, 2013, p. 31.

3　[法] 伊夫斯·德·托玛斯·德·博西耶尔夫人著，辛岩译：《耶稣会士张诚——路易十四派往中国的五位数学家之一》，大象出版社，2009年，第1页。

法国传教士积极地连接中法宫廷交流。张诚在信中写道："中法两国的贸易会变得常态化，在巴黎会有人专门负责我们（法国耶稣会士）的事务，为我们的活动提供一切必需的物品。"[1]他还曾期待两国君主有更长远的对话："如果皇上和我们的国王一直保持着良好的通信，就像一开始的那样，皇上有可能亲自安排我去法国。"[2]不过，由于一直忙于在康熙的宫廷中服务，张诚生前未能返回故土。

虽然法国耶稣会士不是法国政府官方的外交使团，但他们在连接中法关系的过程中起到了多重作用。作为教会人士，他们承担了在东亚开拓法国传教版图的任务；作为科学家，他们需要给法国皇家科学院提供中国地区的科考成果；作为使臣，他们往返于中、法两国宫廷，是康熙与路易十四沟通的桥梁。

二 中俄谈判——中方谈判团的翻译

研究法国传教士在中俄《尼布楚谈判》中的作用，不能忽视传教士自身所代表的国家利益和修会利益。传统的清史研究往往缺少这一史实考证的全球史视角。在中俄谈判相近的时间节点，法国国王路易十四派遣耶稣会士试图通过俄罗斯打通中法之间的陆路传教通道。这一事件对耶稣会士在谈判中的表现和立场都产生了重要影响。

（一）康熙派遣谈判团的历史背景

16—17世纪，作为纯粹欧洲国家的沙俄帝国开始向东扩张。随着其对西伯利亚地区扩张的深入，中国东北地区日益受到威胁，在俄方占领了中方领土之后，双方冲突加剧。清政府于1684年、1685年和1686年三次进攻雅克萨，发动雅克萨自卫反击战，沉重地打击了沙俄入侵军。沙俄最终同意举行和谈，和平解决中俄边界问题。俄国大使戈洛文于1687年到达色楞格河，准备和清帝国进行谈判。中方于1688年5月30日首次派出以索额图为首的谈判使团。临行前，康熙对谈判涉及的领土给了使团明确的旨意：

> 朕以为尼布潮、雅克萨、黑龙江上下，及通此江之一河一溪，皆我所属之地，不可少弃之于鄂罗斯。我之逃人根特木儿等三佐领，又续逃一二人，悉应向彼索还。如鄂罗斯遵谕而行，即归彼逃人，及我大兵所俘获招抚者，与之画定疆界，准其通使贸易。否则，尔等即还，不便更与彼议和矣。[3]

由于使臣索额图等不懂外文，而俄方代表不懂汉语和满语，所以拉丁语成为谈判语言，而耶稣会士具有精通拉丁语这一优势，"朕看所用西洋人真实而诚悫可信，罗刹[4]着徐日昇去，会拉提诺文字[5]，其文妥当，汝

1 Henri Cordier, "Cinq lettres inédites du Père Gerbillon, S. J., Missionnaire français à Péking (XVIIe et XVIIIe siècle), publiées par M. Henri Cordier" , *Extrait du T'oung-pao*, Série II, Vol. VII, N° 4, Leide: E. J. Brill, 1906, p. 464.

2 *Ibid*., p. 463.

3 《清圣祖实录》卷一三五，康熙二十七年五月癸酉。

4 俄罗斯东部。

5 Latino 的音译，指拉丁语。

等也行移文，往说罗刹”。[1]康熙派遣了宫中两名耶稣会传教士葡萄牙人徐日昇和法国人张诚参与中俄和谈，由他们担当谈判中的翻译。菲利普·阿弗瑞尔[2]的《旨在发现通往中国新道路的欧亚多国之旅》[3]也记载了该事件，但由于信息偏差，他将两位耶稣会士都记录成法国人。

> 由于从莫斯科到边境地区路途遥远，俄国人无法派遣人数众多的军队维持这场战争，而这一地区临近中国，满蒙族人是这片土地的主人。沙皇认为促成和谈比用兵打仗对自己更有利，后者会让自己的军队遭受各种风险。中国人接受了他们的提议，他们派遣了一名大使前往长城以外很远的地方，甚至还随行派遣了两位法国耶稣会传教士。这些传教士正是六年前我们虔诚的基督教陛下派往中国的成员，他们是此次谈判的翻译。为此，已经告知俄方派遣一名懂拉丁语的代表，但我们不知道这次谈判能否成功。[4]

康熙帝先选中徐日昇，徐日昇又选定张诚随行[5]，由于这一时期的清宫传教士还是由葡萄牙主导，因此张诚是居于第二的人物。在出发与俄方谈判前，康熙帝赐予两位传教士很高的礼遇：“康熙二十七年四月初六日，徐日昇、张诚奉召趋朝，赐蟒袍一件，大缎四匹。四月二十八日，赐蟒素鞍衬各二副。五月初一日，上遣赵侍卫捧团龙米色御服貂皮外衣各二袭，至徐日昇、张诚馆舍，传旨赐予。[6]”欧洲的文献记载在赏赐物品上略有出入：“康熙皇帝召见了徐日昇和张诚，赐给他们每人一件绣有巨大金龙的丝绸黄马褂，后来又赐给他们两副上面绣有金龙的丝绸悬垂布垫的马鞍，以及两件金丝制的、有裘皮衬里的袍子。[7]”

《徐日昇日记》记载：“皇帝就是这样赏赐给我们各种恩典。既然他已将一切公之于世，我在此只需要提一件事：他向钦差大臣之一，他的舅舅提出，要他招待我们一起吃住，要像尊敬皇帝本人一样尊重我们。”[8]张诚也在日记中写到皇上派皇长子为谈判的使团送行，并且举办了盛大的出行仪式[9]。

1688年中方的第一次出行因为在北部遇到了噶尔丹的叛乱而被迫返程。《清实录》记载：“是日，索额图等起行，寻以喀尔喀、厄鲁特交相征战报至。”[10]根据《徐日昇日记》，中方谈判使团在离俄国使臣议和的

---

1 韩琦、吴旻校注：《熙朝崇正集，熙朝定案（外三种）》，中华书局，2006年，第344页。

2 法国耶稣会传教士，受路易十四派遣，同法国传教士薄贤士一道试图建立中法陆路传教通道。

3 书名为作者根据法语原文自译。

4 Philippe Avril, *Voyage en divers États d'Europe et d'Asie, entrepris pour découvrir un nouveau chemin à la Chine*, Paris: Claude Barbin, 1692, p. 198. 笔者自译。

5 苏联科学院远东研究所等编，黑龙江大学俄语系翻译组，黑龙江省哲学社会科学研究所第三室合译：《十七世纪俄中关系（1686—1691年）》（第二卷），商务印书馆，1975年，第1036页。来自《徐日昇日记》，根据俄译并参照商务印书馆1973年出版的《耶稣会士徐日昇关于中俄尼布楚谈判的日记》。

6 韩琦、吴旻校注：《熙朝崇正集，熙朝定案（外三种）》，第345页。

7 圣伯多禄的冈萨雷斯：《中国新教难简述》，出版社不详，1712年，第170页。引自：博西耶尔夫人著：《耶稣会士张诚——路易十四派往中国的五位数学家之一》，第15页。冯尔康先生在《康熙帝多方使用西士及其原因探析》中认为这是传教士的误读，因为黄马褂非大的军功不可得，所以赏物应该是蟒袍。

8 《十七世纪俄中关系（1686—1691年）》（第二卷），《徐日昇日记》，第1037页。

9 Jean-Baptiste Du Halde, *Description géographique, historique, chronologique, politique et physique de l'empire de Chine et de la Tartarie chinoise [d'après les mémoires des pères Martin Martini, Ferdinand du Verbiest, Philippe Couplet. etc] enrichie de cartes générales et particulières [dressées par le sieur Jean Baptiste Bourguignon d'Auville géographe du roi] et ornée d'un grand nombre de figures et de vignettes*, Paris: G. Le Mercier, 1735, vol. 4, p. 89.

10 《清圣祖实录》卷一三五，康熙二十七年五月癸酉。

地点——色楞格斯克仅剩几天路程的地方，他们得到了厄鲁特人已侵入喀尔喀领地的消息[1]。

中国的谈判使团于1689年6月13日再次出发，这次谈判的地点选在尼布楚，两位传教士依然随行。临行前，清朝政府对当时的形势和谈判方针重新做了研究。由于噶尔丹叛乱已经发生，且叛匪极有可能与入侵的俄国结盟，清政府更加迫切地要求与俄国实现和平，从而可以集中全力对付叛军，以摆脱两线作战的不利局面。康熙意识到形势已有不利变化，谈判方针需要做相应调整："今以尼布潮为界，则鄂罗斯遣使贸易，无栖讬之所，势难相通。尔等初议时，仍当以尼布潮为界，彼使者若恳求尼布潮，可即以额尔古纳为界。"[2]

（二）耶稣会士的作用

《尼布楚条约》的签订并不顺利，谈判过程非常艰苦，几次陷入僵局。沙俄领土扩张的目的非常明显，而中方的钦差大臣也有康熙帝吩咐的底线，不能让步。关于传教士在条约签订中的作用，史学界的主流观点认为张诚在中俄和谈中起到调停作用。但也有观点认为张诚与徐日昇曾私下与俄国谈判大使戈洛文沟通，收受贿赂，在中俄谈判中为俄方探听中方代表团的谈判底牌。

耶稣会教士留下的日记和信件都对两位传教士在谈判中的积极作用极尽夸奖，认为传教士在代表团中的角色早已超出单纯翻译的范畴。二人通过在中俄代表之间的斡旋调和，避免和谈走向失败，功劳显著。

徐日昇在日记中详细记录了中俄双方谈判中出现的每一次博弈和僵局，并且强调自己的功劳：自己始终没有丧失谈判可以圆满结束的希望，曾多次排除困难，消除中国钦差大臣对俄国使者的疑虑，敦促俄国使臣做出决议，从而挽救了可能破裂的谈判。[3]

张诚的作用在法国传教士的书信中有所体现。洪若翰神父在给拉雪兹神父的信中（1703）写道：

> 在某些重要的场合，传教士的一些与众不同的处理问题的方式还是颇为有用的。张诚神父尤其懂得利用这一点。由于他来自法国，那里，人们经常谈论君主的利益，持续不断的战争与和约使人们千百遍的思考其后果对民族是有利还是有弊。[4]

张诚根据双方的态势和需求判断出中方更迫切地需要和俄国人签订和约，保证其不与叛乱的噶尔丹相勾结，俄方希望获得的一大好处是可以到北京自由贸易。

> 张诚奔走于中俄代表团之间，传递信息，提出谈判建议，缓和气氛。他把会激怒双方的东西隐藏起来。最后，他巧妙地照顾到了双方的共同利益，中国人和俄国人都对此感到满意，使和约得以顺利缔结。[5]

---

1 《十七世纪俄中关系（1686—1691 年）》（第二卷），《徐日昇日记》，第 1037 页。

2 《清圣祖实录》卷一四，康熙二十八年夏四月壬辰。

3 《十七世纪俄中关系（1686—1691 年）》（第二卷），《徐日昇日记》，第 1037 页。

4 ［法］杜赫德编，郑德弟等译：《耶稣会士中国书简集——中国回忆录》第 1 卷，第 278 — 279 页。

5 Louis Le Comte, *Nouveaux mémoires sur l'état présent de la Chine*, 1èreédition, 1696, édition en format texte par Pierre Palpant, 2013, p.385-386.

俄方在获得每年可到北京自由贸易这一好处之后答应让出雅克萨城，而收回雅克萨也是康熙帝给中方钦差大臣们设立的前提条件。有学者认为，这次谈判徐日昇参与度更高，而张诚的作用并非像法国教士所赞扬的那么重要[1]。

史学界另一种观点认为传教士在谈判中为自己获取私利。北京师范大学清史研究小组所著的《1689年的中俄尼布楚条约》对两位传教士的行为持否定态度。虽然该著作的史学观点不可避免地受到彼时历史环境和政治观点的影响，但为中俄《尼布楚条约》谈判的研究提供了不同的思路和角度。中方代表团之所以在谈判中经常处于进退两难的被动局面正是因为徐日昇和张诚向俄方透露了康熙皇帝的底线，使得中国谈判团过早地露出底牌，让俄国人把握了谈判的主动权。耶稣会士与沙俄的利益交换甚至可以追至另一位有名的传教士南怀仁。早在徐日昇和张诚随团出使之前，南怀仁已经与俄方有书信相通：1676年俄国使团尼果赖出使北京，其中有一位随员文纽科夫收到一封南怀仁的秘密信件，信中建议俄国方面应该坚持用拉丁文作为谈判的中介译语，这样清廷就不得不依靠传教士做译员[2]。耶稣会士可以借此机会在两个大国之间周旋，从中为耶稣会的传教事业谋利。谈判过程中，俄方在雅克萨的归属问题上反复无常，但是耶稣会教士却并没有完全捍卫中方利益，徐日昇建议中方不要再抱怨俄国人，放弃谈论以往的越境背约事件，他坚持双方解决问题的最好办法是尽快就领土问题进行谈判，尽早建立共同的边界[3]。

（三）中俄谈判与中法陆路交通

作为耶稣会传教士，徐日昇和张诚都希望和沙俄保持良好的关系，这样既可以保障在俄耶稣会士的利益，又希望打通经过俄罗斯和西伯利亚前往中国的传教道路。特别是相比海难频出的海上交通线，陆路更安全，如果贯通，将是一条连接欧亚大陆两端的捷径。

打通中欧陆路传教线路的计划最早是由著名耶稣会士南怀仁提出的。17世纪中期，康熙帝执政初年，时任钦天监监正南怀仁就有经俄罗斯建立中法陆路传教线的想法，希望开辟一条从巴黎到北京持续的陆路通道。1687年10月，南怀仁向法国耶稣会的拉雪兹神父写信重申通过俄罗斯陆路派遣传教士来华的必要性[4]，尤其强调清宫皇帝和皇子对西方天文学、数学的极大兴趣，希望法国能派遣更多擅长科技的耶稣会传教士。中法之间的陆路传教交通线一旦建立，耶稣会的传教范围将不局限于中国地区，中亚地区的穆斯林群体也将成为传教对象。

在南怀仁的建议下，路易十四于1687年开始多次派遣耶稣会传教士试图打通经过俄罗斯到达中国的陆路

---

1 帕夫洛夫斯基：《中俄关系》(*Chinese Russian Relations*)，纽约，1949。引自博西耶尔夫人著：《耶稣会士张诚——路易十四派往中国的五位数学家之一》，第12页。

2 参见北京师范大学清史研究小组：《1689年的中俄尼布楚条约》，人民出版社，1977年，第226页。所参考的文献：巴特莱：《俄国、蒙古、中国》第二卷，第436页。

3 《十七世纪俄中关系（1686—1691年）》（第二卷），第1056页。

4 参见 Arthur Beylerian, « Deux lettres de Louis XIV au roi des Ouwbeks à propos de missionnaires jésuites », in *Cahiers du monde russe et soviétique*, vol. 9, no2, 4-6, 1968, p. 230; Philippe Avril, *Voyage en divers États d'Europe et d'Asie, entrepris pour découvrir un nouveau chemin à la Chine*, Paris, Claude Barbin, 1692, préface.

传教通道。菲利普·阿弗瑞尔在《旨在发现通往中国新道路的欧亚多国之旅》中记录了清初法国传教士探索中法陆路交通路线的过程。阿弗瑞尔向沙俄政府致信，希望能够获得穿越鞑靼地区、西伯利亚地区的许可，开辟向中国传教的陆路通道，但沙俄没有同意。他改变策略，向驻波斯王国的西里伯爵（comte de Syri）请求帮助，写信希望他能协助耶稣会教士穿越俄国到达中国。

1688年9月初，西里伯爵携带路易十四的信件从华沙出发前往莫斯科。由于沙俄政府对于法国传教士穿过俄国前往中国一事的态度并不明朗，传教士使团做了备用方案，即取道土耳其、波斯和鞑靼地区抵达中国。传教士使团兵分两路，阿弗瑞尔神父和薄贤士神父出发前往莫斯科，另一队耶稣会士前往土耳其和波斯[1]。如果俄国予以通行西伯利亚的许可，则传教士们在莫斯科会合出发；如果无法获得通行许可，则取道波斯北部和乌兹别克地区抵达中国。

在这样的历史背景下，作为法国传教士的张诚在谈判中一定会努力维持与俄国政府的关系，在调停的过程中尽量同时确保俄国的利益，换取他们对中法陆路传教线路的支持。然而事与愿违，即使沙俄在形式上感谢了两位耶稣会士，"张诚和徐日昇被聘为莫斯科科学院的通讯院士"[2]，但还是于1689年下令关闭耶稣会士在莫斯科的会院，禁止法国耶稣会传教士通过俄罗斯和西伯利亚前往中国传教[3]。俄国政府不仅勒令西里伯爵即刻返回波斯，还禁止法国传教士同行，也不能取道波斯、绕行乌兹别克前往中国，1689年2月，耶稣会士只能借道摩尔多瓦离开[4]。

对比张诚和徐日昇的日记以及《耶稣会士中国书简集》，发现两者虽同为使团翻译，但地位不同，张诚是徐日昇的副手，葡萄牙传教士在清宫仍然占据主导地位，新来的法国数学家的话语权比不上前者。他们出使的目的和立场也有微妙差异。徐日昇的日志是他向耶稣会上级的汇报成果，内容基本围绕中俄谈判展开，涉及了诸多谈判细节。日记原文一直留存在罗马耶稣会档案馆中，作为耶稣会内部信件保存下来，没有公之于世。相反，《张诚日记》俨然是一部详细的科学考察记录和旅行日志。张诚受命于法王路易十四进行天文、地理观测，在日志中标出所经过的所有地点及经纬度，相关内容发表在杜赫德的《中华帝国全志》和《耶稣会士中国书简集》。张诚在谈判中积极斡旋，希望推动沙俄政府同意保障中法陆路交通顺畅。

即便在中俄双方谈判使团看来，两位教士没有差异，但他们其实各自代表葡、法两国利益，彼此之间也有无法忽视的矛盾。"徐日昇最严格地代表葡萄牙保教权的利益，而张诚则是一个侵入其势力范围的法国人。"[5]张诚在给拉雪兹神父的信中表达对徐日昇的种种不满，谈到葡萄牙人为他们设置的种种障碍，认为他"以极其恶毒的眼光来看待这些法国人"[6]。

中俄《尼布楚条约》的签订背后是一系列复杂的国际关系，其中涉及17世纪的中俄关系、中国宫廷与传教士的关系、传教士之间所代表的法葡关系、俄国与天主教大国法国和传教团体耶稣会之间的关系，可以从

---

1 Jacques Villotte, *Voyage d'un missionnaire de la compagnie de Jésus en Turquie, en Perse, en Arménie, en Arabie et en Barbarie*, Paris, 1730, p. 3-4.

2 博西耶尔夫人著：《耶稣会士张诚——路易十四派往中国的五位数学家之一》，第21页。

3 Philippe Avril, *Voyage en divers États d'Europe et d'Asie, entrepris pour découvrir un nouveau chemin à la Chine*, p. 219-220.

4 Arthur Beylerian, « Deux lettres de Louis XIV au roi des Ouwbeks», *op. cit.*, p. 233.

5 博西耶尔夫人著：《耶稣会士张诚——路易十四派往中国的五位数学家之一》，第13页。

6 同上，第24页。

中一窥17世纪各国力量的角逐和国家利益的博弈。两位耶稣会士具有谈判意识，对国际法和国家法比当时的中国和俄国使团有更好的了解，在谈判中起到了缓和与调解的作用，但决定和谈走向和条约签订的还是两个大国的力量博弈与事态发展的进程。中方对和谈比较迫切的原因是担心噶尔丹与沙俄的联合，俄方无法在领土扩张上进一步实现自己野心的原因是当地人民的反抗和康熙帝给使团下达的谈判底线。张诚和徐日昇在谈判中积极调停，一方面向康熙帝显示自己的能力和忠诚，另一方面向沙俄示好以保障耶稣会的传教利益，希望通过沙俄建立抵达中国的陆路传教线路。但是，清帝国此时的军事和政治实力、法兰西王国在西欧的强盛和扩张成为沙俄放行法国传教士东去的主要顾虑，中法的陆路传教通道并没有打通。

三　中梵关系——“礼仪之争”斡旋失败

（一）中国宫廷的修会之争

“礼仪之争”的讨论一直伴随着耶稣会的在华传教活动。耶稣会在华奉行的“利玛窦规矩”一直被其他更为保守的天主教修会和组织所抨击。所谓“礼仪之争”，主要是讨论中国的天主教徒是否可以参加传统的“祭孔、祭祖和祭天”的礼仪活动而不被天主教会教义认为是在参与异教徒活动。天主教认定的“中国礼仪”这一措辞包含了中国本地三种特定情况，其中无一涉及弥撒或天主教堂举行圣礼这样的礼拜仪式。第一种是所有中国士人定期在孔庙举行祭孔仪式；第二种是祭祖问题，即一名中国的教徒是否能够继续在祖先的灵位或坟墓前进行焚香、上供、跪拜等人们普遍从事的活动。这两种习惯性做法构成了人们执行的“礼仪”。在此之上还有第三个问题，即“术语问题”。中文典籍中所用的“天”和“上帝”这类术语是否能直接指代基督宗教概念中的“神”的概念？反对“中国礼仪”是可以保障教会教义的完好无损，但这种传教方式是在西方思维模式下的行事方式[1]。它在面对中华文明这个演变和发展了上千年的文明以及整个中国文化群体时就会发生激烈的碰撞和矛盾。

“礼仪之争”不仅是中西信仰、文化的冲突，也是天主教内部斗争在中国宫廷的体现。首先，组织严密的耶稣会在传教影响力上与罗马传信部形成抗衡，两者间一直存在矛盾[2]；其次，以利玛窦为代表的耶稣会传教士所奉行的是更适应中国文化的传教策略，尊重中国文化和礼仪，称之为“利玛窦规矩”。利玛窦认为学者的祭孔行为应当被当作学术活动而非宗教活动，祭祖行为也不构成迷信活动。此举遭到其他修会或传教组织的反对，例如西班牙的多明我会和法国巴黎外方传教会。礼仪问题提交到罗马。“礼仪之争”在17世纪末18世纪初不仅在罗马，甚至在整个欧洲都是热门话题。时任教皇克莱蒙十一世为了平息各个修会派别和不同传教士之间的争执，决定派遣教宗特使铎罗前往中国。

1　魏若望著，吴莉苇译：《耶稣会士傅圣泽神甫传：索隐派思想在中国及欧洲》，大象出版社，2006 年，第 118 — 119 页 .

2　参见：Giovanni Pizzorusso, “Le pape rouge et le pape noir. Aux origines des conflits entre la congrégation « de Propaganda Fide » et la Compagnie de Jésus au XVIIe siècle” in Pierre-AntoineFabre et CatherineMaire(dir.), *Les antijésuites : discours, figures et lieux de l'anti-jésuitisme à l'époque moderne*, Rennes, PUR, 2010, p.539-561.

（二）康熙与铎罗的矛盾：捍卫文化自主权

教宗特使铎罗宗主教于1705年4月8日抵达广州，五个月后从广州启程北上。负责在华法国传教会事务的张诚为解决中国礼仪问题，派遣傅圣泽（Jean-François Foucquet, 1665—1741）前去广州拜见铎罗特使。傅圣泽向铎罗表明，耶稣会士对中国礼仪的阐释是正确的，向他说明禁止中国礼仪会引发严重后果。铎罗拒绝了法国耶稣会士的建议，要求耶稣会士接受教廷圣职部的通谕，让傅圣泽把他的观点和行动传达给张诚[1]。

根据康熙四十四年（1705）满文档案可知，虽然清廷在礼仪上高规格接待铎罗，但仍对其来华目的保持警惕态度：

> 铎罗既为尔教王之重臣，来京后必将款待、体恤，在此一点无须多言。惟铎罗来华之目的，巡视之规模何也？西洋人来华已有二百余年，不曾闻有如此巡视之事。如今猝来巡视，或因传教士所作所为有异于此前？抑或另有耳闻？铎罗是否传教士，尚不清楚。来京之后，将尔等间之不和、是非，是否判明？若不判明，则其巡视之名虚矣。[2]

铎罗于1705年12月底正式谒见康熙帝，会见时说明来访目的，解决中国礼仪问题，并试探性地提出是否可以在北京派驻一位教宗的长期代表。康熙帝当时没有拒绝教宗特使的请求，但之后态度发生转变，对铎罗所呈备忘录中译本的看法持否定态度[3]。

为掌握传教士的数量和行踪，康熙四十五年（1706），清廷晓谕每位在华传教士必须领票传教，要求传教士在“礼仪之争”中必须遵循中国官方的解释方有资格获得信票，获准在华居留的传教士非经皇帝许可，不得返回西洋。

> 上谕众西洋人自今以后若不遵利玛窦的规矩，断不准在中国住，必逐回去。若教化王因此不准尔等传教，尔等既是出家人，就在中国住着修道；教化王若再怪你们遵利玛窦不依教化王的话教你们回西洋去，朕不教你们回去；倘教化王听了多罗的话说你们不遵教化王的话得罪天主，必定教你们回去，那时朕自然有话说，说你们在中国年就服朕水土就如中国人一样必不肯打发回去。[4]

与之针锋相对的是，铎罗在1707年1月25日发布通谕谴责中国礼仪，2月颁布了南京训令：所有按照皇帝意志回答颁票前一系列问题的传教士将会面临逐出教会的惩罚，“礼仪之争”的矛盾随之愈发激化。

在宫廷的法国传教士试图调解双方矛盾，但与《尼布楚条约》谈判不同，这次的斡旋以失败告终。主要原因是铎罗宗主教的要求和康熙帝的政治、文化观念完全不符。康熙认为外来的罗马教会使者干涉中国礼仪

---

1 博西耶尔夫人著：《耶稣会士张诚——路易十四派往中国的五位数学家之一》，第139页。

2 中国第一历史档案馆，中国海外汉学研究中心合编，安双成译：《清初西洋传教士满文档案译本》，大象出版社，2015年，第284页。（《赫世亨为是否允准教皇特使铎罗进京事朱批奏折》，康熙四十四年（1705）六月初三。）

3 博西耶尔夫人著：《耶稣会士张诚——路易十四派往中国的五位数学家之一》，第139页。

4 陈垣：《康熙与罗马使节关系文书》，故宫博物院，1932年，第四件文书康熙四十五年三月十六日。

和清宫事务，而且在京派驻教宗代表是对清帝权威的挑战。教会对中国礼仪的否定冲击了中国本土的文化、礼仪体系，康熙帝反击的目的是捍卫中国的文化自主权，拒绝罗马天主教会对中国事务的干涉。

（三）宫廷传教士的困境

康熙帝在铎罗来京前已对后者访华的目的怀有戒心，上文提及的赫世亨朱批谕证实了宫廷耶稣会传教士都接到了康熙帝的传召，“即传闵明我、徐日昇、安多、张诚等全部前来，当面展示谕旨，逐一解释，晓谕明白”。

法国传教士张诚十分担心天主教在华传播前景，因为如果最高统治者反对天主教，其在华传播进程将大大受阻。铎罗进京前，耶稣会士们向康熙解释特使来华原因，尽可能地化解康熙的疑虑：

> 以我教之例，除西洋国外，为管理异国之各教会传教士，设一总管人去巡视传教士是否违背教规。若可以治理，务必按照教规进行治理。若难治理，则必驱出。该总管返回之后，将巡视治理情事报闻教皇，并行记录在案。虽有此例，但不曾闻有如铎罗这般重臣赴如中国这般大国巡视。该铎罗原系从小出家修道之人。如今大皇帝恤养我西洋人如同赤子，并为我教再三敕下圣旨，不准禁止传教。又我人员中稍有不和之事，圣虑周详，敦促和睦。因此，西洋人普遍赞叹圣德，不胜感戴无疆殊恩。我西洋人都愿铎罗等重臣前来叩谢皇恩。铎罗仰慕圣主救人之至仁，特带来经过选择之医师，并谢恩之际瞻仰圣颜。[1]

康熙朝后期清宫的耶稣会士作为科学人才被皇帝重用，然而整个在华天主教的发展开始转入低谷，康熙帝禁止传教士随意在华居住。虽然耶稣会遵循“利玛窦规矩”的传教士和巴黎外方传教会传教士有关“中国礼仪”的看法不同，但在履行传教职责、扩大法国在华传教影响力等方面双方立场一致。作为时任法国传教会在华总会长，张诚于1704年4月25日致信巴黎外方传教会教士白日昇，从中可看出他对天主教前景的担忧：

> 一年来，皇帝已对如此多的欧洲传教士遍布各省表现出不安；徐日昇神父去年从江苏和浙江返回北京的时候，皇帝向其表达了自己的忧虑。4月4日，他又召见本会视察员闵明我神父、副省会长安多神父和我这位法国耶稣会在华传教团体的总会长到其离宫，并让三位离宫中的官员告诉我们（皇帝身体不适）：（1）为了避免麻烦并使事情变得正常有序，闵明我神父——他视闵明我神父为所有在华传教士的总会长——应该选择一位能为皇帝所赏识的继承人（闵明我神父年老体衰）；（2）在每一座会院，只能有两位来自欧洲不同王国的欧洲人；（3）除了总会长向他提出要求以外，他不会再批准耶稣会士建立任何新的居所。这对于我们来说无异于晴天霹雳。[2]

---

1 中国第一历史档案馆，中国海外汉学研究中心合编，安双成译：《清初西洋传教士满文档案译本》，第284－285页。

2 法国国家图书馆法文手稿25.057，第459页，转引自博西耶尔夫人著：《耶稣会士张诚——路易十四派往中国的五位数学家之一》，第136页。

从张诚1690年至1705年间与巴黎外方传教会的通信可以看出张诚与巴黎外方传教会的教士们一直保持着良好的关系[1]，而自1693年起就坚决反对"中国礼仪"的严当正是巴黎外方传教会的一员。即使对于传教方式存在分歧，耶稣会与外方传教会教士在确保天主教在华传教利益方面始终站在同一立场，与之相对的是，康熙帝对来华西洋传教士的警惕心日益增强。清宫的耶稣会士努力调和康熙帝与教宗特使之间的矛盾，可惜调解失败。张诚在清廷、教宗特使和在华传教士这几方的斡旋中有过维护法国教士和罗马教会的行为，从而失去了康熙皇帝的信任，他去世时康熙皇帝没有任何正式的表示[2]。

除张诚之外，另一位法国传教士薄贤士也曾担当康熙帝与罗马教廷沟通的使者，可惜也以失败告终。薄贤士于1688年受路易十四派遣试图打通中法之间途经俄罗斯的陆路传教线路，可惜事与愿违。薄贤士之后于1699年搭乘一艘英国船抵华，并进入北京宫廷。薄贤士在华旅居时间不长，传教成绩和科研成果均不显著。"礼仪之争"时期，身处宫廷的薄贤士成为清帝和铎罗之间的信使。例如《武英殿总监造赫世亨进书并报西洋人情形折》有记：

> 兹除谨呈翰林等所编十四寒七字，二十三篇、薄贤士所撰汉字书三篇外，于初四日，将三阿哥转交克食，由赵昌、赫世亨送与多罗，多罗跪迎祗领讫。[3]

又如康熙四十五年九月初六日的《赫世亨进书并报西洋人情形折》：

> 薄贤士言：我来京城，未为皇上效力，而蒙格外抬举，视为可信之人，委以官差。薄贤士我仰蒙皇恩，感激不尽，虽不能仰报皇恩，但我尽心竭力，将御诏送达等语。言毕叩头。先是，龙安国、薄贤士欲于初七八日起行。至是拟骑骡兼程前往，若本月初十日起程，虽属缓行，亦于十月二十五日内必到，故定彼等初十日起行前往。[4]

康熙四十五年（1706），康熙帝派遣薄贤士、龙安国出使罗马，于当年10月份离开北京，次年1月4日离开广州[5]。根据荣振华的《传教士列传》，薄贤士于1708年1月20日由巴西出发后在葡萄牙的海岸遭遇海难逝世[6]。清宫档案方面，两广总督杨琳也在奏折中提及薄贤士的死因："问在粤西洋人，据称四十五年差往西洋去之龙安国、薄贤士二人于四十六年十二月内将到大西洋，遭风坏船，淹毙。"[7]

法国耶稣会士调停失败的原因是多方面的，但根本原因是中西双方文化语境的巨大差别和文化话语权的争夺，其中掺杂着天主教内部矛盾。罗马教会反对中国礼仪一方面源于一神教对其他祭拜仪式的敌对和排

1 博西耶尔夫人著：《耶稣会士张诚——路易十四派往中国的五位数学家之一》，第125—138页。
2 博西耶尔夫人著：《耶稣会士张诚——路易十四派往中国的五位数学家之一》，第146页。
3 中国第一历史档案馆编译：《康熙朝满文朱批奏折全译》，中国社会科学出版社，1996年，第421页。康熙四十五年（1706）六月初四。
4 中国第一历史档案馆编译：《康熙朝满文朱批奏折全译》，第462—463页。
5 [法]荣振华等著，耿昇编译：《16—20世纪入华天主教传教士列传》，广西师范大学出版社，2010年，第74页。
6 荣振华的档案来源：收藏于巴黎耶稣会档案的《汉文墓志铭·北京墓地》(*Inscriptions funéraires en chinois, cimetières de Pékin*).
7 中国第一历史档案馆《明清宫藏中西商贸档案》第一册，中国档案出版社，2010年，第173页。

挤，另一方面是对耶稣会海外传教话语权的打压。

四 结 语

清朝建立之后，世界格局已经发生巨大变化，中外关系也随之产生历史性巨变。明初外交的主要对象是与中国有传统交往的东南亚、东亚、南亚、西亚以及印度洋地区的亚非各国[1]，到了清代，中国主要面对的是西方各国，迎接的是与中国历代王朝都迥然不同的国际环境。1648年《威斯特伐利亚条约》的签订标志着近代外交的开始，虽然鸦片战争之前的清帝国尚未与西方列强发生大规模冲突，但仅有的中外交流和碰撞也凸显出近代外交关系的一些特点，即因文化、宗教、经济模式、国家利益等原因造成了清初中国与外界的摩擦。这种交流与清帝国与其藩属国如朝鲜、琉球等地的关系有着极大的不同。在亚欧大陆联系越来越紧密的背景下，清史中的许多重要史实在全球史的视野下已然不再是孤立事件。

在清代康熙时期的中外交流活动中，法国耶稣会传教士起到了沟通的作用。法国国王路易十四向中国派遣"国王的数学家"，虽然不是以外交使团的形式，但仍视作17世纪末中法外事交流的重要活动。张诚在清宫为康熙帝服务时，曾参与中俄《尼布楚条约》谈判，起到翻译和协调的作用。18世纪初，天主教教宗派遣特使铎罗来华，掀起了中西方"礼仪之争"的高潮，皇宫的法国传教士在康熙帝和教宗特使之间斡旋调和，可惜未能取得成功。无论是法国国王派遣"数学家"的动机还是俄国代表在谈判中的咄咄逼人都可以从中看出此时的西欧诸国和沙俄都开始以国家的名义向外扩张，而中国的宫廷虽然以比较包容的姿态接待来自不同国家的传教士，但派遣本国使者出访欧洲的计划较少。康熙向法国派遣的使者是同为法国人的白晋，向罗马教宗派遣的使者，如龙安国、薄贤士、艾若瑟等均为西洋传教士，与沙俄谈判需要借助通晓国际法和国家法的徐日昇、张诚作为翻译和助手。可以说，此时的清朝政府还未具备近代国际外交关系的意识，也缺乏和西方世界建立国际交往的完善机制，基本只能依靠传教士这一途径。中国人自己探索外部世界的愿望显然没有已经开始主导全球化的西欧人那么强烈，这也逐渐演变成今后中国与世界交流的被动地位。

（作者单位：故宫博物院博士后科研工作站）

1 万明：《中国融入世界的步履——明与清前期海外政策比较研究》，故宫出版社，2014年，第409页。

康熙朝西洋传教士宫廷制药探究*

——以"如勒伯伯尔拉都"为中心的考察

Research on Medical Drug Manufacturing by Western Missionaries in the Imperial Palace during the Kangxi Period: A Study of "Ruleboboerladu"

李逢源

Li Fengyuan

内容提要：

康熙时期西洋药物随着传教士的到来开始大量进入宫廷，宫中对西药的认识和使用逐步深入。康熙帝命令西洋传教士在职掌制造器用的养心殿造办处研制西药，一种音译名为"如勒伯伯尔拉都"的药物在这里制作成功。此药虽为御制，且产量不高，但康熙帝曾多次将其赏赐给患病的贵族和臣工。根据清宫档案、满文药书、皇家药典等记载，推测其即为"julep"（糖浆）的一种，主要成分有珍珠、宝石，可能还掺杂一些动植物、矿物、水果、香料等。该药为以上多种物质共同蒸馏提炼而成的药露，保质期短，方便易服，药性平和，疗效广泛，是宫廷制作西洋药物的代表作，也是中西医药文化交流的历史见证。

关键词：

传教士　西洋药物　造办处　如勒伯伯尔拉都　糖浆

ABSTRACT:

During the Kangxi period, western medicine began to be introduced to the imperial court in large quantities with the arrival of missionaries, and the understanding and use of Western medicine in the palace deepened and increased. The Kangxi Emperor ordered western missionaries to develop western drugs at the Imperial Workshop installed in the Hall of Mental Cultivation (Yangxin dian) in the Forbidden City. There the medicine transliterated as "Ruleboboerladu" was successfully made. Although this medicine was specially reserved for imperial use with limited output, for many times the Kangxi Emperor generously rewarded it to the sick nobles and ministers . According to the Qing palace archives, Manchu medicine books and imperial pharmacopoeia, it is speculated that it is a kind of "julep"(syrup). The main components are pearls and gemstones, and may also be mixed with animals and plants, minerals, fruits and spices. The medicine is a medicinal water distilled from the above substances. It has a short shelf life, but it is easy to take. It has mild properties and wide curative effects. It is not only the representative work of Western medicine produced by the imperial court, but also the historical witness of the cultural exchange between Chinese and Western medicine.

KEYWORDS:

missionary, western medicine, Imperial Workshop, Ruleboboerladu, syrup

* 本成果得到故宫博物院"英才计划"和北京故宫文物保护基金会学术故宫万科公益基金会专项经费资助。

清代宫廷内的中西文化交流是比较频繁的，尤其在康熙时期，大量西洋传教士来华，清朝统治者遴选他们中的一部分作为技艺人才引进清宫，他们之中有不少人对医药方面有所了解，随之开启了西洋医学传入中国的一次高峰。康熙朝西洋医学的传入主要是通过传教士在宫中的一系列医事活动进行的，传教士在为清廷提供服务的过程中引用了西洋医学的最新发现，使用了西洋医药的最新成果[1]。制作西药就是其中很重要的一项，在康熙帝的支持推动和传教士的辛苦努力下，宫廷生产出了多种富有疗效的西洋药物。

一 西洋传教士参与宫廷西药制作

康熙对于西洋医药的求知欲非常高，学习积极性很强，尤其是认识到西洋药物能治愈中医束手无策的疾病后，更是利用各种渠道四处搜集西药。但远水难解近渴，外国传教士和使节远涉重洋带来的药物毕竟数量有限，而且时间不稳定，没有持续性，急用的时候手边没有，往往延误病情，造成不可挽回的后果。因此他希望宫廷也能拥有自行配制西药的能力，在医药上不受制于人，于是开始大力提倡和推进在宫廷中制作西洋药物的计划，从欧洲而来的传教士群体自然在实施过程中担任了主导的角色。

1、传授知识

西洋传教士对于清代宫廷制药起到的重要作用之一就是在药物制造知识的教授上。作为康熙帝最为信任的几位传教士之一，白晋曾和其他人共同撰写过一篇关于内服化学制剂的短文。在这篇短文中，谈到了这些药剂的恢复作用或叫缓和作用，还指出这些药剂绝不像一般药品那样味苦难服的优点和价值[2]。除此之外，康熙帝还下令让白晋（Joachim Bouvet，1656—1730）和张诚（Jean François Gerbillon，1654—1707）翻译西洋制药书籍，为此他们还翻阅学习了曾任法国皇家实验室主任爱拉（Moyse Charas，1618—1698）于巴黎发表的《皇家药典》一书[3]。此人是医生兼药剂师，被任命为王室植物园化学实验教师，1676年出版了《王室药典》一书，白晋奉旨制药时参阅的就是这部书[4]。

1705年2月15日，耶稣会传教士洪若翰写了一封信寄给时任法王路易十四忏悔神父的拉雪兹，前者与白晋、张诚等一道从欧洲远赴东亚来到中国，所带金鸡纳霜治好了康熙帝的疟疾，后者多次负责和参与欧洲耶稣会传教士的派遣工作，二人都对中西交流贡献巨大。洪若翰在信中提到，"我们把按照法国国王的命令印的制药和服药方法教给他们。他们并不满足于此，还想知道金鸡纳霜从何而来，效果如何，能治哪些病"[5]。可见无论是欧洲贵族统治者还是传教士，他们对于来华宣传西洋药物这件事是有准备的，同样清朝统治者在见识了西药的神奇功效后也对它非常好奇和感兴趣。双方一拍即合，从这些传教士的口中，宫廷得知了西药的制作方法、服用禁忌、药物疗效等新的知识，传教士也能通过此途径获得康熙等人的好感，有利于实现他们在华传教的最终目的。

---

1 关雪玲：《康熙朝宫廷中的西洋医事活动》，《故宫博物院院刊》，2004 年第 1 期。

2 [法] 白晋著，赵晨译：《康熙皇帝》，黑龙江人民出版社，1981 年，第 41 — 42 页。

3 潘吉星：《康熙帝与西洋科学》，《自然科学史研究》，1984 年第 2 期。

4 《康熙皇帝》，第 86 页。

5 [法] 杜赫德编，郑德弟译：《耶稣会士中国书简集——中国回忆录》第一卷，大象出版社，2001 年，第 289 页。

2、搜集药材

制药的基础是药材，要想做出疗效上乘的好药，必须清楚该药所需每味药材的种类、质量、比例、顺序等关键要素，容不得制药者半点马虎。值得特别注意的是，西药制作还要明白中西方药材名称、质地等方面的差异，并在选取药材时进行仔细比对和辨别。同一味药材中西名称可能不同，同一名称在中西方可能也不是一味药材。

法国传教士张诚于1694年致函德・西塞，他的信中就写道："请您告诉白日昇先生，我们已将所收集到的全部药品和草本植物寄给他了，附有中国和欧洲的名称对照并以中文文字标出。我们和鲍仲义修士每天都忙于这项工作，他是一位非常真诚、通情达理和称职的人。他每日都忙于在宫中制备药剂。"[1]

从中可知，对于传教士来说，搜集药材与制作药物是相辅相成的，收集、辨认、对照药材是制药的基础，是药物制作的先决条件。制药是目的，是最终结果。

搜集药材的过程并不顺利，法国另一位传教士巴多明（Dominique Parrenin，1665—1741）在给法兰西科学院寄出的信里有相关记录。康熙帝在了解含阿片复方药剂的重大功效之后，希望传教士能够制作出来，但无奈所需药材不足，只好命令传教士四处寻找，张诚、纪理安（Bernard-Kilian Stumpf，1655—1720）、李国正（Emmanuel Ozorio，1663—1710）、鲍仲义（Joseph Baudino，1657—1718）四人负责此事，中国最博学的植物学家和他们一道，以期能发现尽可能多的新植物。但结果令人失望，尽管一路跋山涉水，最终还是白费力气，蝰蛇、龙胆、前胡一样都未找到。皇帝还派人在鞑靼地区及各省寻找胭脂虫栎树，他认为这里也可以像欧洲那样配制出曾治好他心悸症的胭脂红酒，可还是无功而返。此后康熙帝每次出巡都会让传教士跟随左右，以便能有更多的机会实地考察，可惜也没有什么新发现，他们所需的龙胆、前胡、刺柏和白蜡木还是找不到，甚至与之相似的东西都没有[2]。部分药材的缺失客观上造成了一些西洋药物不可能在清宫中制成的事实，但传教士尽力寻找搜集药材不辞劳苦的精神值得肯定，他们对药材的探查与研究是制作西药的基石与前提。

3、配制药物

制作西药与中药不同，我国传统中药是通过煎熬植物、动物、矿物等自然药物而成的，而西药大多采用化学合成方法制作，早年的西药基本是从植物、动物、矿物中提取药性成分，再经加工配制而成，其有一套独立的制药体系，因此康熙命令有经验的传教士来筹备此事。白晋和张诚学识渊博、品行端正，是康熙帝的数学、几何学、天文学、哲学和病理学的老师，在康熙身边随侍多年，深得康熙信任，宫廷开启制作西药的计划后，他们又扮演起皇家药剂师的角色，并最终在皇宫里成功建起了一个专门制药的医学实验室。康熙帝于1693年7月4日允许白晋和张诚两人在皇城里居住，作为对传教士的奖赏，同时也是为了让他们离自己更近些，以便时常探讨学习[3]。

传教士早先并不愿意承担制作西药的艰巨任务，因为从事医学的专业人员很少，他们对于能否制出疗效

---

1 ［法］伊夫斯・德・托玛斯・德・博西耶尔夫人著，辛岩译：《耶稣会士张诚——路易十四派往中国的五位数学家之一》，大象出版社，2009年，第127页。

2 ［法］杜赫德编，郑德弟译：《耶稣会士中国书简集——中国回忆录》第二卷，大象出版社，2001年，第311－313页。

3 ［德］柯兰霓著，李岩译：《耶稣会士白晋的生平与著作》，大象出版社，2009年，第24－25页。

良好的西洋药物没有十足的把握，何况用药对象是当时中国最有权势的康熙帝和一群王公大臣，万一出现差错，后果不堪设想。不过在康熙持续不断的压力下，传教士最终还是承接了这项工作，开始试着制作药品，同时阅读前文提过的《药典》学习制药知识。相比之下，实验室的落成在康熙帝的支持下进展非常顺利，他先是亲自在宫中指定房间，然后令相关部门购置了各种形状的炉灶，以及适于化学实验用的各种器皿、用具之类的物品，这些实验用具都是白银制造，毫不吝惜。在三个月里，传教士指导中国人制成了干燥剂、糖浆制剂、浸膏等几种试剂，康熙还时常到实验室观察制药作业，并满意地将这些试剂全都留作御用药品[1]。

二　养心殿造办处制西洋药物"如勒伯伯尔拉都"

在康熙朝关于西洋药物的档案文献中，有一种药名为"如勒伯伯尔拉都"出现频率很高，康熙帝经常提及此药，并多次赏赐和指示属下臣工服用，可见其在当时是传入宫廷西药的代表药物之一，康熙对该药了解和认识程度比较深刻。

也许是因为功效显著、用途广泛、材料易得，在康熙帝和传教士的共同努力下，如勒伯伯尔拉都在宫廷中的研制取得了成功。康熙三十五年（1696）五月，康熙在亲征噶尔丹的途中曾谕令太子胤礽，命其送"养心殿所造西洋如勒伯伯喇尔都御用药谨封十两"[2]，同月胤礽的奏折中也提到，皇上命令他送西洋药如勒伯伯喇尔都，他不敢怠慢，"谨封存于宫内共一斤十五两，悉数送之。依前所造备补造之"[3]。从这两条档案来看，可知至少在康熙三十五年时，宫中已经能够制作出西洋药物如勒伯伯尔拉都[4]，并且制药地点选择在了养心殿造办处，但可能因为产量有限，加之需求量较大，导致库存告急，入不敷出。

1、药物说明

虽然如勒伯伯尔拉都是康熙时期宫廷西药中的重要药物之一，但留存下来的汉文史料十分有限。然而西洋传教士为满足康熙帝的个人需求，在宫中曾将不少西方医学典籍翻译成满文以供进讲，而且从该药的名称上来看，很有可能是从外文直接音译过来的，所以满文史料中或许会有新的发现。

《西洋药书》就是传教士为康熙学习西医翻译的代表作之一，这本书分为4册，是用满文翻译的有关西医药学方面的文章讲稿，并且在此基础上参考了当时最新的科研成果，进而汇编成书，介绍了多种西洋药物，还阐述了很多疾病的情况[5]。令人欣喜的是，经过汉满文对比，其中就有一章专门对如勒伯伯尔拉都（zulebe berladu）[6]这种药物的解释，主要是对如勒伯伯尔拉都的药物成分、适应病症、药理药效、用法用量进行了详细的说明。

---

1 《康熙皇帝》，第 41 － 42 页。

2 中国第一历史档案馆编译：《康熙朝满文朱批奏折全译》，中国社会科学出版社，1996 年，第 84 页。

3 《康熙朝满文朱批奏折全译》，第 82 页。

4 如勒伯伯尔拉都、如勒伯伯喇尔都，包括后文引用材料中的如勒白白尔拉都，都应指的是同一药物，只是在文字翻译上稍有偏差，本文以《西洋药书》中的记载名称音译为准。

5 李欢：《清宫旧藏满文〈西洋药书〉》，《紫禁城》，1999 年第 4 期。

6 参照（清）阿桂：《御定满洲蒙古汉字三合切音清文鉴》，清乾隆文渊阁四库全书钞本。zu——如，le——勒，be——伯或白，r——尔，la——拉或喇，du——都。

原文转写：

tana booxi i jergi beyebe etuhun obure jaka be teliyeme weilehe zulebeberladu sere hi tang okto. ere okto be eiten hacin i niyaman nimere de baitalambime, geli farafi tuhere sukdun yadalinggv hacin i nimeku de baitalambi. ere okto de, sahaliyan tan de banjinaha ehe sukdun be geterembure, alixara faihacara be unggire, gvnin mujilen be selabure, oori be nonggire, sukdun be etuhun obure, dorgi be sulfa, beyebe elhe obure muten bi, eiten hacin i nimeku de ere okto be baitalaha manggi, amba muru niyaman be karmame, ehe horonggo sukdun be neciburakv obumbi. jai juwari erin i halhvn de dorgi wenjeci, muke cai jergi jaka de suwaliyafi omici ombime, beye sain niyalma yaya erinde omici, inu ombi. ere okto be, sain simen bisire beye niyecebure silei jergi jaka de oci emu jiha suwaliyafi omimbi. muke cai jergi jaka de oci, juwe jiha ci wesihun sunja jiha de isibume suwaliyafi omimbi. halhvn xahvrun be bodoro ba akv[1].

译文大意：

东珠、宝石等强身之物，蒸制得叫“zulebe berladu”的稀汤药。各种心脏疾病都需用此药，并且昏厥跌倒、气息虚弱等病也用。此药去除毒气产生的黑痰，排遣烦闷焦躁，舒心提神，补气安内，能使身体健康，所有疾病用此药后，会保护心脏不受毒气严重侵害。再则炎热夏天体内发热，可以混合茶水等喝下，身体好的人任何时候也都可以喝。取此药一钱，混合肉汤等补充身体营养之物一起喝下，若是茶水等，则二钱至五钱混服。不用考虑温度凉热。

从《西洋药书》中可知，此药的主要成分有东珠和宝石等，东珠就是珍珠，因产自我国东北地区的江河中故名。《满洲源流考》记载：“东珠出混同江及乌拉宁古塔诸河中，匀圆莹白，大可半寸，小者亦如菽颗。王公等冠顶饰之，以多少分等秩，昭宝贵焉。”[2]非皇室成员和王公贵族不可用，以表示身份的尊贵和皇家的权威。“每年乌拉总管分派官兵乘船裹粮，溯流寻采，遇水深处用大杆插入水底，采者抱杆而下，入水搜取蛤蚌携出，眼同采官剥开，或百十内得一颗，包裹用印花封记，至秋后方回。将军同总管挑选，如形体不足分数或不光亮，仍弃之于河，以示严禁，不敢自私。”[3]“采珠者以四月往，八月回，正月进御。”[4]可见即便是宫廷，获取东珠也是比较困难的，采珠花费的大量人力、物力，还有时间成本，都是造成东珠如此珍贵的原因。宝石同样也要经过长时间的搜寻、处理和运输，产在西番、回纥等地的坑井内，云南、辽东亦有，有红、绿、碧、紫等多种颜色，大的如指头，小的如豆粒，都要碾碎成珠状[5]。虽然明朝李时珍写进《本草纲目》的宝石未必与康熙时期制作如勒伯伯尔拉都所需的宝石是同种，但两者相隔时间不长，宝石的选取应该相似。如勒伯伯尔拉都集东珠与宝石等名贵材料于一药，价值自然不菲，宫中制作药量都不多，“zulebe berladu sere hi tang okto be weilefi, juwe gin ilan yan baha.”[6]康熙朝的一次制药记录，只得到了两斤三两。虽然产量确实有限，但它的适应病症和药效很广泛，需求量大，对心脏疾病、头晕昏迷、气虚烦躁等都有治疗作

---

1 《西洋药书》，故宫博物院编：《故宫珍本丛刊》，海南出版社，2000 年，第 727 册，第 321 — 322 页。

2 （清）阿桂：《满洲源流考》，卷一九，清文渊阁四库全书本。

3 （清）萨英额：《吉林外记》，卷七，清光绪渐西村舍本。

4 （清）伊把汉：《(康熙）盛京通志》，卷二一，清康熙二十三年刻本。

5 （明）李时珍：《本草纲目》，卷八，清文渊阁四库全书本。

6 档号：04-02-002-000079-0006，中国第一历史档案馆藏。

用。李时珍认为珍珠能够“入厥阴肝经，故能安魂定魄，明目治聋”[1]，宝石则“主治去翳明目，入点药用之，灰尘入目，以珠拭拂即去”[2]，两者药性有相通之处，合药共治，效果明显。而且此药还能长期服用，健康人群喝了也可强身健体，用量不大，用法简便，与茶水、肉汤等同服。

2、赏赐御药

康熙帝虽然将实验室制作的所有药品留作御用，但最终并非都自己服用。康熙在位六十一年间，经常出宫到各地去巡视，有时在途中听闻某位倚重的臣子患病了，会让御医带上随身药物去看看情况。以如勒伯伯尔拉都为例，康熙就曾多次将其赏赐给需要它治疗疾病的大臣们。

康熙三十五年亲征噶尔丹途中，黑龙江将军萨布素患病，其作为当时朝廷征讨军队的东路总指挥，率领数量众多、骁勇善战的八旗和蒙古士兵不远千里跋涉来和康熙的军队会合，军中地位崇高，作用重大，康熙得知他病后立刻把所有的如勒伯伯尔拉都药都赐给了他。以至于后来又有从京城前来讨药的梅勒章京巴林，病情重大，非常虚弱，康熙想赐药给他，但可惜他的行营里已经没有药了。为此康熙还训斥了皇太子胤礽，说宫中不应该没有库存备用的如勒伯伯尔拉都，最后让胤礽将药装入几个小玻璃罐送过来[3]。此事也记载在了康熙帝的御制诗文集中，时间、地点、人物都高度一致，不同的是诗文集增加了康熙对于巴林病情的判断，“将军萨布苏有疾，以朕处所有西洋药露尽赐之。前自京遣来副都统巴林，病系劳症，欲以赐之，此露已尽，不可不备。此谕一到，贮于数小玻璃瓶内寄来”[4]。同年，内大臣苏尔达多病重，康熙在了解其病情后，朱批“应给服如勒白白尔拉都。今已迟了”[5]。看来此时康熙本人对此药的功能效果已经比较了解了。

随着时间的推移，如勒伯伯尔拉都逐渐被宫中的御医认可并开始广泛应用于疾病治疗，康熙四十四年至四十六年（1705—1707），宫中有多条使用该药医治病患的记载。康熙四十四年五月二十六日，太医院御医刘声芳在诊看保寿阿哥的病情后，开出诊治书，“原系脾胃虚弱呕吐，胸胁腹痛之症。头迷身软，懒吃饮食，有时胃胁攻痛，呕吐气短，大夫王培、李颖滋用过德里鸦噶、如勒白白尔拉都，呕吐已止，头述身软好些，腹胁有时尚痛，饮食懒少，脾胃仍虚。大夫同李颖滋议用如勒白白尔拉都兼和胃理脾汤调治，再看再奏”[6]。这条档案是关于此药在实际临床中应用的详细记录，不仅和西洋药物“德里鸦噶”同用，还和中药和胃理脾汤一起治疗，中西结合，药效互补，可见宫廷的御医们在一定程度上也已通晓如勒伯伯尔拉都的药性并能够使用此药治疗疾病了。

康熙四十五年（1706）五月至六月期间，七阿哥因病曾连续服用此药，并自陈病情。“前接奉旨：服用如勒伯伯尔拉都十日后具奏。本月初一日具奏后，奉旨：再试服二十日。钦此。我自本月初四日始服用，至十三日，又饮十副。我服此药，日觉见好，身体较前奏又强些，气力渐壮，头痛全好。我服药二十日后，再行具奏。”[7]六月十九日，七阿哥服药多日后，上奏康熙，“奉皇父命，竟服如勒白白尔拉都，甚为有效，日有

1 前揭《本草纲目》，卷四六。

2 前揭《本草纲目》，卷八。

3 《康熙朝满文朱批奏折全译》，第 121 页。

4 故宫博物院编：《清世祖圣祖御制诗文》第三册，海南出版社，2000 年，第 402 页。

5 《康熙朝满文朱批奏折全译》，第 127 页。

6 档号：04-02-002-000015-0042，中国第一历史档案馆藏。

7 《康熙朝满文朱批奏折全译》，第 425 页。

见好，食欲俱增，睡眠亦好，头已不疼”[1]。七阿哥服药一月，亲身感受病情逐渐转好的过程，如果之前保寿阿哥患病时因为同时服用了德里鸦噶，如勒伯伯尔拉都的药效还不够凸显，那这次七阿哥可谓用药专一，强身健体、补气提神当归功于此药。八月十八日，御医刘声芳、李德聪在诊治正红旗包衣护军参领莫尔洪时，因之前的治疗方案效果不好，向皇帝讨要如勒伯伯尔拉都调治。康熙认为御医们医学粗浅，不能救人[2]。康熙最后有没有同意使用此药不得而知，但可以看出此药的药物价值和在宫中的珍贵地位。同年十二月，吴达缠患病甚弱，元气不接，内胀且喘，不思饮食，心悸难眠，刘声芳看后，认为吴达缠年老，不敢多药，只能服如勒伯伯尔拉都缓缓调治，若过了立春就好[3]。可见药性和缓也是此药的特点之一，适宜年老多病、长期体弱的患者。

康熙四十六年四月十一日，喀尔喀车臣汗使者侍卫锡喇来朝请安，向康熙求药。“今皇上所赐药已用完，复请皇上再行赐药。等语。问大夫吴玉成，言给车臣汗服如勒白白尔拉都，眼用铜绿露等语。故俟奏折发还，其药与露并赏遣发等因，令使者侍卫锡喇暂候。”[4]除了赏赐臣子属下之外，此药还被康熙赐予蒙古外藩首领长期治病。

康熙五十一年（1712）五月十五日，都统硕鼐重病，胤祉请示康熙，给硕鼐服葡萄酒和如勒伯伯尔拉都是否合适，康熙认为可以服如勒伯伯尔拉都[5]。九天后，硕鼐病情果然有所好转，肚腹功能恢复如常，口疮也好了很多，脸色少许改善，只是舌根两侧仍然稍微发红[6]。

赏赐药物的记录从最早的康熙三十五年到最晚的康熙五十一年，在康熙朝后半段的时间里，如勒伯伯尔拉都成为一代仁主康熙帝体恤臣下、笼络外族的手段和媒介，发挥着广布圣恩、治病救人的作用和价值。

三 “如勒伯”的含义

虽然关于此药的满文档案文献有一定的数量，但基本是对其赏赐对象、治疗效果、制作剂量的记载，《西洋药书》中虽有对此药比较详细的名词解释，但除了东珠和宝石，依然没有找到阐述其具体为何物的文字记录，为继续深入探究如勒伯伯尔拉都，就要扩大搜索范围，溯源传教士在制作此药时所参考翻阅的资料来源。

1、满文档案中的“zulebe”

笔者从前文所述档案中找到了部分满文原档，发现它们对如勒伯伯尔拉都的写法并不一致，其中康熙四十五年和四十六年的档案对于此药的满文转写都为“zu le be be ral du”[7]，康熙五十一年的档案则有两种写

1 《康熙朝满文朱批奏折全译》，第 427 页。

2 《康熙朝满文朱批奏折全译》，第 457 页。

3 《康熙朝满文朱批奏折全译》，第 476 页。

4 《康熙朝满文朱批奏折全译》，第 502 页。

5 参照档号：04-02-002-000037-0066，中国第一历史档案馆藏。amban mini gvnin de han ama i enduringge okto i dorgi zu le be be ral du, eici si yang ni mucu nure, ere juwe hacin be aika omibuci ombio, enduringge gvnin de ya be omibuci acara gese oci, han ama ya hacin be xangnarao...zulebeberaldu ombi.

6 参照档号：04-02-002-000037-0089，中国第一历史档案馆藏。gvsai ejen xonai, zulebeberaldu be omihai neneneheci geli yebe, hefeli an i sain ohobi, anggai dorgi yo labdu yebe, damu ilenggu i da i juwe dalba kemuni majige fulahvn, cira inu majige dasabuhabi.

7 档号：04-02-002-000019-0015、04-02-002-000019-0025、04-02-002-000021-0032、04-02-002-000023-0014，中国第一历史档案馆藏。

法，五月十五日胤祉奏折中写的仍是"zu le be be ral du"，但康熙朱笔批改的意见中却改为了"zulebeberaldu"，五月二十四日胤祉奏折中也随之写作"zulebeberaldu"了。而康熙朝没有明确纪年的一折传教士上奏的西药药方[1]和《西洋药书》中都为"zulebe berladu"。"zu le be be ral du"明显是此药传入宫廷后，宫中根据外文发音逐音转为满语而来，"zulebeberaldu"可能是将所有字母连在一起的快速简便写法。相比之下，由传教士参与记录的药方和药书，在文字拼写结构和语音发声上应该更为精确。另外，还发现一条满文档案是关于西洋药物"zulebe histericgo"的药方，因与如勒伯伯尔拉都名称前半段相似，故合并研究。

原文转写[2]：

oktoi fangdzi, hehesi i biyai halan i senggi be gvwaliyamburakv obume, niyaman be tuksiburakv obume tosome omire zulebe histericgo sere hi tang okto. ere okto, be weilere de, sain nicuhe i ufa ninggun jiha, niowanggiyan fulgiyan suwayan lamun xanggiyan sunja hacin i bocoi booxi i ufa hacin tome juwete jiha, hiyang yuwan, cendzi, mu guwa i oilorgi suwayan notho, be deo keo, mo yo, be tan hiyang, giyang jan hiyang, cen hiyang, zu gui, zu deo keo, zu deo keo i ilga, hacin tome duite jiha. da hvi hiyang, sera serbu（sera serbu serengge, lamasai gebulehe gebu, si yang ni gebu gio mi no, oktoi arbun siyoo hvi hiyang ni adali, ne dolo bi）, gin pe, si yang ni diktami geredisi sere orho（ere orho si yang ni urse de bi）, hacin tome emte jiha sunjata fun, si yang ni hvng hvwa sunja fun（ere inu bi）. sain aisin i ufa ilan jiha sunja fun, mei gui hvwa lu, ping cgo i xuhi be teliyehe lu, hacin tome orita yan. hiyang yuwan i xuhi ocibe, cendzi i xuhi ocibe, ilan yan baitalambi. ereci wesihun hacin be gemu emu bade acabufi, teliyere tetun da tebufi, tebuhe tetun be, bulukan mukei mucen de toktobume sindafi ilan inenggi ilan dobori bulukan i bibumbi. ilan inenggi ilan dobori oho manggi, tucike majige lu be doolame gaifi teliyere tetun i dorgi da jaka de acabume tebufi, halhvn mukei mucen de fuyebume teliye, ere ujui mudan de baha lu be doolame gaifi, teliyere tetun i dorgi funcehe da de acabume tebufi, geli fuyebume teliye, ere jai mudan de baha lu be doolame gaifi, geli dasame tetun i dorgi da de acabume tebufi, geli emu mudan fuyebume teliye, ere ilaci mutan de baha lu be doolame gaifi, feifure tetun de tebufi, juhe xatan i ufa be orin yan suwaliyafi fuyebume, hi tang ojoro de isibufi, feifure tetun be tuwa ci jailabu. halhvn mukiyefi, xahvrun oho manggi, sain feigin tanggv afaha be suwaliyafi, bolho tetun de tebufi asara. ere okto de, biyai halan i senggi be gvwaliyamburakv, niyaman be tuksiburakv obure muten bimbime, sukdun be niyecere niyaman be selabure, sahaliyan tan ci banjire ehe sukdun be baxara, jusei oron ci tucike ehe sukdun be samsibure, hanggabuha kabuha biyai halan i senggi be wasimbure, biyai halan i senggi dabaname tucire be ilibure muten bi. geli niyaman, jusei oron i hacingga nimeku de gemu acambime, gvwaliyaxame farara, wenjere haksara, guwejihe yadalinggv urse de inu acambi, ere okto be omire de, beye niyecebure sain simen i sile de oci, emu jiha suwaliyafi omi. *ere fangdzi be tuwaci ambula an, uthai ere songkoi hahilame weile*[3].

---

1 档号：04-02-002-000079-0006，中国第一历史档案馆藏。

2 朱批处字体加粗倾斜，译文同。

3 档号：04-02-002-000077-0064，中国第一历史档案馆藏。

译文大意：

药方，能让妇女经血不恶化、不心悸，应服叫“zulebe histericgo”的稀汤药。制作此药，需上好的珍珠粉六钱，绿、红、黄、蓝、白五色宝石粉每种各二钱，香橼、橙子、木瓜的黄色表皮，白豆蔻、没药、白檀香、降真香、沉香、肉桂、肉豆蔻、肉豆蔻花每种各四钱。大茴香、“sera serbu”（“sera serbu”是喇嘛的称呼，西洋名字叫“gio mi no”，药的外形和小茴香相似，现在宫中就有）、金珀、西洋的“diktami keredasi”（此药西洋人有），以上每种各一钱五分，西洋红花五分（这个也有）。好的金粉三钱五分，玫瑰花露、苹果汁露每种各二十两。用香橼汁或橙子汁三两。以上种类都合并在一起，倒进蒸馏器，之后固定放在温水锅中三天三夜保持温热。三天三夜后，倒取蒸出的少许露，倒入蒸馏器内混合原物，在热水锅中煮蒸，第一次获得的露倒入蒸馏器里，和原剩余的一起混合再煮蒸，第二次获得的露再倒入医疗器内和原物混合再煮蒸一次，第三次获得的露倒进煮药器里，掺入二十两冰糖粉熬煮，直到变为稀汤，将煮药器从火上移开。热度冷却变凉后，混合上好的飞金百张，装入干净的容器中贮藏。此药有使妇女月经血液不恶化、不心悸的功用，补气舒心，驱走毒气产生的黑痰，疏散子宫毒气，疏通停滞经血，阻止经血过量。且心脏、子宫的诸种疾病都适用，晕厥昏迷、发热焦心、胃弱的人也适用，服用此药，和补身滋养的肉汤混服，服一钱。**此药方看起来很平常，立即照样抓紧做。**

表一 两种西洋药物的说明对比[1]

药物名称	zulebe berladu	zulebe histericgo
主要成分	东珠、宝石等	珍珠粉、五色宝石粉、香料、花露等
功能主治	祛痰降躁、舒心提神、补气安内，用于心脏疾病、昏厥跌倒、气息虚弱	疏通经血、补气舒心、祛痰排毒，用于心悸、晕厥昏迷、发热、胃弱
用法用量	和肉汤同服，一钱 和茶水同服，二至五钱	和肉汤同服，一钱
单次配制	两斤三两	一斤十三两[1]

通过对比两药（表一），发现它们在很多方面都有相似点，但用途和功效又不完全相同，因此推测“zulebe”应为药物的一大类别，而后面的“berladu”和“histericgo”应为该大类下的具体子类。

2、皇家药典中的“julep”

西洋传教士当年在制作西洋药物时曾参考了不少欧洲的医学书籍，前文提到过传教士白晋在制药时就翻阅了法国皇家实验室主任Moyse Charas所著的《皇家药典》。该书用法文和拉丁文撰写而成，是一部比较详细和严谨的西洋药物词典。在法国，拉丁语和法语长期并存，拉丁语曾是欧洲中世纪时期通用的书面语言，尤其在科学和哲学等专业领域拥有很大的影响力。而法语在进入17世纪后随着法国崛起而兴起，开始在各国宫廷贵族之间流行，法国作为欧洲文化的中心，法语的“优越性”受到越来越广泛的认同，逐渐成为欧洲的通行语言。当时留在紫禁城的传教士中法国人占很大的比例，例如白晋、张诚、巴多明等深受康熙帝信任的传教士都来自法国，他们一直与法国科学院保持着密切的联系，参阅此书应是十分方便和合情合理的。

1 参照档号：04-02-002-000079-0009，中国第一历史档案馆藏。senggi be g@waliyamburak@, niyaman be tuksiburak@ obume tosome omire zulebe histerig'o sere hi tang okto be weilefi emu gin juwan ilan yan baha.

经过仔细搜寻比对，找到书中第三章节的“julep”与“zulebe”（如勒伯）在词语发音、药物性状和配制方法上都非常相近。

原文：

JE ne pretens pas d'étaler icy la preparation des Juleps Rosat & Violat des Anciens, ni d'aucun autre semblable, puis qu'ils ne sont plus usitez, & qu'on a changé leur consistence & leur nom en ceux de syrops : Je diray seulement que le nom de Julep a esté autre-fois donné à certaines Compositions liquides faites avec des eaux distillées, ou avec de legeres Decoctions, qu'on cuisoit avec du sucre, jusqu'à une consistence beaucoup moins épaisse que celle des syrops; Aussi leur dessein n'estoit pas de les garder longtems, & on ne les preparoit que lors qu'on en avoit besoin. Le nom de Julep est bien encore aujourd'huy donné à des remedes qui ont quelque rapport aux Juleps des Anciens...Ils ne peuvent estre bien conservez qu'environ vingt-quatre heures en Esté dans un lieu frais, & que deux ou trois jours en Hyver[1].

译文大意：

我不打算在这里展开说从前的玫瑰和堇菜julep制剂或其他任何类似的东西了，因为我们不再使用这个称谓了，并且已经将它们的名称和浓度标准改为syrop：julep是以前用蒸馏水制成的某些液体的混合物，或是清淡汤剂，我们用糖煮，浓度比syrop稀得多；目的不是让它们能够长期保存，只是在我们有需要的时候，能准备好它们。julep的称谓今天仍用于那些与从前julep有某些联系的药物……它们在夏天阴凉处能保存约24小时，而在冬天则能保存两三天。

“syrop”在书中第十五章。

原文：

Les Juleps ont esté les precurseurs & la cause de l'invention des Syrops ; Car les Anciens reconnoissans que l'humidité superfluë des Juleps avançoit leur corruption, s'aviserent de la consumer par la cuite, & de les reduire en une consistence plus épaisse, leur donnant le nom de Syrop....Il suffit de dire que les Syrops font des Compositions assez agreables , qui font faites avec des eaux, ou des sucs, ou des teintures, ou des decoctions, cuites avec du sucre ou du miel, en une consistence un peu épaisse...qu'on employe pour la composition de divers Syrops, sont autant de moyens dont on se sert, pour communiquer la vertu de divers Medicamens aux mesmes Syrops...Le sucre ou le miel rendent ces sucs, ces teintures, & ces decoctions plus agreables, ou du moins plus supportables.

Outre le dessein qu'on a eu de preparer un remede , qui peut estre gardé long-tems sans se corrompre , on a aussi desiré d'avoir en racourcy , les vertus d'un, ou de plusieurs Medicamens unis ensemble ; Et comme on a vû que le nombre des maladies estoit fort grand, & qu'elles estoient mesme souvent compliquées, on a inventé divers Syrops, pour la guerison ou le soulagement de la pluspart de ces maladies[2].

译文大意：

julep是syrop发明的前身和原因；前人没有意识到julep过高的湿度加剧了它的腐坏变质，现在通过烧煮

1 Moyse Charas, Pharmacopée royale galenique et chymique, Paris, 1676, p116-117.

2 Moyse Charas, Pharmacopée royale galenique et chymique, Paris, 1676, p162.

降低湿度，达到更浓的稠度，并命名为syrop……可以说syrop是令人愉快的合成物，由水、果汁、酊剂或汤剂制成，用糖或蜂蜜烧煮，稠度稍浓……用多种方法组合多样的syrop，将各种药物的功效通过同一种syrop发挥出来……糖或蜂蜜使这些果汁、酊剂和煎剂更令人愉悦，或者至少更容易忍受。

除了计划让药物可以长期保存而不会腐坏之外，我们还希望将一种或多种药物的优势结合在一起；正如我们所见，疾病的数量非常多，甚至常常很复杂，因此我们发明了各种糖浆，用于治愈或缓解大多数这些疾病。

从《皇室药典》中对julep和syrop的描述中可知，它们二者都为糖浆，只不过后者是前者的改进产物。人们为了能够让糖浆的保质期更长，进一步提高了它的浓度。

糖浆类的药物有几个特点：一、包括一种或多种具有药性的物质的液体。二、保存时间不长，稠度稀的更短，所以随用随做。三、配制过程中会用到糖或蜂蜜熬煮，使药的味道和口感能更让患者接受。四、糖浆种类繁多，配比不同，各有功效。五、包含多种物质的糖浆效果丰富，适应病症广泛。这些特征与“zulebe berladu”“zulebe histericgo”的情况高度相似，而且《皇室药典》中记载着数十种糖浆的解释说明，进一步印证了“zulebe”为大类，“berladu”和“histericgo”为子类的推测。可以推断法语“julep”、满语“zulebe”和清宫档案中的汉语“如勒伯”就是同一种物质，即糖浆。

总的来说，可以确定“如勒伯伯尔拉都”是一种糖浆露剂，主要制作原料为珍珠和宝石，还可能有一些植物、动物、矿物、香料或水果，采用水蒸气蒸馏法制备，经过对这些原料的多次蒸馏、提炼和合成，再加入糖，最终制作成药。虽然单次生产药量较少，不易保存，但便于服用和吸收，味道良好，功效众多，药性和缓，不仅主治病症广泛，还强身健体，能够化痰降热、舒心助眠、和胃补气，用于心脏疾病、头晕昏迷、气虚烦躁等方面的治疗，是康熙朝传教士在宫廷中制作西洋药物的代表药品之一。至于“berladu”和“histericgo”具体为何物，还有待以后更深入的研究。

（作者单位：故宫博物院宫廷历史部）

从满文辞书《御制增订清文鉴》看清代纸张的使用与制作*

The Usage and Manufacturing of Qing Dynasty Paper from the Records in the *Revised and Enlarged Dictionary of the Manchu Language, Imperially Ordained*

郑珣

Zheng Xun

内容提要：

纸张是日常使用消耗品，往往缺乏对自身品类的标识，故即使有大量实物存世，学者也很难将实物和传世文献一一对应，即使有所考辨，仍存在学术争议及悬而未解的学术话题。《御制增订清文鉴》系统记录了清代纸张的品名、产地、加工技艺等，在以往的研究中尚未见人提及，成为研究纸类原料、工艺和定义的珍贵文献，为整理诠释古纸品名、研究加工技艺和古纸修复提供参考信息和文献补充，成为研究清纸的一个新的切入点。本文通过翻译整理《御制增订清文鉴》中的纸张类名词词条，获取其中有价值的信息，旨在为古纸研究、古代造纸技艺及古纸修复提供参考信息。

关键词：

清代古纸　《御制增订清文鉴》

ABSTRACT:

Consumable in daily life, paper always lacks identification of their own categories. Even if there are large number of surviving Qing dynasty paper, it is difficult to identify them according to the archive. Even if there are some researches, there still exist many academic controversies and unsolved problems. The *Revised and Enlarged Dictionary of the Manchu Language, Imperially Ordained (Yuzhi zengding qingwenjian)* systematically records information of the Qing dynasty paper, including the name, place of origin, and technology, which has not been mentioned in previous studies, and has become a precious document for the study of paper in terms of its raw materials, craft and definitions, providing reference information and literature supplements for sorting out and interpreting the names of ancient paper, researching and processing techniques and ancient paper conservation, and becoming a new starting point for the study of ancient paper. The author obtains valuable information by translating and sorting out the paper entries in the *Dictionary*, which aims to provide reference information for the study of ancient paper, ancient papermaking technologies and ancient paper conservation.

KEYWORDS:

Qing dynasty paper, *Revised and Enlarged Dictionary of the Manchu Language, Imperially Ordained*

* 本文成功得到故宫博物院“英才计划”和北京故宫文物保护基金会学术故宫万科公益基金会专项经费资助。

中国是造纸术的起源地，早在汉代就开始生产制作纸张。随着时间的推移及技术的进步，造纸方法层出不穷，纸张品类不断丰富。目前很多纸张的制作技艺作为非物质文化遗产传承，但亦有很多纸张难以复原。学界对古纸的研究从未间断，主要从纸品的历史演变、造纸原料及其发展、制作工艺、用途等方面进行研究。当今很多学者已将目光聚焦到明清以来的纸张，因这类纸张有大量传世品，制作工艺也部分见于文献，在当今的纸张生产中得到保留。本文讨论对象即针对这一个时期纸张而言。本文通过翻译整理《御制增订清文鉴》中的纸张类名词词条，获取其中有价值的信息，旨在为古纸研究、古代造纸技艺及古纸修复提供参考信息。

一 研究现状

清代的造纸业，在明代基础上有所发展。明末因江南战事原因，造纸业曾一度受到破坏。从康熙时起，传统加工纸逐渐恢复生产，乾隆时期达到鼎盛。清代后期因国力衰落，造纸业的生产规模不复以往。目前学术界对于古纸研究大致分为三类：一是列举并简要介绍中国古纸文献，二是研究某一类纸张造纸技艺及历史，三是研究古纸品名、造纸、纸张产地、原料等内容。

故宫博物院藏有纸类文物两万余件，大多未曾使用，时间从唐代至清晚期，有宋代的藏经纸、竹纸，清代的藏经纸、宣纸、高丽纸、棉连纸、毛边纸等，可谓数量大品种多。但纸张是一种日常使用的消耗品，往往缺乏对自身品类的标识，故而即使有大量实物存世，学者也很难将这些实物和传世文献一一对应，即使有所考辨，但仍存在学术争议及悬而未解的学术话题。潘吉星先生在《中国造纸史》中提到："什么是纸？在研究造纸技术史时，这个问题要首先解决。与此有关的是如何理解中国古代文献中纸的含义，中国早期的纸是何形制、由什么原料制成。在没有对纸作出科学定义之前，古人对纸的概念有不同理解，与现在理解差距很大。我们只能用现代概念给纸下科学定义。"[1]有幸的是，笔者在学习满族文献和满语过程中，见到刊行于乾隆三十六年（1771）的一部官修满汉合璧辞典《御制增订清文鉴》，其中含有大量纸张名词词条，系统记录了清代纸张的品名、产地、加工技艺等，在以往的研究中尚未见人提及，成为研究纸类原料、工艺和定义的珍贵文献，为整理诠释古纸品名、研究加工技艺和古纸修复提供参考信息和文献补充，成为研究清纸的一个新的切入点。

二 《御制增订清文鉴》的编纂背景

《御制增订清文鉴》是清高宗弘历敕修，由保和殿大学士傅恒领衔编纂的第一部官修满汉合璧辞典，于乾隆三十六年（1771）由武英殿刊行。〔图1〕

乾隆帝自来重视满语，在位期间多次强调学习满语的重要性，在清代档案文献中多有记载。自顺治帝

1 潘吉星：《中国造纸史》，上海人民出版社，2009年，第3－4页。

图1 《御制增订清文鉴》三十六卷

图2 《御制清文鉴》

定鼎北京至乾隆帝即位，满洲人入关已近百年，随着入关时间的不断加长，满汉文化相互交融，汉文化的渗透不断深入，此时满族已被严重汉化，满语词汇也相应发生了演变，满语中出现了大量汉语音译借词。乾隆帝深知整顿规范国语已迫在眉睫，决意限制并尽可能从满语中去除汉语音译借词。《御制增订清文鉴》即是乾隆帝大规模规范满语的产物，是规范清代满汉语最权威的依据。主要表现在它进一步规范、修订了《御制清文鉴》〔图2〕中汉语音译借词和半音译、半意译借词。以往学术界对于《御制增订清文鉴》的研究主要从其编纂历史及音韵学、语言学范畴，未见对其释义进行诠释。该辞书珍贵之处除文献历史价值、语言学价值外，在于每个词条下均以满文注解，对注解的翻译可为各领域的研究提供新的线索和视角。该辞典流传广泛，除武英殿刻本外，还有很多清代刻本和传抄本流传于世。本文则以《文渊阁四库全书》中收录的版本为依据进行考订。

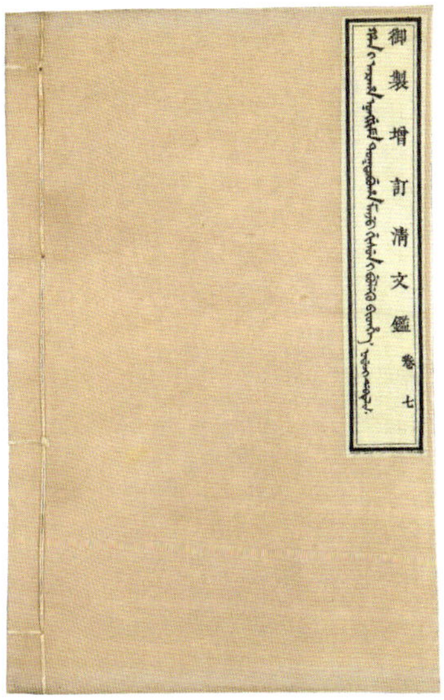

图3 《御制增订清文鉴》卷七

《御制增订清文鉴》共划分词汇292个类目，本文所列纸类名称即在卷七〔图3〕文学部之文学什物类中，共收录词语36条，这些词汇在《满汉类书》《广汇全书》《清文全书》《清文备考》等辞典中均未出现，也标志着乾隆年间文房用具得到一定程度的发展。笔者通过翻译此36个词汇的满文名称及注解部分对纸类的解释，进而考订清代辞书对纸张概念的解释及命名，还原清代名称叫法。

三 《御制增订清文鉴》纸类词条释义

事物的概念是帮助我们认识事物而不是定义事物，对一个事物的认识，也不应被其概念所困住。《御制增订清文鉴》中所收录的有关纸的36条词汇，词条虽短小，却反映出了乾隆三十六年前后对于纸的认识及当时人们的造纸观念。按顺序分别是纸、竹纸、川连纸、棉纸、榜纸、泾县榜纸、金绵榜纸、脆榜纸、夹榜纸、京文纸、元连纸、砂纸、京高纸、方高纸、笺纸、云连纸、白鹭纸、古连纸、呈文纸、连四纸、清水连四纸、竹料连四纸、连七纸、抬连纸、毛边纸、毛头纸、矾纸、蓝抬连纸、龙笺纸、香笺纸、蜡花纸、乌金纸、锦纸、官青纸、白栾纸、高丽纸等。

通过翻译书中满文注解，可将书中所列纸张，主要按制作方法、原料、尺幅、用途、颜色等多方面予以介绍，以下分类述之。

以原料来解释的纸

纸【hoošan】

moo i notho i jergi jaka be meijebume forifi muke de ebeniyefi hida de hergeme arahangge be hoošan sembi. bithe dangse arara yaya jaka hūbalara jergi bade baitalambi.

把树皮类的东西粉碎捶打后在水中浸泡，用帘子过滤所得者叫作纸。用以制造书册和物品的裱糊等。

竹纸【cuseingge hoošan】

cuse mao be niyelefi muke de ebeniyefi hergeme araha isheliyen hoošan be cuseingge hoošan sembi.

将竹子碾碎在水中浸泡过滤抄造出的窄的纸叫作竹纸。

川连纸【cuseri hoošan】

cuse mao be niyelefi muke de ebeniyefi hergeme araha hoošan be cuseri hoošan sembi.

将竹子碾碎在水中浸泡过滤抄造出来的纸叫作川连纸。

以功能用途来解释的纸

榜纸【tuwabungga hoošan】

moo i notho be meijebume niyelefi, muke de ebeniyefi hergeme araha. dersen hoošan ci nekeliyeken tuwabungga araci onjoro shanyan hoošan be tuwabungga hoošan sembi.

将树皮粉碎在水中浸泡过滤抄纸。略比白鹭纸薄，用来做榜的白纸叫作榜纸。

元连纸【amba holbonggo hoošan】

suhe hūbalara yaha dabure de baitalara hoošan be amba holbonggo hoošan sembi.

用于裱糊，用作黑炭燃烧的纸铼的纸叫作元连纸。

砂纸【yonggadun hoošan】

moton hoošan de yonggan latubufi mooi tetun i jergi jaka be hisharangge be yonggadun hoošan sembi.

在毛头纸上黏合沙子，打磨各种木质器皿物品的纸叫作砂纸。

京高纸【uhungge hoošan】

jaka hacin uhure de baitalambi.akdun akū boco sohon.

用来包捆各种东西（的纸），不甚坚固，颜色淡黄。

方高纸【muwa uhungge hoošan】

uthai uhungge hoošan i duwali sohon boco asuru akdun akū giban gibalara eiten jaka hacin uhure de baitalambi.

京高纸的一类，颜色淡黄，不甚坚固，用于捆绑各类东西，打袼褙（袼褙：用碎布或旧布加衬纸裱成的厚片，多用来制布鞋等）。

以纸的属性特点来解释的纸

棉纸【kubungge hoošan】

umesi niyancangga silemin hoošan be kubungge hoošan sembi.

把韧性好且耐用的纸叫作棉纸。

泾县榜纸【gincihiyan tuwabungga hoošan】

tuwabungga hoošan i bolgo nilgiyan ningge be gincihiyan tuwabungga hoošan sembi.

把榜纸中干净平滑者叫作泾县榜纸。

金绵榜纸【gincihiyan uhuken tuwabungga hoošan】

gincihiyan tuwabungga hoošan i uyan niyancanggangge be gincihiyan uhuken tuwabungga hoošan sembi.

把泾县榜纸中柔软有韧性者叫作金绵榜纸。

脆榜纸【mangga tuwabungga hoošan】

cuse moo be meijebume niyelefi muke de ebeniyefi hergeme araha. tuwabungga hoošan i kacar seme manggangge be manga tuwabungga hoošan sembi.

把竹子碾碎在水中浸泡过滤抄纸。把榜纸中硬挺坚固者叫作脆榜纸。

夹榜纸【arsari tuwabungga hoošan】

tuwabungga hoošan ci majige isheliyen foholon nekeliyen ningge be arsari tuwabungga hoošan sembi.

把比榜纸窄小短薄者叫作夹榜纸。

笺纸【giyancihiyan hoošan】

umesi nekliyan nilgiyan hoošan be giyancihiyan hoošan sembi.

非常薄且光滑的纸叫作笺纸。

云连纸【nekliyen holbonggo hoošan】

cuse moo be niyelefi muke de ebeniyefi hergeme araha. umesi nekeliyen bime akdukan hoošan be nekliyen holbonggo sembi.foloro hergen arara baitalambi.

将竹子碾碎在水中浸泡过滤抄纸。非常薄并且比较坚固的叫作云连纸。用于镌刻文字。

京文纸【ginggun hoošan】

moo i notho be meijebufi muke de ebeniyefi hergeme araha. nekeliyen bime akdun hoošan be ginggun hoošan sembi. boco icefi sabingga hoošan colire de baitalambi.

将树皮粉碎在水中浸泡过滤抄纸。把薄且坚固的纸叫作京文纸。染色后用于雕刻挂钱（挂钱，为北方贴在门楣、房檐上的一种剪纸艺术。其叫法有“挂签”“挂千”“吊钱”“门笺”“门吊子”等。）而使用。

白鹭纸【dersen hoošan】

moo i notho be meijebume niyelefi, muke de ebeniyefi hergeme araha onco golmin der sere šanyan hoošan be dersen hooshan sembi.

把树皮碾碎在水中浸泡过滤抄纸，把其中宽的、长的、雪白的纸叫作白鹭纸。

古连纸【muwa suseri hoošan】

cuse moo be meijebufi niyelefi ebeniyefi hergeme araha gei sere nekeliyan hoošan be muwa suseri hoošan sembi.

将竹子碾碎浸泡过滤抄造的薄纸叫作古连纸。

呈文纸【fisin hoošan】

kima de doho suwaliyafi niyelefi ebeniyefi hergeme araha. ambaka hoošan be fisin hoošan sembi.

把在青麻中掺杂白灰碾碎浸泡抄造出的略大的纸叫作呈文纸。

以尺幅来解释的纸

连四纸【duingge hoošan】

hoošan i duin afaha gese onco golmin obume hergeme arahangge be duingge hoošan sembi.

过滤抄造成尺幅大小如四张纸一样长宽的纸叫作连四纸。

清水连四纸【bolgo duingge hoošan】

moo i notho be meijebufi genggiyen muke de ebeniyefi hergeme araha duingge hoošan be bolgo duingge hoošan sembi.

把将树皮粉碎后在清澈的水中浸泡过滤抄作的连四纸叫作清水连四纸。

竹料连四纸【cuseri duingge hoošan】

cuse moo be meijebufi muke de ebeniyefi hergeme araha duingge hoošan be cuseri duingge hoošan sembi.

将竹子粉碎后在水中浸泡过滤抄作的连四纸叫作竹料连四纸。

连七纸【nadangga hoošan】

kubun use be niyelefi ebeniyefi hergeme araha nadan afaha holboho hoošan be nadangga hoošan sembi.hacingga boco icefi baitalambi.

将棉花籽碾碎浸泡过滤抄造出的连成七张的纸叫作连七纸。染成各种颜色后使用。

抬连纸【holbonggo hoošan】

cuse moo be niyelefi muke de ebeniyefi duin afaha ocibe juwe afaha ocibe emu bade holbome hergeme araha hoošan be holbonggo hoošan sembi.

将竹子碾碎在水中浸泡，或四张或两张连接在一起过滤抄造的纸叫作抬连纸。

以外观来解释的纸

毛边纸【mobin hoošan】

šanyan bele i wekji be niyelefi muke de ebeniyefi hergeme araha hoošan be mobin hoošan sembi. hoošan i buten funiyehe noho adali ofi gebulehebi.wesimbure bithe bukdari arara fulgiyan boco icefi juru gisun arara de baitalambi.

将白米的米皮碾碎在水中浸泡后过滤抄纸，造出的纸叫作毛边纸。因纸边像尽是毛一样而被命名。用于书写奏折、题本，染成红色后用于书写对联。

毛头纸【motun hoošan】

kima hūnta be niyelefi muke de ebeniyefi hergeme araha hoošan uju ergida funiyehe noho adali ofi gebulehebi. dangse arara yaya jaka hūblara jergi bade baitalambi.

将青麻、线麻粉碎在水中浸泡过滤抄纸。因各个面像尽是毛一样而被命名。用于造册以及各种物品的裱糊。

以制作工艺（加工与再加工）来解释的纸

矾纸【fekšulehe duingge hoošan】

duingge hoošan be šanyan fekšon i fekšolefi nirure de baitalarangge be fekšulehe duingge hoošan sembi.

把连四纸用明矾涂抹用来画画的纸叫作矾纸。

蓝抬连纸【lamun narhūngga holbonggo hoošan】

holbonggo hoošan be lamun boco icefi hūbalara de baitalarangge be lamun narhūngga holbonggo hoošan sembi.

将抬连纸用蓝色的色彩染色用于裱糊的纸叫作蓝抬连纸。

龙笺纸【muduringga giyancihiyan hoošan】

giyancihiyan hoošan de muduri ayalahangge be muduringga giyancihiyan hoošan sembi.

在笺纸上有龙形蜡花的纸叫作龙笺纸。

香笺纸【wangga giyancihiyan hoošan】

wangga orho be meicebume ebeniyefi hergeme araha giyancihiyan hoošan be wangga giyancihiyan hoošan sembi.

将芳草碾碎过滤抄造出的笺纸叫作香笺纸。

蜡花纸【ayalaha ilhangga hoošan】

mobin hoošan de hacingga ilha gidafi šanyan ayan i hishahangge be ayalaha ilhangga hoošan sembi.

在毛边纸上轧出各种各样的花后用白蜡打磨的纸叫作蜡花纸。

锦纸【junggingge hoošan】

holbonggo hoošan de hacingga ilha šuwaselahangge be junggingge hoošan sembi.

在抬连纸上印刷各种各样的花的纸叫作锦纸。

乌金纸【sahaliyan nilgiyan hoošan】

cuseri hoošan be imenggi i šanggiyan de saharabume fangšafi nilgiyan obume gidafi aisin be forime latubuhangge be sahaliyan nilgiyan hoošan sembi.

将川连纸用油烟熏黑后蚜光，使纸面光滑，捶打金子（与纸）黏合在一起，这样做出的纸叫作乌金纸。

官青纸【albani lamun hoošan】

moo i notho be meijebufi muke de ebeniyefi hergeme araha hoošan be lamun boco acefi kubure de baitalarangge be albani lamun hoošan sembi.

将树木的外皮粉碎在水中浸泡过滤造出的纸用蓝颜色染色用于镶嵌的纸叫作官青纸。

白栾纸【suseri hoošan】

efujehe waliyaha hoošan be dasame ebeniyefi hergeme araha muwa hoošan be suseri hoošan sembi.fajiran yebihen hūblara de baitalambi.

将废弃荒废的旧纸加以修理浸泡过滤抄做的粗大的纸叫作白柔纸。用于裱糊墙壁和房顶。

以来源地来解释的纸

高丽纸【solho hoošan】

solho gurun ci alban jafaha hoošan be solho hoošan sembi.umesi akdun jiramin jergi jergi kobkolofi baitalambi

把从高丽国进贡的纸叫作高丽纸。高丽纸非常坚固厚实，分层揭下使用。

为方便比较，按照释义内容将主要信息归纳制作表格如下：

序号	纸名	原料	属性	用途
1	竹纸	竹子	窄	—
2	川连纸	竹子	—	—
3	榜纸	树皮	略比白鹭纸薄，色白	用来做榜
4	泾县榜纸	—	榜纸中干净平滑者	—
5	金绵榜纸	—	泾县榜纸中柔软有韧性者	—
6	脆榜纸	竹子	榜纸中硬挺坚固者	—
7	夹榜纸	—	比榜纸窄小短薄者	—
8	砂纸	青麻、线麻	在毛头纸上黏合沙子	打磨各种木质器皿物品
9	京高纸	—	不甚坚固，颜色淡黄	包捆各种东西
10	方高纸	—	京高纸的一类，颜色淡黄，不甚坚固	捆绑各类东西，打袼褙
11	棉纸	—	韧性好且耐用	—
12	笺纸		薄且光滑	—
13	龙笺纸	—	在笺纸上有龙形蜡花	—
14	香笺纸	芳草等	—	—
15	云连纸	竹子	薄且坚固	镌刻文字
16	元连纸	—	—	用于裱糊
17	京文纸	树皮	薄且坚固	染色后用于雕刻挂钱
18	白鹭纸	树皮	宽、长、雪白	—
19	古连纸	竹子	薄纸	—
20	呈文纸	青麻中掺杂白灰	略大	—
21	连四纸	—	尺幅大小如四张纸一样长宽	—
22	清水连四纸	树皮	—	—
23	竹料连四纸	竹子	—	—
24	连七纸	棉花籽等	连成七张，染成各种颜色后使用	—
25	抬连纸	竹子	或四张或两张连接在一起过滤抄造的	—
26	毛边纸	白米的米皮等	因纸边尽是相同的毛	用于书写奏折、题本，染成红色后用于书写对联。
27	蜡花纸	—	毛边纸上轧出各种各样的花后用白蜡打磨	—

（续表）

28	毛头纸	青麻、线麻	各个面尽是相同的毛	用于造册以及各种物品的裱糊
29	矾纸	—	—	用于画画
30	蓝抬连纸	—	—	用于裱糊
31	锦纸	—	纸面上印刷各种各样的花	—
32	乌金纸	—	纸面光滑	捶打金子
33	官青纸	树皮	蓝颜色染色	用于镶嵌
34	白栾纸	废弃荒废的旧纸	粗大	裱糊墙壁和房顶
35	高丽纸	—	从高丽国进贡，坚固厚实，分层揭下使用	—

四　研究意义

（一）印证以往学界对于某些纸张的认识

如“白鹭纸”，元孔克齐《至正直记》载：“世传白鹿纸，乃龙虎山写箓之纸也，有碧、黄、白三品。其白者，莹泽光净可爱，且坚韧胜西江之纸。始因赵魏公松雪用以写字作画，盛行于时。阔幅而长者，称曰白箓，后以箓不雅，更名白鹿。临江亦造纸，似旧宋之单抄清江纸，兵后亦鲜矣。”这是文献中对白鹿纸最早的记载，可见元代的白鹿纸阔幅而长，白且坚韧。刘仁庆先生在《论白鹿纸与白鹿宣》中讲到，白鹿宣是到了明清代改换了原料，不用嫩竹而选用青檀皮。[1]《御制增订清文鉴》中将“白鹭纸”[2]翻译为：“把树皮碾碎在水中浸泡过滤抄纸，把其中宽的、长的、雪白的纸叫作白鹭纸。”既印证了清代白鹭纸的原料为树皮，也确定了宽、白、长的属性特点。

（二）修正现阶段存在争议的问题

因该辞书的发现，使得现阶段学界存在争议的某些问题可以得到修正，最终可以定谳。纸的原料问题一直是学界的研究热点。纸的原料取自植物纤维，潘吉星先生在《中国造纸史》一书中将造纸原料分为两大类，一是韧皮纤维，包括楮、桑、藤、结香、青檀等。二是茎秆纤维，包括稻、麦等及多年生的各种竹类。[3]目前学界中对于各种纸张的原料仍存在争议。从《御制增订清文鉴》中也可看到纸张的原料与工艺方面的相关记载。《天工开物·杀青》中提到：“凡纸质用楮树皮与桑穰芙蓉膜等诸物者为皮纸。用竹麻者为竹纸。”[4]《文房四谱 蕉窗九录》（纸谱）载：“蜀中多以麻为纸，有玉屑、屑骨之号。江浙间多以嫩竹为纸，北土以桑皮为纸。剡溪以藤为纸。海人以苔为纸。浙人用麦茎、稻秆为之者，脆薄焉，以麦膏、油藤为

1 （元）孔克齐：《至正直记》卷二，中华书局，1991 年，第 29 页。

2 刘仁庆：《论白鹿纸与白鹿宣》，《纸和造纸》，2015 年第 2 期。

3 《御制增订清文鉴》中有词条“白鹭纸”，据词义判断，与上述“白鹿纸”应同为一物，笔者仅见此一处以“白鹭纸”命名。在清代史料文献中多有“白鹿纸”及“白露纸”的相关记载，故宫博物院亦藏有原包装上写为“白露纸”的纸类文物。皆因“鹭”“鹿”“露”同音所致。

4 潘吉星：《中国造纸史》，上海人民出版社，2009 年。

之者尤佳。"[1]说明各地所产植物不同，造纸原料也不尽相同。《御制增订清文鉴》中所列纸张涵盖的原料类型有树皮、竹子、芳草、青麻、线麻、棉花籽等。本文中原料明确记载原料为树皮的有纸、白鹭纸、榜纸、清水连四纸、京文纸、官青纸；原料为竹子的有脆榜纸、竹料连四纸、云连纸、川连纸、竹纸、古连纸。呈文纸以青麻为原料，香笺纸以芳草为原料，连七纸则是将棉花籽碾碎浸泡过滤抄造出的连成七张的纸，明确了在清代乾隆年间这些纸品所用的原料。

此外有关连四纸的命名有不同的说法。一是相传连四纸是由福建邵武连姓兄弟二人经过多年研制，精工抄造而成，因他们排行"老三、老四"而得名。《御制增订清文鉴》作为官修辞书，其对词语的解释具有权威性。书中将"连四纸"解释为"过滤抄造成尺幅大小如四张纸一样长宽的纸"，可见乾隆时期是以纸张尺幅大小来命名连四纸。

（三）确定书画用纸以外的纸张定名及意义，增加了对清代日常生活用纸的了解

纸是中国书画作品的载体，一直以来以文化用品被人们所关注。随着造纸业的发展与纸品的增多，纸不再只作为文房用具，而是广泛用于日常生活及工业、建筑领域。由《御制增订清文鉴》记载可见，清代古纸品类繁多，用处广泛，如有用于书写的榜纸、泾县榜纸、金绵榜纸、脆榜纸、夹榜纸；用来包捆东西的京高纸、用于捆绑东西、打袼褙（袼褙：用碎布或旧布加衬纸裱成的厚片，多用来制布鞋等）的方高纸；用于镌刻文字的云连纸；用于绘画的矾纸；建筑用京文纸、抬连纸；礼仪用元连纸；用于造册以及裱糊的毛头纸；用于裱糊的蓝抬连纸；捶打金子时包裹金子的乌金纸；用于镶嵌的官青纸；裱糊墙壁和房顶的白栾纸等。连清代春节时贴于房梁的纸张亦有专属的名称，为以往所未知。这些用途都超出了书画用纸的范围，以其特有的性质特点，在清代被各领域广泛应用。

（四）引发关于清代造纸业的新思考

因《御制增订清文鉴》作为一手资料被发现，可为学界提供新思路来解决具体问题。如由翻译可见，呈文纸是在青麻中掺杂白灰，碾碎浸泡抄造出的略大的纸；毛头纸亦将青麻、线麻粉碎在水中浸泡过滤抄纸；毛边纸将白米的米皮碾碎在水中浸泡后过滤抄纸，这些纸在制造过程中都在原料中掺杂青麻、线麻、白灰、米皮等物质，它的意义是什么，值得再去进一步研究。本文所涉及的许多纸类，如官青纸、白栾纸等目前在学界并无相关研究，在专门研究纸的论著中亦无提及。笔者通过翻译文本涉及的词汇注解部分，意在通过清代人的定义对各类纸张予以介绍，抛砖引玉，以期对古纸领域的研究有所裨益。

词汇的发展演变是随着社会的发展而发展。满洲人长于骑射，善于征战，清朝入关前，弓马骑射较发达，故与弓马骑射相关词汇划分得异常细致。乾隆帝修订《御制增订清文鉴》新增了文学什物类别词汇同样标志着乾隆年间经济高度繁荣，造纸技术得到大规模发展，文房器具的使用也进入了繁荣时期。本文所列36个词汇中有34个意译词，2个半音译半意译词，无音译词，在36个词汇中出现20个ngga、ngge、nggo类型的派

1 （宋）苏易简等：《文房四谱 蕉窗九录》，浙江人民美术出版社，2016年，第86页。

生形容词词尾，反映出乾隆帝修订《御制增订清文鉴》旨在规范满语，去除汉语音译借词的初衷。

传统的造纸技术既是古代科技，也是被列为非物质文化遗产的手工技艺，2009年我国将传统手工纸制作技艺列为国家级非物质文化遗产，古纸及传统手工纸如何保护、传承、创新、发展，值得我们进一步思考。希望本文通过《御制增订清文鉴》有关纸的满文名称和注解对清代纸的种类进行考订的结果，能为这方面提供帮助。

（作者单位：故宫博物院器物部）

慈禧照片解读*

Interpreting Photographs of the Empress Dowager Cixi

左远波

Zuo Yuanbo

内容提要：

慈禧太后的众多照片，人物形象虽然大同小异，但细节内容不尽相同。它们具有独特的纪实效果，不仅留下了慈禧晚年的真实形象，而且蕴含着礼制、宫俗、文化、文物等多方面的信息。通过对照片的考辨与解读，将其中的诸多信息挖掘出来，再将现存的实物还原到照片的历史情境之中，不失为一种有趣的研究方法。本文结合现存的史料与文物，回顾一下慈禧的照相往事，对照片中的场景、陈设、服饰等内容，试做综合性的考辨与解读。

关键词：

慈禧照片　场景　陈设　服饰

ABSTRACT:

Despite that the empress dowager Cixi (1835-1908) is portrayed in similar poses and looks, her photographs are revealing in terms of their diverse settings. They serve as unique documentation of the real life of this matriarch in her late years, and reveal ample information of rites, palace customs, culture, and court collections in her time. The author adapts a fresh research approach with which it conducts a close examination of the photos to find out clues instructive to put surviving objects back to a historical context. With historical documents and cultural relics as reference, the paper tries to re-establish the setting scene of Cixi's photography and give a comprehensive interpretative account of the environment, furnishings and clothes appear in the photos.

KEYWORDS:

photos of Cixi, setting, furnishings, clothes

* 本文为“故宫博物院养心殿研究性保护项目”《养心殿老照片调查与研究》（编号：KTYXD2016—31）的阶段性成果。

慈禧太后是一位家喻户晓的历史人物。她执掌晚清朝政长达48年，一生三立幼主，两度垂帘，一朝训政。除了名号之外，是个地地道道的女皇。慈禧的个人生活极富情趣，晚年也被来自西方的摄影技术所吸引，将一位从法国归来的年轻摄影师召到宫中，为自己拍摄了数十幅不同场面、不同背景、不同服饰和不同姿势的照片。

慈禧的这些照片，近些年来在社会上传播较为广泛，大凡涉及慈禧的文章和出版物，几乎都要选出几幅用作插图。有的老照片爱好者，对其中部分照片更是耳熟能详，纷纷通过各种方式进行介绍和解读。笔者对此关注有年，了解其中慈禧的形象虽然大同小异，但细节内容不尽相同，蕴含的历史信息也相对较多，所以迟迟不敢随意动笔。经过反复辨识、排比，同时参考相关宫廷文物的研究成果，渐渐解开了心中的许多疑团，对这些照片也有了不少新的认知。本文即结合现存的史料与文物，回顾一下慈禧的照相往事，对照片中的场景、陈设、服饰等内容，试做综合性的考辨与解读。

一 慈禧照片概况

摄影技术诞生于1839年，鸦片战争后传入中国。由于它能够逼真地记录人的容貌，所以很受国人欢迎，朝中的王公大臣也纷纷被这一新鲜事物所吸引。不过，慈禧太后照相却相对较晚。从现有材料看，直到1903年才她开始拍摄照片，这个时间距摄影术传入已经过去了60多年。究其原因，有的说她非常迷信，有的说她过于保守，但我认为主要还是出于礼制上的制约。当时，清廷虽然已经开始筹办“新政”，但“祖宗家法”还不能轻易打破，寻常人没有资格随便出入宫禁，更不用说拿着相机对着太后拍照了。

后来为慈禧照相的摄影师情况有所不同。此人名叫勋龄，他的父亲裕庚是汉军正白旗人，曾出任清廷驻日本、法国公使，官至太仆寺少卿。勋龄随父母旅居海外多年，接受西方教育，在法国陆军学校学习时研习过摄影。光绪二十八年（1902）年底，适逢裕庚在巴黎4年任职期满，勋龄便带着全套摄影器具随家人回到北京。他的两个妹妹——德龄和容龄，随即被慈禧召进宫中，担任她的私人翻译兼侍从；他的母亲——有着美国血统的露易莎・皮尔森（Louisa Pierson），也被恩准时常进宫。

那么，勋龄是何时进宫为慈禧照相的？据记载是美国女画师卡尔（Kate Carl）进宫为慈禧画像前夕。对此，其妹容龄在《清宫琐记》中回忆：

> 有一次，慈禧问我姐妹俩会不会照像（相）？她想在画像之前先照几张像，从外边找人来照像不很方便。我母亲说：“她们两人不会照像，奴才勋龄（我的二哥）会照像。”慈禧说：“那很好，明天就让他进来给我照像，照出像来好让柯姑娘照着画。”慈禧又问我母亲：“勋龄、馨龄（我的四哥）现在做什么事呢？”我母亲说：“他们两人都没做事。”慈禧便派勋龄在电灯处，派馨龄在轮船处。[1]

---

1 容龄：《清宫琐记》，德龄、容龄：《在太后身边的日子》，紫禁城出版社，2009年，第237页。

图1　勋龄、馨龄题名的慈禧照片

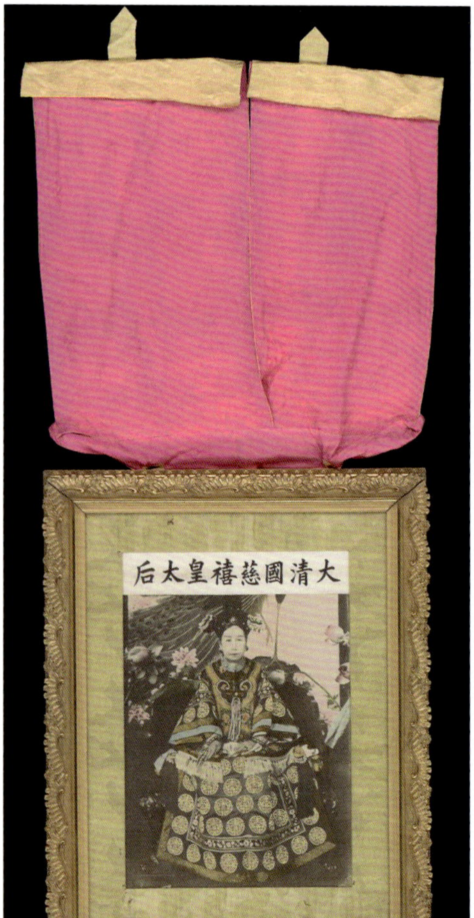

图2　装在镜框中的慈禧着色照片

在故宫收藏的慈禧照片中，有的标注勋龄、馨龄的共同题款："光绪二十九年六月吉日，二品顶戴候选道臣勋龄、二品顶戴候选道臣馨龄恭请。"〔图1〕这里的所谓"二品顶戴候选道"，显然是慈禧赐给兄弟二人的虚衔。德龄、容龄的回忆及其他资料，都不见馨龄参与照相的记载，照片上的题款无疑成为馨龄参与其中的实证。这类照片数量很少，当为洗印后恭请太后过目的样片，再由慈禧决定是否加印或加印多少。

另据《清稗类钞》记载，日本摄影师山本赞七郎也曾应诏赴颐和园，为慈禧拍摄了一幅"簪花小照"。这在中国摄影史上算是一桩小的公案，我倾向于此事为真。至于他拍摄的"小照"，或许已经失传，或许就混藏在常见的慈禧照片之中[1]。

光绪二十九年七月，宫中特立《圣容账》，对这些照片中慈禧的形象、件数和用场，都一一做了登记。据此账目统计，慈禧照片共有29种766张，大多数为放大照片，每幅放大份数不等，有的还悬挂在她的寝宫颐和园乐寿堂、紫禁城乐寿堂和西苑海晏堂[2]。

从目前故宫的收藏情况看，照片种类与当时基本相符，整体数量则远远少于766张。这些照片都衬裱在考究的硬纸板上，有的还镶在雕花金漆镜框中，再分别盛放在紫檀木匣内，外面用明黄色丝绣锦袱包裹。其中部分照片采用水彩颜料着色，虽然历时已久，但色彩依然十分明快，尤其是人物面部着色柔和均匀，立体感很强。〔图2〕

另外，美国华盛顿弗利尔及赛克勒美术馆也收藏有部分慈禧照片的玻璃底片，其来源与德龄后来的经历有关。因为德龄出宫后先到上海，同美国驻沪副领事怀特结了婚，后随夫赴美，带走了部分慈禧照片的底片。她的回忆录《清宫二年记》，文学类作品《御香缥缈录》《瀛台泣血记》等书，清末民初陆续在美国出版，并在海内外广为流传，那些照片曾用作书中插图。后来，德龄与丈夫感情恶化而离婚，并于1944年死于车祸。她去世后，其丈夫以500美元的价格，将照片卖给了博

1　左远波：《山本照相馆与中国早期摄影》，《纵横》，2021年第6期。

2　《圣容账》系中国第一历史档案馆藏《宫中档》中的一份档案，林京先生曾抄录其中的主要内容。目前这部分档案由于尚未电子化而无法核对，本文所引均见林京《慈禧摄影史话》，《故宫博物院院刊》，1988年第3期。

物馆，由弗利尔及赛克勒美术馆收藏至今。

这些底片与故宫旧藏照片互为补充，基本囊括了现存慈禧照片的各个种类。它们的拍摄地点仅限于颐和园和西苑三海，没有发现在紫禁城中的照片。近年国内外拍卖市场偶有慈禧照片面世，也没有一幅超出这一范围。

二 照片中的各类场景

对于慈禧的众多照片，一般概括为3类，即单人全身照、多人合影和娱乐休闲。它们大都在颐和园乐寿堂前布景拍摄，慈禧或坐或立，场景不尽相同。

（一）模仿宝座间

宫殿明间又称“宝座间”，基本陈设是以宝座为核心，后面设屏风一座、宫扇一对，两侧对称摆设香几、象驮宝瓶、甪端、香筒等。慈禧为了照相需要，在颐和园乐寿堂前仿照宝座间形式进行布景，但陈设内容有所改变，主要是撤掉了甪端、香筒。

从照片中我们可以看到这样的场景信息：中间为一尊宽大的宝座，座上铺有丝绵坐褥，座下放置踏脚，地面铺着提花地毯；宝座两旁陈设一对香几，上面放置盛满苹果的大瓷盘；香几外侧，陈放一对带有座架的大花盆；宝座后为镶嵌松柏玉兰图案的座屏风，后面是竹林图案的背景，前面竖立一对孔雀翎掌扇。

图3 背景为松柏玉兰座屏风的慈禧照片

两扇柄之间横挂慈禧的题名横额，上面是她的一长串名号“大清国当今慈禧端佑康颐昭豫庄诚寿恭钦献崇熙圣母皇太后”（这26字中的16个字，即“慈禧、端佑、康颐、昭豫、庄诚、寿恭、钦献、崇熙”是慈禧的徽号），末尾竖写“光绪癸卯年”（1903）小字年款。横额文字上方正中，钤盖“慈禧皇太后之宝”；年款上方，钤盖她的方形闲章“大雅斋”印；抬头盖一椭圆形章，印文模糊不清，经反复辨识并参考慈禧的书画作品，可以确定也是“大雅斋”。〔图3〕

对于这样的陈设，曾于1905年在颐和园为慈禧画像的美籍荷兰画家华士·胡博（Hubert Vos），有类似描述：

> 这是一个筑有上盖的庭院，四面没设遮栏……大堂一端安放了宝座，地上铺了一张布鲁塞尔毛

图4　背景为孔雀牡丹围屏、宝座两侧为香几的慈禧照片

图5　背景为孔雀牡丹围屏、宝座两侧为方桌的慈禧照片

圈地毯，虽然颜色、质料俱佳，却是宫内所见唯一刺眼、非中国式的东西。宝座背后是一道屏风，垂挂着绘有竹林图案的帘子。宝座是乌木造成的巨型扶手椅，雕工精美，堆满了黄缎垫子，前面另有黄缎脚凳。宝座两旁各有一个方形几子，上放名贵平底果盆，盛满了苹果，像金字塔似的。太后每逢召见，总有这样的苹果摆设。苹果旁边地上，分别有一头装饰的模型狗（注：兽形扇座）。狗背上伸出一把长柄，上托金色孔雀，装上一柄孔雀羽扇。宝座前面两旁，放置了美观的花盆，盛放着各种花卉。[1]

（二）反映日常生活

另一类单人照的场景与“宝座间”照片相似，但陈设内容更为丰富。其主要变化是：宝座后的松柏玉兰图案座屏，换上了孔雀牡丹图案围屏；两个扇柄之间的横额文字，换为“大清国当今圣母皇太后万岁万岁万万岁”，年款、印章未变。如果再仔细观察，后面也没有悬挂“绘有竹林图案的帘子”，而露出乐寿堂院内凉棚上的苇席。

这类单人照片主要包括两种：一是宝座两侧仍陈设香几、果盘、大花盆，照片构图相对简练〔图4〕；二是将香几换成一对方桌，上面摆放花瓶、花盆、座钟等，地毯上也放置大花瓶，反映出慈禧的某些生活情趣与爱好〔图5〕。

美国画师卡尔身为女性，曾有机会进入慈禧寝宫，她这样记述颐和园乐寿堂寝宫的摆设：

卧室三面带有架子，上面摆着太后喜欢的装饰品，如小件玉制古玩、书籍，当然还有钟表。我数了一下，在这间不大的卧室中，床周围的架子上竟摆设15座钟表，而且每座都嘀嘀嗒嗒地走动，报时又各有差异。这些声音组合起来，足以让一个神经衰弱的

1　邝兆江：《慈禧写照的续笔：华士·胡博》，《故宫博物院院刊》，2000年1期。

图6 慈禧与外国女宾合影

图7 宝座后为菊花背板的慈禧照片

欧洲女人发疯。太后可能是每日坚持户外活动的缘故，神经似乎并没有那么紧张，所以每天都能安然入睡。卧室内没有花，但外间却摆满了鲜花和苹果、佛手等水果。[1]

对于紫禁城乐寿堂寝宫，卡尔也有记述：

> 太后的起居室设在大殿正间右侧，房间向外廊凸出，明亮的光线从两侧的窗子照入，与宝座间幽暗的色彩形成强烈的对比。室内摆放鲜花和绿色植物，大花碗里高高地码放着水果，窗后的长榻上铺着缎垫。房间里弥漫着淡雅的香味……太后空闲时喜欢阳光和鲜花，常常陶醉于美丽沁人的花香之中。[2]

这类场景的照片还有另外两种形式：一是在3幅慈禧与其他女性的合影中，撤去了屏风、香几等陈设，挂上了竹林帘子〔图6〕；二是有个别慈禧的单人照虽保留屏风、香儿，但在宝座与屏风间加了一道绘有菊花的背板，挂“大清国慈禧皇太后”横额，上面的年款为“光绪甲辰年（1904）”，这也是目前所见拍摄最晚的慈禧照片〔图7〕。

（三）上朝场面

两幅慈禧与太监、宫中女眷在宫殿前的合影，从照片内容和相关记述分析，反映的是慈禧上朝时的场景。

1 ［美］凯瑟琳·卡尔著，王和平译：《美国女画师的清宫回忆》，故宫出版社，2011 年，第 135 页。

2 ［美］凯瑟琳·卡尔著，王和平译：《美国女画师的清宫回忆》，故宫出版社，2011 年，第 148 页。

图8 慈禧在众宫眷、太监簇拥下于乐寿堂前

图9 慈禧在太监们簇拥下于仁寿殿前乘坐肩舆

一幅是慈禧在光绪皇后、瑾妃、四格格（庆亲王奕劻的四女）、垣大奶奶（慈禧的内侄媳）及众太监簇拥下站立于乐寿堂前。后面有太监为她撑着龙凤纹伞盖，前面又有太监举着提炉，大太监李连英、崔玉贵分立两侧，地上还伏着太后的一只爱犬。〔图8〕另一幅是慈禧在太监们的簇拥下坐在肩舆中，拍摄于仁寿殿前，照片中的伞盖、提炉与前一幅相同。〔图9〕

两幅照片中，慈禧服饰、头饰和手持的团扇完全相同，除轿夫外的太监也都身穿正式的蟒袍、头戴官帽，应该是同一天拍摄的。伞盖、提炉是卤簿仪仗中的重要器物。慈禧乘坐的肩舆，从形式上看是日常乘坐的步舆，一般用楠木制作，不设轿顶和帷幔；中间为蟠龙雕花宝座，座前置一黄缎包裹的踏几，座上冬铺紫貂皮，夏用明黄妆缎垫；直辕、抬杆等处均饰有龙纹，由8人或16人抬行。

据德龄回忆，慈禧在开始照相前，曾提出她的第一张照片要拍坐轿上朝的场面，并询问要坐多久才能照好，勋龄回答几秒钟就够了。然后慈禧便走进轿子，命轿夫抬着往前走。轿子从照相机前走过，慈禧问："有没有照一张？"勋龄回答已经照了。她又说："为什么不先关照我一声？我刚才的样子太板了。下次要照的时候先关照我一声。我要照个和气些的相。"[1]

关于慈禧平时上朝，她的贴身宫女荣儿回忆说：

> 吃过早点，漱完口，喝半杯茶，吸一管烟，然后宫女们把太后请到更衣室。太后换上莲花底满是珍珠的凤履，戴上两把头的凤冠，两旁缀上珍珠串的络子，戴上应时当令的宫花，披上彩凤的凤帔。这时李莲英就忙着指挥一切了。轿子抬到储秀宫门口，我把上朝专用的小轻便的水烟袋交给李莲英捧着。太后上了轿，左边是宫廷总管太监李莲英，右边是内廷回事太监崔玉贵，一个手捧着水烟袋，一个手捧着绿头签（即叫起的名单）膳牌，两个紧扶着轿杆，后随着一群护卫，前呼后拥地上朝去了。

1 德龄著，顾秋心译：《清宫二年记》，前揭《在太后身边的日子》，第121－123页。

也许上乾清宫（轻易不上乾清宫，除非召见封疆勋吏），多半上养心殿，宫廷的术语名之为“叫起”[1]。

由此可以判断，两幅照片反映的正是慈禧从乐寿堂到仁寿殿上朝的场景。

另外，从照片中我们还能看到殿前的凉棚。一般从立夏开始，宫中的重要宫殿院落都要搭盖凉棚，至立秋日撤去。这种凉棚又称“天棚”，就像一张细密的大网，可以笼罩包括宫殿在内的整个院落。它只用木架、苇席等材料，再用麻绳捆扎，不需要挖坑动土，也不用一根钉子和一段铁丝，外观如同一座大号的宫殿。棚顶开有天窗，四面又有亮窗。窗子上都有粗布窗纱，可根据晨昏晴雨和不同的风向随意地开阖，既能防晒防雨，又可防止蚊虫。乐寿堂的凉棚，也就是上文中华士·胡博所称“筑有上盖的庭院”。

（四）太后“剧照”

慈禧在西苑三海拍摄的两组外景照，包括4幅扮观音照和3幅乘船游湖照，不仅题材颇具新意，而且体现了佛教、道教与戏曲杂糅的特殊内涵。

慈禧晚年自比观音，在宫中被尊称“老佛爷”。而照片中扮作观音的慈禧，置身于盛开的荷花丛中，恰似西方极乐世界的情境：她头戴五佛冠，每一莲瓣上都有一尊佛像，代表五方五佛；五佛冠两侧，各垂一条长飘带，上书梵音六字真言“唵嘛呢叭咪吽”。背景都是“绘有竹林图案的帘子”，正中悬挂一块写有“普陀山观音大士”的云头状横牌。具体如其中一幅：慈禧左手持净瓶，右手执柳枝，呈端坐状。大总管李连英头扮韦驮天尊：戴武士帽，身穿肥大的武士袍，双手合十，两肘捧着金刚杵，立于慈禧左侧稍后；庆亲王的女儿四格格扮善财：身穿莲花衣，双手捧书一函，立于慈禧右侧。〔图10〕

图10 慈禧扮观音

按照佛教教义，观音大士是慈悲的化身，是佛法无边、普度众生的菩萨，也是一位被世俗化了的女神。慈禧受佛教影响很大，常常以观音自居。关于她扮观音拍照，德龄在《清宫二年记》中曾经描述，在一个阴雨连绵的日子，他们从颐和园乘船回到西苑。看到湖中盛开的荷花，慈禧说：

> 我希望这几天天气好，因为我想在船里拍几张照。还有一个好主意，我想扮作观音来拍一张，叫两个太监扮我的侍者。必需的服装我早就预备好了，有时候要穿的。碰到气恼的事情，我就扮成观音的样子，似乎就觉得平静起来，好像自己就是观音了。这事情很有好处，因为这样一扮，我就想着我必须有一副慈悲的样子。有了这样一张照片，我就可以常常看看，常常记得自己应该怎样。[2]

1 金易、沈义羚：《宫女谈往录》，紫禁城出版社，2001年，第50页。

2 《清宫二年记》，第126页。

图11 慈禧在西苑中海乘平底船

图12 乘船照片中的花瓶、香炉与烟状悬饰物

慈禧也经常在颐和园昆明湖或西苑三海乘船游乐。那里都设有御用船坞，里面停放各种华丽的游艇、画舫、汽舟，以及众多的平底船。

乘船游湖照片也是在三海拍摄的，湖面布满盛开的荷叶与点点荷花。慈禧和侍从们乘坐一种较大的无篷平底船，船上人数多寡不同，内容则大同小异。慈禧都是坐在正中的宝座上，微微侧身面向镜头。两旁摆设一对香几，分别放置果盘、香炉，炉中仿佛飘出"寿"状香烟。宝座后为一宽大的屏风，与单人照中的松柏玉兰屏风同为一物。屏风上也挂着"普陀山观音大士"横牌，显示这组照片与扮观音照存在关联。

以其中一幅随侍者为6人的照片为例，慈禧微侧身坐在宝座上，回事太监崔玉贵在其身后撑伞。船的前面侍立4人：李连英与另一太监各斜握一根带叶的长竹竿，德龄手持一枝荷花，另一女子（似为庆亲王的三格格）则托着一只大葫芦。船尾有一太监做摇桨状。再看随侍者的服饰，明显经过乔装打扮。〔图11〕

通过照片的局部放大可以发现，船前部摆放的花瓶与宝座旁的鼎式香炉，都贴有"（宁）寿宫"标签，说明是太后寝宫宁寿宫之物。而香炉上方的"香烟"，则是一个镂空的悬饰物，顶端形似"广仁子"三字，下面连缀"庆寿"字样。〔图12〕

"广仁子"当为慈禧的道号。据太监信修明回忆，每当宫中祭殿神时，慈禧都要写上一统黄纸表文，"末写某年元旦上奉玉皇大帝，弟子广仁子，疏有印章"，派总管或首领代为上祭。这一道号源于其生母去世时曾停灵白云观，"慈禧太后派总管李莲英代太后传了三坛大戒，太后为功德主，占了戒坛天字号弟子，名曰广仁子，在宫内素食百日……慈禧为老子信徒，世人知者甚少"。[1]

关于慈禧在西苑照相，清宫内务府档案中也有两则记载：

> 七月十六日海里照像，乘平船，不要篷。四格格扮善财，穿莲花衣，着下屋绷。连英扮韦驮，想着带韦驮盔、行头。三姑娘（德龄）、五姑娘（容龄）扮撑船仙女，带渔家罩，穿素白蛇衣服，想着带行头，红绿亦可。船上桨要两个。着花园预备带竹叶之竹竿十数根。着三顺预备，于初八日

1 信修明：《宫廷琐记》，信修明等著《太监谈往录》，紫禁城出版社，2010年，第37－38页。

要齐，呈览。

七月十六日海里照像，乘平船，不要篷。四格格扮善财，穿《打樱桃》丫鬟衣服。连英扮韦驮，想着带韦驮盔、行头。三姑娘、五姑娘扮撑船仙女。船上桨要两个。着花园预备带竹叶之竹竿十数根。着三顺预备，于初八日要齐，呈览。[1]

图13　故宫藏戏曲文物中的五佛冠、武士帽

两则档案内容略有不同，但所涉及的人物、道具，恰好与扮观音和乘船游湖照片相符。其中，“海里”当泛指西苑三海。七月十六日是中元节的第二天。中元节是中国传统的“鬼节”，也是一个佛道两教混合的节日，宫中按惯例有做法事、烧法船等祭祀活动，为过世的皇帝、后妃等祈求平安。

慈禧酷爱戏剧，对不少戏出都很在行。推测她可能是在中元祭祀后，又自导自演了一场“神仙戏”，并让摄影师跟随拍照留念。照片中的部分行头，如五佛冠、武士帽等，在故宫现存戏曲文物都能看到踪迹。〔图13〕因此，两组照片都可视为慈禧的“剧照”，是经过精心筹划、周密安排的，所以虽然定于十六日拍照，但一周前的初八日便要求将一切预备周全。

（五）宫中休闲

慈禧的大部分照片都有特定的场景与陈设，模式相对固定，立意也比较明确，属于正规的摆拍。而弗利尔及赛克勒美术馆收藏的颐和园排云门前的合影，以及她与侍从们一同观赏雪景的照片，风格则为之一变，具有浓厚的生活气息。

先看排云门前的两幅合影。第一幅照片中的人物，从左至右分别是：光绪皇后、俊寿（先于德龄、容龄进宫的德语翻译）、德龄、慈禧、崔玉贵、四格格、垣大奶奶（慈禧的内侄媳）、勋龄的女儿、勋龄的母亲、容龄。慈禧身穿宽大的斗篷坐在前面，正对着镜子整理头饰，二总管崔玉贵侧身站在身后侍候。〔图14〕而在第二幅照片中，慈禧站了起来，崔玉贵也站到了众人左边。里面的人物排序，除慈禧居中而立外也没有太多讲究，显然是众人在园中陪同太后游玩时，由摄影师随意拍摄的。〔图15〕

照片中的排云门，廊下张灯，屋檐结彩，明显是在举行重要的庆祝活动。如果仔细观察，彩框中还带有“万寿”图案；再从人物衣着上看，此时应该是秋末冬初。由此可以确定，照片拍摄于光绪二十九年十月初十日（1093年11月28日）慈禧七十寿辰前后。如此说来，这也是目前发现的反映帝后寿庆场面的“唯二”照片。

而在一组雪后拍摄的照片中，我们可以看到，雪后宫苑，银装素裹，慈禧身披菊花图案的斗篷，在四格

1　转引自冯荒：《慈禧扮观音》，《紫禁城》，1980年第4期。

图14 慈禧等在排云门前

图15 慈禧等在排云门前

图16 慈禧观赏雪景

格、德龄母女及崔玉贵等太监陪伴下观赏雪景。照片中的慈禧，时而拨弄树上的雪枝摆出造型，时而由两名年轻的太监搀扶，时而又与德龄母女雪中伫立……照片拍得比较随意，展现在人们面前的，俨然一位富家老太！〔图16〕

这组照片的拍摄时间，应该是光绪二十九年冬天一场大雪过后。地点可能是颐和园，也可能是西苑，部分照片中虽然可以看到宫殿的一角，但具体位置尚无法判断。

三 照片中的陈设与日用

慈禧的各类照片看似大同小异，但却蕴含着丰富的宫廷生活信息。其中的家具陈设与日常用品，在故宫藏品中大都能够找到相同或相似的实物。

（一）宫中陈设

1.宝座

所谓宝座，实际上就是一种形体较大的座椅，为皇帝和后妃所专用。多陈设在各宫殿正殿明间室内中心或显要位置。清宫宝座，形式多样，材质贵重，工艺高超。照片中的宝座虽无法辨识质地和工艺等细节，但明显可以看到座面上铺着团寿字坐褥，座下设一只带有缎罩的脚踏。

脚踏也称脚凳，是放置在宝座、床榻等坐卧具前的矮凳。其作用除便于上床或就座外，还有搭脚的作用。因为一般大型坐具的座面都比较高，前面放置脚踏，可以避免双脚悬空。坐褥即铺在炕几两侧或座椅上

图17　与照片中宝座造型相似的紫檀木嵌玉宝座、脚踏

图18　从这幅照片看，慈禧身后的孔雀牡丹围屏至少有6扇

的褥垫，里面一般絮以棉、毡等材料，既隔热保暖又柔软舒适，作用相当于今日之沙发[1]。〔图17〕

2.屏风

清宫屏风形式有多种，包括座屏风、围屏、插屏和挂屏，不仅是常见的实用家具，更是宫室内不可缺少的装饰。照片中的屏风有两种，即松柏玉兰图案座屏和孔雀牡丹图案围屏。

座屏风即带“八”字形底座的屏风。这种屏风等级最高，设在各宫正殿明间的宝座后，多由单数组成，最多9扇，最少3扇，正中一扇最高，两侧依次递减。每扇屏风之间、屏风与底座之间，均通过插销连接。屏心多为木雕或漆地嵌宝石，或彩漆、雕漆等，屏风顶部有雕花屏帽。照片中的松柏玉兰图案座屏为八字三屏式，屏心为松柏玉兰图案，虽然无法判断质地，但造型与宫中通用的座屏风完全一致。

围屏又称“曲屏风”，是一种可以折叠的屏风。它不用底座，由双数组成，最少两扇，最多可达数十扇，每扇之间以挂钩或合页连接，可以根据室内空间灵活运用。

慈禧身后的孔雀牡丹图案围屏，屏心是一只昂首顾盼的通景凤凰，从一张横幅照片上看至少有6扇。〔图18〕

3.宫扇

宫扇是传统的纳凉用具，也是宫廷礼仪的陈列品，一般成对陈设在宝座后的屏风两侧。多以孔雀羽毛粘贴，有的用彩漆描绘，形如掌面，饰以铜制凤头，再加长木柄，插在兽形或宝瓶式底座内，与宝座、屏风等陈设融为一体。在照片中，我们透过香几可以看到，其宫扇的底座为兽驮宝瓶式，也就是前文中华士・胡博所说的“模型狗”。

4.香几

香几是供奉或祈祷时置炉焚香的高足家具，也可用于置放花盆、花瓶或古玩等物，大都成对使用。清

1　关于慈禧照片中的家具，参阅胡德生《明清宫廷家具》，紫禁城出版社，2008 年。

图19　紫色牡丹纹机织栽绒地毯

图20　慈禧持团扇端坐照

宫香几，有方形、圆形、六角形、云头形等多种造型，使用紫檀、楠木、酸枝木等珍贵木材，大都雕刻有各种繁缛的花纹。宝座旁的香几一般放置角端或象驮宝瓶，照片中则换成了带有龙形托架的大果盘。

5.地毯

紫禁城与皇家园囿的主要宫殿，根据使用功能的不同，大都铺用不同颜色与纹样的地毯。一般来说，用于举行礼仪活动的殿宇多用龙纹地毯，翻腾的海水江崖和轩昂的行龙戏珠，与宏伟的殿堂浑然一体；内廷与园囿寝宫多取决于帝后的喜好，但一般都以各式花卉纹毯为主，与室内各种陈设相呼应，具有浓郁的生活情调。

照片中的缠枝花纹地毯，以团形花卉为主体，其间饰以波曲状枝蔓纹样，具有强烈的立体效果。据考证，这件地毯属于机织栽绒地毯，为19世纪末20世纪初从欧洲进口的洋货，与故宫现存的“紫色牡丹纹机织栽绒地毯”大致相同[1]。〔图19〕

（二）慈禧所好之物

慈禧的大部分单人照片，基本陈设主要包括上述几种，场景庄重肃穆，反映出她的高高在上与赫赫权威。其中的器物陈设：香几上的大果盘，在故宫旧藏瓷器中与之器型相同者数量较多，但纹饰相似者尚未找到；两侧的大花盆当为晚清白釉瓷器，故宫仍有收藏。

下面具体以三幅照片为例，对其中的器物试做解读，从中可以窥见慈禧生活中的某些习惯和爱好。

1.慈禧持团扇端坐照

对照《圣容账》，这幅照片应该是其中的“梳头穿净面衣服拿团扇圣容”，当时洗印了103件之多。照片中慈禧手握一把团扇端坐在宝座上，两侧各放置一张方桌，上面对称摆放一对大花瓶、一对玻璃罩和大小两对花盆。左边桌上还放置一只渣斗，梯形玻璃罩内为尖状座钟；右边桌上则有一支水烟袋，方形玻璃罩内看不出是何物。方桌前的地毯上，又各置一个大瓷瓶。〔图20〕

（1）方桌上那对插着荷花的大花瓶，造型有别于常见的瓷器。通过与故宫收藏的珐琅器相对比，发现左边那只与现存“掐丝珐琅勾莲纹双兽耳瓶”比较接近。〔图21〕美国女画师卡尔提到慈禧宝座旁的陈设时，

1　苑洪琪、刘宝建主编：《故宫藏毯图典》，紫禁城出版社，2010年，第152页

也说“孔雀扇两侧是硕大的景泰蓝花瓶”[1]。看来，两件花瓶属于铜胎珐琅器应该无误。

（2）对于照片中的瓷器，笔者曾请教故宫陶瓷专家王光尧先生。他根据器型与花纹推断，摆在地毯上的那对大瓷瓶应该是“晚清粉彩雉鸡牡丹纹瓶”，桌上带有“年”字的花盆，文字当为“甲子万年”之类的四字吉祥语。而桌上最外侧的那对带有盆奁的小花盆，王先生则一眼便认出，对应的实物就是“光绪紫地粉彩折枝花鸟纹圆盆、奁”。〔图22〕这也是慈禧的御用瓷——“大雅斋”瓷器之一。

“大雅斋”瓷器得名于器物上的楷书“大雅斋”三字，旁边是“天地一家春”盘龙篆书印文，底部多为“永庆长春”楷款，款识、印文均为红彩。它色调浓艳，意境清新，一改御用瓷器中常见的龙凤纹饰，以各式花卉、禽鸟取而代之，均为喜闻乐见、富有吉祥寓意的题材。它们烧造于光绪元年至二年（1875—1876），在慈禧居住过储秀宫、长春宫，以及紫禁城与颐和园的两座乐寿堂等处，都使用大雅斋瓷器。由于慈禧喜爱花卉，所以这些瓷器又以各种造型的花盆居多，花盆的底托盆奁亦可作为水仙花盆单独使用。

大雅斋原为慈禧在圆明园的住所——“天地一家春”内的一处斋名，后成为慈禧的私人堂款。在故宫博物院藏品中，带有“大雅斋”款、印的文物，在陶瓷、书画中都有发现，现存的多枚“大雅斋”印章也质地、形状各异。经过比对，照片题名横额上的两方“大雅斋”印，印面形制分别与现藏“寿山石猴马兽纽大雅斋章”“岫岩玉蹲龙纽大雅斋章”相同。〔图23〕

另外，故宫还收藏一面木框青蓝洒金纸地“大雅斋”匾。〔图24〕据考证，此匾曾先后悬挂在养心殿平安室（燕喜堂）和长春宫[2]。

（3）照片中的水烟袋，更是慈禧的日常用物。慈禧不喜欢吸旱烟，而是在饭后吸水烟，宫女荣儿回忆：“水烟袋也不是您在古玩铺里看到的那样，烟管特别长，叫鹤腿烟袋。我托着水烟袋，如果老太后坐在炕上，我就必须跪下，把烟管送到老太后嘴里，老太后根本不用手拿，就这个送烟的火候最难掌握。烟锅是

1 前揭《美国女画师的清宫回忆》，第 29 页。

2 周苏琴：《“大雅斋”匾的所在地点及其使用探析》，《故宫博物院院刊》2008 年第 2 期。

图21 掐丝珐琅勾莲纹双兽耳瓶

图22 光绪紫地粉彩折枝花鸟纹圆盆、奁

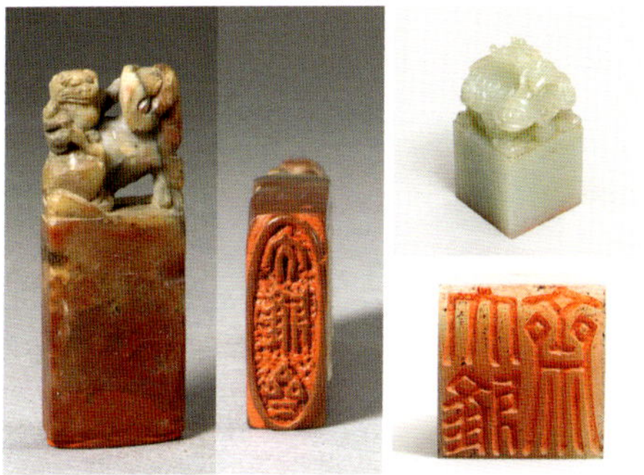

图23 寿山石猴马兽纽“大雅斋”椭圆章与岫岩玉蹲龙纽“大雅斋”方章

图24 “大雅斋”匾

图25 银制雕镀金花卉水烟袋

两个，事先（前十来分钟）把烟装好，吸一锅换一锅。”[1]

宫中的水烟袋多为黄铜、白铜、锡和银等金属材料，造型比较奇特，主要由盛水斗、燃烟斗、吸烟管、烟丝筒4个部分组成，烟管普遍较长。此外，还需配有烟钎、毛刷、烟勺、镊及火镰等附件。〔图25〕吸水烟的基本姿势，一般是左手握住烟袋底部，右手持火捻点火。但使用较大的长管水烟袋，必须由仆从在一旁侍候。

2.慈禧持折扇站立照

这幅照片当与《圣容账》中的“梳头穿花卉戴璎珞拿折扇圣容”相对应，当时洗印41件。穿珍珠网状披肩的慈禧，手持一柄折扇站立在宝座前，两旁的方桌共放置三座带罩座钟、一对插满荷花的大花瓶和一只浅色的渣斗。其中，花瓶与上一幅照片中的“晚清粉彩雉鸡牡丹纹瓶”完全相同。〔图26〕

（1）照片中的座钟，据宫廷文物专家郭福祥先生辨识，都是法国制造的四明钟。所谓四明钟，就是四面通透，从外部可以窥见内部机芯的座钟。法国是世界上最早制造钟表的国家之一，曾出现过许多杰出的发明家和钟表匠，钟表装饰亦折射出独有的浪漫情调。工业革命后，钟表亦由手工生产转为机器制作，标准化的定型产品和工业题材的钟表变得极为盛行，其中就包括机件以机器批量生产的四明钟。而工业题材钟表则多仿自机械或工业产品，如火车车头、风车、船舰、潜水艇、蒸汽机等。

故宫收藏的法国钟表多为四明钟和工业题材，其中就包括与照片中外形相近的四明钟。〔图27〕部分钟表还刻有中文标示，有的甚至带有“万寿无疆”字样，显然是专门为中国制作的。

慈禧对外国钟表情有独钟，“仅太后宝座殿里就有85件，如嵌有贵重宝石的和纯金质的钟表等精品，皆陈设于此。它们很多都伴以美妙的音乐，或者鸡叫、鸟鸣。有的带有水法、八音盒或人物表演，一到整点，钟内人物便会出现并围绕表盘活动”。除此之外，她对外国的其他东西似乎并无兴趣。[2]

1 前揭《宫女谈往录》，第25页。

2 前揭《美国女画师的清宫回忆》，第30页。

（2）照片中的渣斗，摆放在桌面上比较明显的位置，说明是慈禧比较喜欢或随时所用之物。渣斗又名奓斗，造型源于瓷器，作为实用器使用时功能相当于唾盂。也可置于餐桌，用于盛放骨头、鱼刺等食物渣滓；小型者可用于盛载茶渣，故亦列于茶具。清宫使用的渣斗，质地有瓷、漆、玉、珐琅、玻璃等，造型相同但有大小之别。〔图28〕照片中的渣斗属于小型，通过放大可以发现：其口沿有花边，颈部有寿字纹，腹部则有团形纹饰；再从浅白的颜色推断，当为白玉或浅色玻璃制品。渣斗下面所压的一沓毛边纸张，用途或相当于今日之餐巾纸。

（3）在慈禧的多幅照片中，都能发现她手里拿着团扇或折扇。再仔细观察，发现扇面图案不尽相同，可以确定她拍照时也在更换手中的扇子。不过，其扇面的正上方无一例外，都钤盖一方形印章。

扇子作为摇动生风的传统纳凉用具，在清宫的使用相当普遍。宫中用扇以折扇、团扇为主，质地有纸、绢、绸、缎、纱、缂丝等，也有少量竹扇、羽扇、象牙扇及芭蕉扇等。它们材质考究，设计雅致，工艺精巧，且能不断推陈出新。尤其是绘有书画的扇子，更因帝后的眷赏而兴盛不衰。慈禧热衷书画，或命人代笔，或亲自描摹，其中就包括在扇面上作画题词。

在故宫收藏的成扇中，就有百十柄慈禧的作品。它们无论是折扇还是团扇，尽管扇面上书与画的内容各不相同，但共同特点是钤盖的印章完全一致：正上方为“慈禧皇太后之宝”方形印，引首和落款则分别是“大雅斋”椭圆章、“佳乐”长方章。〔图29〕由此推断，慈禧平时所用的扇子，都是她引以为荣的“御作”。

3.慈禧对镜插花照

照片中，慈禧微微侧立于宝座前，右肘枕在一只盖有漂亮桌布的高几上，肘下还铺着一条手绢。右手正在往头上插花，眼睛则专注地看着左手上的把镜。〔图30〕

故宫博物院藏清宫玻璃镜，种类繁多，用途广泛，大致可分：大殿中的大型紫檀雕龙落地镜、各种装饰的穿衣镜、梳妆台上的化妆镜、钟表上的西洋纹饰镜、各种首饰箱盒中的镜子，以及各种把镜、折叠容镜、小件挂镜等。其中，把镜就是拿在手中使用的带把镜子，由镜身、镜柄两部分构成，正面为玻璃镜，镜背饰以相应的图案。〔图31〕

图26 慈禧持折扇站立照

图27 铜镀金嵌珐琅方形六柱四明钟

图28 青玉蕉叶寿面纹渣斗

图29 慈禧御笔折扇、团扇

图30 慈禧对镜插花照

图31 画珐琅五蝠捧寿纹把镜

四 照片中的慈禧服饰

慈禧的众多照片，形象大同小异，但其服饰、头饰等却不尽相同。她头戴有不同饰物的大拉翅或钿子，身穿团寿字、竹叶青、缠枝莲、蝶花、寿蝶等多种纹饰的衣服，佩戴各式耳环、手镯、戒指和护指，脚上则穿着高底鞋。几乎每拍照一次，都要更换一身服饰。

这里，我们结合故宫的相关文物藏品，对照片中慈禧的服装、头饰和主要配饰试做解读。

（一）服装

衣冠服饰作为衣食住行之首，不仅是人们日常生活中的重要内容，也是历代礼仪制度中“分等级，定尊卑”的重要标志，服装的款式、质地、纹样、色彩等都代表着服用者的身份和地位。清宫冠服有冬夏之分和男女之别，其中衣服按不同用途分为：礼服，包括朝服、衮服、端罩，举行重大典礼与祭祀时穿用；吉服，又称龙袍，包括袍、褂两种，主要用于重大吉庆节日、筵宴；常服，亦分袍、褂两种，多用于严肃、庄重的场合，日常也可穿用；便服，即平日穿用的便装，种类最多。此外，还有行服、雨服、戎服等，分类庞杂，功用十分繁复[1]。

照片中的慈禧，衣着雍容华贵，款式纹样让人目不暇接，但归纳起来则只有吉服、便服两种。

1 参阅严勇：《故宫博物院藏清代宫廷服饰述略》，严勇、房宏俊、殷安妮主编：《清宫服饰图典》，紫禁城出版社，2010年，第1－10页。

图32 慈禧吉服照

图33 明黄色缂丝彩云蝠金龙纹女夹龙袍

1.吉服

慈禧的吉服照较少，均身穿龙袍，头戴钿子，佩挂朝珠。龙袍与朝袍的区别主要在于，朝袍有披肩领而龙袍无。龙袍可以根据时令或帝后的爱好，随时变换色彩与纹样，故又称“彩服”“花衣”。照片中慈禧所穿龙袍，通身为云龙纹，下摆是海水江崖图案，与明黄色加金龙形式的龙袍一致。〔图32、33〕

朝珠是穿礼服、吉服时的一种佩挂物，上至皇帝、后妃，下至文官五品、武官四品以上，皆可佩挂。朝珠共计108颗：每27颗间穿入大珠1颗，共4颗，称作“佛头”；两旁共附小珠3串，左二右一，各10颗，名为“记念”；另外有一串珠垂于背，称作“背云”。

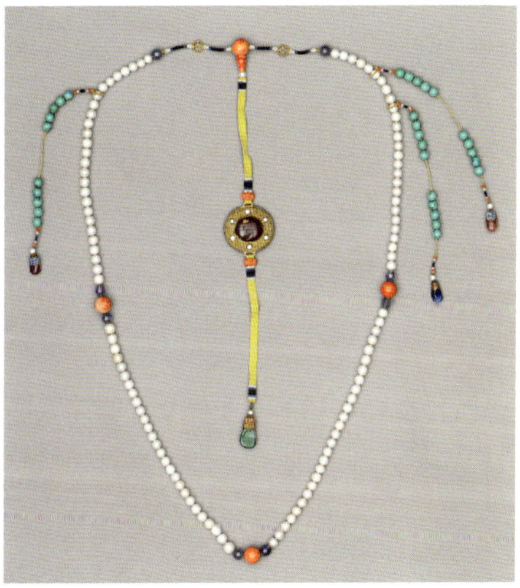

图34 东珠朝珠

朝珠材质有东珠、青金石、蜜蜡、珊瑚、绿松石、翡翠、玛瑙、水晶、琥珀、沉香木、象牙、碧玺等。根据不同的身份、等级和场合，佩戴不同材质的朝珠。其中东珠朝珠最为珍贵，只有皇帝、皇太后和皇后才能使用，慈禧佩戴的当为东珠朝珠。〔图34〕

2.便服

便服是皇帝、后妃日常闲居时所穿服装，包括便袍、马褂、氅衣、衬衣、坎肩、袄、裤等。这类服装穿着舒适，受服饰制度约束较少，款式、颜色和花纹都十分丰富。其中女装更为华丽多彩，代表着清代妇女的衣着时尚。照片中的慈禧也大都身穿便服，且以最具代表性的衬衣、氅衣和坎肩为主。

（1）氅衣、衬衣

二者均为直身式袍服，款式为圆领、大襟右衽、平袖，袖长及肘；主要区别是，氅衣左右开裾至腋下，

图35　身穿氅衣的慈禧，衣服下摆可以看到开裾

图36　明黄色缂绣牡丹平金团寿纹氅衣与品月色缎平金银菊花团寿衬衣

图37　身穿坎肩（右）、大坎肩的慈禧

衬衣则不开裾。穿用时衬衣在内，氅衣在外，衬衣也可单独穿用。照片中慈禧所穿袍服，明显可以看到开裾的即氅衣，看不出是否开裾者则有可能是衬衣。〔图35、36〕

（2）坎肩

坎肩又称马甲，穿在衬衣、氅衣之外。坎肩为圆领、对襟，一般身长及胯。此外，尚有短小贴身的小坎肩，称作紧身；较为肥大的长坎肩，则称大坎肩或褂襕。坎肩与马褂的区别，在于坎肩无袖而马褂有袖。

慈禧拍照时所穿坎肩，包括坎肩、大坎肩两种。〔图37〕

慈禧的服装用料十分讲究，包括各种绸、缎、纱、罗、缂丝以及用金线、穿珠装饰的衣料，都是由宫中派员到江宁、苏州、杭州三织造衙门督造。制作成衣之前，还要先由宫廷如意馆画师画样，经慈禧审定后再送三织造制作。她的衣服图样，故宫博物院也有收藏。〔图38〕

（3）领巾

氅衣、衬衣都没有衣领，所以除了夏季之外，一般都要在脖子上围一条领巾。氅衣、衬衣“不用卷领，

以围脖手绢代之”，这里的“围脖手绢”便是领巾[1]。从照片上看，它围于颈部，一头掖入衣襟，一头垂在胸前，如同今日之围巾。慈禧所用领巾，当为宽二寸许、带有寿字图案的绸带子，故宫博物院仍保存有与之相似的藏品。〔图39〕

（4）手帕

慈禧的多幅照片中，她手里都握着一条手帕。其中一幅照片中，还可以看到手帕上的部分图案，四周为曲齿状花边，中部有植物枝叶，与故宫所藏光绪香色绸绣花手帕相似。可见手帕作为棉、纱织类的细薄织物，因其柔软吸湿、携带方便，已成为慈禧的随身之物。〔图40〕

图38 慈禧坎肩图样

图39 照片中的慈禧领巾与现存蓝色绸绣菊花团寿字领巾

图40 照片中的慈禧手帕与现存光绪香色绸绣花手帕

（二）鞋帽

照片中慈禧头上所戴“冠帽”包括两种，即大拉翅和钿子；而在她的坐状照片中，大都露出脚上嵌有珠宝的高底鞋。

1.大拉翅

满洲妇女的代表性发式为两把头，即先将头发束在头顶，以一支扁长的发簪固定，再分成两绺向左右缠梳。头顶形成高高的发髻，脑后余发则梳成燕尾形扁髻。到了清朝晚期，两把头越梳越高，开始借助假发和发架，促使具有假发套性质的大拉翅的产生。

大拉翅又名“大京样”，它的出现并流行与慈禧有直接的关系。因为慈禧素爱打扮，梳两把头时经常变换花样，最后彻底改变了两把头的形式，形成了以面料替代真发的大拉翅。“孝钦皇后时制成新式，较往时之髻尤高，满洲妇女咸效之”。这是布袼褙（用糨糊黏合的多层布）做成扇面状的中空硬壳，外裹青缎子或绒布，点缀各种花卉及珠宝首饰。下方是头围大小的圆箍，脑后的燕尾也使用假发，用铁丝钩在硬壳上[2]。大拉翅在使用时用扁簪固定在头上，不用可随时取下，与服装的搭配也比较灵活自由。〔图41〕

1 载涛、恽宝惠：《清末贵族之生活》，《晚清宫廷生活见闻》，文史资料出版社，1982 年，第 343 页。

2 苑洪琪：《话说“两把头”》，《旧京人物与风情》，北京燕山出版社，1996 年，第 220 页。

图41 照片中慈禧的大拉翅配有不同装饰

图42 照片中慈禧的钿子与现存嵌米珠珊瑚素钿子

由于慈禧的喜好并亲身示范，这种头饰在满族妇女中广泛流行。

2.钿子

钿子是后妃平时戴的便帽，先用金属丝或藤丝等制作帽架，再用丝线、布或纸做成一个形似覆钵的模子，再嵌以各种宝石、珍珠组成的钿花。根据样式及所饰钿花的多少，钿子又有半钿、满钿之分，各有不同的使用场合。

满洲妇女，上至皇后，下至命妇，都可以戴钿子。但穿吉服袍褂时以钿子代替吉服帽，却是清朝晚期才得以流行[1]。〔图42〕

3.高底鞋

慈禧脚上穿的高底鞋，是清代满洲妇女穿用的一种特殊鞋型。后宫流行高底鞋，依其形状有高底、花盆底和元宝底三种。〔图43〕其中花盆底因形似马蹄，又称马蹄底。鞋底均为木制，外裹白布，再涂白色涂料，有的四周还嵌有彩色料石组成彩带纹样。清宫后妃皆为"天足"，穿上这种独特的高底鞋，显得亭亭玉立，端庄大方。

慈禧对于自己的鞋袜，"一点也不能委屈，稍微不合适就全身不舒服"。其中，袜子的原料是纯白软绸，而绸子又是没有伸

图43 各类高底鞋，自左至右分别为高底、花盆底、元宝底

1 朱家溍：《故宫博物院藏清代后妃首饰·序》，紫禁城出版社，1992年，第11页

缩性的，做起来既要合脚又要美观，每双袜子花费的工很大。“老太后的袜子不管多么精致，也只穿一次，决不再穿第二次……算来一年要用三千个工供老太后穿袜子。加上采买、原料、工匠的膳宿生活等，光穿袜子一项，老太后一年就需要一万多两银子”[1]。

笔者曾就相关问题询问清理过慈禧内棺、为其遗体进行重殓的徐广源先生。据徐先生介绍，慈禧死时穿的正是一双白绫袜，证明老宫女所言不虚。而她的脚上的花盆底鞋，则在军阀孙殿英派兵盗陵时被扔到了棺外，上面镶嵌的珠络和宝石均已无存。

（三）首饰

照片中慈禧佩戴的首饰，除头上的装饰外，主要有耳环、手镯、戒指和护指。此外，还有一件罕见的珍珠披肩。

1.耳环

清代耳饰分两大类，即无流苏的耳环和带流苏的耳坠，多以金、玉、翠、珠、宝石等为之，质料高贵，色彩华美，形式千变万化。其中耳环又称“钳”，满洲妇女每耳至少要打三个耳洞，在正式场合佩戴三副耳环，称为“一耳三钳”；后妃穿朝服时也是一耳戴三只耳环，皇后、太后用东珠，妃嫔用珍珠，平时随意。到了晚清，一耳三钳在设计上被简化，仅为三颗东珠一字排开嵌于环形金托上，佩戴时更为方便灵巧。〔图44〕

图44　金镶东珠耳环

照片中慈禧佩戴的耳饰不尽相同，细看有的似乎是并排三颗珠子，有的则是三副耳环，没有一幅佩戴耳坠照片。

2.手镯

手镯又称臂环，古代男女通用，清代成为女性时尚首饰。清宫手镯种类繁多，有玉、翠、玛瑙、金、银等质地，有的镶嵌珠宝。慈禧腕上佩戴的手镯，德龄说有“两副珠镯、一副玉镯”[2]。从照片中也可大体辨认出两种，即玉石类硬镯和串珠类软镯，故宫博物院仍藏有不少类似的实物。〔图45〕

图45　现藏碧玉手镯、碧玺手镯与照片中的慈禧手镯

3.戒指、护指

照片中的慈禧，手指上都戴有戒指和护指。戒指戴在两只无名指上，一般左右各一枚；护指则戴

1　前揭《宫女谈往录》，第125－126页。

2　前揭《清宫二年记》，第19页。

图46 现存银镀金珠石累丝护指与照片中慈禧的护指

于左右无名指和小拇指。

戒指又称指约、指环，多为女性首饰。清宫后妃所戴戒指，质地多为黄金、白金、翡翠等，有的还镶嵌各种珠宝。照片中的两枚戒指因形体较小而难以辨识，据容龄回忆：“据说宫里各种首饰都有，但我只看见过慈禧常戴的几件。她最爱的是一个翡翠戒指、一个碧玺戒指，还有头上戴的几朵珠花和一件珍珠穿起的披肩。”[1]

护指又称义甲、指甲套，系妇女戴在手指上的装饰。清代贵族女子有留长指甲的风习，戴上指甲套既能有效保护指甲，又可以使手指看起来纤细美观。使用时可戴上几个，也可将十指全部套上。清代护指传世较多，大都为金银制品，也有少量珐琅或铜质。〔图46〕

慈禧爱留指甲，每天都用温水浸泡，经常用剪刀修理。八国联军入侵北京时，她为了保命，在仓皇出逃前，不得不狠心剪掉自己悉心养护多年的长指甲。

4.珍珠披肩

在慈禧的多幅照片中，我们都能看到她披着一件罕见的珍珠披肩。关于这件“大号首饰”，故宫博物院没有一件类似的实物，相关文献也仅见德龄、容龄、卡尔等人的回忆。其中以德龄的记述最详：“我从来没有看到过比这更华丽，更珍贵的东西。这是一个渔网形的披肩，由三千五百粒珍珠做成，粒粒如鸟卵般大，又圆又光，而且都是一样的颜色和大小，边缘又镶着美玉的璎珞。”[2]对照《圣容账》，里面有多条“梳头穿花卉戴璎珞圣容”的照片名称。此处的“璎珞”与珍珠披肩，似为一物。

通过以上梳理，我们大致可以了解，在晚清宫廷乃至当时的整个中国社会，只有慈禧照相的排场最大、耗费最巨，保存至今的形形色色的照片也相对较多。在这些照片中，无论其服饰穿戴、陈设日用，还是所乘轿舆与后妃、贵妇及太监的簇拥陪侍，无不体现着她的至高无上与赫赫权威。它们具有独特的纪实效果，不仅留下了慈禧晚年的真实形象，而且蕴含着礼制、宫俗、文化、文物等多方面的信息。通过对照片的考辨与解读，将其中的诸多信息挖掘出来，再将现存的实物还原到照片的历史情境之中，不失为一种有趣的研究方法。不过，本文的结果与初衷也不尽相符：一则照片涉及的信息较多，对于很多内容的解读只能浅尝辄止；二则由于照片本身的清晰度所限，对其中部分内容的辨识可能有所失误。在此抛砖引玉，期待同好不吝指正。

（作者单位：故宫博物院研究室）

1 《清宫琐记》，第237页。

2 《清宫二年记》，第19页。

在新时代进一步推动故宫学和明清史研究

——2021年故宫学年会综述

To Further Promote the Gugong Studies and Study on Ming and Qing Histories in the New Era: A Summary of 2021 Annual Meeting of the Gugong Studies

刘强　　Liu Qiang

"故宫学"概念由故宫博物院时任院长郑欣淼于2003年提出。近20年来，故宫学以其深厚的研究意义、丰富的知识体系、综合的研究方法等因素得到学界的广泛关注和逐步认同。2021年10月29日—30日，中国历史研究院、中国社会科学院大学与故宫博物院联合主办了"2021年故宫学年会：明清物质文明与国家治理"学术研讨会。共有来自中国历史研究院、中国社会科学院大学、故宫博物院、国家博物馆、清华大学、复旦大学等70多个单位的120余名学者提交论文，最终主办方择优邀请了85名学者参与大会发言。为了便于读者系统了解相关观点，笔者特将大会发言情况分成四个部分进行陈述。

一　关于意义探寻和方法阐述

高翔认为，故宫学从萌生到现在发展得越来越好，已经成为传播优秀历史文化、弘扬民族精神、推动历史学向更高层次发展的重要阵地。高翔就未来如何更好开展故宫学和明清史研究提出四点建议：一是要建设新时代中国史学，二是要站在历史制高点和时代最前沿审视明清时期中国社会形态变化，三是要从维护国家统一、民族团结的立场审视明清时期的中国历史，四是要讲好、深入阐释研究好明清时期中国历史的故事。

王旭东指出，习近平总书记在2021年的七一重要讲话中首次提出，要把马克思主义基本原理同中华优秀传统文化相结合。在这样的历史背景下，更要全面挖掘故宫承载的多元文化价值，尤其是作为明清两代皇宫和最高权力中心，在一定的历史条件下当时的中央政府为国家统一和民族团结给后世积累了重要财富，也为我们国家的现代治理提供了历史经验，这也是我们此次会议的重要意义所在。

二 关于明清物质文明

不少学者围绕“明清物质文明”做了深入探讨，首先是宏观研究。郑欣淼在《关于故宫博物院的非文物清理》中认为，对于文物的定义及范围的认知是一个逐渐深入和发展的过程。这种状况的造成从浅层来看是文物保护的理念问题，从深层来看是对紫禁城和故宫博物院性质认知的延伸。李文儒在《清代宫廷造办与国家物质文明》中认为，尽管清代宫廷造办机构制作的大量精美绝伦物件足可以代表清代物质文明的最高工艺水平，但是国家的物质文明应主要是指关乎国家进步与民众生存生活质量提高的发明创造、产业制造、工程工业、文化艺术等。不过要注意两点：宫廷造办与地方物质文化生产有着广泛而深入的交流，宫廷造办也给国家的物质文明在特定时期带来了科学的曙光。

关于紫禁城及附着在紫禁城建筑上的历史文化遗存是故宫学研究的核心内容。章宏伟在《〈故宫遗录〉作者萧洵的生平仕履——兼论明初拆毁元大内说之非》中，通过对与萧洵有交集的其他人士著述爬梳与萧洵有关的史料，发现了萧洵曾于明洪武四年至五年间跟随徐达将元故宫改造为亲王府的证据，不仅证明明初没有拆毁元大内，而且确定元故宫被改为燕王府。王军在《北京中轴线朝向考》中认为，北京元明清城市中轴线与正子午线不相重合（逆时针微旋两度有余），这是先人在具备精确测量能力的情况下做出的选择，与明堂制度、敬天信仰、顺山因势的择地观念存在深刻联系，包含了丰富的环境思想因素。元朝与清朝皆为北方少数民族建立的统一王朝，其对中国固有文化的传承推动了中国古代统一的多民族国家的发展壮大，为古代中国从“文化多元一体”向“国家一统多元”发展立下了丰碑。关笑晶在《雍正帝肇建内城隍庙考——兼论清朝对京师城隍祭祀体系的革新》中，分析清廷如何通过调整京师城隍庙的布局和职能来改变京师城隍祭祀体系的格局，并表达对北京城市空间的设计和理解。在深刻改变皇城人口布局的同时，满族统治者并未为旗人和汉人“设置”不同的城隍来分别治理，而是通过调整城隍神的等级与统属突出了皇家与民间空间的区分，引导供奉城隍的群体找到合适场所和方式。周乾在《故宫古建筑的力与美——以太和殿为视角》中认为，从防震力角度而言，故宫古建筑基础为分层叠加的灰土基础，且渗入有利于抗震的黏性材料；柱底平摆浮搁在柱顶石上，可产生滑移隔震效果；梁与柱采取榫卯节点形成连接，可产生摩擦耗能效果；斗拱分层叠加，可耗散部分地震能量；梁架低矮，既可避免大尺寸梁截面的使用，还可避免地震作用下产生倾覆。紫禁城之外的其他明清皇家建筑既是故宫学内核层次研究的延伸，也是明清物质文明的重要组成部分。于超在《从空间理论视角看乾隆年间藏传佛教政策的熔铸——以雍和宫为中心的考察》中论述雍和宫作为政教互动、宗教仪式和国家治理提供“物质化和虚拟场”的空间场所，彰显了雍和宫在清王朝构建大一统王朝时所发挥的作用。钱寅在《福荫蒙藏，敷佑汉民——承德都城隍庙所反映的清朝政治格局》中认为，乾隆三十八年落成的承德都城隍庙显示了承德比肩北京、盛京的重要地位，城隍神为果亲王允礼的传说利用了允礼生前署理理藩事务的经历，映射了承德在处理民族事务中的重要作用。作为汉文化中民间宗教场所，都城隍庙与文庙等出现在避暑山庄西南侧，显示出其在夷夏格局中的位置。可见，清王朝一方面要南面治理以儒家文化为主的华夏社会，以中原正统王朝自居；一方面要保持满族本色并协调蒙藏等兄弟民族关系，实现民族间的联合。

故宫学的中间层次除了紫禁城古建筑外，还包括故宫所藏百万件文物及宫廷历史文化遗存，这些既是明清时期物质文明的重要体现，也在多个角度折射出了明清时期国家治理思想。首先来看皇家宫苑中作为礼制思想和美学思想极致表达的陈设研究。卓媛媛、吉婧羽、陈晓虎、程佳鑫在《清奉先殿后殿"同殿异室"的复原研究》中，首次对奉先殿后殿的"同殿异室"进行了复原研究，使其成为清代皇家祖庙中唯一留存的真实原状，为进一步研究清代宫廷祭祖文化、宗庙礼制等提供了物质实体。吴琛、邢慧璇在《基于清漪园室外陈设的乾隆时期国家形象探析》中认为，从乾隆时期的"三教合流"之学到"政治艺术化、艺术政治化"的兼容并蓄，无不体现清漪园室外陈设是反映乾隆时期国家形象的重要载体与窗口。陶晓姗在《雍正帝装饰圆明园九州清晏管窥》中认为，雍正帝在移居圆明园后对九州清晏内室持续做了十年的装饰与陈设，并下达了大量的造办指令。雍正帝偏好将同一元素以多种形式反复呈现，同中有异，和谐而不单调。其对大型家具的设计也体现出对提升室内陈设观感体验的综合考量，对之后清宫中同类家具的造办有很大影响。耿晓杰、梁梦娇在《清代宫廷家具研究——以故宫博物院家具馆展陈家具为例》中，将清代宫廷家具分为清初期、清中期、清晚期三个阶段，并结合当时的中原文化、满族文化、佛教文化、宫廷文化、帝王审美对清代宫廷家具的形式演化和美学要素产生的影响，对故宫博物院家具馆中一些代表性器物进行了解析，据此总结了清代宫廷家具的特点。其次是关于宫苑中陈设或保存的图像类文物研究。陈宇慧在《塑造新政统：乾隆朝凯宴图的政治学新解》中，探索乾隆帝力图塑造的新大一统理念背后的政治意志和逻辑以及乾隆朝政治叙事随着大型战争的胜利如何逐步演进，最终基本完成建构带有"武功先于文治、终于文治"特色的统一的多民族国家理念与政治认同，并成功地反哺具象呈现这种意识形态的一系列高水平宫廷艺术创作。樊祎雯在《乾隆南巡中的"巡狩之治"——以〈乾隆南巡图〉谋篇布局为例》中认为，从该图中可窥见清代皇帝对于自身帝王形象及重要历史事件的写照，从中也可以看到这一政治制度的清代特色，以及乾隆朝对巡狩典制的继承与发展。何瑜在《清代〈圆明园四十景图咏〉探析》中认为，该图册蕴含着乾隆帝乃至中国传统的治国思想和文化精髓，主要包括正大光明、勤政亲贤；天下一统、怀柔诸藩；尊崇儒家、礼敬佛道；重农固本、骑射为先。因此，该图册是研究中国历史文化、皇家园林、书法美术以及乾隆皇帝政治思想的珍贵史料。詹镇鹏在《从镌版到漆雕：从乾隆得胜图多重版本看中央与地方的物质互动》中提出，该图移植经由宫廷与地方交流，在紫禁城内外形成一个完整的流通循环，折射出地方臣僚对国家武功的政治宣导之反应。从版画到漆雕的转化，显示出中央治理与地方朝贡的物质表现背后，关于行政制度、官员匠人、工艺技术、物流运输的多重因素，为探析清宫文物源流提供重要参考。有些图像的载体虽然不是明清时期创造的物质文明，但却在此时被统治者阐释出更多寓意。陈艳在《络首牛的隐喻——〈五牛图〉艺术符号的意义生成》中认为，该文本在元代和清初这样的历史节点不断出现，反映了民族冲突下士人的身份认同更加需要某些话语的存在作为支点，而这在其他朝代无须过多阐释。清初君臣这一新的话语群作为文本主体，激活并丰富了牛图像的文化功能，把阶级、民族等矛盾转化为农业生产矛盾。

民间创作与收藏的图像也是不少学者的关注对象。姚莉芳在《棹歌遗响：明清武夷九曲图的朱子文化溯源》中认为，该图体现了画家对武夷九曲山水及朱子文化遗产的理解，承载了象征朱子圣迹与理学圣地的特殊文化意义，印证了朱熹与武夷山、朱子理学与武夷文化之间的重要关联，并对后世绘画乃至东亚国家和地区的文化产生了深远影响。高明在《明清时期陕北地方壁绘式水陆画及其图式分析》中认为，本时期陕西壁绘式水陆画主要集中在陕北，具有一定的表现规律。它通过艺术造型的语言宣讲教法，以简明直观的形式阐释宣传宗教教义。其内容与题材以佛为主，熔道、儒三教于一炉，反映了地方民众兼容、多元的宗教思想。吕伟涛在《〈穆斋沧溟槎使图像卷〉考略》中指出，该卷所绘内容为乾隆二十一年全魁奉命为册封正使出使琉球王国时的情景，图画背后还隐藏着当年轰动朝野的随封兵役“勒索滋事”事件，是研究清代中国与琉球交往的重要史料。

明清时期的图像还充分体现在服饰上，具有丰富的政治与文化含义。白杨在《浅谈明清国家治理制度下的服饰文化形象》中认为，从明清易代之际，相较于明朝威严、典雅的服饰文化形象，由“马背上得天下”的清朝服饰与之相比显得更加活泼和清新，明清服饰文化的变革是满汉不同文化的双向交融。王珺在《国家治理视野下的清代云南土司冠服》中认为，土司冠服制度的实行既展现了清中央政府从文化情感上加强土司权力结构及土司地区国家治理的尝试，也是边疆少数民族对国家认知认同的加深历程，更是云南各民族逐步融入中华民族共同体的过程。

与图像有关的重要物质文明还包括瓷器。韦有明、朱珊珊在《景德镇出土明代初期官窑遗物之窑厂性质考略——兼及礼制重建对产品特征的影响探微》中认为，元明鼎革之际，朱元璋占领了包括浮梁县在内的江西地区后，沿袭元朝旧制于景德镇恢复官窑瓷器生产。易代初始阶段，尽管景德镇的窑业生产、管理方式及官窑瓷器的风格特征等仍承继前朝，然而一些喜闻乐见的器类及装饰题材于洪武时期的官窑产品中骤然消失，民窑产品的釉色也受到严格限制。花草果蔬不仅是明清时期画面中的重要内容，而其实体也是士人生活中重要组成部分。葛小寒在《明代士人礼物交换的“花草果蔬”——以日记、书札为中心》中认为，在明代士人的礼物相赠行为中，存在着大量赠送“花草果蔬”的情形。这些物品在社交空间中的流动现象可归纳为以人情为核心的文化型流动。被迫作为礼物纳入这种社交场域的“花草果蔬”不再自然，它们在实体层面受到士人加工，在符号层面又被赋予各种意义。

一些学者就创造物质文明所依托的技术支撑和文化背景做了深入探讨。张建在《我国穴地爆破城墙战术之起源》中认为，明清易代之际，清军为尽快攻克城市，在我国历史上首次采取开挖隧洞、运入火药、炸坍城墙的新战术。这一战术在清入关前后的多次战役均有使用，由八旗汉军和“三顺王”甲兵执行，是辅助攻坚手段之一。太平之战后，战事逐渐向西南转移，受地理因素影响，穴地爆破城墙战术被长期搁置。包子捷在《清代朝鲜与中国篆刻交流探究》中认为，清代朝鲜篆刻起源于中国，经历了认识期、接受期和创作期三个阶段。朝鲜燕行使是两国篆刻交流的重要媒介，不仅引领着本国的篆刻潮流，也促使中国学人在学术上取得更多成就。龚方在《清代“冰嬉盛典”与清帝国族群政治研究》中认为，“冰嬉盛典”的形成发展既是特定自然地理环境下对特定体育运动项目的选择，也是清代统治者入关之后对家乡的记忆和重构，成为重要的族群文化象征符号。这种展演突破民族和地域局限，在维持满族上层贵族边界的同时，还将帝国内不同的族群凝练成统一的民族共同体，这种整合路径构成了清帝国族群政治的重要组成部分。李立超在《从太监视角看清宫演戏的几次变化与特征》中认为，清宫演戏存在三条重要线索：一是清宫主要演出戏种从以昆弋戏为主导转为乱弹戏兴起并渐成主流；二是历经变迁却未曾中断的太监演戏机构之演变；三是民间伶人几度进宫与被裁退的历程与京剧大繁荣之关系。张文洋在《旧档案与新文本：晚清民国电报档案的编纂与反思》中认为，电报依靠电流或电磁波完成的高速信息传播一方面使得文字不再单纯依附于纸张，另一方面也使得信息必经不同纸张的转写传递，因此文本也在这一技术的影响下发生了重要变化。于是，我们可以从电报档案的编纂、使用以及档案学、史料学对电报的分类与介绍中探索对于那个时代的认知路径。

三　关于明清国家治理研究

本次会议的另外一个重要主题是国家治理。本文拟按照中央政府内政处理、地方政府治理、中外关系处理中折射的明清国家治理思想、人物思想与形象书写等角度来进行梳理。

（一）关于明清中央政府治理

在此方面有不少力作，主要体现在事件、制度、机构研究等角度。王剑在《从权宜到定制：明代"早朝止许言事八件"考论》中认为，宣宗去世后，英宗年幼，辅政三杨想出权宜之法，每天早朝时只简单讨论八件事，由内阁提前告知小皇帝处理方案后在早朝时背出。英宗长大时三杨相继去世，之后至明末无人敢言复祖宗旧制，权宜之治变成定制，使得明代的朝会成为仪式，此事的发生导致明代皇权的表达方式发生了巨变。解扬在《在制度与思想之间：明代经筵中的〈贞观政要〉》中认为，《贞观政要》在明代宪宗、孝宗、神宗等时期屡次进出经筵，到了明末，诉诸制度求解时代难题俨然是朝臣的共识，揭示出该书背后反映的明代君臣关系和朝政共识的阶段性变化。吴兆丰在《明代宦官历史教育论析》中认为，明人透过"贤宦良政"和"恶宦劣政"的历史陈说与书写构建、推行宦官历史教育，既于内书堂教育中注入历史性训诫内容，又编纂以古今类型化宦官史事为内容的史鉴书籍。明末宦官接受历史教育之后，转而向帝王陈说明君德政之事和贤臣益国之故，可见历史教育成为儒臣、宦官和帝王三者交互沟通和影响的纽带。李思成在《明代会试同考官选任规则探析》中认为，明代中期以后会试同考选任有限官、限资、限次等要求，因而有关人选易于预测，导致了之后几次重大科场弊案的发生。对此朝廷虽然采取各种措施，但始终未能寻得较为完善的办法。而清代则不分经房"均匀派阅"，士子通习五经，最大程度解决了这一问题。不过造成了士子们不得不皓首穷经于此的后果。温少华、崔然宇在《论万历〈大明会典〉中"……年定"的意义——以"冠服"篇为中心》中认为，在《大明会典》基本体例由弘治、正德《会典》奠定，随着重校、续纂、重修，万历《会典》呈现不同的体例特征。正德、万历《会典》中均有"……年定"字样，前者单纯地指制度的制定时间，后者有时还指其采编书目的成书或刊布时间。宋坤在《新见三种明代勾军回答文册文式简论》中认为，明代清勾制度实行的效果在很大程度上依赖于各种册籍的编订是否准确和合乎规定。而公文纸本文献所存三种勾军回答文册的发现，为我们了解明代勾军回答册的编订提供了较为丰富的细节资料。张小李在《清代国家祭礼等次制度研究》中认为，清代群祀与大祀、中祀存在巨大的礼仪鸿沟，大祀与中祀内部不同祭祀也有礼仪等次，同一坛庙不同祭祀、不同神位之间礼仪等次差别明显。这种鲜明的等次差异既是历史的延续，也有基于实际情况的考量。李文益在《被忽略的群体：哈哈珠子的缘起、身份与康熙朝政》中认为，顺治年初多尔衮令内外重臣子弟入朝侍卫，此为哈哈珠子之前身。世祖亲政后，从内务府包衣中选拔幼聪者作为皇子侍童，其复数即为“haha juse”。康熙初年，这些侍童长大成人，开始担任侍卫之职，被称为“侍卫哈哈珠子”。基于圣祖倚信，哈哈珠子在内外朝臣中获得了巨大影响力，诸皇子、内外要员无不争相结交，引为奥援，使他们身不由己地参与到了康熙朝政治生活中，并与皇子之哈哈珠子一起，在两废太子及激烈的储位之争中起了推波助澜的作用。世宗即位后，对哈哈珠子群体予以严厉打压，使他们迅速退出了权力舞台。杜望在《论清前期内阁与六部的关系——以大学士兼六部尚书为中心》中认为，雍正时期内阁虽然在行政上仍居六部之上，却不再作为皇帝与六部的链接，而逐渐成为与六部相类似的外廷机构。此时的“管部大学士”主要以内廷、内阁事务为主，承担尚书之职，却无尚书之责。相比于康熙帝通过内阁指挥六部，雍正帝选取的内廷大学士较之内阁更易操控，也说明皇帝对六部的掌控进一步加强。董建中在《雍正帝立储密旨考》中认为，雍正帝在交代后事上也仿效了其父康熙帝，相同的是面对弘历绝口不提立太子与传位之事；不同的是面对其他大臣也绝口不提立太子与传位之事，而这一切都是因为有“立皇四子弘历为皇太子，即皇帝位”的立储密旨在。张振国在《清代道府请训与日常政务运作——兼论引见、召见及相关问题》中认为，清代道府成为介于高级官员和中下级官员之间的一类特殊群体，辨别引见、请训、陛见之间的异同，弄清请训的运作流程，不仅能够加深对清代选任制度的研究，纠正学界的部分观点，更能立足于政务运作形态，深化对清代日常政务运作模式的认知。王学深在《清代“母妃”称谓小考——以弘晓书法作品为例》中认为，“母妃”的汉文用法经历了从清初向乾隆朝以后趋严的转向，日益变为皇帝及皇子的专属，至嘉庆朝以后这种用法逐渐退出了官方史书记载。上述转变不仅展现出朝廷希望以严格的礼法界限丈量宗室与皇权的距离，同时也以“福晋”的满汉文划一的称谓形式在乾隆朝后期强化满族旧俗与宗室的身份认同。刘帆、罗兰、李勇慧在《“乾隆六十二年”罪己诏初探》中指出，嘉庆二年，太上皇乾隆帝因乾清宫遭火灾，以“乾隆六十二年”的纪年方式下诏罪己。嘉庆帝立即下诏重建乾清宫，灾后不到一年复诸旧观，被毁之《天禄琳琅》藏书也迅速重新汇集。与前编书相比讹误颇多，皇帝与朝臣皆知其中内情却三缄其口，或是为了讨太上皇欢心粉饰太平，或是为了国家政局稳定，值得深究。胡祥雨在《清朝奸罪立法中的满洲因素》中认为，清朝的奸罪立法固然继承了明律、注重汉人传统，注意保护儒家的身份地位以及妇女的贞节，但也渗入了满洲因素。作为统治者的满族人，在立法时往往将满洲因素逐步用汉人法律话语来包装。这种立法固然具有去身份的一面，但也有强化身份的一面。王云红在《晚清刑事司法中的“摘心致祭”问题》中认为，摘心致祭的形成是传统的心观念、医疗技术与复仇人记习俗不断发展的产物。尽管晚清时期的“摘心致祭”是唐代以来剖腹摘心现象的延续，但其已由民间私刑逐渐得到官府乃至最高层的认同，成为一种政府行为。这是清代统治者过分追求刑罚适中、“情罪允协”的结果，也是皇权在司法过程中对民间资源的一种发挥。刘强在《戊戌政变后两宫“赏戏沟通”与关系处理》中认为，对于戊戌政变后两宫[1]关系的判断可从宫廷赏戏的角度来推动，其间两宫关系恰如以《天雷报》与《孝义节》为边界的一个波段：《天雷报》可比作两宫关系的波谷，而《孝义节》可比作两宫关系的波峰。在不涉及政治观点表达时，两宫关系如《探母》所喻之母慈子孝状态；在涉及根本政治观点表达时，慈禧太后更愿意以《孝感天》来强

1 以往慈安太后在世时，大臣常私下简称两宫太后为“两宫”；待慈安太后去世后，《申报》等重要媒体一般将慈禧太后和光绪帝并称“两宫”，本文中的“两宫”即指慈禧太后和光绪帝。

调“先家后国”的政治思想，而光绪帝更愿意以《陈塘关》来强调“先国后家”的政治思想。这个复合的二元化观念并存是两宫关系的凝练化表达，此结论的得出对于清末宫廷史及政治史研究具有重要意义。

一些学者从明清经济领域的俸禄、贸易和财政等方面进行论述。梁曼容在《米、钞与银：明代宗室岁禄构成的历史演变》中认为，总体而言明代各藩府的本折比例皆不相同，折钞比价也在不断调整中。在宗禄大规模折银后，多数亲王的岁禄仍旧保持了全支本色，郡王、三将军、三中尉、郡县主君及仪宾岁禄皆折银；其中又分为本色折银和折色钞再折银。折银比价在亲王与郡王、将军、中尉之间也高低不同，这些都深刻显示出宗禄制度的复杂性，以及朝廷在宗禄问题上对亲王与其他宗室成员的区别对待。谢程程在《解银网络、地方管理与白银全球史——以明荆端王次妃刘氏墓（1560年）为中心》中认为，通过对“解银者刘子才”个案的追溯，可以从荆端王次妃刘氏墓的四块解银与一个银砝码中构拟出一个地方社会的解银网络，使得地区信息与知识得到共享与传播。白银从货币到赋税，再到解押物与随葬品；从偏僻的乡村到王府，最后进入墓葬。在这循环往复的白银网络中，勾连起繁荣的大明与世界白银的图景。姜舜源在《清代黄金管理使用情况概述》中认为，在清代黄金具有商品和货币两种属性，国库里黄金居首、白银其次、钱币第三。康熙三十九年外库库存数为金2668两，乾隆四十二年内库库存数为金19000多两，嘉庆四年各色金41000多两，道光二十年29000多两。徐诗怡在《圆明园银库设立时间与经费来源考略》中认为，圆明园银库更有可能设立于雍正四年左右，其设立意味着圆明园财政开始在内务府财政体系中获得独立地位，其与位于宫中的广储司银库、造办处钱粮库遥相对应，亦是紫禁城、圆明园两大政治中心对应关系在财政层面的体现。倪玉平在《比较视域下的晚清财政演进之路》中认为，受太平天国起义等事件影响，中国的财政结构由农业税为主转变为以商业税为主，同时也是由直接税为主体转向以间接税为主体。由于文化差异，导致在西方发挥过重要作用的政府国内借债无法推行。在奏销等传统体制遭到破坏的情况下，清政府的财政指导思想也由“量入为出”转变为“量出为入”。晚清财政历史发展脉络显示，清政府的财政治理能力存在着积极和值得肯定的方面，中西方财政发展道路呈现出同中有异、异中有同的复杂局面，不能简单化处理。

（二）关于明清地方治理

随着时代变迁，明清地方治理出现了新情况，同时也催生了新研究成果。陈时龙在《明代的纲目体六谕诠释文本》中认为，16世纪起明太祖的六谕成为乡约宣讲的核心内容。在南方各省由于王阳明的因素，流行的是以六谕为纲、用于规范庶民生活的纲目性六谕诠释，而且多与阳明后学相关，传播和影响的痕迹时隐时现。嘉靖年间，大批学者投身到六谕诠释时，六谕诠释中的说理成分越来越多，阐释成分越来越少，或与当时阳明学的流行有关。向静在《从“施报”到“行义”：赈恤观念变迁视野下的明代家族捐赈现象——以江西抚州、吉安为中心的考察》中认为，明代建国后试图将宋儒督导乡村道德生活的理念转化为乡治体系下的制度与程式。在明前期政府动员地方家族参与赈恤、选择捐赈的旌表运动中，江西抚州、吉安等地的“行义”个案呈现出了皇权与理学、政治施报与道义实践论之间的合作与对抗，对基层乡村的治理产生了深刻影响。张昂霄在《从“盗贼渊薮”到“科举之乡”——明清时期广东程乡（嘉应）的社学与基层治理》中认为，为了改变广东程乡地区在明代一直被认为“盗薮”之区的状况，明代中央政府及地方官绅都主张加强基层教化，推行社学

（义学）教育。虽然这些举措算是发展了程乡地区的文教事业，但是并没有达到预期“化民成俗”的效果。晚明至清雍正时期，中央政府开始在程乡地区施行“析县升州”，强化了对这里的行政控制，壮大了当地基层士绅力量。清中叶后，基层士绅逐渐成为地方社学事业的主导，社学的社会控制功能开始发挥作用，该地从“盗贼渊薮”转变为“科举最盛”之区。杨扬在《读律与讲谕：清代规范视野下的法律宣教》中，通过梳理明清以来圣谕的基本内容，进一步考察清代律法如何融入圣谕教化文本之中，同时通过圣谕教化文本中的诉讼案例体现的律例内容与教化理念，深刻认识到唯有“法教”结合，才是中国社会进行法律宣教、实现社会治理、构建和谐社会的归宿。吴佩林在《明清山东曲阜世职知县的选授与废除——透视明清国家治理模式的演变》中认为，明代曲阜世职知县的选授程序日趋复杂，朝廷的控制力越来越强。清代曲阜世职知县的选授呈现出如下阶段性特点：顺康时期在程序上回到了明初衍圣公保举并咨部题授和族人保举孔氏“廪膳生员”的旧制；雍乾时期则改为由衍圣公与山东巡抚会同拟定，同时将举贡、进士也纳入，进一步压缩了顺康时期“廪膳生员”的受选空间，对世职知县的选授权收紧揭示了明清国家治理模式的演变。李志茗在《幕府：清代地方治理的非正式制度基础》中认为，至清代，地方长官辟幕成风，幕府盛行，先后出现两种幕府形态——明清幕府和晚清幕府。如果说前者以州县为常规，那么后者则以行省为常规，他们的生成、递嬗、运行都有着深刻的内外在原因。研究清代幕府制度的嬗变既是理解清代地方政府运作的钥匙，也是思考清代地方治理“内生性演化”的关键。吕漫在《从划界到勘界：1882—1884年中俄喀什噶尔界务研究》中认为，该地此时的界务缘于1881年中俄《改订条约》的划界，其中规定了俄国与中国新疆南部的边界走向。1882年中俄各派出勘界官着手勘界，虽然其间清政府就俄国曲解条约派员实地考察并与俄方展开交涉重新复勘，但最后则仍按原图线定界。由此来看，可以揭示出晚清国家在近代界务人才培养、边界地区绘制及外交策略运用三方面的不足。赵艾东在《以礼治边：1906 年赵尔丰的改土归流与巴塘社会秩序的改变》中认为，赵尔丰推出的关于本地土地所有权和使用权的规定与禁止田产向寺院流动和聚集的政令，均是为了尽量消除或限制当地旧势力及其影响；推出的关于移风易俗的规定和多种促进地方建议和发展措施，有助于促进该地由原有传统社会向近代化方向发展，其制定的《巴塘善后章程》从根本上保障了该地有关改革措施的推行。王志刚在《清季边疆开发的温差与对流：以孙葆瑨为中心》中认为，清末时，面对列强威胁，清廷选择实施新的边疆治理政策，沿边地区尤其是东北府州县地方官承担了更为繁重的地方治理、交涉等事务。但由于议事权掌握在清廷高层统治者手中，因此以奉天洮南府知府孙葆瑨为代表的地方官员提出的关于开发边疆的一系列建议举措无法实施。不同层级官员对同一事件的不同态度导致一些政策和决策难以实施，这种温差由于缺乏有效传导导致清末政治走向崩溃。李锐在《清代黄河流域的社会生产及生活变迁》中认为，清朝将蒙地纳入直接统治区，尤其平定准噶尔叛乱之后，更是在蒙地创造了长久的和谐局面。随着汉、蒙、满、回等多民族在蒙古草原上的长期交流互动，更是推动了中国统一多民族历史的发展。蒙汉民族之间的交流也促进了商业的发展，促进了经由蒙古草原而通往其他地区的对外交流通道。崔思朋在《近代以来内蒙古地区基层社会管理变迁研究——以鄂尔多斯地区为个案》中以鄂尔多斯地区为个案考察近代以来内蒙古地区基层社会管理变迁情况。清代以来内蒙古地区移民的大量拥入与土地垦种，直接导致当地由传统游牧社会向半游牧半农耕或典型农业社会的转变。在这过程中，以农业为基础的乡村定居聚落大量出现并存在至今，围绕乡村基层社会管理形成一整套有别于历史时期游牧社会的新管理体制，乡村精英也逐渐成为基层社会的直接管理者。

（三）关于明清中外关系

一些学者对明清时期朝廷或政府官员认知或处理中外关系做了探讨，笔者把此类文章亦归入国家治理的延伸范围。李晨哲在《耶稣会士张诚与康熙朝的外事活动》中认为，康熙时期的中外交流活动相当活跃，耶稣会传教士在其中发挥了积极作用。但是，此时清朝政府还未具备近代国际外交关系的意识，也缺乏和西方世界建立国际交往的完善机制，基本只能依靠传教士这一途径，这也逐渐导致之后中国与世界交流的被动局面。刘玉在《马戛尔尼来华礼品中的中英建筑文化交流》中认为，《钦藏英皇全景大典》作为马戛尔尼使团上呈乾隆帝的礼品，展现了英国城镇历史变迁、国家海上力量、贵族时尚文化以及英国流行的希腊文化时尚，对于当时对英国所知甚少的中国来说是非常珍贵的参考资料。可惜乾隆帝并没有兴趣与精力去重新审视一个新的英国，遑论充分利用这套书籍发掘整理英国的历史与现状。张子龙、鲜伊莎在《清代贡药制度初探》中认为，贡药是清代中国与国内外各方进行交流的手段之一，当时“厚往薄来”的特点吸引了很多国家前来进贡，为清宫带来了大量药物资源，在巩固我国宗主国地位的同时也促进了中西方医药的交汇。相较于明朝航海事业的蓬勃发展，清代的海禁等政策削弱了中外交流，但贡药制度则是清代中外经济文化交流的主要途径，也是清廷了解西方世界的重要途径。孙薇、郭若云、黄玉兰、孙晴在《清琉海难互救中驻防将军作用的研究——以道光朝“抚恤”为中心》中认为，道光朝的清琉关系既有传承又有突变。清廷利用驻防将军制度，由福建将军和盛京将军共守由南至北的中国海域，实现了清朝海域“大一统”。在这当中，通过对当时当地“礼”文化的变革和对传统宗藩体制的“新突破”，构建起东亚海域上的人命互救之网，在太平洋西海岸架起了一座生命之桥。崔志海在《清末中美自开商埠与约开商埠之争》中认为，19世纪末，随着近代民族意识觉醒，为摆脱约开商埠受不平等条约束缚而损害中国主权的局面，清政府变被动为主动，开始走上自开商埠的开放之路。清末中美关于自开商埠与约开商埠之争，实质上反映了中国近代独立自主开放与殖民地半殖民地开放之争。它表明尽管美国对华奉行相对友好的门户开放政策，但美国政府并无意放弃对中国的不平等条约。

（四）明清人物思想与形象书写

有不少学者研究明清人物和当时对于人物的书写管中窥豹，折射出了明清时期的国家治理状况。徐海容在《关于朱元璋〈御制皇陵碑〉的几个问题》中认为，《御制皇陵碑》碑文思想宏正，文辞和雅，结构完整，体例严谨，具有丰富的思想内涵和鲜明的文体特征。朱元璋身体力行亲撰碑文，影响到子孙后代的创作，对明代文风尤其是台阁体宫廷文风有着相当影响。闫瑞在《清修〈明史〉明太祖诛戮功臣相关论赞之嬗变》中认为，《明史》修撰之初批评明太祖诛戮朝臣过甚为史馆之公论，在后来明显逆转。殿本《明史》秉持康熙帝称美明代诸帝之修史基调，维护君主权威，肯定太祖之峻法，并将其合理化、常态化；同时，反复强调诸臣被杀乃是“自取”灾祸，彻底忽略明太祖鸟尽弓藏之主观思想。史家个人见解起初有一定呈现空间，最终溶消于皇帝钦定的书写基调中。何孝荣在《从功臣到“祸首”：论明清时期姚广孝形象的变迁》中认为，姚广孝的形象经历了从明代前期道德、学问、人品俱佳的“靖难”和“新明朝”功臣元勋到清朝乾隆年间成为策划"靖难"之役叛乱"祸首"的曲折变迁。这一变迁是时代与环境变化的产物，政权合法性的转移、忠节观的塑造、儒释力量的消长、程朱理学与陆王心学的矛盾都是姚形象建构过程中重要的影响因素。李鹏在《顺治帝的文学修养——兼及清初满洲的汉化进程》中认为，顺治帝的阅读范围除了史书、类书外，重心在今日所谓文学领域。他偏爱绮丽的文字，因为受身体状况、生命体验和宗教信仰的影响，尤为欣赏带有强烈生命意识或包含宗教哲理的文字，从中可略窥清初满族在"旧制"与"汉俗"的撕扯中逐渐汉化的进程。顺治时期奠定了清朝正统庙堂文学艺术的方向，之后康熙、雍正、乾隆三朝均沿袭了这种崇尚。王佳在《故宫博物院藏六世班禅〈乾隆帝本生祈愿〉研究》中认为，藏传佛教将乾隆帝视为文殊菩萨化身、转轮圣王，不仅反映了藏传佛教的皇权观念，而且隐喻满洲、蒙古、西藏、印度之王统同源、佛教同源，在信仰上加强了不同民族的团结凝聚和向心力；此外还提高并巩固了格鲁派的政治和宗教地位。这种佛教称号在清代国家治理、文化认同、信仰凝聚和民族团结中发挥了积极作用。李文君在《翁同龢致余效衡信札考释》中认为，作为直隶省一个普通知县的余效衡，通过各种渠道接近尚书翁同龢，其重要目的就是想得到其墨宝，上述信札能完整保存下来与余氏及其侄余道善对翁氏书法的珍视密切相关。信札内容建构出一幅较为完整的翁同龢人际关系网，不仅为后世留下一位翁氏书法忠实粉丝形象，而且对后世了解当时社会风尚具有积极意义。黄萍萍在《晚清英语教材研究：以光绪和宣统皇帝英语学习为例》中认为，相较于工具价值的获得，两位皇帝更在意透过英语获得对西方文明的认知。虽然光绪帝学习较为系统，所用教材也较为权威，但由于慈禧太后的介入导致其减少了与外界的直接认知；虽然溥仪学习英语比较随性，且有着广泛获取外界信息的渠道，但他所了解的西方世界是加了多层滤镜的美好世界，从而造成其认知的片面。王康在《得窥天颜：清末拔贡赴京朝考的微观体验》中以川籍士子彭阜成日记为主要史料，从微观视角呈现普通士人对拔贡朝考的观感。京城风物和人情对彭氏极具吸引力，他详细记录了自己在皇宫内考试和入朝觐见的过程以及居京期间的交际、购物和休闲活动，以外来者的视角审视着清末国家统治中枢的日常与变动，从京城生活的细节中捕捉时代变革的讯息。贺梦莹在《法国汉学家沙畹对清末中国国家治理的评论与研究》中认为，沙畹于1889—1907年间在华多年，其间曾为法国《时报》撰写了一系列西方社会所关注的中国时评类文章，涉及经济民生、政治军事、中外关系等多方面。这些文章通过详细追溯历史源流来解释当时事件的起因并做出较为公允的评论，在同时代的新闻报道中独具特色，对认识清末时部分法国精英阶层的中国观具有重要价值。

四 总结

总体来看，上述论文主要围绕明清国家治理的制度基础及其物质表现、明清国家治理在基层社会的实践与物质表现、明清国家治理的执行与流程、国家形象在明清社会的投射四个方面展开，具体涉及明清政治、经济、文化、军事、建筑、司法、外交、教育、民族、宗教等领域，新材料、新视角、新观点多有呈现，充分体现了故宫学和明清史研究材料丰富、领域多样、学科交叉、方法复合的特点。总体而言，上述论文主要有如下学术价值：一是较为全面、深入地发掘了明清时期中国的优秀历史文化，比如说王军的《北京中轴线朝向考》和解扬的《在制度与思想之间：明代经筵中的〈贞观政要〉》等；二是在建设新时代中国史学方面做了积极探索，有不少研究成果对于推动三大体系建设有着积极意义，如崔志海的《清末中美自开商埠与约开商埠之争》和倪玉平的《比较视域下的晚清财政演进之路》等；二是努力从维护国家统一、民族团结的立场去审视明清时期的中国历史，尤其对清代各级政府所推出的各方面管理和融合措施做了较多研究，取得较多成果，比如说赵艾东的《以礼治边：1906年赵尔丰的改土归流与巴塘社会秩序的改变》和詹镇鹏的《从镌版到漆雕，从乾隆得胜图多重版本看中央与地方的物质互动》等。

当然，上述论文从总体上体现出两点不足：一是更多论文从微观或具象角度去做研究，从理论层面去研究明清物质文明和国家治理的努力不够；二是积极站在历史高点和时代前沿去审视明清时期中国社会形态变化的意识不够，对于高翔同志所提的"历史之问"和"时代之问"的回应不足，需要与会学者站在新时代全面推动历史科学深入发展做出反思和探索。

（作者单位：中国社会科学院大学）

传统与创新
——第一届元明清宫廷史学术研讨会纪要

Tradition and Innovation: Summery Record of the 1st Symposium on Court Histories of the Yuan, Ming, and Qing Dynasties

许冰彬 Xu Bingbin

2022年11月7—8日，由故宫研究院主办，故宫博物院研究室、故宫研究院明清史研究所承办的“传统与创新：第一届元明清宫廷史学术研讨会”在故宫博物院建福宫隆重召开，来自故宫博物院、中国国家博物馆、中国国家图书馆、中国社会科学院、南开大学、北京师范大学、中国艺术研究院、中央美术学院等多家高等院校、文博科研机构等单位的50名专家学者提交论文并参加了会议。本次研讨会得到了“中国一汽 红旗品牌”的大力支持。

文化和旅游部党组成员、故宫博物院院长王旭东出席开幕式并发表重要讲话，故宫博物院副院长朱鸿文主持会议，北京大学赵世瑜教授，中国元史研究会会长、南开大学刘晓教授，中国法律史学会会长、中国社会科学院法学所张生研究员等出席开幕式并致辞。

王旭东院长在开幕式讲话中强调了学术研究是故宫博物院的立院之本，此次研讨会的主题是“传统与创新”，将宫廷史的研究范围扩展到元代，体现了主办者的深入思考。王旭东院长对会议论文也给予了高度评价，一方面体现了学术视角的多元与新颖，一方面看到了老中青学者之间的传承，尤其是大量年轻学者的参与，让人欣慰。故宫博物院秉承开放办院的理念，始终以各种方式联合高校、社会科学研究机构、文博机构等共同发掘中华传统文化，希望通过多学科的协同，全方位地挖掘故宫价值，从而更好地为文化建设做出贡献。

研讨会为期两天，分为大会主题报告和小组发言。大会主题报告有4位专家受邀发言；小组发言按照相关主题分为3个小组进行，共46位专家参加。研讨范围从微观个案到宏观史论，涵盖了元明清宫廷史研究的各个方面，充分体现了史料、观点与理论的创新及多样化的学术视角。学者们从元明清宫廷历史典制、建筑文物、书画艺术研究等各方面，热烈交流，发表真知灼见，取得了丰硕的学术成果。下面依各会场演讲人的报告，对本次研讨会进行简要的学术评述。

一 大会主题报告

明史学会副秘书长、中国社会科学院赵连赏研究员作了题为“故宫藏女官俑服饰考识”的发言，考证了故宫雕塑馆一尊明代夹纻金漆女官俑的服饰，认为这款服饰属于宫廷内廷官员服装系列。

中国国家博物馆王琳琳研究馆员作了题为“乾隆石经拓片研究”的发言，从乾隆石经拓片遗存情况、拓片的解读和拓片制作流传三个方面对乾隆石经拓片进行了研究，全面深入认识了乾隆石经。

首都师范大学王毓蔺副教授作了题为“北京地区明北京营建物料采贮地考”的发言，详细地考证了明代北京营建的物料生产地，审视了明代北京营建这一近古以来最大规模的都城营造范例，其背后持续漫长的物料采办过程，不仅塑造了明代北京的城市形态，而且深刻影响并改变了众多物料采办地及加工收贮地的景观形态。明北京城市形态的演变与北京地区物料采贮地的变动就是一个巨大的景观变迁过程，更是一个中国王朝专制时期典型的历史性空间生产，为北京城市史和文化遗产研究提供了有益参考。

故宫博物院王子林研究馆员作了题为“紫禁城文武建筑布局与文德光华”的发言，立足紫禁城的文武建筑布局特点及文武本质，探索了建筑背后的思想渊源是古代道统核心精神的体现。通过阐释文武之道、仁义之道、阴阳之道与设置文武二楼的关系，揭示了紫禁城背后的文脉传承，说明古代存道心，去人心，以仁为本，以仁平治天下的重要性。

二 分会场小组发言和讨论

（一）元明清历史典制组

历史典制分会场由李富鹏、张小李、王子林、徐瑾主持评议。本分会场发言讨论主要围绕元明清三朝宫廷政治、礼制、典籍、生活等相关主题展开。

高希《姜立纲宦迹考——兼论明代荐举制下书办官的铨选与晋升》一文，以书学名家姜立纲为研究对象，考察了明代荐举制这种特殊的仕宦途径。对姜立纲的宦迹进行研究，可厘清其生平始末，补充修正其现有年谱上的阙如与偏差，又能反映同一时期荐举制下书办官群体的铨选与晋升情况。李文益《多尔衮“篡位说”新解——兼论满洲政权从两头制到君主制的历程》一文指出，两头政长制是女真人实行数百年的部落权力分配习俗。皇太极终结两头制，但作为一种固有意识，很难在短时期内彻底消除。皇太极去世后，多尔衮在独掌汗权无望后，设计共享汗权方案，试图重建叔侄共为国主的两头制“家法”。然而，定鼎燕京后，君主集权思想深入人心，八旗领主分封制趋于瓦解，两头制重建根基早已不存，多尔衮对此始料未及。随着归政之期越近，多尔衮内心越煎熬，至其去世也未能实现夙愿。他生前为建立两头制的种种准备，却被冠以谋篡罪名。两头制的消亡历程，是皇权制代替汗权制的历程，也是汉文化对满洲旧俗的胜利。乾隆朝史家为突出帝王之尊，在撰修前朝实录时刻意模糊了两头制的存在，对我们解读这一历程造成极大干扰。索南多杰《二世章嘉生平及其与康熙皇帝的交往》一文指出，二世章嘉阿旺洛桑确丹是清康熙时期著名藏传佛教人物，在清廷任职二十余年里，曾授有“呼图克图”“灌顶普善广慈大国师”等封，参与解决蒙古札萨克图汗部和土谢图汗部纷争，负责校订清内务府官刻藏文《甘珠尔》经，赴藏主持六世达赖喇嘛坐床典礼等重要历史事件，一生为我国统一多民族国家进程和民族文化交流做出了积极贡献，本文以《章嘉二世·阿旺洛桑确丹传记》和清宫史料为依据，对其一生的社会活动进行概括和论述，并对二世章嘉与康熙帝之间关系进行较全面分析和探讨。于庆祥、张恺晨《图证：“辛酉政变”再探讨》一文，对晚清宫廷政治史上重大事件“辛酉政变”提出了新的见解。“辛酉政变”关乎后来清朝半个世纪的发展方向。四十年来，人们主要从档案文献史料出发，对“辛酉政变”进行研究，还习惯性地给当事人贴标签、画符号。现在，主要是从物证、图片史料的视角重新梳理那段腥风血雨的政变过程，弄清一些细节问题，并就政变的实质做出了分析。孙昉《论乾隆帝弘历贬斥“汉人习气”的指向与用意》一文指出，弘历眼中的“汉人习气”指向非常模糊。满族王公贵族对汉族传统文化的仰慕和效仿，均被视为“汉人习气”。弘历甚至将当时已经出现的八旗游惰现象也归因于“汉人习气”的浸染。弘历曾多次以浸染“汉人习气”为由指斥王公贵族。这种指斥反映了弘历对汉族的戒备，并以此来控制王公贵族。嘉庆帝颙琰、道光帝旻宁也曾斥责沾染“汉人习气”的王公贵族，但是力度和频度都远远不及弘历。随着清朝国势日渐衰落，晚清诸帝对“汉人习气”的指斥也就销声匿迹了。

刘毅《从清太祖、太宗、世祖朝的祭天制度看清朝的文化认同》一文，通过对清太祖、太宗、世祖朝祭天制度的演变梳理，尝试从另一视角展现清朝定鼎中原前后的文化认同之路。李富鹏《〈钦定宪法大纲〉的礼仪渊源》一文，将《钦定宪法大纲》置于传统礼制之下，通过比较与《明治宪法》在“帝国与皇帝”“皇帝与君上”两方面的微妙表达差异，揭示《钦定宪法大纲》的礼仪渊源。这不仅有助于融贯传统中国的宪制经验，而且有益于克服目前学界对于宪法渊源的形式主义倾向，转以丰富而开放的形态，回应宪法学的一些基础性问题。徐瑾《再论清代皇后的册立》一文，通过会典、实录等官修史书，结合《奏销档》《清初内国史院满文档案译编》等原始档案，系统梳理册立嫡后、继立皇后、追赠皇后在典仪上的异同。

高寿仙《〈大明清类天文分野之书〉的体例特点和资料来源》一文指出，署名刘基的《大明清类天文分野之书》，其实是在刘基去世已近十年才完成的一部集体编纂作品，但其采用的分野模式可能在刘基担任太史令时就已形成。此书将京师应天府所在的吴越分野列在首位，而将元大都所在的燕分野移居末位，为大明王朝的兴起蒙上一层上应天运的神秘面纱。此书的体例也颇为独特，它虽然是以传统分野为纲，但主体内容却是记叙各府州县的建置沿革，看起来颇像一部舆地性质的专志。采用如此独特的体例，应当是出于标榜“山河奄有中华地”的政治意图。此书简述各分野地理范围的部分，很可能抄录自北宋王安礼重修的《灵台秘苑》和元代晓山老人编撰的《太乙统宗宝鉴》；叙述府州县建置沿革的部分，则是脱胎于《大元大一统志》。朱赛虹《清出于明而胜于明——清内府印刷技艺全面发展及特点》一文，基于对明清内府刻书实物的长期考察和比较，在中国传统印刷技术史大背景观照下，以众多史实勾勒出清内府印刷技术既“清沿明制”又不断创新变革并达到古代印刷技艺巅峰的发展样貌，论述其印刷品种、机构设置、组织管理、人员配备、印制规模等各方面都远超明代等特点。张小李《金受炼而质纯，玉经琢而瑕去——清康熙朝〈渊鉴斋御纂朱子全书〉的编纂与刊刻》一文指出，清康熙帝敕命李光地等人依据《朱子语类》《朱子文集》编纂，并由武英殿修书处刊刻的《渊鉴斋御纂朱子全书》，是康熙帝借编纂、刊刻书籍施行文治的代表性成果之一。该书编纂严谨，康熙君臣对其结构与内容往返磨对，精益求精；刊刻之际，康熙帝追求时效与完美，产生了多个版本。《渊鉴斋御纂朱子全书》是研究清代宫廷图书编纂体制和武英殿修书处运作机制的重要的范本。春花《乾隆帝学习蒙古语言"字书"考》一文，据《清实录》《清高宗御制诗四集》《金轚》及各种笔记资料，考订故宫藏《满蒙话条》《蒙古话》两部字书，为乾隆帝学习蒙古语言字书，并考订此二书成书年代。总结乾隆帝学习蒙古语目的，是为促使"满蒙联盟"政策的有效实施。

马晓林、求芝蓉《欧洲旅行家所记元朝宫廷节庆》一文指出，欧洲旅行家马可·波罗、和德理在华的身份，让他们得以亲历元朝宫廷节庆并留下了详细描述，这是构建中国形象的核心文本。元朝宫廷礼仪的特点和类型，在马可·波罗《寰宇记》、和德理《行程记》中皆有反映。马可·波罗所记的两大节庆、和德理所记的四大节庆，置于元朝具体时段的历史现实背景中都可以得到解释。特定的仪式将旅行者与特定的时间和地点联系起来，为马可·波罗、和德理在中国的行迹提供了线索。在巡幸庆典、节庆中的服色与仪节等方面，中西史料的种种印证，证明了马可·波罗、和德理作为史料的可靠性和重要性。李晨哲《1692年—1705年"容教敕令"颁布后宫廷法国传教士活动研究》一文指出，清康熙三十一年（1692），康熙帝颁布"容教敕令"，用以肯定西洋天主教传教士在天文历法、科学教育、外交谈判等领域所做出的贡献。本文截取容教令颁布之后，禁教令发布之前的时间段，以活跃在清宫的法国传教士为中心，从他们的传教活动和为康熙帝服务两个方面探讨其活动特点以及该时期的中西文化交流。一方面，正是由于法国传教士的积极奔走和康熙帝个人对西学的热情，带动了17世纪末18世纪初的中法文化交流；另一方面，这种高度组织化、社会化的宗教传播方式注定会引发奉行"黜异端"的儒臣的敌意和非基督徒民众的反感，成为传统中国社会的不稳定因素，为之后的禁教和一系列的教案冲突埋下诱因。王岩《清宫弦索套曲的民间流传》一文，梳理了弦索学在清宫的发展始末，并分析宫廷弦索套曲流传至民间的历程。目前已知三条弦索套曲流入民间的渠道，即清初礼乐机构向瞽目艺人的传播、什榜处侍卫向蒙古贵族的传播和宫廷太监向恭王府后人的传播，三者所用乐器、所奏曲目和曲谱均与现存宫廷文献相吻合，但弦索套曲一直在一个相对封闭的范围内传承，并未在民间实现广泛传播，这与弦索套曲的传播方式和其独特的演奏风格有关。

（二）元明清建筑文物组

建筑文物组分会场由王毓蔺、徐斌、徐华烽、郝黎主持评议，本分会场主要围绕皇家建筑、原状陈列、宫藏器物、中外物质文化交流等方面展开讨论。

薛磊《元代的皇家玺印》一文，在前人研究的基础上，简要梳理了元代皇家玺印制度的概况，并重点考察了负责收掌皇帝宝玺的典瑞院相关情况。徐华烽《元青花人物故事瓷器相关问题研究》一文，在前人研究基础上，结合考古与文献资料，实证分析元青花人物故事的题材来自元杂剧，构图造型与《平话》插图和戏剧版画关系密切，在表现技法和风格上又从卷轴画及民间壁画中汲取营养，进而推断元青花人物故事器物生产时间大体在元代后至元五年至至正十二年（1339—1352），由景德镇上乘民窑烧造，使用群体为文人士大夫或商人，其生产、流布深受元末明初戏剧文化环境影响。康晓慧《明清时期琮形器物研究》一文，在丰富的实物与史料基础上，对比分析明清玉琮形器和各类仿玉琮形器的形制和使用情况，对琮形器物之间进行横向比较，并探究时人对二者关系的认识。最后以琮形器物为切入点，考察明清时期的复古风尚，以及器物改造利用方面表现出的实用主义思想。陈辉《清代圆明园中的收藏与陈设》一文，通过查阅《清宫造办处活计档》中有关圆明园陈设的记载，对照清帝御制诗文、《秘殿珠林》《石渠宝笈》、外国使者和英法联军回忆录等相关档案资料，结合圆明园出土和流散文物，论述盛时圆明园中收藏与陈设的规模、等级，以及制作和使用情况，力图还原真实的盛时圆明园收藏与陈设状况。杜望、任万平《凤凰楼收藏及原状探微》一文指出，沈阳故宫凤凰楼在乾隆朝成为尊藏历代皇帝圣容之所。自乾隆十五年（1750）“五代圣容”入藏凤凰楼后，清朝历代皇帝都会将已故皇帝圣容移至凤凰楼尊藏。光绪二年（1876）因凤凰楼需要修缮，一应藏品均移贮敬典阁，后再未移回。本文根据档案、报刊等资料，探究藏品的陈设情况，加深对清朝留都制度的认识，为凤凰楼复原研究与展示提供参考。

多丽梅《雍正时期赴俄使团赍送方物考》一文，以俄罗斯艾尔米塔什博物馆馆藏一件中国玻璃器为研究线索，利用俄文和清宫内务府造办处档案，重点考证雍正时期赴俄使团赍送方物，挖掘与之相关文物。通过探讨两国在玻璃器方面交流，揭示中俄交往中雍正帝前瞻性和国家对等的近代意识。李珣泽《清代暹罗遣使赍送方物的阶段分期与种类流变》一文，根据清廷对暹罗遣使赍送方物的规定以及暹罗的实践，可以将其分为五个阶段，即：形成阶段、发展阶段、过渡阶段、稳定阶段和回避阶段。不同阶段暹罗遣使赍送方物的种类各不相同：形成阶段主要以“例贡”为主；发展阶段除“例贡”还有“加贡”；过渡阶段“贡外之贡”较为突出；稳定阶段方物属性多样；回避阶段暹罗停止赍送方物，对中关系采取一种有意的回避态度。暹罗遣使赍送方物实践的阶段流变与其对中关系的认知与期待密切相关，是不同阶段方物种类流变的重要原因。张淑娴《清代宫廷玻璃镜的出现、来源及种类》一文指出，清代宫廷从西方进口了大量的玻璃镜，清代中期开始在宫廷内玻璃镜的使用非常广泛，大小镜子不胜枚举，有插屏镜、插屏镜门、墙镜、屏风镜、隔扇镜还有玻璃镜画等多种形式的镜子，给生活和室内装饰带来了无穷的乐趣。陶晓姗《从档案看清前期中欧物质文化的交流：以平板玻璃和玻璃镜为例的考察》一文指出，欧洲玻璃制品尤其是平板透明玻璃与玻璃镜是向华输入的代表性物品，它们进入宫廷主要有两大来源，一是通过海上丝绸之路出发，经由广东进入宫廷；二是通过陆路交通以中俄外交与贸易的途径进入宫廷。除粤海关外，官商也参与到乾隆时玻璃的采买供应中。清代宫廷不晚于雍正元年就掌握了欧洲制作玻璃镜的锡汞齐法，可以自制玻璃镜；乾隆时期也掌握了平板透明玻璃的制作技术，但是因工价大而放弃，相关物品严重依赖进口。由此可以发现中欧物质文化交流中，物质的交流也伴随着技术的引进与本土化。

宋仁桃《明代紫禁城内的道教建筑和道教活动述略》一文，通过对紫禁城建筑内供奉的道教神和祀神仪式的梳理，考察宫廷内宗教建筑使用情况，道场参与的机构和人员，并进一步探讨道教在明代皇家生活中的地位。于超《佛教建筑艺术中国化的实践——以雍和宫转轮经藏为例》一文，在佛教中国化的背景下，通过梳理相关文献和实地调查，主要探讨雍和宫转轮经藏的营建历史、建筑形态和文化功能。另外，又将雍和宫转轮经藏与北京地区现存智化寺和颐和园两座转轮经藏实物进行了简要对比。郝黎《中南海流水音考证》一文，以时间和人文活动为经纬线索，考察了流水音的始建和使用情况，指出流杯亭是清朝皇帝继承曲水流觞文化传统，开展文化活动的一处重要的文化场所，对于密切君臣关系、宗亲关系、外藩关系发挥了重要作用。樊祎雯《西湖名早传写仿到御园——初探乾隆南巡前后对西湖及周边名胜的仿建工程》一文指出，乾隆帝在位期间曾经南巡江浙六次，这一举动不仅具备政治、经济和军事目的，在文化上也有深远影响，表现之一便是南园北移，即在皇家苑囿中的仿建江南秀丽山水和园林。这些仿建工程在前期以品题、意境模仿为主，六下江南后，仿建对象模式等更加多样，最为典型的是以缩微模式仿建小有天园。这些工程吸取了江南风景与园林的精华，既有宫廷建筑的雍容华贵，又有水乡园林的委婉多姿。皇家园林对于西湖乃至江南一带的园林仿建工程，既满足了帝后生活起居、游乐玩赏的需求，又是对优秀园林文化的继承发展，也是古代帝王审美理想物化的结果，还体现了古代君王“移天缩地”的胸怀与“大一统”思想，其承载乾隆朝政治、经济、文化、社会等多方面的历史。

许彤《乾隆颐和轩随安室中的方窗景观及其与空间的关系》一文指出，乾隆帝在各地建设有多处随安室，基本属于他的书房和私人空间性质。颐和轩随安室中有一处特别的景观陈设，被框定在一处方窗之中，由一组假山叠石和位于其背后的山水贴落画组合而成，可谓一处多媒材综合山水景观。它不像金、银、玉、宝石等珍玩那样被放置在古玩槅里，也未被记录在历来的陈设档案中，它不可移动，是建筑的一部分，或者说是内檐装修的一部分， 它就存在于此，为此处的空间而设计和存在。其不可移动性正使得这处“不起眼”的清宫原状景观得以保存至今。徐斌《与谁同坐：乾隆花园禊赏亭陈设考》一文，依托清宫陈设档、活计档、奏销档、御制诗等原始材料，从外部环境、建筑本体、内部陈设三结合的视角，考察以乾隆花园禊赏亭为代表的流杯亭的陈设面貌及其文化蕴含。何蓓洁《清代工官制度下的皇家建筑设计机构样式房考》一文，在前人研究基础上，重新检讨钩沉相关史料，辨析清代工官制度下样式房与钦工处、总理工程处、内务府、奉宸院等相关机构的关系，深入讨论样式房的隶属、构成、职掌等相关问题，从机构建置的视角深化皇家建筑设计研究，同时裨益清代宫廷制度史的研究。刘净贤《如意馆迁出启祥宫与天理教禁门之变》一文指出，如意馆作坊始设于乾隆元年（1736），其在紫禁城内的馆舍起初位于养心殿旁启祥宫内，以便就近服务皇帝。直到嘉庆十八年（1813）十月初一日，如意馆作坊一朝移出至外朝造办处，搬出了沿用近八十年的启祥宫。这一变化事先毫无征兆，事后亦鲜有记载。推其原因，当与嘉庆十八年九月十五日天理教徒攻入紫禁城的“禁门之变”有关。禁门之变后，清宫加强了军事防卫，并增强了对太监、匠役人等的管控。如意馆作坊及匠役迁出启祥宫，正是清廷遇变之后的整顿措施之一，反映了统治者对民众的防备态度。

（三）元明清书画艺术组

书画艺术组分会场由尹一梅、秦晓磊、李士娟、郭怀宇主持评议，主要围绕古书画鉴赏、内府书画创作与收藏、碑帖拓片、御制诗文集等展开发言讨论。

尹一梅《谈〈石渠宝笈·续编〉中的〈宋拓锺王楷帖〉》一文指出，《石渠宝笈·初编》中未收录碑帖拓本，为补其不足，《续编》专设“法帖一门”将拓本增入。现故宫博物院还保存有当初书籍中所记载者，特拣一册原名“宋拓锺王楷帖”分析考证，考递藏经历、辨拓本年代、探《续编》辑录者专擅，辨别真赝，去伪存真，纠正误识。李士娟《故宫博物院藏清宫曲艺本文献考察与版本研究》一文指出，故宫博物院存藏清宫南府昇平署戏本11000余册，全国最多。这其中有一类属于说唱艺术的曲艺本，均为清代宫廷演剧的排演本和专供帝后欣赏的安殿本。曲种有大鼓、莲花落、秧歌、快书、石韵书、鼓词、子弟书和岔曲等。曲艺本留存不多，有些曲种已失传。文章分别对故宫存藏的清宫曲艺本予以分类鉴别，再从文献研究的视角进行系统考察和挖掘整理，以期揭示清宫曲艺本的版本价值，使这些曲艺本特别是有些濒临失传的本子能得以延续传承，在弘扬中华传统曲艺文化中发挥其应有积极的作用。秦晓磊《观物：沈周蔬果画及其对法常画风的重塑》一文，从沈周观物思想与实践之形成出发，梳理沈周蔬果画在形式、风格、意涵上的创新及其内在联系，分析其对法常画风的重塑，进而讨论沈周对明中期蔬果画及相关写意风格之复兴与发展的贡献。"观物"是哲学史、思想史中的重要概念，通过对沈周蔬果画的讨论，能够观察相对抽象的思想，如何经由实践转化，对具体绘画的制作方式及风格选择产生影响，进而对绘画史发展产生影响。

郭怀宇《明代内府书画鉴藏三议》一文指出，由于资料相对零散，明代内府书画鉴藏问题一直没有得到学界的足够关注，其鉴藏活动的参与者、地点、方式乃至流散，都存在语焉不详的现象。本文试图通过对相关材料的整理，初步廓清其基本情况，并做出相对整体性的描述。陈鹏宇《重庆图书馆藏清代拓本〈匋斋收藏秦篆井铭〉考证》一文，对该铭做了考释，考证其内容见于乾隆年间编纂的《南昌县志》等文献，为明清时期江西按察司衙门中的井阑刻铭，部分缺失的字形可以根据地方志的记载补出。结合明代汤显祖的《江西按察司修正衙宇记》，可以确定该铭作者为汤显祖同年进士李开芳。原石历经变迁，一直存在到20世纪20年代北伐战争时期。该拓的制作应不早于光绪初年，后为端方收藏。根据粘贴拓片所用报纸的日期，推测端方是在宣统三年（1911）离京南下前数日入藏这份拓片的。端方死后，该拓流散，后被重庆图书馆征集。段莹《清宫旧藏乔仲常〈后赤壁赋图〉卷及宋元人题跋残卷刍议——兼及对古书画中文本与文献的双重考察》一文指出，北宋乔仲常《后赤壁赋》图卷，曾为清宫旧藏，经《石渠宝笈初编》御书房著录。该画为素笺本墨画，以白描绘苏轼《后赤壁赋》，并于画间以小楷分段书赋文，无款印。拖尾有宋赵令畤及武圣可跋，后又有宋人书七段跋及元赵岩跋。卷前有清高宗弘历御书引首。此卷由溥仪携出清宫后遭到撕毁，流入美国，为顾洛阜旧藏。画并赵令畤、武圣可跋现藏美国纳尔逊阿金斯博物馆。宋人书七段跋及元赵岩跋现藏故宫博物院。其中第一段跋部分残缺，其余完好。本文在前人相关研究基础上，联系此卷的绘画风格时代、印鉴、题跋书法及画上书赋及题跋涉及的文本问题，对此图卷及先前较少披露的宋元人题跋残卷进行考察。

冯印淙《清光独爱——试析〈世宗宪皇帝御制诗文集〉诗作中的"月"元素》一文，从三个方面研讨《世宗宪皇帝御制诗文集》中含有"月"（包括别称）的诗作及相关问题。第一，"文集"诗作中"月"字的分析。第二，从这些"月"元素管窥作者的审美性情。第三，探讨"月"元素在胤禛诗作中出现频率较高的原因，从以上几个方面推断胤禛性情敏感、审美风格细腻。王文欣《康熙朝中晚期官员进贡字画、书籍相关活动研究——以〈匏庐公日记〉为中心》一文，透过《日记》聚焦康熙朝大臣私人进献书籍、字画、古董类贡品的情况，这几类贡品也是此前的研究所较少触及的，并希望透过这些记录来看清初康熙朝书籍字画"北上之路"的情形。郭倩梦《清世宗〈雍邸集〉诗歌创作时间考》一文指出，《雍邸集》是清世宗御极前的诗歌作品合集，创作时间为其少年书斋生活至四十五岁登基止。诗集创作时间跨度较长，涉及内容较广，是清代鼎盛时期帝王文学研究不可回避的重要研究对象。御制诗歌是诗歌门类中的一种特殊类型，是帝王本人情感心性的表白。对《雍邸集》中部分可考创作年份的御制诗进行创作时间上的逐一论证编排和诗集中诸多未明之处进行进一步的整理考订，可以将其作为除史料文献记载外，世宗前四十五年人生历程的一个较为直观明晰的原始资料补充。

班晓悦《〈雍正十二美人图〉创作地点考略》一文，通过查阅《清世宗御制诗文集》《日下旧闻考》等史料，考证出此套画作的创作地点正是雍正帝胤禛为亲王时的潜邸圆明园，画中所绘的十二个不同场景应为胤禛《园景十二咏》中所歌咏的十二个地点。结合前贤的研究成果，作者认为此套画作应定名为《雍王妃圆明园行乐图》。刘畅《明代〈五同会图卷〉的雅集官袍考辨》一文指出，中国国家博物馆藏《五同会图卷》翔实记录了明中期文官雅集盟会的场面，明朝雅集作为公务之外的私礼社交，与前朝儒士的避世与享乐寄情不同，通过对"五同会"官袍的解读，它不仅成为考验明代官员对官场规制、人情世故和儒教修养应变能力的必修课，还是表达仰惟国家列圣相承政治抱负的徽帜。画卷中官员所着青袍和官袍可谓是明朝文官国家制度中儒士文化和翰林文化的物质载体。文章以实物与文献（图像文献）相结合明代官服标本的"二重证据法"研究发现，深谙私礼雅集文化和官服制度的儒士智慧就体现在青袍和官袍的运作之中，或是明朝儒臣势力自觉鸣谦意识和春容时局判断力的体现与儒士"经权之道"物化的实证。王瑀《永宣之际明代宫廷与朝鲜王朝的猛禽及其图像交流》一文，将永宣之际明代宫廷对猛禽及其图像的兴趣置于与朝鲜王朝交往的背景下进行考察，着重展现永宣年间皇帝、宦官及朝鲜君臣围绕其所展开的互动交流。通过对这一历史的揭示，探讨明朝宫廷对朝鲜贡鹰的需求、认知及其将猛禽视觉形象与现实、画作相关联的实践，以及在此背景下朝鲜君臣所采取的应对策略与对相关图像的创制使用，并尝试讨论明朝宦官之于猛禽及其图像的流传所发挥的作用。作为"宫廷"的重要组成，宦官们不仅是永宣之际明朝与朝鲜王朝猛禽交流网络的经营者，亦是明朝宫廷豢养猛禽的实际管理与拥有者，更是相关图像的欣赏者与发起人。

综上所述，本次研讨会为学术界第一次将元明清三朝宫廷史放在一起开展研讨，建构了一个完整的元明清宫廷史研究学术体系，这种对传统研究领域的创新和突破，超越明清宫廷史研究的时空局限，重新审视三个王朝的连续性，引起了学术界广泛关注和积极参与。学者们畅所欲言，各抒己见，研讨范围涉及政治、经济、文化、军事、宗教、艺术、建筑等方方面面，研究角度更加多元化，尤其注重文献、文物相结合以及实地考察，充分发掘文物背后的思想与文化价值，解决了很多学术上的疑难问题，有些还涉足了学术上未曾开垦的园地，填补了相关领域的研究空白。整个研讨会气氛热烈，学者们深入交流，取得了丰硕的科研成果，有力推动了元明清宫廷史研究和"学术故宫"的建设和发展。

（作者单位：故宫博物院研究室）

图书在版编目（CIP）数据

故宫学刊.第二十四辑 / 故宫博物院编. -- 北京:
故宫出版社, 2023.7
ISBN 978-7-5134-1579-8

Ⅰ. ①故… Ⅱ. ①王… Ⅲ. ①故宫—研究—北京—丛刊
Ⅳ. ①K928.74-55

中国国家版本馆CIP数据核字(2023)第108251号

故宫学刊
第二十四辑

故宫博物院 编
主　　编：任万平
执行主编：王子林
副 主 编：许冰彬

出 版 人：章宏伟
责任编辑：王冠良　任　晓
英文编辑：周　怡
装帧设计：李　猛
责任印制：常晓辉　顾从辉
出版发行：故宫出版社
地址：北京市东城区景山前街4号　邮编：100009
电话：010-85007817　010-85007800
邮箱：ggcb@culturefc.cn
印　　刷：北京雅昌艺术印刷有限公司
开　　本：889毫米×1194毫米　1/16
印　　张：15.75
字　　数：400千字
版　　次：2023年7月第1版
2023年7月第1次印刷
书　　号：ISBN 978-7-5134-1579-8
定　　价：280.00元